일본, 허울뿐인 풍요

제로성장 사회를 향하여

개번 매코맥 지음 / 한경구 · 이숙종 · 최은봉 · 권숙인 옮김

창비

The Emptiness of Japanese Affluence

by
Gavan McCormack

한국의 독자들에게

지속 가능하지도, 모방할 수도, 또한 정당화할 수도 없다. 전통적인 경제의 시각으로 봐서는 뛰어난 성공담이지만(1990년대에는 기적이라 묘사될 가능성이 좀더 적다), 일본이 성취한 것은 화려한 공허, 일종의 '태평양의 포템킨'이라고 해야 할 것이며, 삿뽀로에서 카고시마에 이르기까지 도시화되고 산업화된 일본의 거대한 문명의 벨트는 아무리 엄청나다 해도 속이 텅 빈 구조물이라고 보는 것이 가장 타당하다. 막대한 비용을 들여 세운 이 구조물, 즉 100년 이상에 걸쳐 일본의 민중을 동원하였고 사람은 물론 땅, 강과 바다의 모든 자원을 끌어들였으며, 일단 세워진 이후에는 주변의 광범위한 지역, 그리고 점차 세계 전체의 부(富)를 전유(專有)하기 위하여 손을 뻗치고 있는 이 엄청난 건축물은 그럼에도 불구하고 취약하며, 설계에 결함이 있고, 설비가 불편하게 되어 있으며, 그 안에 거주하는 사람들은 자신들이 입주하고 있는 집에 대하여 점점 더 불안감을 느껴가고 있다. 시장은 세계 각지에서 가져온 상품들로 넘쳐나고 사람들은 자신이 사고 싶은 것은 대개 무엇이든 살 수 있을 정도의 돈을 가지고 있지만 집 주위를 둘러보면 정원은 시들고 있고 물은 마르고 있으며 논밭은 버려지고 있다.

이 책은 일본이 그동안 무엇이 잘못되었는가를 탐색하려는 매우 예비적이고 시험적인 시도이며, 필자가 1962년 유학을 목적으로 일본에 처음 온이래 수십년 동안 알고 경험한 내용이다. 이는 한편 정치경제, 특히 농업, 환경, 그리고 '토건국가' 현상의 병리에 주목하고 있으며 다른 한편으로는 아시아에서의 일본, '평화국가'로서의 일본 등과 같은 아이덴티티의 문제, 그리고 민족적인 기억의 문제, 특히 기억되기도 하고 잊혀지기도 하는 1931~45년 전쟁과 관련된 문제를 다루고 있다. 20세기 후반의 일본은 어떻게 보더라도 위기에 처해 있다.

그러나 여러가지 지표들, 즉 주식시장 및 엔화의 침체(그리하여 일본은 나라 밖 일은 그냥 지나치거나 무시해버린다), 급증하는 국가부채, 농산물 자급률의 감소, 급진전되는 노령화, 환경 및 쓰레기 문제의 만연 등은 모두 불길하며 학자, 평론가, 비평가들은 이들이 전례가 없는 위기를 초래하고 있다고 주장하고 있으나 민중들은 대개 만족하고 있는 것은 무엇 때문인가? 그리고 이 체제의 형성을 주도한 정권이 부패하고 무능력하며, 돈에 잘 휘둘리며, 근시안적이라는 사실이 지난 수십년간 여러 번 폭로되었음에도 불구하고 1996년 10월 바로 그 체제를 개혁하라는 위임을 받으며 다시 집권에 성공한 것은 무엇 때문인가? 국가적인 프로젝트를 수중에 장악했던 부패하고 무능하고 근시안적인 여러 세력이 비판당할 법도 하지만, 1997년 초 하시모또 정권이 기록적인 대중지지를 받고 있는 가운데 전후 그 어떤 시기보다도 사회적 불안의 증거가 거의 없고 의회의 저항도 적으며, 또 일본이라는 프로젝트가 전체적으로 국민적인 합의를 얻고 있는 반면 대안적인 비전이 없는 것은 무엇 때문인가? 경제주의가 공통분모이고, 전쟁중의 '멧시호오꼬오'(滅私奉公)라는 슬로건을 완전히 반대로 바꾸어 '멧꼬오호오시'(滅公奉私)로 만들어버린 사회에서 사적 만족은 흔히 공공선보다 중요하게 평가된다. 성장과 국민총생산 제일주의는 종교가 되어 있으며 그 신앙이 흔들린다는 증좌는 조금도 없다.

이 책은 비록 부패와 공해, 그리고 정치적·재정적·행정적 개혁 등이 모두 긴급한 사항이기는 하지만, 이들 모두는 현대 일본이라는 프로젝트 그 자체를 재평가함으로써만 완전히 이해할 수 있다고 주장하고 있다. 서양 '열강'과의 대등이라는 메이지 국가의 목표는 달성되었으나 그 목표달성은 별 만족을 가져오지 못했으며 새로운 종류의 거대한 문제를 야기하였다. 하시모또가 계획한 '빅뱅'도, 그 또한 자신의 정치적 생명을 걸었던 '행정

개혁'도 일본의 불안한 아이덴티티와 세계에서의 역할이라는 근본적인 문제에 대하여는 큰 영향을 미칠 수 없을 것으로 보인다.

이 책은 일본의 경험이 제기한 문제들에 대해서 아무런 실질적인 해답을 제시히지는 않는다. 그러나 이 책은 '성장'이라는 프로젝트 그 자체를 재고해야 하며 또한 일본뿐 아니라 지역적·전세계적인 차원에서 사회적 행복이라는 잣대를 사용해서, 성장에 대한 강박관념에 가까운 집착이 야기하는 실제적인 인간적·사회적·환경적 비용을 산정하는 새로운 분석의 틀을 발견해야 한다고 주장하고 있다. 이 책은 또한 성장경제, 그리고 이를 지탱해왔던 제도들은 과도적인 것이며 또한 역사적으로 볼 때 비교적 그 수명이 짧은 현상이라고 주장한다.

이러한 분석이 한국인들에게 무엇을 의미할 것인가는 이 책의 한국어판을 읽는 독자들에게 달려 있다. 그러나 50여년 전의 팽창주의적이며 군국주의적인 일본의 위협이 이제 과거의 일이 되었다는 점은 적어도 필자에게는 확실해 보인다. 20세기 후반의 일본은 제아무리 부유하고 명목상 강력한 것처럼 보여도 비틀거리는 불확실하고 내향적인 국가로서 그 국경을 벗어나서는 별로 신뢰받거나 사랑받지 못하고 있으며, 일본 인구는 다가오는 21세기에는 꾸준히 노령화가 진행되면서 절대수가 감소하여 100년 내에 절반 수준인 6천만명으로 감소할 것으로 예상되고 있다. 그러한 국가가 가까운 장래에 군사적인 침략의 길을 다시 걸을 것 같지는 않다. 20세기 후반 한국에 대한 일본의 도전은 군사적인 것이 아니다. 단, 과거의 진실을 직시할 수 있는 능력은 일본이 장래에 아시아 공동체 또는 아시아–태평양 공동체에서 동화되기 위한 전제조건이 될 것이다.

오히려 현재 일본의 도전은 좀더 미묘하고 어려운 것이다. 즉, 일본의 '풍요의 길' 그 자체에 대한 도전인 것이다. 필자의 생각에 한국인들이 가장 우선적으로 심사숙고해야 할 것은 바로 그 점이다. 과연 일본이 걸었던 길——'근대'라는 길, 즉 일본이 20세기에 그 어느 나라보다도 빨리 그리고 멀리 여행했던 길이며 이제는 아시아 미래의 모델로 널리 간주되고 있는 그 길을 따르는 것이 과연 가치있는 일인가? 특히 일본 그 자체가 여러 중요한 측면에서 실패했다는 것이 명백한 이 시점에서 일본의 목표와 너무도 유사한 국가목표를 추구하는 것이 과연 한국인들에게 가치가 있는 일인가? 만일 일본이 항상 '서구'와의 대등(그리고 '아시아'로부터의 이탈)이라는 관점에서 오랫동안 근대성을 추구했다면, 한국에게 있어 비교측정기 (comparator) 구실을 하는 것은 바로 다름아닌 일본이며, 마치 유럽의 성취가 일본에서 오랫동안 성공의 척도와 기준이었던 것과 마찬가지로 일본이 성취한 것들은 현재 한국에서 그러한 역할을 하고 있다. 일본보다 더 잘하고 결국은 일본을 능가하려고 하는 한국의 열망은 '서구'와 대등해지고자 하던 일본의 열망보다 오히려 더욱 강력한 것처럼 보이고 있으나, 과연 국내총생산의 규모나 소비중심주의보다 더욱 중요하고도 또한 만족을 주는 목표는 없는 것인가? 서서히 심화되는 전지구적인 자원과 환경의 위기, 그리고 북의 '가진 국가들'과 남의 '못 가진 국가들' 간의 점점 벌어지는 균열은 이러한 목표들보다 더욱 상상력있고 창조적이며 신선한 사고를 필요로 하는 것이 아닌가?

　만일 후발산업국가의 이점이라는 것을 한국이 70년대와 80년대의 전격전(電擊戰)과도 같은 산업화 과정에서 향유할 수 있었다고 한다면, 지금이야말로 일본의 실패를 배우고 또한 일본의 실패가 또다시 한국에서 되풀이되지 않도록 이를 가급적 많이 배워야 할 때이다. 일본이 개척한 '풍요로의 길'은 사실은 막다른 골목이다. 만일 이 책이 이러한 정신에서 읽혀지고 진정으로 보편적인 21세기의 '길'을 탐색하는 작업에 조금이라도 자극이 된다면 저자로서는 만족할 것이다.

개번 매코맥

감사의 말

이 책을 쓰면서 필자와 토론을 해준 수많은 사람들과 필자에게 면밀한 비판적 논평을 들려준 몇몇 분들로부터 많은 도움을 받았다. 이같은 도움을 받으며 필자가 집필한 원고나 수정한 부분들이 이 분들을 만족시켜드리지는 못하겠지만 아무튼 필자에게 인내와 관용을 베풀어주고 특히 비판을 해준 분들께 감사를 드린다. 혹시 누락이 있을지 모르지만 적어도 다음과 같은 분들께 신세를 졌음을 밝혀두고자 한다. 아오끼 히데까즈(靑木秀和), 로니 알렉싼더(Ronni Alexander), 제레미 바르메(Geremie Barmé), 미첼 버나드(Mitchell Bernard), 디페시 차크라바티(Dipesh Chakrabarty), 씨드 크로커우(Syd Crawcour), 마크 엘빈(Mark Elvin), 노마 필드(Norma Field), 존 핀처(John Fincher), 조나선 헛(Jonathan Hutt), 찰머스 존슨(Chalmers Johnson), 모리스 로우(Morris Low), 마쯔자와 테쯔세이(松澤哲成), 피터 마이어(Peter Meyer), 미야모또 켄이찌(宮本憲一), 나까오 하지메(中尾ハジメ), 행크 넬슨(Hank Nelson), 마크 쎌던(Mark Selden), 사누끼다 사또시(讚岐田訓), 리처드 탠터(Richard Tanter), 쯔네이시 케이이찌(常石敬一), 우쯔미 아이꼬(內海愛子), 와다 하루끼(和田春樹) 등이다. 이 책의 집필은 1994년 코오베대학 대학원 국제협력연구학과에서 3개월간 객원교수로 있던 중 시작되었다. 당시의 동료 교수들, 특히 대학원장인 세리따 켄따로오(芹田健太郞) 교수에게 감사를 표한다. 또한 비판과 격려와 우정을 통해 필자의 일상적인 연구작업 환경을 만들어주고 있는 오스트레

8

일리아국립대학의 동료들에게도 특히 감사를 표한다. 또한 지도를 그리는 데 도움을 준 지도제작부의 이언 헤이워드(Ian Heyward), 필자의 소속 학부의 도러시 매킨토시(Dorothy McIntosh), 주드 샤나한(Jude Shanahan), 줄리 고든(Julie Gordon), 완 콜린스(Oanh Collins), 매리언 윅스(Marion Weeks) 등 사무직원들의 뛰어난 능력과 작업정신뿐 아니라 그 쾌활함에도 감사를 표한다. 이들의 도움이 없었더라면 이 책은 햇빛을 보는 데 훨씬 더 오랜 세월이 걸렸을 것이다.

머리말

종전(終戰) 50주년이 되던 해 여름, 라디오방송은 일본의 한 대도시에서 '해바라기 평화운동'이 추진되고 있다는 사실을 보도하였다. 그 운동의 내용은 6월말과 7월에 걸쳐 일요일마다 근방의 학교에서 시민들에게 해바라기 묘목을 나누어줌으로써 8월 15일까지 도시 전체를 평화를 요구하는 크게 자란 해바라기꽃으로 뒤덮이게 하자는 것이었다. 히로시마(廣島)에서는 8월 6일(원폭투하 기념일―옮긴이) 청년합창단이 선보일 새로운 평화의 노래가 국제적인 공개경쟁을 통해 결정되었다. 그러는 동안 한편에서 뉴스 진행자들은 남태평양에서 프랑스의 원폭실험 재개와 관련 오스트레일리아와 뉴질랜드에서 벌어진 강력한 항의를 보도하면서 비통한 나머지 손을 쥐어틀었다. 이들에 의하면 일본이 지구상에서 원폭세례를 받은 유일한 국가인 이상, 무엇인가 한층 강력한 움직임이 일어나야만 하는데 그렇지 못하다는 것이었다. 7월 말로 예정된 참의원 선거에 나선 몇몇 정치가들이 선거유세 중 반핵문제를 쟁점으로 받아들임에 따라, 뉴스 진행자들과 기성 정치가들이 무관심한 대중들에게 거리로 나가 시위를 벌일 것을 촉구하는 야릇한 상황이 발생하게 되었다.

이해 여름에는 또한 일본교직원조합(이하 일교조로 약칭함)이 학교 행사에서 히노마루(日の丸, 일장기―옮긴이)와 키미가요(君ガ代, 패전 전 일본 국가 國歌의 제목으로 '우리 임금님의 시대'라는 뜻―옮긴이)를 사용하는 것을 더이상 반대하지 않는다고 선언하였다. 그 대신 일교조는 현대 일본의 학교가 직면하

고 있는 문제들을 해결하는 데 문부성과 협조하겠다는 의사를 표명하였다. 일교조는 1947년 창립된 이래 대중이 보기에는 노조원의 경제적 복리증진에 전념하기보다는 재무장, 교과서 검열, '수신(修身)'교육의 부활, 교원의 근무평정(勤務評定) 등을 전투적이랄 수는 없지만 매우 강력히 반대하며 두드러진 노력을 해왔다. 비록 일교조는 문부성과의 싸움에서 대부분 패배하였으나, 국가의 정치가 미묘하지만 커다란 영향을 교실에 미치고 있다는 인식을 드러내는 등 매우 뚜렷한 정체성을 가지고 있었다. 이제 일교조가 적과 악수를 하고 앞으로의 의사일정에 협조를 약속하였으므로 향후 그 존재근거를 어떻게 재구성할 수 있을지 상상하기 힘들다. 일교조의 이러한 참담한 상황에 대하여 눈물을 흘리는 사람이 별로 없을지도 모르지만, 국가경제의 필요에 가차없이 종속됨에 따라 교육체계가 입고 있는 가시적인 폐해의 증가에 대하여 조직적으로 저항할 수 있는 두드러진 기구가 사라졌다는 것은 상당히 절박한 상황이다.

한편 8월 15일 당일에는 무라야마 토미이찌(村山富市) 수상이 —— 그가 속한 사회당은 이미 한 해 전에 키미가요와 히노마루 문제에 대하여 입장을 양보하였는데—— '잘못된 국가정책' 때문에 지난 전쟁(태평양전쟁—옮긴이)에서 일본이 다른 민족들에게 고통을 안겨주었다는 내용의 용기있는 연설을 하였다. 그의 연설은 의심할 나위 없이 뚜렷한 사과의 표현이었으나, 처음부터 그러한 잘못된 정책으로 인한 개인적 희생에 대한 정부 차원의 보상이 뒤따르지 않는 단지 '말'에 불과한 것에 지나지 않을 예정이었다. 대부분의 외국 매스컴들은 무라야마의 연행(performance)을 찬양하였다. 사과라는 비즈니스(business는 여기서는 '일'을 의미함—옮긴이)는 일본의 지도층뿐 아니라 '비즈니스라는 비즈니스'('장사라는 일'. 영국 수상이었던 디즈레일리의 "The business of the British Empire is business"라는 말에서 유래한 듯함—옮긴이)에 관심이 있는 해외열강들 ——이들에게는 인상적인 사과가 유용하고도 아마 필요한 것이라 생각돼왔는데 ——에게도 지루한 것이었다. 그러나 대부분의 보도에서 언급되지 않았던 것은 그 중요한 기념일날 무라야마 수상이 어느 기자의 질문에 답변하는 가운데 천황에게 전쟁책임이 없다는 것은 국내외적으로 확립된 사실이라고 주장함으로써 또 한번 전후 일본의 뿌리깊은 신화를 강조하였다는 점이다. 무라야마 수상이 이렇게 답변해야 한다고 느꼈다는 사실이야말로 항복한 지 50년이 지난 오늘의 일본사회의 상황을 여실히 드러내주는 것이다. 아무튼 일본 국민을 대신한 무라야마의 사과는 6월 일본 국회에서 이루어진 한심한 결의에 뒤이은 맥빠지는 것이었다. 원래 이 결의는 아시아-태평양 전쟁에서 저지른 일본의 과오에 대한 국가적 사과라는 의미로 시도된 것이나 결국 평화에 관한 김빠진 성명으로 끝나고 말았으며 그나마 얼마 지지도 얻지 못하였다.

국제분쟁의 해결수단으로서의 전쟁을 방기(放棄)할 것을 맹세한 전후헌법 제9조에 깊이 새겨진 **평화**는 지난 50년간 국가적 정체성의 뚜렷한 상징이었다. 초기의 십수년간 평화는 민주주의와 짝을 이루어 '평화와 민주주의'라는 형태로 나타났다. 최근 들어서 평화는 파트너를 바꾸어 **번영**과 짝을 이루었다. 그리하여 8월 15일을 기념하는 국가적 추도행사에서 행해진 연설들은 틀에 박힌 듯이 국민의 희생에 입각한 '평화와 번영'에 대하여 언급하고 있다. 일본의 패전과 미군 점령기간중 뿌리를 내린 구조 및 방향설정은 전쟁수행 혹은 전쟁준비 이외에 국민국가가 무엇을 할 수 있는가 하는 질문에 답하는 세계사적인 객관적 교훈이 되었다.

국민국가는 전시민들을 번영을 위하여 동원할 수 있다는 것이 일본으로부터 얻을 수 있는 신속한 답변이다. 그러나 영구적인 발전이라는 의미에서의 번영은 세계적인 우위를 점하기 위한 끊임없는 투쟁을 필요로 하며, 또한 시민들의 일상생활의 세세한 부분에 대한 침투를 함축하는 것이다. 또는 개번 매코맥의 탁월한 새로운 저서 『일본, 허울뿐인 풍요』에서 사용한 간결한 표현에 의하면 전후 일본은 '3C', 즉 '건설(construction), 소비(consumption), 관리(control)'로 전쟁을 대체하였다는 것이다. 뛰어난 논거와 강력한 논리를 가진 매코맥의 저서는 무라야마의 8월 15일 연설이나 해바라기꽃 운동이나 또는 일교조의 방향전환 등을 이해하기 위해서는 전전(戰前) 시기에서 전후 시기로의 이러한 국가목표의 이행을 분석하는 것이 필수불가결하다는 것을 보여주고 있다. 이처럼 현재 벌어지고 있는 구체적인 사태들은 이 책에서 언급되고 있지 않지만 이 책의 분석을 통해 이해할 수 있게 되며, 이 점은 이 책의 설명범위가 얼마나 큰가를 다시 한번보여준다. 현대 일본의 여섯 측면에 대한 매코맥의 일관된 연구로 인해『일본, 허울뿐인 풍요』는 영어 및 일본어로 출판된 수많은 종전 50주년 기념서적들 가운데 매우 독특한 지위를 차지하고 있다. 지난 반세기에 걸쳐 '평화국가'라는 형태를 가진 일본이 어떠한 사회를 만들어냈는가, 또한 전후 일본 역사가 세계적으로 어떠한 의미를 갖는가를 알고 싶어하는 사람이라면 누구든 이 책을 처음부터 끝까지 읽으려 할 것이다.

이 책은 1995년 1월에 발생한 한신(阪神, 코오베-오오사까-아와지)대지진이라는 자극적인 이야기로 시작한다. 이 지진은 부(富)와 능력의 일반화를 자랑하던 국가가 축적해온 물질적 및 사회적 자원에 대한 예기치 못한, 그리하여 더욱 중요한 시험이 되었던 것이다. 지진에 대한 논의로부터 그 다음 장(章)들의 주제를 끌어내는데, 이들은 각기 '토건국가(土建國家)' '레저국가' '농업국가' '지역국가' '평화국가'라는 형태로 명쾌하게 정리되어 있다. 제6장에서는 드디어 전쟁의 유산에 대해 명료한 논의를 하고 있는데 종전 후 망각이 기억의 구조의 일부로 조직화되었던 상황을 검토하고 있다. 이 마지막 주제는 일본에서는 흔히 독일의 예와 대비되는 형태로 널리 다루어져왔던 주제로서 매코맥의 이 장은 끝나지 않은 문제를 다룬 영어 문헌 중 가장 간결하고도 철저한 것이라고 할 수 있다. 그가 다루는 방식은 앞부분에서 시도된 현대 일본에 대한 묘사에 의하여 한없이 확대되는데, 이러한 묘사는 현대 일본의 상징으로서 지진과 그 여파를 지적하고 있다.

수많은 사려깊은——그리고 기진맥진한——일본인들의 회의, 혼란, 그리고 공공연한 반대에도 불구하고 전후 일본은 지속적으로 성장을 위한 성장에 의해 떠밀려가는 사회의 예가 되고 있다. 즉 시민의 복지는 비록 의도적인 것은 아니지만 필연적으로 교묘히 그리고 철저히 무시되고 있고, 더욱 근본적인 문제는 바람직한 삶의 조건에 대한 진지한 논쟁의 가능성이 차단되고 있다는 점이다. 매코맥이 언급한 '3C'는 일본에서 유명한 다른 세

짝패들을 희화적으로 재구성한 것이기도 하다. 이러한 예로 1954년의 '3종의 신기(神器)'(원래는 황실의 표상인 거울과 칼과 곡옥曲玉을 의미함)는 세탁기 · 진공청소기 · 냉장고였고, 1966년의 '3C'는 자동차(car) · 냉방기(cooler, air conditioner) · 킬러 TV(color TV)였으며, 1993년의 '3C'는 직업(career) · 품위(class) · 똑똑함(clever)으로서 새 황태자비를 모델로 한 바람직한 신부감의 요건을 의미한다. 이러한 것들을 심각하게 생각하든 말든, 매코맥의 책은 새로운 욕망을 생성시키고 충족시키고 재생하는 데 들어가는 엄청난 노력뿐만 아니라 그러한 훈련의 국가적 및 세계적 의미도 잘 보여주고 있다. 시민들을 끊임없이 바쁘게 만들어서 여가마저도 광란적인 것으로 만들어버리는 (그래서 '레저국가'에 관한 장이 여실히 보여주듯이 환경에 파멸적인 결과를 초래하는) 사회가 과거 행동의 외국 희생자들에게, 종군위안부든 임금도 못 받고 혹사당한 광산노동자든 원칙에 입각한 대응을 하기 위한 방책을 마련하기를 어떻게 기대할 수 있겠는가.

특히 다음 사항을 착각하지 말아야 한다. 『일본, 허울뿐인 풍요』는 현대 일본이 직면하고 있는 딜레마에 대한 비판적인 검토이기는 하지만, 결코 소위 '일본 두들기기'(Japan-bashing)에 속하는 책은 아니라는 것이다. 일본의 역사와 정치경제에 대한 이 책의 주도면밀한 관심은 일본이 안고 있는 문제들이 이른바 일본의 특수성에 기인하는 것이 아니라 한편으로는 구체적인 결정과 과정의 결과이며 다른 한편으로는 전지구적인 구조적 힘의 결과라는 사실을 명백히 보여주고 있다. 일본의 실상을 면밀하게 검토할 필요가 있는 것은 바로 전후 일본을 모델로 간주할 정도로 너무나도 크게 성공했기 때문이다. 일본사회의 역기능은 어떠한 희생도 무릅쓰는 성장이라는 모터에 너무나 많은 국민들이 집중적으로 매여 있기 때문에 한층 심화되기는 하였지만, 독특한 것은 아니다. 이러한 역기능은 이른바 다른 선진사회들이 직면하고 있거나 가까운 시일 내에 직면하게 될 문제들의 징후에 불과하다. 게다가 또한 일본의 성공은 독특하다기보다는 전형적으로 세계의 다른 지역에 대한 착취와 연계되어 있다.

이 책을 '일본 두들기기'의 한 예로 인식하는 것이 근본적으로 오류인 또 하나의 이유는 이 책의 논거가 대부분 일본에서 출판된 학술논저, 보도기사, 그리고 정부간행물들이기 때문이다. 이 책은 일본에 대한 비판을 '일본 두들기기'와 동일시하려는 그 어떠한 주장도 훌륭히 반박할 수 있는 논증이기도 하다. 그러한 주장은 너무나 단순하여 아무런 유용성도 없다는 것이 자명하지만, 그럼에도 불구하고 이는 다양한 이유에서 판단을 흐리게 하려는 의도를 가진 불순한 사람들에 의해서 또는 유럽중심주의에 대한 일부 비판자 등 진지한 사람들에 의해서도 반복되고 있다. 매코맥은 그 동기가 무엇이든 이러한 주장의 결과는 일본사회에 동질성을 강요하며 일본 내의 목소리들이 매우 다양하다는 사실을 부인하는 결과가 된다고 말하고 있다. 확실하고 또한 가장 중요한 사실은 『일본, 허울뿐인 풍요』가 소위 합의사회 (consensus society)의 요구에 대하여 사려깊게 그리고 끈질기게 저항해온 상당수 일본인들의 견해를 영어권 독자들이 이해할 수 있도록 씌어진, 타의 추종을 불허하는 저술이라는 점이다. 이들 일본인들은 매우 존경을 받고 또한 비교적 잘 알려진 지식인들이지만 이들 뒤에는 이에나가 사부로오 (家永三郎)의 교과서 검열에 대한 법률소송을 지지하는 무명의 학교교사들, 안전한 식품운동을 전개하고 있는 생협의 주부활동가들, 외국인 노동자들을 진료하는 의사들, 현대화된 쎅스산업에 걸려든 동남아시아 출신 여성들이 있다는 사실을 잊어서는 안된다.

이 책은 전세계 어느 곳이든 유례없는 경제적 성공이 사회적 삶의 여러 측면에 어떠한 의미를 갖는가에 대하여 관심을 가진 사람들에게는 필독서이며, 따라서 그 감질나는 가능성을 좇으며 애태우는 동아시아 및 동남아시아 국가의 국민들도 일독할 만한 책이다. 이 책은 현대 일본의 모습을 뛰어나게 잘 보여주는 통계자료 등을 포함하여 매우 유익한 정보로 가득 차 있다. 명료하고도 침착한 개번 매코맥의 문체는, 일본열도가 '리조트화'를 겪는 가운데, 그 해안선은 콘크리트로 뒤덮이고 그 구성부분들이 매립지를 통해 연결되고, 각 지점들이 속도에 대한 강박관념으로 정교히 발달된 교통수단에 의해 하나로 결합되고 있는 일본인들의 삶의 초현실적인 측면을 전달하는 데 특히 효과적이다. 마지막으로 저자가 미국인이나 일본인이 아니라 오스트레일리아인이라는 사실은 매우 큰 이점으로서 폭넓은 통찰력을 보여주는 동시에 전지구적인 패턴의 지방적 실례를 보여주고 있다. 일부 독자들은 타이나 필리핀에서 일본 기업활동의 환경파괴적인 영향에 대해서는 섬뜩히 잘 알고 있다. 그러나 우리는 일본 시장의 '취향'에 맞추기 위해 오스트레일리아의 축산업이 겪고 있는 변화가 가져온 심대한 결과에 대해서도 숙고해야 할 필요가 있다.

냉전질서의 붕괴 후 21세기의 문턱에 들어서면서 『일본, 허울뿐인 풍요』는 정의롭고 인간답게 살 수 있는 세계라는 미래상을 포기하지 않고 눈을 크게 뜨고 전진하고자 할 경우 우리 모두가 필요로 하는 사려깊은 연구조사의 좋은 예가 되고 있다.

시카고 대학
노마 필드

16

차 례

도 입

제1부 정치경제

제2부 아이덴티티

제3부 기 억

결 어

18

도표 목차

천년을 마감하며

도 입

천년을 마감하며

코오베 그리고 그 이후

영국 여왕이 1992년을 끔찍한 해(annus horribilis)로 규정했던 것처럼, 일본에서도 1995년이 거의 모든 사람들에게 최악의 해라는 것, 대부분의 일본인들의 경험 중 가장 나쁜 한 해라는 것은 그 해가 채 끝나기도 전에 이미 명백해 보였다. 불황, 정치적 불안정, 부패, 그리고 아마도 한 해 더 계속될지도 모를 이상기온과 긴급 쌀수입 등 경제적·정치적 문제들은 이미 예견된 것이었다. 1995년이 시작되기도 전부터 종전 50주년 기념식을 앞두고 불안감마저 맴돌았다. 그러나 그 이후 수개월간에 걸쳐 터져나올 충격적 사건들——지진, 대도시에서의 테러사건, 금융시장의 광란 등——은 예기치 못했던 것으로서 커다란 파장을 미쳤는데, 이는 전후 국민적 아이덴티티와 목적의식의 구심점을 이루던 몇몇 핵심적인 요소를 약화시키거나 파괴했을 뿐 아니라, 종전 이후 오랫동안 느껴보지 못했던 미래에 대한 불안감을 처음으로 안겨주는 것이었다. 전후 50년 동안에는 경제부흥, 성장, 그리고 선진국 지위의 획득과 같은 뚜렷한 의제가 있었고, 이것들은 충분히 달성되었다. 그러나 앞으로 50년간 어떤 의제를 설정할 것인가에 관해서는 아무런 합의가 없으며, 지난 50년간 추구해왔던 목표의 우선순위가 근본적으로 잘못된 것이 아닌가 하는 의구심도 증가하고 있었다.

　내가 일본에 첫발을 내디딘 곳은 1962년 6월의 어느 날 비 내리던 항구도시 코오베(神戶)였다. 전쟁은 이미 17년 전에 끝났으며 연합국 점령군의 부대가 완전히 철수한 지도 10년이 지났다. 아직도 모든 서양인들이 으레 미국인이려니 여겨지고 있었으나 '출입금지'(OFF LIMITS) 또는 '5번가' (FIFTH AVENUE)라는 표지판들은 이미 너덜거리고 희미해지고 있었다. 전쟁의 물리적 상처는 거의 완전히 회복되었으며 단지 지하철에서 하모니카로 구슬픈 곡조를 연주하는 흰 옷 입은 상이군인들만이 남아 있을 뿐이었다. 당시 일본은 국민들이 가난과 장시간노동에 시달리는 활기없는 국가였으나 소득배가와 고도성장이라는 변화는 이미 시작되고 있었다. 그 이후 수십년간 나는 생활, 연구, 일, 강의 등의 목적으로 일본에 자주 돌아왔다. 내가 일본을 경험한 시기는 공교롭게도 아마 근대의 어느 국가가 가장 극적인 변화를 겪는 과정이었을 것이다. 1994년 내가 코오베로 돌아왔을 때, 변화가 일어났다는 느낌은 역력했지만, 무엇이 시작되었는가보다는 무엇이 끝났는가를 이야기하기가 훨씬 더 쉬웠다. 즉 냉전은 명백히 종식되었으며 또한 서방 선진국들과 경제적으로 대등한 지위를 획득하기 위한 일본의 기나긴 투쟁도 마침내 끝이 났다. 그러나 이것이 바로 '역사의 종언'이란 말인가? 세계시장에서 그렇게도 확실히 효율성을 입증한 일본 자본주의는 과연 모든 다른 개발도상국들이 나아갈 방향을 제시하고 있는가? 내가 현지점까지 오면서 목격한 것들(그리고 나 개인에게는 바로 '나의 과거'를 이루는 것들)이 과연 세계 전체가 겪게 될 미래의 모습인가? 이러한 질문들은 심사숙고해 볼만한 것처럼 보였다.

　이 책은 일본, 특히 삼각형을 이루고 있는 쿄오또와 오오사까와 코오베라는 칸사이(關西) 지방 도시에서의 발전의 스펙터클에 대한 진지한 고민의 결과 탄생한 것으로서, 나는 이들 세 도시에서 33년에 걸쳐 여러 다양한 시기에 생활한 경험이 있다. 나는 전후의 이러한 변화를 지켜보면서 일본인으로 산다는 것이 무엇인가에 대하여 생각하기 시작하였다. 1994년 코오베 대학에 있는 내 연구실에서는 오오사까만을 따라 펼쳐져 있는 일본 심장지대의 상당 부분을 내려다볼 수 있었다. 비록 그 활동의 패턴과 최종 형태는 매우 파악하기 어려웠지만, 미친 듯이 정력적으로 움직이는 모습들은 지극히 매력적이었다. 1962년 당시 나는 물론, (내 생각에) 대부분의 일본 국민들도 잎으로 펼쳐질 고도성상의 기적을 거의 예감하지 못하였다. 기나긴 전후 수십년 동안 일본을 형성해왔던 틀이 대부분 사라져버리고 만, 20세기 끝을 바라보는 1995년이라는 이 시점에서 일본의 앞날이 어떻게 전개되어나갈 것인가를 예상하기란 그때와 마찬가지로 어렵다. 분명한 것은 현재 일본의 모습 속에 몇가지 다른 모습의 미래가 담겨 있다는 사실이다. 이 책에서 나는 냉전질서가 와해되고, 일본이 경제적 초강대국 지위를 획득하고 아시아가 미래의 세계질서에서 정치적·경제적 3대 중심지의 하나로 등장한 이후 일본이 스스로 드러내 보일 새로운 모습과 방향을 살펴보고자 한다. 1995년 대지진으로 참화를 입었기 때문에 코오베시는 더더욱 적절한 관찰대상이 된다.

이 책의 처음 3개 장은 정치경제의 세 측면, 즉 토건·레저·농업을 다루는데, 이들 각각이 사회·정치·환경 및 지속 가능성에 대해 갖는 함의도 함께 살펴볼 것이다. 이들 세 가지는 넓은 의미에서 자기 정체성의 문제, 즉 다른 아시아 국가들과 일본의 관계, 그리고 일본이 전세계를 대상으로 투사하고자 하는 아이덴티티와 관련이 있다. 냉전 이후의 부자나라 일본은 보통의 군대와 유엔 안전보장이사회 상임이사국 지위를 가진 보통국가(즉 보통의 초강대국)가 되고자 하는가? 아니면 1946년에 제정된 헌법에 포함된 평화주의에 대한 헌신을 기반으로 국내 및 대외 정책을 수립하는 특별한 종류의 국가가 되기를 선택할 것인가? 이것은 20세기식 '보통'을 선택할 것인가, 아니면 매우 다른 시대가 될 21세기의 '보통'을 개척할 것인가 하는 선택의 문제이다.

현재와 미래의 일본의 아이덴티티 문제는 일본 역사에 대한 국민의 집단적인 이해(理解)와 밀접히 관련되어 있다. 현재의 문제들에 대해 현실적인 평가를 하고 미래에 대한 계획을 수립하는 능력은 과거를 인식하는 능력에 달려 있다. 일본인들에게 있어, 근대성과 서구화의 경험이 무엇이었는가를 성찰하는 과정은 두 세대 전 아시아 전역에 밀어닥친 엄청나게 파괴적인 변화를 이해하는 데서 출발해야 한다. 종전 50주년을 맞이한 20세기 말의 일본이 자신의 과거, 즉 할아버지 세대의 불쾌한 꿈들을 해석하고 기억하고 표현한다는 지속적인 문제에 어떻게 대처할 것인가? 이것이 제6장의 초점이다.

이 책은 일본에 관한 것이지만 여기에서 다루고 있는 여러 문제들은 모든 산업사회에 공통된 것이며, 또한 이 책은 역사상 가장 성공적인 자본주의 국가인 일본이야말로 현대 산업문명 전체가 직면하고 있는 문제들을 압축된 형태로 대변하고 있다는 믿음에서 씌어진 것이다. 이 책은 일본의 경제나 외교, 정당이나 관료 조직, 교육제도, 자위대나 경찰에 대한 연구가 아니다. 이러한 주제들에 관하여는 질적으로 천차만별이지만 상당수의 연구가 이미 나와 있다. 이 책에서 다루는 문제들은, 지난 반세기 동안의 여러 변화들을 조명하고 있으며 또한 패전 50주년과 공교롭게 시기가 겹친 현재의 전환점에서 제기된 쟁점들을 보여주기 때문에 선택된 것이다. 일본에서는 냉전시대에 확실하였던 것들이, 예컨대 60년대 초까지 남아 있던 점령군의 '출입금지' 경고판처럼 이미 무관심 속에 방치되어 낡아가는 징표를 보이기 시작하고 있다.

이 책의 내용은 또한 영어로 씌어진 일본에 관한 책치고는 특이할 정도로 일본측 출처와 자료, 경험을 바탕으로 하고 있다. 이 책의 기본적인 '문제의식'은 일본 학계의 주류뿐만이 아니라 비판세력, 그리고 지역적 또는 전국적 규모의 시민운동집단 내에서 형성된 것이다. 전에도 그랬지만 이번에도 일본 두들기기라는 비난을 받을지 모른다.[1] 그러나 이 책의 거의 대부분이 일본의 학자, 비평가들 및 시민들의 분석에 기반을 두고 있다는 점을 감안할 때, 이러한 비난은 아이러니컬한 것이다. 내가 이 책에서 의도한 것은 종종 이 책에서 사용된 표현이나 용어보다 훨씬 더 격렬하게 일본 국민들

---

1) 芳賀徹, 「日文研」, 『文化會議』 1993年 11月, 1면; Gavan McCormack, "Kokusaika, Nichibunken, and the Question of Japan-Bashing," *Asian Studies Review*, Vol. 17, No. 3, April 1994, 166~72면.

간에 공공연히 논의되고 있는 쟁점들을 해외의 독자들에게 소개하는 것이
다. 이 책의 기본적인 주장은 부유하고 안정적이며 경제적으로 성공한 듯
이 보였던 7,80년대 일본이 실상은 1995년 코오베지진으로 참담하게 폭로
된 것과 같이 매우 불인정한 기반 위에 서 있었다는 사실이다. 경제적인 성
취는 일본 국민들에게 작은 기쁨을 주었으나 동시에 커다란 불안을 가져다
주었으며, 오늘날 일본이 직면하고 있는 정치적·지적·문화적·도덕적
딜레마는 전세계의 커다란 관심사가 되고 있다. 일본 국내에서는 이러한
입장이 절대로 소수가 아니며 오히려 다수를 점할지도 모를 일이다. 만일
이러한 견해의 표명이 단지 일본어로 씌어지지 않았다는 이유만으로 일본
두들기기라고 간단히 무시된다면, 진심으로 안타까운 일이 될 것이다.

　일본에서 90년대 초반은 특히 좋은 시기는 아니었다. 냉전 이후, 자민당
정권 이후, '거품'경기 이후 그리고 경제호황 이후의 여러 사태는 많은 가정
(假定)들을 뿌리째 흔들어놓았다. 1993년에 분출되어 38년간 지속되던 자
민당 장기집권을 종식시킨 정치개혁의 힘은 1994년에 소규모의 선거제도
개혁을 이루는 것으로 소진된 듯했다. 과거에는 정치나 기업가들만이 연
루되었던 부패의 사슬에 일본의 최고위 관료들도 연루되어 있다는 사실이
밝혀졌다. 엔화 가치의 지속적인 상승은 일본에서 제조업의 생존 가능성에
대하여 커다란 의문을 제기하는 동시에 불황에서 벗어나려는 국가의 노력
을 위협하였다. 그러다가 1995년, 그나마 남아 있던 국민적 합의에 커다란
충격을 준 일련의 사건들이 일어났다. 1월에는 코오베시의 중심부가 지진
으로 파괴되었다. 3월에는 토오꾜오에서 지하철로 출근하던 시민들이 신경
가스 공격을 당하였으며 그후 얼마 안되어 이번에는 경찰청장의 생명을 노
린 암살미수사건이 발생하였다. 일본의 몇몇 엘리뜨 청년들까지 끌어들였
던 종말론적 신흥종교집단의 기괴한 실상이 드러났으며, 4월에는 이 교단
의 간부 한 사람이 전국의 텔레비전 방송국의 카메라가 지켜보는 앞에서
칼에 찔려 살해당하였다. 국제 금융시장에서는 엔화 가치가 상승을 거듭하
는 동안 정치지도자들은 우유부단과 무능력을 드러내고 있었다. 전망이 어
두워지고 기성 제도에 대한 신뢰가 흔들리는 가운데 전국 최대의 도시인

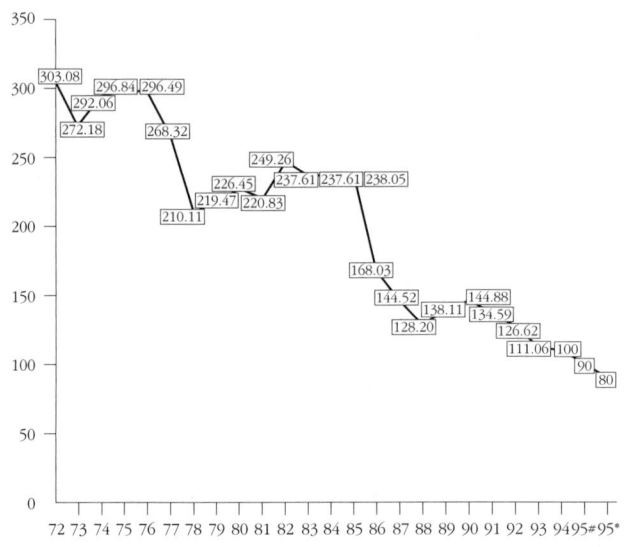

달러에 대한 엔화의 교환비율(연평균)

1995년 3월 8일
* 1995년 4월 19일
(일본은행)

토오꾜오에서는 코미디언이 시장으로 선출되었다. 전국의 서점 진열대에는 일본의 종말에 관한 책들이 점점 더 많이 등장하였다. 노스트라다무스의 예언이 다시 읽혔으며 종말론적인 환상들이 많은 추종자를 얻었다.

그러나 일본은 엄청나게 부유한 국가로서 일본의 국민총생산(GNP)은 (적어도 1995년 4월의 환율을 적용할 때) 인구가 일본의 거의 두 배에 달하는 미국 GNP의 80%를 상회하고 있었다. 다른 말로 표현하자면 일본의 GNP는 인도 대륙을 포함해서 아시아의 **여타 모든** 국가의 GNP를 합한 것보다 두 배 이상 큰 것이다. 또한 일본은 매년 1천억 달러를 훨씬 상회하는 경상수지 흑자를 기록하고 있었다. 일본 인구는 1억 2천만이 안되지만 일본의 경제는 1995년이 채 끝나기 전부터 이미 세계 최대 규모에 근접한 듯하며, 그리하여 지난 50년 동안만이 아니라 서구화와 근대화의 길을 걷기 시작한 이래 어언 150년 동안 품어온 야심과 꿈의 최대치를 실현하고 또한 이를 넘어서고 있었다.

1995년 실업률은 통계학적으로 무시할 수 있을 정도였다. 전세계에서 가장 큰 은행 9개가 모두 일본의 은행이며(이는 1995년 초 엔화 가치의 대폭적인 상승 이전에도 그러하였다) 주요 무역회사나 주요 제조업체들도 대부분 일본의 기업이다. 일본의 투자자금은 물결처럼 흘러들어가 아시아 지역의 성장을 뒷받침하였다. 일본이 세계에서 가장 활력에 찬 경제를 가진 국가들을 뒤에 거느리고 있는 대장 '기러기'가 되었음은 의심할 나위가 없다. 일본이야말로 최후의 용(「요한 계시록」을 참조할 것—옮긴이)인 것이다.

그러나 1995년의 충격은 일본의 기반이 얼마나 취약한가를 드러내 보여주었다. 코오베는 도자기와 양조와 조선(造船)에서 제철과 석유화학으로, 그리고 그 다음에는 정보와 패션과 통신으로 이어지는 일본의 중층적인 산업화 과정의 휘황찬란한 성공담을 하나로 결집하고 있는, 새로운 일본을 대표하는 도시였다. 코오베는 스타일과 스피드와 매립지들과 최고급 소비로 이루어진 신선하고 새로운 아이덴티티를 추구하는 코즈머폴리턴이며 개방적인 항구도시였다. 코오베는 또한 다른 도시들과 마찬가지로 정보화 시대의 도시였다. 나아가 코오베는 시 내부의 유서깊은 화교 및 한인 이민 사회를 기반으로 하여 인접국가들과의 철저한 통합을 이룩하고 새로운 아시아의 아이덴티티를 명확히 내세우려고 노력한 점에서 칸사이 지방 전체의 선봉이기도 하였다.

여러 면에서 코오베는 1981년 포트아일랜드(Port Island)에서 개최된 포토피아 엑스포(Portopia Expo)를 참관하러 전국에서 모여든 지방 공무원들에게 본보기 도시로 인식되었다. 그후 수년간 코오베시의 성공은 거듭되었다. 1992년에 두번째 인공섬인 롯꼬오(六甲)섬이 완성되었으며, 1994년에는 코오베 앞바다에 번쩍거리는 새로운 칸사이공항과 만안(灣岸)의 한신고속도로가 완성되었다. 코오베의 발전은 정계와 관계, 그리고 재계의 고위층에서 구상되고 추진되었으며, 학생, 가게주인, 택시운전사 등을 비롯하여 폭넓은 시민층의 지지를 받았다. 1995년에 이르자 시정부는 일본공산

코오베지진. 지진발생 당일 바다 쪽에서 바라본 코오베시. 전면에 하버랜드(Harborland)와 아직 완공되지 않은 오리엔탈호텔이 보이고 그 뒤로는 멀리 롯꼬오산이 보이고 있다(『アサヒ グラフ』1995年 2月 1日, 朝日新聞社).

당을 포함한 모든 정당의 지지를 받았다. 정치적·행정적인 면에서 코오베 시는 모든 정치세력들을 어떻게 하나의 통일전선으로 흡수(co-opt)할 수 있는가, 또한 시정부가 개발업자의 역할을 하는 가운데 모든 비정치적인 다른 열망들을 어떻게 경제적 개발의 추구라는 목표에 결집시킬 수 있는가 를 보여주는 모델로 간주될 수 있었다. 환언하자면 코오베는 합의와 조화 라는 일본의 전통적인 가치를 기초로 성립된 사회질서를 구현하고 있는 그 자체처럼 보였다.

　이러한 모든 것은 1995년 1월 17일 급변하였다. 나중에 한신대지진(阪神 大地震)이라는 이름으로 불리게 된, 리히터 지진계로 강도 7.2나 되는 대지 진이 동트기 직전 코오베시를 강타하였다. 이 지진은 1923년 토오꾜오의 대부분을 파괴한 강도 7.9의 관동대지진이나, 주기적으로 일어나는 이와 유사한 규모의 여타의 지진들만큼 강력한 것은 아니었다. 그러나 이 지진은

완공된 지 얼마 안된 한신고속
도로가 붕괴된 모습(히가시
나다 부근). 1995년 1월 17일
지진발생 당일 촬영(『アサヒ
グラフ』1995年 2月 1日, 朝日
新聞社).

태평양, 아시아 및 필리핀의 대륙판이 토오꾜오 부근의 지하 100∼200km
지점에서 서로 만나 겹쳐지면서 광범한 수평적 충격과 대규모 해일을 발생
시키는 '전형적' 지진

과는 달리, 다음과 같은 요인에 의하여 발생한 것이었다.

코오베시 바로 아래 지하 13km 지점의 국지적인 단층이 곳곳에서 760갈
(gals, 1초에 1cm)의 수직적 충격을 야기한 것으로서, 이 수치는 지금까지의
측정치 중 최대이며, 지진 직후에 발생한 화재로 14만명의 인명을 앗아갔던
1923년 관동대지진의 네 배에 해당하는 것이었다.[2]

---

2) Murray Sayle, "Shock Treatment," *Sydney Morning Herald*, February 11, 1995. 지진은 사
  실상 코오베시에서 약 30km 떨어진 해저, 인접한 아와지섬(淡路島)에서 지하 약 20km 되
  는 곳에서 발생한 것으로 보인다.

요란한 팡파르 속에서 1994년 4월에 개통된 한신고속도로는 무려 17곳이나 붕괴되었다. 고가도로를 받치고 있던 콘크리트 기둥들은 마치 흰개미가 갉아먹은 나무처럼 쓰러져서 콘크리트는 떨어져나가고 보강재인 철근들이 마치 피아노 줄처럼 얽혀 있는 모습을 드러내 보였다. 새벽에 도로를 달리던 몇대의 차량들은 곤두박질쳐 흔적도 없이 사라져버리거나 공중에 달랑달랑 매달려 있었다. 오오사까와 일본 서부를 하루 224회 운행하는 초고속열차인 산요오신깐센(山陽新幹線) 선로는 끊기거나 구부러졌다. 일본 서부와 동부를 연결하는 운송과 통신의 가느다란 국가동맥은 끊어졌다.

코오베의 지하철은 터널이 붕괴하는 바람에 막혀버렸다. 최근에 새로 건설된 포트아일랜드와 롯꼬오섬의 지반은 크게는 2미터씩이나 바닷속으로 가라앉았으며 그 주변에서 작업중이던 크레인과 고가(高架) 기중기도 파괴되었다. 대지가 너무나 강하게 흔들릴 경우 그 구성물질들이 서로 분리되어 마치 죽과 같은 상태로 변하는 과정을 의미하는 액상화 현상이 이들 섬과 최근 도시개발이 가장 활발히 이루어졌던 신규 매립해안 부근에서 매우 심하게 발생하였다. 포트아일랜드로 통하는 도로 및 철도 교통은 단절되었으며, 이로써 이 섬과 시의 다른 부분과의 커뮤니케이션은 사실상 두절되었다. 롯꼬오섬의 병원에 입원중이던 250명에 달하는 환자들은 사흘 동안 물도 도움도 받지 못한 채 방치되었으며, 겨우 근처의 호텔에서 일용품을 약탈할 수 있었을 뿐이었다.[3] 이 병원은 자동차산업에서 부품재고를 최소화하기 위하여 개발된 '저스트 인 타임'(just-in-time)이라 알려진 재고관리 씨스템을 도입하고 있었는데 그 결과 필수 의료용품은 순식간에 바닥나버렸다. 코오베시의 주요 응급병원인 코오베시립중앙시민병원은 원래 도심지에 있었는데, 땅값이 비싼 그 부지에 고층호텔을 짓는다는 개발계획 때문에 포트아일랜드로 이전하였다. 그런데 지진 때문에 이 섬의 교통이 두절되자 부상자는 물론 의사들까지도 병원에 접근할 방법이 없게 되었다.[4]

---

3) William Dawkins, "Quake Survivors Struggle to Pick Up the Pieces," *The Australian*, January 26, 1995.
4) 內橋克人,「ポートアイランドで何が起きたか」,『世界』1995年 4月, 97~103면 중 98면.

한신고속도로의 코오베(나다) 부근 고가
도로가 붕괴된 모습. 1995년 1월 17일 지
진발생 당일 촬영(『アサヒグラフ』 1995
年 2月 1日, 朝日新聞社).

코오베시 나다구 오오이시(大石)와 신자이께(新在家) 구간의 한신철도. 1995년 1월 17일 지
진발생 당일 촬영(『アサヒグラフ』 1995年 2月 1日, 朝日新聞社).

긴급지령정보쎈터가 설치되어 있는 효오고(兵庫)현 경찰본부의 주요 시설 또한 포트아일랜드로 이전하였기 때문에 병원과 마찬가지로 제대로 기능할 수 없었다(이것이야말로 지진발생 직후의 교통통제 불능 및 혼란상황을 야기한 원인이라 판단된다).[5] 포트아일랜드에 있던 헬기장 또한 사용이 불가능하였다. 일본 전체 화물운송의 30%를 담당하던 39개의 초현대식 컨테이너 부두도 이들 중 단지 하나가 붕괴함에 따라 부두기능 전체가 마비되었다.[6] 지진으로 인하여 상수도 본관이 파열되었는데, 코오베시에는 예비급수체계가 마련되어 있지 않았다. 명령계통이 부재하고 도로가 무너지거나 끊어졌기 때문에 소방대가 화재현장에 진입할 수 없었고 그리하여 지진발생 후 수일 동안 거의 아무런 제지도 받지 않고 계속 불길이 치솟았으며, 시 주변에 설치된 저유탱크에서 흘러나온 석유를 연료삼아 불길이 타오르기도 하였다. 이러한 화재들이 얼마나 많은 피해를 추가로 입혔으며 얼마나 많은 인명을 추가로 앗아갔는지는 알려져 있지 않다.

잔해더미에서 마지막으로 생존자를 구조한 것은 지진발생 닷새째 되던 날이었다. 화재진압이나 구조노력의 지연, 혼란, 계획의 불충분 등이 아니었다면 얼마나 많은 인명을 구조할 수 있었을지는 알 수 없는 일이다. 코오베시의 수도부장은 자살하였는데 아마도 좌절감 때문이었을 것이다. 코오베시와 그 인근지역을 모두 합쳐 6천명이 넘는 사람이 사망하였으며 수천명이 부상당하였다. 주택은 대체로 다섯 채 중 한 채가 파괴되었으며 물적인 피해는 10조~20조엔으로 추산되었다. 지진으로 집을 잃은 사람은 31만명에 달하였는데, 이들은 1945년 종전 직후처럼 당장 먹을 것과 잠자리를 구해야 하는, 우선 살고 봐야 하는 상황으로 갑자기 내던져진 것이다. 경제초강대국의 국민들은 마치 악몽처럼 50년 전의 집단기억 속에 각인되어 있던 광경들을 다시 보았다. 즉 철저히 파괴된 도시와 음식과 물도 없이 추위에 떨고 굶주리면서 친척이나 가재도구를 찾아 무너진 건물의 잔해더미를

5) 같은 글. 또한 青木秀和・河宮信郎, 「阪神大震災で崩れさったもの」, 『情況』 1995年 4月, 97~109면 중 103~104면 참조.
6) Sayle, 앞의 글.

필사적으로 파헤치고 있는 사람들의 모습이었다. 인명피해나 물적 피해를 어떠한 방식으로 측정한다 해도 이러한 재해의 규모는 물론, 사회 전체에 파급된 충격을 도저히 제대로 표현할 수 없었다.

고오베지진은 전세계에서 동정적인 반응을 불러일으켰다. 도움을 주겠다는 의사표명이 각국에서 답지했으나 일본 관료들의 반응은 냉담하였으며, 응급구조보다는 오히려 관료 자신들의 통제나 국가의 '체면' 유지를 더 중시하는 것 같았다. 외국 정부들이 제시한 62건의 원조 중에서 오직 20건만을 수락했을 뿐이었다.[7] 항공모함을 해상 난민캠프로 제공하겠다는 미해군의 제안도 거절하였다.[8] 외국 의사들의 진료활동도 처음에는 일본 국내 면허를 가지고 있지 않다는 이유로 거절했으나 매우 엄격한 조건을 달아서 결국 받아들이기로 하였다. '탐색견'을 동반한 특수구조팀도 공항의 방역구역에서 수일간 발이 묶였다.[9] 지방에서도 동일한 사태가 반복되었다. 인접한 오까야마(岡山)현의 소규모 다다미공장의 경영자가 자신의 공장에서 생산한 다다미를 이재민들에게 전해주려 하였으나, 다다미를 깔 곳이 없으니 되돌아가라는 말을 들었을 뿐이었다.[10]

일본열도가 지진에 취약하다는 사실은 물론 잘 알려져 있다. 지진을 예측하기 위한 지진관측 연구에 엄청난 자금을 투여했으나 지난 30년간 실제로 지진을 예측한 사례는 한번도 없었다.[11] 국토청과 각 현 및 시 당국은 전국 방방곡곡에서 지진 모의실험 씨뮬레이션을 여러 차례 반복 실시하였으나, 흔히 일어나는 대륙판 이동에 의한 지진의 위협에만 주목하였을 뿐 단층에

7) Peter Hartcher, "After-shock of Anger with a Bungling Bureaucracy——Tokyo Observed," *Australian Financial Review*, January 30, 1995.
8) Eric Talmedge, "Japanese Quake Evacuees Grill Bureaucrats on TV," *The Australian*, January 30, 1995.
9) Ben Hills, "Murayama Slammed over Quake Bungle," *Sydney Morning Herald*, January 24, 1995; Robert Guest, "Elite British Rescue Team Ignored in Quake City," *Daily Telegraph*, January 31, 1995; 靑木·河宮, 앞의 글, 103면.
10) 大津いつお,「無能な官僚と低い土木技術」(편지),『週刊金曜日』1995年 4月 7日, 30면.
11) Ben Hills, "Epidemic Fear as Bodies Rot in Kobe," *The Age*, January 23, 1995.

의한 지진은 무시되었다. 일본기상협회(日本氣象協會)의 확고한 견해에 의하면 코오베 부근은 일본에서 "지진 위험이 없는" 18개 지역의 하나였으나[12] 일부 전문가들은 이와 상반된 견해를 가지고 있었다. 활단층(活斷層) 연구자료쎈터의 소장이며 이 분야에 관해 주요 연구를 발표한 바 있는 후지따 카즈오(藤田和夫)는 코오베 부근에 얽혀 있는 단층선에 주목할 것을 주장하였으며, 지진 기록이 하나도 없다는 사실은 안심해도 될 이유가 아니라 오히려 위험의 징조로 보아야 한다고 경고한 바 있다.[13] 1993년 일본 지진학회 총회에서 히로시마대학의 나까다 타까시(中田高) 교수 또한 칸사이 지방의 도시들 지하에 있는 복잡하게 얽힌 단층선에 주목할 것과 이러한 도시들에서 캘리포니아 방식의 건축규제를 실시할 것을 주장하였다.[14] 그러나 이들 두 사람의 주장은 무시되었다.

일본의 도시만들기(まちづくり)계획연구소 소장은 1994년 로스앤젤레스 지진을 연구한 후 일본 고속도로의 안전기준을 재심의할 것을 요청하였으나 건설성의 전문가들은 그럴 필요가 없다고 선언하였다.[15] 심지어 위험성이 큰 지역이라는 점에서 모든 사람의 의견이 일치하고 있는 토오꾜오 부근에서조차 안전기준의 규정에 따라 건설한 빌딩이나 고속도로, 또는 철도가 안전하지 않을 수도 있다는 주장은 전혀 제기된 바 없었다. 그러므로 코오베에서는 리히터 지진계로 강도 5.0의 지진을 최악의 시나리오로 하여 작성된 건설기준 규정을 준수하는 것만으로 충분하다고 생각되었던 것이다. 코오베시는 팽창을 계속하여, 1980년 인구 120만의 도시에서 1995년에는 인구 150만의 도시로 성장하면서 산과 바다를 잠식하기 시작한 결과, (시마쯔의 적나라한 표현을 빌리자면) "매립지 위에 콘크리트와 네온싸인으로 만들어진 죽음의 덫"[16]이 되었다. 1월 17일 지진이 발생할 때까지는

---

12) "Fear of Trembling," A Survey of Earthquake Engineering, *The Economist*, April 22, 1995, 4면.
13) 藤田和夫, 『變動する日本列島』, 岩波新書 1985(특히 127면의 지도와 분석 참조).
14) 靑木·河宮, 앞의 글, 101면.
15) 같은 곳.
16) Yoichi Clark Shimatsu, "After the Earthquake, an Economy Built on Quicksand is

학계와 관계의 일치된 견해에 대해 진지하게 의문을 제기한 사람은 없었다. 그후 얼마 안되어 공식적인 평가가 뒤집어져 코오베는 "미래의 충격에 특히 취약한 지역"[17]으로 선포되었다.

전문기들의 견해만 틀렸던 것이 아니었다. 그나마 존재하던 명목적인 기준들조차 많은 경우 무시되었다. 산업과 테크놀러지에서는 초강대국인 일본이 그 심장부에 있는 주요 시설의 공사에서는 전적으로 '제3세계' 수준이었던 것이다. 이렇게 정략적인 이해관계 때문에 만들어진 구조물들은 전문가로서의 책임감이나 안전에 대한 배려는 거의 없이 단지 이윤을 극대화하기 위하여 설계되고 시공되었던 것이다. 건설업계의 부패는 지난 몇년간 그 일반적인 모습이 대체로 알려지긴 했지만(이 책 제1장 참조), 코오베지진이 일어나고 나서야 비로소 그 치명적인 결과가 명백히 드러났다. 붕괴된 빌딩, 교량, 기둥들을 설계하고 건설한 기술자와 전문가들이 소속된 협회들은 놀라움으로 할말을 잊었다고 선언하였으며 자신들의 설계명세서에 따라 건설된 교량을 건너는 것조차 두려워하게 되었다.[18] 몇몇 자동차도로의 교량에서는 나무거푸집을 그대로 놓아둔 채 그 둘레에 콘크리트를 부어넣은 사실이 드러나기도 하였으며 다른 곳에서는 보강재인 강철테가 규정의 절반밖에 사용되지 않았다는 사실도 밝혀졌다.[19] 미쯔비시액화가스가 코오베에 건설한 143개의 가스탱크 중에서 86%에 해당하는 114개가 공식적인 기준에 미달한다는 사실이 밝혀졌으며, 이들이 위치하고 있는 부지는 어떤 곳은 심하게는 70cm나 침하하였다.[20] 더욱이 이러한 피해 중 상당 부분은 코오베시의 개발업자들이 상당한 긍지를 갖고 있던 저지대 늪지와 임해지역 또는 새로 개발된 섬지역에 집중되어 있었다.

위기가 들이닥치자 중앙정부는 마비되었으며 시와 현과 국가의 경찰, 소

Exposed," *Los Angeles Times*, January 20, 1995.

17) "Fear of Trembling".

18) 本多勝一,「弱者を襲った'差別的人災'としての阪神大震災」,『週刊金曜日』1995年 2月 3日, 7~13면.

19) Sayle, 앞의 글: 靑木·河宮, 앞의 글, 99면.

20) 靑木·河宮, 앞의 글, 104면.

방대, 수도국, 고속도로 관리자, 그리고 자위대마저도 신뢰할 수 없다는 사실이 드러났다.[21] 붕괴된 신깐센과 고속도로는 일본의 뛰어난 건설기술의 정수로 여겨지던 것들이었다. 다시 말하자면 일본 최대의 산업이 기술적으로 문제가 있거나 부패하였거나, 아니면 그 두 가지 모두였던 것이다. 오래 전인 60년대 초반에 건설된 메이신(名神)고속도로(나고야-코오베)라든가 심지어 더 오래 전에 건설된 코오베시를 관통하는 산요오철도는 지진을 견뎌냈으나 80년대와 90년대라는 전성기, 다시 말해 한때 엄격하던 일본국유철도의 민영화 이후에 건설된 새로운 철도와 도로는 지진의 충격을 견뎌내지 못하였다.[22] 새로 건설된 두 개의 인공섬은 정보화 사회 또는 정보화 도시를 구현하는 것이라 생각되었으나, 1995년 1월 이후부터는 이러한 주장이 다시 등장하려면 상당한 세월이 지나야 할 것이다.

코오베의 붕괴 후에 여러가지 의문들이 제기되었다. 코오베시뿐만이 아니라 20세기 후반 일본 전체의 정치·경제의 근저에 놓여 있는 가정들이, 자연의 힘 앞에서 빌딩, 교량, 자동차도로, 심지어 섬들의 파괴된 지반만큼이나 갑자기 그리고 거칠게 백일하에 드러났다. 제기된 의문들은 예상치 못했던만큼 또한 신랄하였다. 테크놀러지에 대한 믿음, 관료들의 능력에 대한 신뢰, 어떠한 위기가 발생하더라도 관계당국이 국민을 보호해줄 것이라는 확신이 근본적으로 흔들렸다. 테크놀러지와 공사의 기준에 관한 의문들은 사실상 국가의 아이덴티티와 방향에 대하여 제기된 것이었다.

관료기구와 정계의 무능한 모습은 도저히 잊혀질 수 없는 것이었다. 한편으로는 코오베에는 지진이 일어나지 않을 것이라고 자신있게 단언하였기 때문에 밀어닥친 대참사에 대하여 전혀 준비가 되어 있지 않았으며, 그리고 다른 한편으로는 이러한 참사에 대한 대응이라는 면에서도 그러하였다. 이에 관하여 코오베에서 자라난 한 언론인은 다음과 같이 말하였다.

---

21) 筑紫哲也,「日本の敗北──官主民從, 民を殺す」,『週刊金曜日』 1995年 1月 27日, 8~9면.
22) 靑木·河宮, 앞의 글, 99면.

월 스트리트를 두려움에 떨게 했던 국가가 길거리에서 떨고 있는 지진 재해 민들에게 단 한 덩어리의 주먹밥도 제대로 공급할 수 없었다. 르완다같이 먼 곳까지 밀려가려고 안달하던 자위대는 오오사까의 막사에서 바로 이웃한 도 시까지 불과 수마일을 가는 데 한심할 정도로 많은 시간을 소비하며 꾸물거 렸다(게다가 이들은 헬리콥터나 흙 운반장비가 아니라 겨우 삽만 들고 갔을 뿐이었다). 전세계에서 가장 능률적인 생산체제라고 자랑하던 칸사이 내해 (內海)의 산업지대는 마치 엉망진창으로 망가져버린 골드버그(Rube Goldberg, 1883~1970: 미국의 만화가. 특히 매우 간단한 목적을 수행하기 위하여 만들어진 엄청나게 복잡한 기계장치들을 묘사한 Lucifer Butts 씨리즈로 유명하다— 옮긴이)의 기계장치와도 같이 전선과 톱니바퀴 덩어리에 불과하다는 사실이 드러났다.[23]

더욱 심층적인 수준에서 소설가이자 논평가인 오다 마꼬또(小田實, 그는 공교롭게도 주요 재해지역인 니시노미야西宮시에 살고 있었다)는 지진 후 에 발생한 사건들이 관료기구의 도덕적인 파산을 폭로했으며, 관료들이 자 연의 힘과 주민의 필요를 무시하면서 토목기술과 공공사업을 우선시했다 는 사실을 드러냈다고 지적하였다.[24] 몇몇 사람들은 심지어 일본의 패배를 운운하기도 하였으며 또한 이러한 일련의 사건들의 진행을 통하여 삶보다 도 성장을 추구한 것이 얼마나 공허한 것인가가 폭로되었다고 주장하기도 하였다.[25] 또다른 사람들은 이러한 재해가 단 일격에 현대 일본의 모순을 폭로했다고 주장하였다.[26] 모든 것을 무시하고 전력을 다해 편의와 경제적 효율만을 추구해온 도시는 시민들의 진정한 이익을 배신하였으며 약자와 가난한 자들을 희생시켰다. 인명피해와 물적인 손실은 노동계급에 속하는 일본인과 한반도 및 중국으로부터 이주한 노동자들 및 그 후손들, 불법체

---

23) Shimatsu, 앞의 글.
24) 小田實,「‘人災’の中で怒り, 考える」,『週刊金曜日』1995年 1月 27日, 10~11면.
25) 筑紫, 앞의 글; 早川和男,「災害無防備都市神戶はこうしてつくられた」,『週刊金曜 日』1995年 2月 3日, 14~17면.
26) 本多, 앞의 글, 7면.

류 외국인 노동자, 그리고 부라꾸민(部落民, 천민)들이 집단으로 거주하는 지역에 특히 집중되어 있었다.[27] 시가 추진해온 개발정책에서 잊혀졌던 주민들과 지역들이야말로 재해가 발생하자 가장 큰 피해를 당하였다. 바로 이러한 점 때문에 어느 논평가는 코오베지진을 자연재앙이 아니라 "차별적 인재(人災)"라고 규정하였다.[28]

코오베시가 채택하여 맹렬히 추구했던 개발공식에 대한 좀더 상세한 비판은 일본엔트로피학회라는 비판적 학자들의 전국적인 네트워크에 소속된 두 명의 소장학자, 아오끼 히데까즈(靑木秀和)와 카와미야 노부오(河宮信郎)가 제기하였다.[29] 1994년 이들은 토건국가(土建國家) 현상에 대한 통렬한 비판서를 출판하여 대대적인 사회기반시설 개발을 공공부채로 조달하는 재정패턴에 주목해야 한다고 주장한 바 있다. 지방정부와 중앙정부 모두가 토지의 구입, 개량, 매매라는 사업 싸이클에 관여하고 있는데, 이 과정은 부동산 가격이 지속적으로 상승하리란 예측에 입각해 있다. 일본에서는 계속적인 팽창이 공공사업의 공익성보다 우선시되고 있으며 비록 이 과정에서 상당 정도로 민간의 부가 축적되긴 하지만 공중에게 남는 것은 엄청난 규모의 부채와 불완전하고 불편하며 공중의 필요에 적합하지 않은 사회기반시설뿐이었다. 코오베시의 부채 규모는 지진이 발생하기 전에 이미 1조 7천억엔(시민 1인당 114만엔)으로서 다른 도시들에 비하여 상당히 컸는데, 이는 연간 시 세입의 5.5배에 해당하는 것이었다.[30] 아오끼 및 카와미야에 의하면, 코오베지진은 토건국가 일본이 붕괴하는 클라이맥스 장면을 빨리돌리기 영상으로 극적으로 보여준 것과 마찬가지라고 한다.[31]

일본 경제가 성공적으로 변화하던 30년 동안에도, 회의적이며 부정적이며 심지어 (이러한 분위기에서는) 이단적이라고까지 할 수 있는 목소리들

---

27) Sayle, 앞의 글.
28) 本多, 앞의 글.
29) 靑木秀和 · 河宮信郎, 「日本土建國家論」, 『中京大學敎養論叢』, 第1部, 5卷 1号, 1994, 29~88면 및 第2部, 35卷 3号, 1995, 19~64면. 또한 靑木 · 河宮, 앞의 글 참조.
30) 內橋, 앞의 글, 102면.
31) 靑木秀和 · 河宮信郎, 「阪神大震災で崩れさ っ たもの」, 109면.

이 계속 제기되었다. 이들 중 가장 눈에 뜨이는 사람은 쮸우오오(中央)대학의 교수인 우자와 히로후미(宇澤弘文)로서 토오꾜오대학과 니이가따(新潟)내학의 교수를 역임한 그는 최근에 저작집을 출판하였다(이는 살아서 활동중인 학자로서는 극히 이례적인 일이다). 또한 쿄오또의 리쯔메이깐(立命館)대학 정책과학과 주임교수인 미야모또 켄이찌(宮本憲一)도 있다. 이 두 사람은 개발의 유형에 대하여 일관된 비판을 해왔기 때문에, 한신대지진에 대한 이들의 분석은 출판되자 커다란 신뢰를 받았다.[32]

미야모또는 이 재난이 초경제대국의 종말을 알리는 것이며 또한 예상되는 지진이 토오꾜오를 강타할 경우 발생할 사건의 전조라고 보았다.[33] 그는 코오베를 문자 그대로 '경제주의'란 길이 도달하게 될 종착점이라고 보았으며 일본의 기술문화가 궁극적으로 파탄하리라고 예측하였다. 미야모또에 의하면 맹렬히 추진된 전후의 개발이란 인간공동체 전체의 이익보다는 기업에 유리하도록 사회간접자본을 조성하기 위해 공공투자에 집중한 것에 불과하였다. 그 결과 도시는 인간공동체가 없는 사업지역으로 변화하였으며 안전에 대한 고려보다는 원유저장탱크와 석유화학공장의 입지선정이 우선시되었다. 이것은 다른 사람들이 말한 바와 같이 코오베를 비롯한 많은 도시들에서 지방자치정부가 도시개발업자로 변신한 결과 때문이라고 할 수 있다. 따라서 코오베에서 발생한 재해에 대한 정부의 책임은 매우 큰 것이다.

개발지상주의적인 시당국이 부풀린 코오베시에 관한 환상의 거품이 터진 것은 80년대에 금융의 거품이 붕괴한 것에 못지않은 심각한 교훈을 나라 전체에 주었다. 문제는 코오베 방식의 개발모델, 즉 성장에 대한 신념과 헌신이라는 일본의 일반적인 현상 중에서도 가장 극단적인 사례를 수정을 거쳐 지속시켜야 하는가, 아니면 근본적인 재검토가 필요한가의 문제이다.

기술관료주의적인 대책과 민주주의적인 대책 간에 경쟁무대가 마련되었다. 기술관료들은 이미 비대해질대로 비대해져버린 건설업에 또다시 활력

---

32) 宇澤弘文, 『宇澤弘文著作集——新しい經濟學を求めて』(全12卷), 岩波書店 1994.
33) 宮本憲一, 「都市經營から都市政策へ」, 『世界』 1995年 4月, 86~96면.

을 불어넣기 위하여 엄청난 양의 강철과 콘크리트를 사용하여 전국의 구조
물들을 보강할 필요성을 역설하였다. 이들은 이러한 계획이 일본 경제의
국내 수요를 촉진함으로써 세계무역 긴장을 완화할 것이며, 또한 추가적인
시장규제 완화 요구와도 합치하는 것이라고 주장하였다. 이들의 제안은 한
층 높은 기준을 적용함으로써 모든 도시들을 '방진(防震) 처리'하자는 것이
라 할 수 있다. 이들은 거대한 매머드 빌딩과 도시를 가로지르는 중층적인
고속철도와 고속도로, 그리고 광섬유 케이블로 연결된 '인텔리전트화'된 의
기양양한 테크노폴리스의 경관이라는 엄청난 환상의 실현을 목표로 하여
추진되어왔던 고층빌딩과 매립이라는 80년대형 개발계획을 계속 유지하자
는 것이다. 미야모또가 이미 묘사한 바 있으며 또한 과거에 발표한 그의 여
러 논문들의 공통된 테마였던 대안적인 해결책은 해안이나 만의 추가적인
매립을 금지하고 (이딸리아의 풍경보전법Landscape Preservation Law처
럼) 자동차의 통행을 부분적으로 금지함으로써 도심을 부활시키며 공공교
통체계를 확대하고 개선하는 것이다. 미야모또는 규제완화나 중앙집권적
관료기구를 통한 공공의 통제 그 어느 것도 선호하지 않으며 지역공동체가
다시 힘과 자유를 회복할 것을 선호하고 있다. 미야모또는 테크놀러지에
대한 이러한 자만은 지속 가능한 사회(sustainable society)의 요구라는 매
우 다른 이해(理解) 앞에 조만간 굴복할 것이라고 주장한다.[34)]

좀더 이론적인 측면에서 우자와 히로후미는 전통적인 고전 및 신고전 경
제학이 공공의 이익에는 관심을 갖고 있지 않다는 사실을 거듭 비판하고
있다. 우자와는 스스로 '사회적 공동자본'이라 이름붙인 것들에 대한 권리
가 인정되어야 한다는 주장을 다시금 강조하였는데, 여기서 사회적 공동자
본이란 대기, 바다와 강, 숲과 열린 공간 등을 의미한다. 그는 특히 60년대
이래 개발을 위하여 이런 것들을 점차 사유화한 것이야말로 60년대와 70년
대에 만연된 오염과 환경피폐, 엄청난 규모로 거듭된 환경파괴, 그리고 이
와 결합된 일본 특유의 부패구조의 근본 원인이라 보고 있다.[35)] 전통적인

---

34) 그밖에 최근의 간결한 설명으로는 宮本憲一 편, 『地球環境政策と日本の課題』, 岩波ブ
ックレット 368, 1995年 3月.

고전 및 신고전 경제학의 이론가들은 오오사까와 코오베 만의 해안파괴 및 매립과정에서 바다를 메우기 위해 인접한 롯꼬오산을 깎아버린 행위 등을 시장의 요구 및 그 결과로 나타날 성장이라는 면에서 정당화하고 있다. 이리한 주장들은 근본적으로 재검토되어야 한다. 코오베시에서 경제적인 이득은 단기적인 것에 불과하였으며 구조적인 왜곡, 부채, 그리고 사회적 · 환경적 비용은 무시되었다. 이렇게 상처 입은 환경을 회복하려면 여러 세대가 지나야 할 것이다.

학자나 언론인들뿐만 아니라 수많은 보통 사람들도 코오베지진을 통해서 오랫동안 당연한 것으로 여겨왔던 개발이라는 인습의 불합리성을 갑자기 깨닫게 되었다. 코오베는 치수(治水)를 한다는 명목으로 도시를 흐르는 강과 냇물을 콘크리트로 복개하여 폐쇄된 하수관으로 변형시켜버린 매우 전형적인 도시였다. 1월의 지진 이후에 발생한 물의 부족, 즉 마실 물, 소방용수, 나아가 목욕물까지 모자랐던 사태는 자연의 결과가 아니라 정책의 결과였던 것이다. 제방공사 등의 공공사업이 강이나 시내를 개선하는 것이라는 생각을 당연시하는 대신, 46세 된 오오사까의 한 도서관 직원은 다음과 같은 질문을 제기하였다. "왜 우리는 자연과의 공생을 시도하지 않을까요? 왜 편의의 추구를 잠시 보류하고 시험삼아 제방을 따라 튼튼한 뿌리를 가진 대나무를 심는 등의 조치를 취하지 않는 것일까요?"[36]

코오베의 충격이 일본을 성장과 소비와 낭비라는 천편일률적인 궤도에서 벗어나게 하여 지속 가능한 성장이라는 새로운 궤도에 올려놓는 데 기여할 것인가는 앞으로 두고 볼 일이다. 코오베와 오오사까 부근에 있는 단층의 모자이크는 일본열도의 곳곳에 유사한 방식으로 나타나고 있는데 해안 매립지와 매립된 삼각주, 그리고 만과 해변 등을 집중적으로 개발하는 것은 흔한 유형이다. 대륙판의 이동에 기인하는 재래식 지진의 위협 역시 결코 줄어들지 않았으며, 지금까지 코오베와 마찬가지로 지진의 위협에서 안전

---

35) 宇澤弘文,「21世紀'新しい經濟學'の可能性」,『エコノミスト』1995年 2月 14日, 84~99면.
36) 林道代,「災害時の川の重要性」(편지),『週刊金曜日』1995年 3月 10日, 2면.

하다고 생각되었던 여러 지역들에 대해서도 이제는 새로운 분류가 필요하다.

코오베 지역에서 현재 실행되고 있거나 장차 실행될 가장 큰 두 개의 프로젝트는 아까시대교(明石大橋, 1997년 완공 예정)와 코오베공항이다. 이둘은 모두 1995년 코오베지진을 일으켰던 단층선에 거의 걸쳐 있다시피 하다. 지난 수십년간은 일본 전역에서 저지대의 해변과 하구의 삼각주를 집중적으로 개발하고, 나아가 인공섬까지 조성하던 시기였다. 이렇게 새로 조성된 대지들은 토오꾜오 바로 외곽의 디즈니랜드와 마꾸하리멧세(幕張メッセ, 멧세Messe는 견본시見本市라는 의미의 독일어—옮긴이) 종합관 등을 포함하고 있는데, 액상화 현상으로 붕괴되었던 코오베시의 토양과 정확히 동일한 토질의 토양 및 유사한 단층선에 걸쳐 건설되어왔다.

토오꾜오 지역의 지진대비계획은 고속도로나 교량, 철로, 혹은 현대식 고층건물의 붕괴, 그리고 중요한 새로운 시설의 주변 혹은 지하 토양의 액상화 가능성을 고려한 적이 전혀 없다. 그러나 이제는 이러한 것들을 고려해야만 한다. 과거 400년 동안 토오꾜오 지역 바로 지하에서만 41차례의 지진이 발생하였으나 1894년 이래 단 한 차례도 발생하지 않았는데, 이러한 정적은 코오베지진 이후에는 오히려 나쁜 전조라고 볼 수밖에 없다.[37] 기존 시설 및 구조물들의 안전, 그리고 건설 예정 시설 및 구조물들의 잠재적 위험 역시 근본적으로 재검토되어야 한다. 원자력발전소의 지하에서 또는 예컨대 논란이 계속되고 있는 아오모리(青森)현의 핵폐기물처리시설 근방에서 코오베와 같은 규모의 지진이 일어날 때 발생할 결과를 생각해본다면, 일본 국민은 이미 다른 수많은 측면에서 치명적인 오류라 판명된 관계당국의 판단을 과연 신뢰해야 하는가 의심하지 않을 수 없을 것이다.

그러나 충격이 점차 사라짐에 따라 이러한 교훈을 배우고 적용할 가능성도 함께 사라지고 있다. 뿌리깊은 정계와 관계와 재계의 이해집단들은 오랫동안 기술관료적인 해결책을 강조해왔다. 즉 (모든 것을 지진으로부터 안전하게 만들기 위한) 한층 철저한 관료적인 통제, 한층 엄격한 기준, 더

---

37) 塚田博康,「重荷を負いて遠き道を」,『世界』1995年 5月, 144~54면 중 145면.

욱 많은 자재의 사용, 전국의 사회기반시설에 대한 대규모 보강작업, 그리고 중앙정부가 비상사태시에 법의 지배를 중단하고 군대(자위대)의 동원을 허용하는 이른바 유사입법(有事立法) 등이다. 수천명의 일본 국민들이 아직도 이재민 갬프에서 간신히 삶을 이어가고 있는데, 코오베시는 지진으로 무너진 건물의 잔해를 포트아일랜드의 제2기 공사 및 건설 예정인 코오베공항의 기초공사에 '매립재'로 사용하려고 준비하고 있으며, 복구계획은 세기말을 장식할 '코오베 레저 월드 2000'이란 행사를 조직하느라 뒷전으로 밀어놓아버린 형편이다.[38]

일본정부는 향후 수년간 국가경제의 흡수력(absorptive capacity)을 증대시키고 이를 통하여 국제수지 흑자를 감소시키기 위하여 공공사업(더 많은 고속도로, 고속철도, 공항, 강을 막는 댐과 원자력발전소 등의 건설)이라는 이름 아래 천문학적인 금액을 지출할 것을 공약하였다. 이러한 방식에 저항할 사회적 세력은 그 어느 때보다도 강력해진 것이 분명하지만 서로 보조를 잘 맞추고 있지는 못하며, 어떠한 희생을 지불하더라도 성장을 지속한다는 목표 달성을 위해 고도로 잘 조직된 체제에 맞서 싸워야 한다. 코오베 이후 확실하게 말할 수 있는 것은, 이러한 모든 것들을 앞으로도 계속해야 한다는 근거가 다소 덜 확실해졌다는 것뿐이다. 더욱더 많은 사람들이 산을 깎고 강을 막고 숲의 나무를 베고 바다를 메우는 일을 계속할 필요에 대하여 의문을 제기하고 있으며, 이들은 왜 이러한 일들을 해야 하는가, 그리고 얼마나 많은 대가를 지불해야 하는가를 알려고 할 것이다.

그러나 또다른 전조들도 있다. 1995년 4월 지방선거의 결과는 가히 정치적인 지진이라 할 수 있는 것으로서, 이는 정치구조라는 경직된 표층과 정치·관료체계의 부패, 오만 그리고 냉담 때문에 지하에서 끓고 있던 민중의 분노가 드디어 폭발한 결과 발생하였다. 엄청난 비용이 드는 전통적인 선거 캠페인을 벌이면서 사실상 거의 모든 기성 정당의 지지를 받았던 연합추천 후보들(candidates of consensus)은 참패하였다. 정치체제를 정화

---

38) 같은 글, 105면.

하고 합리화하고 근대화할 것을 약속한 중도적인 개혁론자들 역시 낙선하였다. 그 대신에 토오꾜오도(都)를 움직일 권력은 TV 탤런트이며 코미디언인 아오시마 유끼오(靑島幸男, 그의 가장 잘 알려진 배역은 심술궂은 늙은이)가 장악하였는데, 그는 일부러 선거운동도 거의 하지 않았다. 아오시마는 세 가지 공약을 집중적으로 강조하였다. 즉 과도한 기업경영과 경영자의 명백한 부패로 인하여 파산한 두 신용조합의 긴급구조계획에 대한 지원을 거부한다는 것과 전임 시장의 집권시 핵심 프로젝트였던 세계도시 엑스포―토오꾜오 1996(결국 취소됨)과 80조엔이 소요될 해안개발계획(이 책 제1장 논의 참조)을 대폭 수정한다는 것이다. 오오사까에서도 역시 TV 탤런트가 승리하였다. 세 명의 코미디언이 등장해 판에 박은 연기를 하는 「놋꾸, 홋꾸, 빤찌」(Knock, Hook, Punch는 만화의 트리오―옮긴이)라는 프로그램에서 '놋꾸'의 역할로 유명한 '요꼬야마 놋꾸'(본명은 야마다 이사무 山田 勇)가 바로 그 사람으로서, 요꼬야마는 또한 문어의 흉내를 기가 막히게 잘 내는 것으로도 유명하다. 그는 자전거를 타고 돌아다니면서 자신의 선거벽보를 직접 붙이기도 하고 공중목욕탕에서 사람들을 만나기도 하였다.[39]

1995년 지방선거의 결과는 전통적인 일본 정치에 대한 대타격, 심지어는 조종(弔鐘)이라고도 할 수 있었다. 예상과는 달리 돈과 조직은 효과가 없었다. 선거분석자들 역시 이러한 결과는 이해관계의 조정, 야합과 뒷거래, 금권정치와 부패, 그리고 관료기구에 대한 굴종이라는 깊은 늪에 빠져 점점 서로 구분조차 어려워지는 기성 정당들에 대해 유권자들이 얼마나 깊은 소외감을 느끼고 있었는가, 또한 냉전이 종식되고 자민당 헤게모니가 무너진 후(1993년 7월 이후)에도 아무런 변화가 나타나지 않았다는 사실에 대한 유권자들의 실망이 얼마나 컸는가를 보여주었다는 데에 의견의 일치를 볼 수밖에 없었다. 이러한 이상한 선거결과가 과연 더욱 커다란 의미를 가질

---

39) Ben Hills, "At \$20bn, He's a Real Party Pooper," *Sydney Morning Herald*, April 29, 1995; 山之上玲子·山本眞男, 「靑島都知事公約が生命線」, 『AERA』 1995年 4月 24日, 6~9면; 山脇文子, 「浪花の常識 'ボケは賢い'」, 『AERA』 1995年 4月 24日, 10~11면; 新藤宗幸, 「中央政治を搖るがした統一地方選」, 『週刊金曜日』 1995年 4月 21日, 8~10면.

것인가 또한 일본판 문화혁명의 시작을 의미할 것인가는 아직 두고봐야 한다. 이는 기존 질서의 붕괴를 의미할 뿐 아니라 이제 막 새로 태어나려고 몸부림치고 있는 질서를 예고하는 것일 수도 있다. 이러한 상황은 1967년부터 10년 이상이나 일본의 주요 도시에서 집권에 성공했던 혁신자치체 정도에 불과한 것이 아니라, 근본적으로 상이한 가치체계를 구현하고 체화한 것일 수도 있다.

풍요는 토오꾜오와 오오사까의 주민들에게는 별다른 성취감을 가져다 주지 못하였다. 이들은 세계에서 가장 부유한 시민이라 여겨지고 있으나 이들의 삶은 너무나도 공허하고 소외된 것처럼 보인다. 일과 부의 축적 및 진보(기업 중심의 사회적·정치적 질서)를 상징하는 후보들을 배척하였다는 사실은 어떤 의미에서는 진보와 합리화와 근대화에 역행하려는 것처럼 보일 수도 있다. 그러나 이들은 새로운 방향을 추구하고 있는 것이다. 이러한 의미에서 1970년 오오사까 엑스포에서 최고조에 달했던 일본의 성장과 근대성에 대한 예찬의 궁극적인 종착점을 의미하게 될 세계도시 엑스포의 취소 조치야말로 이러한 새로운 문제의식을 가장 상징적으로 반영하는 것이다.

1995년 선거의 중요성은 단지 두 도시에만 국한되는 것이 아니다. 왜냐하면 토오꾜오와 오오사까가 일본 전체를 선도한다는 사실은 잘 알려져 있기 때문이다. 토오꾜오의 연간 예산은 중국이나 에스빠냐는 물론 영국 정부의 예산과 거의 같은 규모인 12조엔에 달하며 아오시마 휘하에는 공무원이 20만명이나 된다. 아오시마와 요꼬야마는 참의원의 무소속 의원으로서 특히 두드러지지는 않았으나 20년 넘게 명예롭게 활동하였기 때문에 국정에 대한 경험을 풍부히 가지고 있다. 그러나 이들이 과연 자신의 휘하의 관료기구를 통제하는 데 성공할 것인가는 의문시된다. 한편 이들이 시민들의 열정과 창조적인 에너지의 원천을 성공적으로 활성화하여, 낡은 정치질서를 거부하게 만들었던 냉소주의와 절망을 극복할 수 있을 것인가는 앞으로 지켜보아야 한다. 세계도시 엑스포—토오꾜오 1996을 취소한 아오시마의 조치에 대하여 재계와 관계가 벌였던 소란은 그의 앞에 어떠한 종류의 반대세력이 있는가를 보여준 것으로서, 이는 앞으로 싸워야 할 수많은 전투 중 단지 처음 것에 불과하다.

압력은 엄청나다. 아오시마나 요꼬야마나 모두 협의의 극대화, 권한부여 및 권한이양말고는 다른 조직이나 정책처방을 가진 것처럼 보이지는 않는 다. 오랫동안 고통을 받아온 시민들은 지역공동체에 권한을 부여하기를 명백히 바라고 있지만, 이것은 쉽사리 응하기 어려운 엄청난 주문이다. 지방자치의 회복──혁신정치가들이 오랫동안 지방분권이란 이름으로 논의해 온 것──과정을 시작한다는 것은 지난 100년 동안 진행된 중앙집권화와 근대화를 역전시키는 것이며 또한 전국적인 정치지도를 새로 그리는 것이기도 하다.

1995년 토오꾜오 지방선거에서 아오시마와 겨루던 후보인 오오마에 켄이찌(大前硏一)야말로 정치의 분권화에 대한 요구를 가장 소리높여 주장해온 인물이다. 그 어떠한 정치개혁안이라도 정치적 분권화라는 시각을 반드시 포함하게 마련인데, 2005년까지 일본을 11개의 자치주로 나누어 '일본합중국'(United States of Japan)을 건설하자는 오오마에의 구상은 상당히 음미해볼 만한 가치가 있는 것이다.[40] 만일 아오시마와 요꼬야마가 과거에 개혁을 약속했던 사람들의 전철을 밟는다면, 즉 개혁에 실패하고 공약을 저버린 결과 관료기구 및 관료적 우선순위가 다시 부활된다면 허무주의의 확산이라는 측면에서 그 사회적인 파장은 예측할 수 없을 정도로 심각해질 것이다.

아마도 낙관주의자는 정치적·경제적·사회적인 그리고 심지어는 (코오베의 경우) 물리적 질서 면에서의 이러한 모든 엄청난 변동의 건너편에서, 비록 아주 희미하기는 하지만 환경친화적이고 민주주의적이며 공화주의적이고 국제주의적이며 평화주의적인 일본의 윤곽을 파악할 수 있다고 할는지도 모른다. 이러한 새로운 질서의 특징은 성장률 제로와, 멍들고 상처받은 환경의 복원과, 다수의 자립적인 지역경제의 창출을 자랑하는 새로운

---

40) Richard McGregor, "Tokyo Candidate Battles the Bureaucrats," *The Australian*, February 7, 1995.

유형의 개발모델의 점진적인 등장이다. 사람들은 최소한의 에너지를 사용하여 주로 자기 지역에서 구할 수 있는 자원들을 사용하여 기본적인 이식주 면에서 자신들에게 필요한 것을 생산하고 저장하고 운반하게 될 것이다. 이는 노동시간을 감소시키고 (그리고 놀이시간을 증가시키며), 또한 실제로 노동을 놀이로 변화시킬 것이며, 사회적인 교제와 예술적·문화적 창조의 기회를 확대시킬 것이다. 그러한 일본에서는 지금까지 억압되고 부정되고 겨우 어렴풋이 감지만 할 수 있었던 아이덴티티들이 완전하고도 자유롭게 표현될 수 있을 것이다. (일본의 메갈로폴리스의 일부를 이루고 있지 않은) 지방들은 자신들의 목소리를 회복할 것이며, 일본과 인접한 아시아 지역간에 다중적인 교류의 길이 열리게 될 것이다. 또한 흔히 일본과 외부 세계의 교류에서 강하게 나타나던 대기업과 관료기구의 말투 역시 그 폭을 넓혀 많은 몽상가와 환상가, 그리고 보통의 일본 도시에서 온 열린 마음을 가진 '자원봉사자들'의 목소리도 들을 수 있게 될 것이다.

20세기 후반의 일본의 강당이나 로비, 술집과 다방에서는 이러한 프로그램의 기본적인 윤곽에 동의하는 여러 목소리를 들을 수 있을 것이다. 이 책은 민중이 자신들을 착취하거나 비하시키는 제도적 속박을 간파할 수 있는 기본적인 상식을 가지고 있으며, 또한 현명하고 품위있고 인간다운 세상을 창조하려고 끊임없이 노력할 것이라는 신념을 가지고 쓴 것이다. 이 책은 자신들이 가진 불안과, 또한 지금과는 매우 다른 미래인 21세기에 대한 바람의 일부를 필자와 공유하는 수많은 일본의 보통 사람들에게 바치는 것이다. 이 사람들은 헤게모니를 장악하고 있는 일본의 기업이나 관료와는 매우 이질적인 가치들을 보존하고 찬미해온 또다른 일본의 모습을 나에게 보여주었다.

보고자 하는 사람의 눈 앞에는 일본의 여러 상이한 미래에 대한 가능성의 씨앗이 움트고 있다. 이들 중 어떠한 것들이 튼튼하게 끝까지 자랄 것인가, 또 어떤 것들이 시들고 죽을 것인가는, 20세기를 지나 그 다음 천년으로 이어지는 미래에 계속될 투쟁의 결과 결정될 것이다.

제1부

정치경제

1

토건국가

토건국가의 병리

생산과 욕구

사람들의 다양한 욕구, 예컨대 식량, 주거, 일, 레크리에이션 등에 대한 욕구를 충족시키자면 재화생산 능력이 확대되어야 한다. 이것이야말로 근대화의 목표이며 일본은 지금까지 근대화에 있어 뛰어난 성공을 보여왔다. 그러나 생산능력의 단순한 팽창 그 자체로는 인간 욕구의 충족을 보장하지 못하며, 단지 이를 가능케 하는 조건에 불과하다. 전통적인 저개발경제의 질곡을 벗어나 성장의 비밀을 해독했음에도, 이러한 성장이라는 물줄기를 어떻게 잘 돌려서 인간의 욕구를 충족시킬 것인가란 문제는 여전히 남는다. 이같은 욕구들은 무제한 팽창이나 무분별한 생산성 확대의 경제에서조차 만족되지 않는 경우가 있다.

일본은 생산성 향상이라는 면에서는 천재적인 재능을 보여왔으나 90년대에 접어들어서도 이 문제에 대해서는 해결책을 찾느라 아직도 매우 고심하고 있음을 시사하는 증거들이 늘어나고 있다. 이 문제들은 지극히 정치적이지만 동시에 도덕적·철학적인 논점이기도 하다. 또한 이 문제는 일본에서 가장 첨예하게 나타나고 있지만 한편으로는 현대 산업문명이 보편적으로 직면하고 있는 문제이며, 따라서 이 문제에 대처하는 데 있어 일본이 성공할 것인가 또는 실패할 것인가는 매우 중요한 사안이다. 이것은 근원적으로는 생산력에 대한 사회적 통제의 확립이라는 문제인 것이다.

칸사이 지방의 전망

1994년 초만 해도 오오사까와 코오베 사이에 펼쳐진 오오사까만을 굽어보는 롯꼬오산의 중턱은 일본이 어디로 가고 있는가를 관찰하고 이에 대해 생각해보는 훌륭한 장소였다. 이것이 과연 유례없는 불황의 심연에 빠져 허덕이고 있는 일본의 모습인가? 지평선을 가로질러 건설의 파노라마가 펼쳐져 있다. 정기여객선, 유조선, 바지선, 예인선, 컨테이너선 등 끊임없이 만을 드나드는 수많은 선박들은 포트아일랜드와 롯꼬오섬을 지나고 있었는데, 이들 섬은 그 자체가 각각 도시로서(때로 이들은 미래도시 또는 해상 문화도시라 불리기도 했다), 최근에 매립된 지대에 새로 건설된 것이다. 어느 방향이든 눈길이 미치는 곳에서는 해안선을 따라 소리없이 꼼짝않고 서 있는, 놀란 기린과도 같은 크레인들을 볼 수 있었다. 롯꼬오산에서는 해안선을 따라 구불구불 이어지며 또한 매립지 위를 지나가는 자그마치 80km에 달하는 한신고속도로의 대부분을 볼 수 있었는데, 이는 4월 초에 개통된 것이다. 이 고속도로는 코오베시 옆의 포트아일랜드에서부터 롯꼬오섬을 지나 아마가사끼(尼崎)만의 페닉스 프로젝트(Phoenix Project), 테크노포트 오오사까(Technoport Osaka), 코스모스퀘어(Cosmosquare), 하버 라이트 21 프로젝트(Harbor Light 21 Project), 이즈미 오오쯔만(泉大津灣) 페닉스 프로젝트를 통과해 린꾸우 타운까지, 그리고 칸사이신국제공항(1994년 9월 개항)까지 이어진다.

칸사이공항은 현대의 기술과 공학이 이루어낸 놀라운 업적이다. 공항이 위치하는 511헥타르에 달하는 인공섬은 수심 18m의 해상에 조성되었는데,

지반이 너무나 약하고 불안정하기 때문에 개항 3개월 전에 벌써 0.5m나 지반이 침하하였으며 향후 50년간 하루에 0.5mm씩 계속 침하할 것이 예상되고 있다. 이 때문에 고숙련 기술자들이 공항을 떠받치는 수천개의 잭(jack)의 상태를 점검하여 수시로 조정해야 하는 지경에 이르렀다.[1] 공항은 해안에서 3.75km 떨어진 해상에 건설되었는데 그 이유는 기존의 오오사까공항이 도시의 발전으로 시가지 속에 묻혀버린데다가 안전은 물론 소음 때문에 기존 시설의 확장이 불가능하기 때문이었다. 하루 24시간 사용 가능한 공항의 건설은 국가경제 및 지역경제의 중심인 토오꾜오(그리고 불편하기로 악명높은 나리따공항)의 지위를 빼앗으려는 계획의 중요한 일부를 이루고 있었다. 건설비용은 자그마치 약 15조엔으로서 나리따공항의 5배에 달하고 있으며, 추가 활주로를 건설하려면 앞으로도 3조엔을 더 투입하여야 한다.[2] 1994년 9월에 문을 연 이래 이 공항은 주변지역의 경제 활성화에 중심적 역할을 할 것으로 기대되고 있다.

오오사까 해안선을 따라가다 보면 코스모스퀘어 주위에 세워지고 있는 사무실 건물들의 윤곽을 볼 수 있다. 여기에는 세계무역쎈터 빌딩과 아시아·태평양무역쎈터(간단히 '오즈' Oz라고만 불리게 될 Exotic Oasis O's)가 포함되어 있는데 이곳은 일본 최대의 상업지대가 되고 있다. 공항과 마찬가지로 이들도 24시간 내내 국제교류와 상업시설들을 제공하고 있다. 1994년 6월에는 이곳에서 세계 최대의 공룡전시회가 개최되었다. 오오사까와 칸사이공항의 건너편에는, 약간 각도가 어긋나 롯꼬오산에서는 보이지 않지만 와까야마(和歌山)시가 있는데, 와까야마 역시 자랑스러운 해상도시를 하나 가지고 있으며 1994년 여름에는 '세계 리조트 엑스포'를 유치하기도 하였다.

서쪽으로 눈길을 돌리면 시야에서 약간 벗어난 곳에 바야흐로 운송과 커

---

1) NHKテクノパワー·プロジェクト 편, 『巨大建設の世界』(全4卷), 第3卷, 『海上空港·沈下との闘い』 210면. 또한 Chris Falvey, "Airport Set to Rank with World's Most Inefficient," *The Australian*, July 5, 1994, 9면; 板垣優佳, 「なるか'アジアの玄關」, 『AERA』 1994年 5月 16日, 30~35면 참조.
2) 板垣, 앞의 글, 33면.

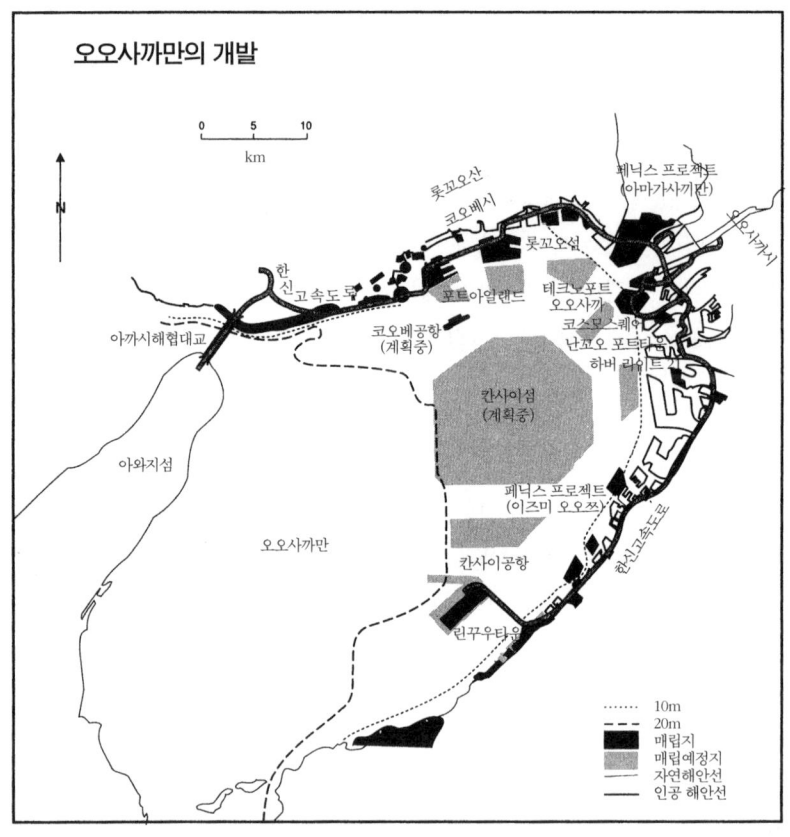

오오사까만의 개발

0 5 10
km

N

롯꼬오산
코오베시
한신고속도로
아까시해협대교
코오베공항 (계획중)
포트아일랜드
롯꼬오섬
테크포트 오오사까
코스모스꿰어
난꼬오 포트타운
하버 라이트
페닉스 프로젝트 (아마가사끼란)
오오사까시
아와지섬
칸사이섬 (계획중)
오오사까만
페닉스 프로젝트 (이즈미 오오쯔)
칸사이공항
린꾸우타운
한신고속도로

.... 10m
------ 20m
매립지
매립예정지
자연해안선
인공 해안선

뮤니케이션의 중심으로 등장하고 있는 기반 시설물들이 있다. 우선 코오베
바로 왼쪽에는 혼슈우(本州)와 아와지(淡路)섬을 연결하는 아까시대교가
들어설 것인데 이는 총길이 3910m로 1997년 완공 예정이다. 기둥과 기둥
사이의 거리(suspension span)가 세계에서 가장 긴 1990m나 되는 이 현수
교의 건설에는 약 6100억엔이 소요될 것으로 예상된다.[3] 아와지섬은 또한
오오사까만의 동쪽 끝에 위치한 와까야마시와 직접 연결될 것이며 또한 코

---

3) 이 건설 프로젝트에는 20만톤의 강철과 140만m³의 콘크리트가 사용될 것이다(佐野眞一,
「東京灣に投げこまれる山」, 『AERA』 1992年 12月 15日, 8면).

나루또(小鳴門)교를 통하여 시꼬꾸(四國)와도 직접 연결될 것이다. 이들 다리와 터널들은 토목공학적으로 중요한 성과들이며, 이를 통해 형성되는 회로는 이 광활한 지역의 통합 및 전세계와의 신속한 연결에 기여할 것이다. 사실상 아와지와 시꼬꾸는 더이상 섬이 아니게 될 것이다.

오오사까에서 내륙 쪽으로 칸사이문화학술연구도시라는 새로운 문화 메트로폴리스가 형성되고 있는데 그 중심은 케이한나(京阪奈, 쿄오또와 오오사까와 나라의 첫자를 음독으로 읽은 것) 광장이다. 이곳은 학술연구와 매력적인 도시·주거 환경을 결합한 모델도시로서, 문화와 라이프스타일의 연구 및 산업발전에 있어 활기찬 국제적인 중심지가 될 것이라 한다. 이 도시에 자리잡게 될 국제고등연구소(International Center for Advanced Studies)는 세계 각국으로부터 학자들을 초빙하여 연구와 씸포지엄을 개최할 것이다. 한편 오오사까시에는 1994년 유엔의 지구과학기술연구소(Research Institute of Innovative Technologies for the Earth)가 문을 열었다.

일본 서부의 칸사이 지방(쿄오또, 오오사까, 코오베, 나라 등을 포함)은 점차 그 무게중심을 과거 바다였던 곳으로 이동하면서 국제주의, 문화, 교육, 환경, 그리고 레저가 중심이 되는 새로운 아이덴티티를 선언하고 있다. 이러한 움직임은 60년대 이후 이 지역경제의 기반이었던 중공업과는 영 동떨어진 이야기이다. 쿄오또시는 1994년에 창도(創都) 1200주년을 기념하였는데, 이는 공교롭게도 칸사이국제공항의 개항과 시기가 일치하였다. 칸사이 지방은 고대 문화와 전통의 중심지로서 또한 활발한 국제교류와 통상과 학술연구의 중심지로서 토오꾜오(아·태지역의 핵심)를 능가하기 위하여 21세기를 향해 스스로의 방향을 정립하고 있는 것이다. 2300만 인구를 가진 칸사이 지방은 이미 72조엔에 달하는 GNP를 자랑하고 있는데, 이는 1994년도에는 캐나다 GNP와 같은 규모였고 1995년의 환율을 적용하면 이를 크게 넘어서는 액수이다.

이 지역은 오랫동안 일본의 중추를 이루고 있었다. 상업중심지인 칸사이 지방은 정치·행정 중심지인 토오꾜오를 포함하고 있는 칸또오(關東) 지방과 역사적으로 대비되어왔는데, 이러한 대비는 언어(방언), 요리, 가치관, 문화 등에 명확히 나타나고 있으며, 속담에도 등장할 정도로 뿌리깊은 것이다. 80년대와 90년대에 들어와 칸사이 지방에 형성되기 시작한 새로운 아이덴티티는 그 실현 가능성뿐 아니라 그 실체 자체가 진지하게 주목할 만한 가치가 있으며, 또한 이 지역의 과거와 양립 가능한 것인지, 주민들의 이해관계와 부합되는 것인지 따져볼 필요가 있다.

이중 상당 부분은 이미 진행되고 있는데, 이것들은 칸사이 지방에 특유한 것이기는 하지만 한편으로는 일본 전체의 발전을 대표하는 것이기도 하다. 그 공통된 특성으로는 우선 속도를 우선시하는 경향을 꼽을 수 있겠고, 다음으로는 매립 등을 통해 바다라는 장애물을 밀어내는 것을 중시하는 경향을 들 수 있다. 적어도 지난 30년 동안 개발추진자들에게는 속도야말로 중요한 관심사였다. 아마 강박관념이라는 표현을 써도 지나치지 않을 것이다. 칸사이신공항은 오오사까 시내에서 대략 40분 안에 도달할 수 있으며 반경 수백 킬로미터 내의 지점에서도 대체로 한두 시간이면 닿을 수 있다. 만일 21세기 초로 예정되어 있는 차세대 초음속여객기가 취항할 때쯤이면 칸사이 지방의 거의 모든 도시는 전세계의 주요 도시에서 세 시간 내에 도달할 수 있게 된다. 또한 계획대로 토오꾜오로부터 자기부상열차가 개설될 경우, 일본의 수도 역시 겨우 한 시간 거리에 있게 되는 것이다. 이러한 새로운 운송체계가 가동되면 앞으로는 일본의 고대, 중세, 근세, 현대사의 주요 유적들을 손쉽게 접할 수 있게 될 것이며, 그리하여 "마치 스테인드 글라스 창과 같이 매우 다채로운 지역경제와 문화지대"[4]를 건설하는 것이 가능해질 것이다.

이렇게 개발의 물결이 특히 높아지고 있는 지역은 세또나이까이(瀨戶內海)로서 이곳은 60년대 이래 전국적인 개발계획의 초점이 되어왔다. 개발이 시작되기 이전의 이곳은 하얗고 고운 모래가 깔린 해변을 따라 푸른 소나무가 우거진 풍광을 자랑하고 있었으며, 오오사까와 코오베의 어린이들

---

4) 大西正文(大阪商工會議所 회장),「關西空港への大動脈」,『朝日新聞』1994年 4月 2日.

이 헤엄치고 물고기를 잡으며 뛰어놀던 장소였다. 비록 이곳에서 산업적인 목적으로 이루어진 간척사업(바다를 메우고 해안지역을 개발하는 것을 의미한다)은 60년대 들어서야 시작되었으나, 강어귀의 점진적인 잠식은 지난 수백년간 계속되어왔다. 90년대에 이르러 인공적으로 조성된 해안은 만 전체의 95%를 차지하게 되었으며, 스마(須磨, 『만요오슈우 萬葉集』 등의 고대 문학작품에도 등장하는 유명한 곳) 등 극히 일부의 해변에서만 개발업자들에 대항하는 승산없는 싸움이 벌어지고 있을 뿐이다.[5] 고대의 문화적 아이덴티티와 양립 가능하고 자연 및 환경과 조화되는 새로운 아이덴티티를 형성하겠다는 주장은, 이러한 경향에 비추어 검토할 필요가 있다.

 이러한 개발사업에 쏟아부은 투자의 규모는 엄청난 것이다. 1988년 행정당국 및 민간 사업추진자들이 간행한 공식적인 오오사까만 지역발전구상에 따르면, 이 구상에 포함된 150개 주요 프로젝트 비용만도 15조 8천억엔이며, 만일 관련된 모든 프로젝트를 포괄할 경우 총비용은 35조엔에 달한다고 한다.[6] 이러한 계획은 1992년 12월 국회에서 통과된 오오사까만 지역정비개발특별법의 바탕이 되었다. 아와지섬을 포함하는 오오사까만의 해안선 160km가 동일한 패턴의 개발대상으로 통합되는데, 이러한 통합은 이 지역에만 국한되는 것이 아니라 시꼬꾸섬과 드넓은 배후지까지 포함하는 것이다.

 만(灣)의 이러한 변형은 거품경기부터 불경기 내내 그치지 않고 계속되었는데, 그 배경을 이루는 것은 산업구조의 변화라는 문제에 직면한 칸사이 지방 산업계의 모색과정이다. 제조업 특히 중화학공업 부문에서 칸사이 지방이 누리던 우위는 엔고(円高)와 아시아 신흥공업국들과의 경쟁 때문에 소멸되었다. 오오사까를 주축으로 하는 내해의 연안에는 일본의 철강생산 능력의 58%, 정유능력의 40%, 석유화학 정제의 35%, 구리제련의 63%, 납

---

5) 讚岐田訓, 「ベイエリア法について」, 大阪灣シンポジウム 편, 『大阪灣の本』, 1993, 60～71면 중 68～69면.

6) 이 점에 관해서는 특히 讚岐 교수의 조언에 감사드리는 바이며, 그의 논문을 많이 참고하였음을 밝혀둔다. 讚岐田訓의 「大阪灣はいま」, 앞의 책, 28～40면과 「大阪灣ベイエリア特別法」, 『世界』 1993年 3月, 180～81면과 「ベイエリア法について」.

58

제련 능력의 76%가 집중되어 있었다.[7] 그러나 80년대 후반 이래 일본의 산업은 중공업과 화학제조 및 제련 부문이 한때 누렸던 비교우위가 사라짐에 따라 급속히 공동화(空洞化)되었다. 오오사까과학기술쎈터의 조사에 의하면, 1988년에 오오사까만 지역의 산업용 부지 7000헥타르 중 1300헥타르가 놀고 있었다고 한다.[8] 이러한 문제에 대처하기 위하여 오오사까의 재계 지도자들이 고안해낸 전략은 '부드러운'(soft) 부문, 즉 정보 및 문화 산업으로 전략적 전환을 시도함으로써 칸사이 지방의 경제를 부활시키자는 것이다. 오오사까시가 예상대로 레저, 소비, 오락, 패션, 정보 등에 기반을 두는 새로운 칸사이(또한 아시아) 방식의 라이프스타일을 구현하게 될 경우, 칸사이공항은 이러한 구조적인 변화의 중심지가 될 것이다.

그러나 오오사까만 지역의 포스트포디즘적(post-Fordist) 미래가 지향하는 이러한 부드러움이라는 것도 건설과 토목이라는 딱딱한 토대(hard base)에 단단히 뿌리박게 될 것이며, 그 기술과 자본은 칸사이 지방이 그밖의 장기적인 비교우위를 갖도록 하는 데 기여할 것이고, 따라서 이 지역의 전통적인 산업들의 몰락을 보상하게 될 것이다. 1992년에 통과된 새로운 법률은 국가적으로도 중요한 의미를 갖는 입법으로서, 환경적인 이유나 과거의 법률에 규정된 제한, 예를 들어 1972년에 통과된 세또나이까이환경보전특별조치법 등을 근거로 하는 반대를 극복할 수 있게 할 것이다. 현재의 용량과잉 문제를 해결하기 위하여 바로 그 용량을 엄청난 규모로 더욱 증가시키기로 한 것은 대담한 선택이었다. 이러한 해결책이 경제적으로 또는 환경적으로 지혜로운 것이었는가는 오직 시간만이 말해줄 수 있다.

이 정도 규모의 공사라면 대부분의 야심을 충족시키기에 충분할 것이라 생각할 수 있지만 현재로서는 오히려 야심을 더욱 자극한 것처럼 보인다. 코오베의 포트아일랜드에 신공항을 하나 더 건설하겠다는 계획안이 공식적인 승인을 얻는 방향으로 진행되고 있다. 이 계획은 해안에서 3km 떨어진

7) Shigeto Tsuru(都留重人), *Japan's Capitalism: Creative Defeat and Beyond*, Cambridge: Cambridge University Press 1993, 130면.
8) 讚岐, 「ベイエリア法について」, 62면.

(코오베시 중심부인 산노미야三ノ宮 지역에서는 8km 떨어진) 지점에 면적이 300헥타르 되는 섬을 또 하나 건설하여 2003년 완공을 요구하고 있다.[9] 1993년 11월에는 JAPIC(Japan Industrial Projects Council, 일본산업계획회의: 약 215개의 개발 및 금융 단체를 대변하는 기구로서 사이또오 에이시로오齋藤英四郎가 의장을 맡고 있다)가 오오사까만에 더욱더 큰 규모(면적 1000헥타르)의 인공섬을 또 하나 건설하겠다는 계획을 발표하였다. 이 새로운 섬은 최근 완공된 신공항이 자리잡고 있는 인공섬의 두 배에 해당하는 규모이다. 칸사이지마라고 불리게 될 이 인공섬은 5조 5천억엔의 공사비를 들여서 2030년에 완공할 예정이다. 이 섬은 최근에 완공되거나 계획중인 다른 섬들과 일체를 이루면서 국제커뮤니케이션쎈터로 기능하게 될 것이다. 얼마 지나지 않아 이번에는 오오사까부(府)가 만(灣) 내에서 수심 15미터 이하의 전지역을 매립하여 4600헥타르에 달하는 육지를 새로이 확보하려는 계획을 가지고 있다는 사실이 알려졌다. 오오사까부는 개발을 계속하기 위해서는 2010년까지 그러한 규모의 팽창이 이루어져야 한다는 견해를 가지고 있는 듯하다.[10]

1994년 초 롯꼬오산에서 오오사까만의 개발이 전개되는 광경을 처음 바라봤을 때는 허무맹랑한 환상처럼 여겨지던 것이 이 점에서 현실적이며 장기적으로 가능한 것으로 간주해야 하게 되었다. 만 주변에서 행해진 초기의 매립공사는 수심 10m 이하의 얕은 지역을 대상으로 하였지만, 최근 공항건설에 사용되는 기술은 수심 18m 깊이에서도 공사를 가능케 하고 있다. 그러므로 현재와 같은 발전속도가 유지된다면 수심 20m 깊이의 매립도 단지 한 단계만 더 나아가면 되는 것으로서, 이 경우 매립지는 만 전체의 약 1/3에 달하게 된다. 현재의 발전속도가 계획대로 지속된다면 오오사까만은 향후 100년 남짓이면 아예 사라져버릴 수도 있다. 지금 막 만들어진 포트아일랜드와 롯꼬오섬도 결국 새로운 인공섬들에 밀려 바다에서 점점 멀어지게 될 것이며, 아마도 운하망을 통해 점점 물러나고 있는 바다와 연결될 것

---

9) 『神戶空港ニュース』, 第5號, 1994年 3月 28日.
10) 「水深十五メートルまでは大阪灣開發可能」, 『朝日新聞』(大阪版) 1994年 3月 3日.

이다. 와까야마시는 코오베와 더욱 가까워질 것인데, 왜냐하면 와까야마에 가려면 지금처럼 만을 빙 둘러서 돌아갈 필요없이 그냥 매립지 위로 곧바로 자동차를 몰고 가면 될 것이기 때문이다.

쿄오또, 나라, 오오사까, 코오베, 그리고 와까야마시 주변지역 전체에다가 아와지섬 및 시꼬꾸섬까지 합쳐, 어느정도는 '전원도시'이며[11] 그러면서도 21세기의 메갈로폴리스다운 광대한 '인텔리전트' 도시로 만들자는 비전은 많은 사람들의 공감을 얻고 있으며 이에 대한 의문은 별로 제기되지 않고 있다.[12] 지역의 자존심과 정서는 반대의견을 잠재우는 데 강력한 힘을 발휘하고 있으며, 광고선전은 독특한 칸사이의 아이덴티티(즉 토오꾜오보다 우월한 칸사이)라는 테마를 매우 강조하고 있는데, 이러한 아이덴티티는 한편으로는 근본적으로 '아시아적인' 것이라 주장될 것이다. 오오사까만 보존 캠페인을 벌이는 시민운동단체는 성원이 250명에 불과하기 때문에,[13] 이러한 특정한 형태의 개발에 진력하고 있는 행정당국이나 기업의 추진력을 저지할 가능성은 별로 크지 않아 보인다.

일본이 고도성장을 시작한 60년대 이래 이 지역의 개발속도는 엄청난 것이었다. '목이 부러질 정도'(breakneck)는 아니더라도 '숨가쁠 정도'(breathtaking)라고는 표현할 수 있을 정도이다. 그러나 여기에서 지적하고자 하는 것은, 지난 30년간에 걸친 급격한 변화가 일종의 현기증 혹은 도취를 야기하였으며, 그 결과 이러한 분위기에서는 '왜 이러한 성장을 시도하였는가' '이러한 성장은 우리를 어디로 데려갈 것인가'에 대해 성찰하기가 매우 어려워지고 말았다는 점이다. 60년대에는 인간답고 행복하며 풍요롭고 창조적인 삶을 획득하기 위한 수단으로서 일하고 저축하고 투자하고 개발하고 성장해야 할 필요가 있다는 데 사회적 합의가 이루어져 있었다. 그러나 90년대에 들어와 제기되고 있는 의문은 작은 변화를 제대로 이루어내

---

11) 건설성에서 선호하는 용어이다. 특히 『朝日新聞』(大阪版) 1994年 4月 2日의 2면 광고 특집 참조.
12) 「大阪灣ぐるり大變身」, 『朝日新聞』(大阪版) 1992年 5月 5日.
13) 「水深十五メートルまでは大阪灣開發可能」(그러나 이에 반대하는 호소문은 수천명의 서명을 얻었다).

지 않은 결과, 성장과 발전이 목적을 위한 수단이기보다는 목적 그 자체가
되어버린 것은 아닌가 하는 것이다. 21세기로의 전환을 맞이하는 이 시점
에, 성장이라는 지상명령에 의문을 제기하고 어떠한 장기적인 과정이 진행
중인가를 알아보려 시도하는 것이 좋을 듯하다. 자신들의 현재 행동이 앞
으로 7대 후에 미칠 영향까지 따져보는 이로쿼이(Iroquois)족 등 북미 인디
언의 관습이야말로 현대 산업사회가 일반적으로 결여하고 있는 장기적 전
망일 것이다. 1천년대를 마감하고 새로운 2천년대를 맞이하면서 일본이 어
디로 향하고 있는가를 고려할 때 이러한 장기적 전망을 가지는 것은 분명
적절할 듯싶다.[14)

계획과 공공사업

오랫동안 토목과 건설은 일본 정치경제의 핵심이었다. 일본에서는 근대
이전부터 토지간척사업과 관개사업이 시행되었으며 이중 일부는 규모가
매우 커서 상당한 노동력이 동원되기도 하였다.[15) 토건업은 일본 최대의 산
업이지만 제조업처럼 해외에 커다란 영향을 미치지 않았기 때문에 지금까
지 연구된 바도 비교적 적다. 전후 일본의 고도성장이 지속된 수십년 동안
토건부문은 중추적인 역할을 하였으며, 공공사업이 토건부문의 중심이 되
어왔기 때문에 토건업자들과 관료, 정부 간에는 항상 밀접한 관계가 유지
되었다. 60년대에는 7만 5000개 업체가 250만명에 달하는 사람들을 고용
하던[16) 토건업이 90년대 초에 이르러서는 약 50만개의 업체가 600만명 이

---

14) 이로쿼이족의 관습에 관해서는 Jean Chesneaux, *Le Monde Diplomatique*, November
1993을 참조했다. Chesneaux 교수는 Ignacy Sachs, "Une terre en renaissance, les
semences du developpement durable," Le Monde Diplomatique, ed., *Savoirs* 2, Paris,
October 1993을 인용하고 있다.

15) Hajime Matsuzaki(松崎元), *Construction Industry Unionism in Japan*, 특히 제7장
"Early History of Construction Industry and Unionism"(미출간 박사논문), University of
New South Wales, 1995 참조.

상을 고용할 정도로 성장하였다.[17] 이와는 대조적으로 제조업은 탈산업사
회로 이행하는 가운데 국가경제에서 차지하는 비중이 점차 줄어들었으며
1991년에는 단지 480만명을 고용하고 있을 뿐이었다.[18] 건설업의 경우 업
계 피라미드의 최상층부는 전체의 0.2%에 불과한 소수의 종합건설회사(제
네콘ゼネコン, 일반도급회사general contracting company를 일본식으로 축약하여
발음한 것—옮긴이)가 차지하고 있고, 나머지 99.8%는 실제로 공사를 수행하
는 소규모 하청업체들로 구성되어 있다.[19]

1993년만 해도 31조 8천억엔에 달하는 어마어마한 공공투자자금이 건설
업계에 유입되었다. 당해연도의 공공지출 총액이 73조엔이었음을 생각한
다면 이는 국가예산의 43%가 건설에 투자되었음을 의미한다.[20] 만일 여기
에 민간 주택건설과 토목공사를 더한다면 건설부문의 총지출은 90조엔이
되며 이는 GDP의 약 19.1%이다. 한편 미국의 공공사업비는 겨우 54조엔
(약 5000억 달러)에 그치고 있다(참고로 미국의 국토면적은 일본의 약 25
배이다).[21] 즉 일본은 미국보다 건설부문에 2.6배나 더 많은 예산을 지출하
고 있는데, 상대적인 토지면적을 감안한다면 일본의 건설부문 지출은 미국
의 32배에 달한다고 할 수 있다.[22] 믿기 어려운 일이지만, 일본은 미국의 국
방예산보다 더 많은 돈을 공공사업에 지출하고 있는데, 심지어 냉전이 최
고조에 달한 시기에도 그러하였다.[23]

---

16) 米山昭三 · 木內譽治, 『建設産業論』, 東京: 都市文化社 1983, 23, 35면.
17) 日本經濟新聞社 편, 『ビジュアル日本の産業』, 1994, 114~15면.
18) Matsuzaki, 앞의 책, 제8장, 5면.
19) 「圖說公共事業」, 『世界』1993年 12月, 47~53면 중 53면.
20) 「公共投資五一〇兆円に」, 『日本經濟新聞』1994年 6月 15日. (이는 건설성의 추산으로
    서 공공사업이라는 구체적인 항목뿐 아니라 상당 부분 지방교부세 및 재정투융자 등 다
    양한 예산항목으로 이루어져 있기 때문에 분석하기가 어렵다.) 토건국가 일본의 재정적
    측면에 대한 시각과 철저한 분석을 위해서는 青木秀和 · 河宮信郎, 「日本土建國家論」,
    『中京大學敎養論叢』, 35券 1號, 1994, 29~88면 참조.
21) 田原總一朗, 「社會黨大臣, 何を變えたか」, 『週刊文春』1994年 5月 5~12日, 44~57면
    중 46~47면.
22) 青木 · 河宮, 앞의 글, 43~44면.
23) チャーマーズ · ジョンソン(Chalmers Johnson), 「日本は資本主義中最大のオチコボレ

무엇 때문인가? 일본은 산악지형이므로 다른 나라보다 토목공사비가 훨씬 더 많이 든다고 설명하는 것은 설득력이 없다. 오히려 이는 전후 장기간 지속된 일당지배체제하에서 대규모의 부패를 통해 민중을 착취하는 유착체계가 성립되었기 때문이며, 흔히 토건국가(土建國家)라 불리는 이 유착체계에서 건설이라는 행위는 권력의 재생산과 이윤의 분배과정에 부수하여 일어나는 것일 따름이다. 토건국가는 대규모의 '나눠먹기 체계'가 되었으며 그 수혜자는 수백만에 달하고 있는데, 이들은 여타 국가의 마피아에 필적할 만한 악몽 같은 존재들이다. 미국에서 냉전시대 정치경제의 핵심구조의 성격의 특징으로 종종 군산복합체(軍産複合體)라는 용어가 사용된 것과 마찬가지로 토건국가라는 표현은 일본을 잘 묘사하고 있으며, 냉전 종식 후 아직까지도 일본의 토건국가 체계가 약화될 기미는 별로 보이지 않고 있다.

이 토건국가 체계가 어떻게 움직이는지 살펴보자. 우선 건설성은 공식적으로 인정되는 카르텔(담합)에 속한 회사들에게 발주를 할당한다. 이들 건설회사는 정기적인 수주가 보장되며, 경쟁을 걱정할 필요가 없다. 공사수주 가격은 초기에 이미 부풀려지기 때문에, 통상 1~3%에 이르는 상납금을 징수당한 후에도 충분한 이윤을 남길 수 있다. 이 돈은 지방 및 중앙 수준의 정치조직을 유지하는 데 쓰인다. 또 건설회사들은 적절한 절차를 밟아 건설성 퇴직관료들에게 안락한 일자리를 마련해주거나 인사들이 국회나 지방의회에 출마할 경우 선거운동을 도와줌으로써 재·관·정(財·官·政)의 공동이익이라는 마법의 고리를 완벽하게 형성한다. 아주 최근까지만 해도 일본의 수상들은 수상직을 단지 사들였을 따름이며 일단 수상직에 취임하면 '부하들을 먹여살려야 했다'. 한편 일반 국회의원들 역시 선거구 관리를 위해 엄청나게 많은 돈이 필요하였다.

이 체계는 또한 정계의 보스, 사업가, 금융가, 관료, 때로는 야꾸자까지 포괄하는 유착관계로서 이들은 어깨를 맞대고 현금다발을 교환한다. 전통

だ」,『SAPIO』1994年 4月 28日, 2면. (냉전이 한창이던 1989년 미국의 방위예산은 3150억 달러에 달했다.)

적인 의미에서의 정치란 별로 의미가 없다. 정치가의 주요 업무란 정책이나 이념을 주창하는 것이 아니라 다양한 사회집단들의 이해를 조정하는 브로커로 기능하는 것이다. 이러한 체계에 의해 생겨난 부패는 1993년 정치위기의 핵심이 되었다.

사적인 목적이나 정당의 이익을 추구할 목적으로 공공재원을 전용하기 위해 이러한 회로를 가동하는 데 있어 어디에 건설용 콘크리트를 쏟아부을 것인가, 또한 쏟아붓는 목적이 무엇인가 하는 것은 부차적인 문제이다. 그러나 특정 프로젝트에 콘크리트를 쏟아붓는 것이 이러한 씨스템에 이해관계를 가진 많은 사람들이 정치적·사회적 이익을 도모하는 과정에서는 부차적인 중요성밖에 갖지 못할지 몰라도 시민들이나 국가와는 무관한 문제가 아닐뿐더러 일본의 자연환경, 도덕환경, 그리고 정치환경에는 매우 중요한 영향을 미쳐온 문제이다.

유착, 가격조작, 뇌물은 오랫동안 건설업계를 특징지어온 요소이다. 1993년과 94년에 이르러 이 씨스템의 내부 움직임이 갑자기 주목을 받게 되면서(건설업계의 부패 스캔들에 대한 조사 및 보도를 가리킴―옮긴이), 20~30억 엔 이하의 모든 공공사업 공사수주의 경우에는 공사비의 1%가, 그리고 100억엔 이상을 수주한 경우에는 공사비의 0.5%가 정치가들에게 상납되었다는 사실이 밝혀졌다.[24] 따라서 대규모 공사계약은 그 정치적 후원자에게 적게는 2억엔 내지 3억엔, 많게는 경우에 따라 10억엔에 달하는 이익이 돌아가게 할 수 있었다. 공공사업 예산의 규모를 감안하면 이것은 매년 3천억엔이 넘는 공공재원이 정치적 또는 사적인 목적을 위하여 전용되었음을 의미한다. 이러한 비합법적인, 실로 범죄라 할 수 있는 이런 체계의 그물망을 형성한 사람 중에는 일본사회에서 존경받는 인물들이 상당수 포함되어 있다. 흔히들 조직범죄라고 일컫는 것은 이와는 전혀 상이한 영역에 속하는 행동이기는 하지만, 사실 그 밑바닥에 깔린 원리는 전혀 다르지 않다. 이러한 정·관·재계 지도자들간의 유착관계는 90년대 초 일본 정치위기의 핵

---

24) 石川眞澄,「金權政治」,『世界』(임시증간호), 第594號, 1994年 4月, 132~35면 중 133면(이 비율은 『朝日新聞』의 추정이라고 제시하였음).

심이 되었다.

구조적인 유착체계는 70년대에 타나까 카꾸에이(田中角榮)에 의해 완성되었고, 타께시따 노보루(竹下登) 그리고 그 다음에는 카네마루 신(金丸信)이 그 자리를 계승하였다. 건설성은 타나까 파벌의 아성으로 간주되었다. 적절한 종합건설회사가 공공사업 공사를 수주하도록 함으로써 자민당의 금고에 자금이 흘러들어가게 하였으며, 이러한 자금은 중앙과 지방의 선거 및 기타 정치적 비용을 대는 데 사용되었다. 이러한 체계가 이른바 토건국가를 창출했던 것이다.

이러한 방식으로 천문학적인 금액이 회로에 유입되었으며 많은 사람들이 이익을 보았다. 경제성장의 추진력이 유지되는 동안 경제대국으로서의 일본의 명성은 높아졌으며 G7 회원국가들과의 무역마찰도 완화되었다. 교량, 터널, 도로, 철도, 공항과 같은 대규모 토목건설 프로젝트가 선호되었다. 토건국가 체계가 기능할 수 있게끔 하는 회로는 지방 수준에서도 충분히 많은 돈을 살포함으로써 집권당을 지지하는 네트워크가 유지될 수 있도록 하였으며 일부 자금은 자민당 중앙기구의 '리베이트'나 상납에 사용되었다. 정치가들의 능력은 자신들의 선거구에 얼마만큼의 공사일감과 돈과 일자리를 유치할 수 있는가, 또 소속 정당에 얼마나 많은 정치자금을 끌어올 수 있는가로 평가되었다. 일본에서 정치가 노릇을 하는 데 소요되는 비용은 다른 국가에 비하여 훨씬 높다. 어느 추산에 따르면 4배 이상이라고 하며, 정치가가 지역구 활동을 하기 위해서는 매년 수백만 달러(수억엔)가 필요한 것이 보통이다.

이러한 유착에 의한 부패구조 때문에 일본의 건설단가는 다른 어느 나라보다 높다. 이것이야말로 일본의 도로건설 비용이 독일의 4배 그리고 미국의 9배나 되는 이유이며,[25] 동시에 일본의 건설업이 국제경쟁력을 갖지 못하는 이유이기도 하다.

---

25) 落合信彦, 『日本の招待』, 東京: ザ・マサダ 1994, 224면. 일본의 건설비용은 미국의 2배 내지 3배로 추정되지만 인건비는 절반에 불과하다(高橋英一, 「日本の公共事業は高い」, 『東洋經濟』 1993年 10月 30日, 18~19면).

이러한 체계에서는 팽창의 추진이나 건설의 목표 및 우선순위가 공동체의 욕구를 대변하는 사회세력에 부응하여 결정되는 것이 아니라, 오히려 스스로의 확대재생산을 목표로 하는 건설업계 자체의 필요에 의하여 결정된다. 아오끼와 카와미야는 "부(富)를 과시하기 위해 경쟁적으로 손님들에게 선물을 주고 가치있는 물건들을 파괴하는 의례적인 축제"를 뜻하는 미국 인디언의 용어를 빌려서 이를 "포틀래치(potlatch) 건설경제"라고 부르고 있다.[26] 이와 유사하게 또다른 일본의 경제학자는 일본에서는 토목공사가 시장에 대한 고려나 사회적 요구와 무관하다는 점에서 이집트의 피라미드 건설과 비슷하다고 주장한 바 있다.[27] 그 결과 생겨난 콘크리트의 세계는 기업의 이윤축적이라는 지상명령에 가장 잘 부응하는 종류의 것이지만, 실제로 건설되는 구조물은 이러한 과정에서 부수적인 것이 되고 만다. 국민들의 삶의 질이 향상된다 해도 이 또한 마찬가지로 부수적인 것이며, 때로는 오히려 삶의 질이 악화되는 경우도 있다.

시절 좋을 때는 많은 관료들이 관료생활을 마치면서 (건설업계와 관계의—옮긴이) 지속적인 관계를 보장하기 위하여 일은 없고 혜택만 많은 건설회사 내의 각종 자리에 낙하산을 타고 내려왔다(이러한 낙하산 인사를 아마꾸다리天下り 라고 한다—옮긴이). 안 좋은 시절이 닥치자——90년대에는 상황이 나빠졌다——이러한 마법의 써클 구성원들은 현직 관료들을 제외하고는 모두 감옥에 가기 시작했다.

일본에서 일반적으로 '대부(代父)'로 알려졌던 카네마루 신은 1993년 3월 6일 체포되어 세금포탈죄로 기소되기 전까지 일본에서 가장 유력한 정치가였다. 그의 금고에서는 금괴, 현금다발, 증권다발 등이 다량의 문서와 함께 발견되었다. 이들 문서 중에는 주요 종합건설회사들의 명단과 그 정치헌금액이 적힌 리스트도 포함되어 있었다. 같은 해 6월과 7월에 걸쳐 거

---

26) 青木·河宮, 앞의 글, 33면. 정의는 *The Macquarie Dictionary*, 2nd rev. ed., 1987에 의함.

27) 佐和隆光·暉峻淑子·中村達也·西川潤, 「擴大經濟から成熟經濟へ」, 『世界』(임시 증간호), 第694號, 1994년 4月, 263~78면 중 268면.

물급 정치지도자와 재계 지도자들이 속속 체포되었다.

> 센나이(仙台) 시장
> 이바라끼(茨城)현 지시
> 미야기(宮城)현 지사
> 하자마구미(間組) 회장, 사장, 상무
> 시미즈건설(淸水建設) 회장, 부회장, 부사장, 상무
> 타이세이건설(大成建設) 사장, 부사장
> 카시마건설(鹿島建設) 부사장
> 일본건설업단체연합회 회장(시미즈건설 회장)
> 시미즈건설, 니시마쯔건설(西松建設), 미쯔이물산의 고위간부

그 절정은 전건설성 장관인 나까무라 키시로오(中村喜四郎)가 1994년 4월 1일 체포되어 '알선 및 수뢰' 혐의로 기소된 것이다.[28]

이러한 유명인사들의 체포만으로도 1993~94년은 보통의 시기가 아니었다. 건설업계 내부 사람들은 오랫동안 알고 있었지만 외부 사람들은 의구심만 갖고 있었는데 그중 상당수가 진실이었음이 확인된 것이다. 이러한 범죄에 특별히 놀란 사람들은 별로 없었지만 기소되었다는 사실 자체는 놀라운 것이었다. 특히 체포된 기업 총수들 사이에서 그러했을 것인데, 이들 중에는 바로 전에 퇴직한 고위 검사들을 법률고문으로 선임한 이들도 있었다.[29] 이들의 체포에 대한 일반 대중의 반응은 놀라움이라기보다는 혐오감이었다. 모든 사람들이 체제가 썩었다는 것을 알고 있었으며, 댐이나 대학,

---

28) 최근의 간편한 요약으로서는 田原總一朗,「國營ゼネコン'に談合が消えるか」,『週刊文春』1994年 4月 28日, 48~53면. 1994년 12월에 키따이바라끼(北茨城) 시장이 골프장 건설과 관련된 부패 혐의로 체포되었다. 그는 구금중에 자살하였으며 그의 후임 시장도 수뢰 혐의로 1995년 3월 체포되었다(Jiji Press News, "Kitaibaraki Mayor Arrested on Bribery Charges," March 2, 1995).

29) 中里則安,「ゼネコン'汚職列島'を作り上げた'天下り'にメス」,『Views』1994年 11月 24日, 45~48면.

병원, 정부청사, 새로운 철도노선, 스포츠쎈터, 액화천연가스 시설의 건설과 관련하여 이 두 지역에서 드러난 부패의 고리는 전혀 특별한 것이 아니라고 생각하였다.

체포된 사람들 중 나까무라 키시로오는 영민하고 야심 많으며, 전후에 출생한 정치인 중에서는 최초로 내각 각료 지위에 오른 인물이었다.[30] 이바라끼현의 타께우찌 후지오(竹內藤男) 지사는 타나까 카꾸에이의 '일본열도개조론'을 적극 지지하는 인물로서 이바라끼현의 눈부신 성장기에 18년간 지사로 재임하였으며, 공공사업계획을 자신의 지역에 끌어들이는 데 탁월한 능력을 발휘한 성공적인 정치가의 모델이었다. 센다이의 시장인 이시이 토오루(石井亨)는 1991년 이래 전국시장회 회장을 맡아왔다.

일본 굴지의 회사들을 경영하던 인사들도 체포되었다. 시미즈건설은 1992년 매출이 2조 1600억엔에 영업이윤이 1320억엔에 달하는 일본 최대의 기업으로서, 매년 기업예산에서 20억엔을 정치가에 대한 상납으로 책정해오곤 하였다(헌금 리스트에는 카네마루를 필두로 80명의 정상급 정치인들이 포함되어 있었다). 정상급의 종합건설사들은 모두 동일한 관행을 따르고 있었으며 국세청은 1991년에는 적어도 380억엔, 1993년에는 595억엔 이상의 자금의 흐름이 불분명하다고 보고한 바 있다.[31]

역설적인 것은 신생당(新生黨)이라는 새로운 정당을 만들기 위하여 1993년 자민당을 이탈해 신생 호소까와 내각의 중핵을 형성했던 일군의 자민당 정치인 중에는 타나까, 타께시따, 카네마루의 주요 후계자들과 그 동료들이 포함되어 있었다는 점이다. 즉 정치체제의 개혁이란 과제는 기성체계에 깊숙이 뿌리내리고 있는 사람들의 손으로 넘어가버리고 말았던 것이다. 정치가와 건설업계와 관료들은 이권과 영향력이라는 철의 삼각형으로 묶여 있었다. 건설회사들은 소위 '건설족' 정치인들에게 돈을 주었고 이들을 위해 선거시에 표를 모아주었으며 그 대신 건설성 관료들이 결정하는

---

30) 伊藤景子, 「金丸秘藏ㅅ子'榮光と轉落」, 『AERA』 1994年 3月 21日, 9~11면.
31) 「圖說公共事業」, 앞의 책. 1993년의 경우에는 Matsuzaki, 앞의 책, 제8장, 19면(『日本經濟新聞』 1993年 12月 30日에서 재인용).

대로 공공건설사업 중 일부 공사를 할당받았다. 관료들은 우호적인 회사들에게 사전에 정한 입찰가격(지명입찰제도)에 따라 공사계약을 나누어주었고 종국에는 선거에 출마하였다(그러한 경우 이들은 카네마루 선거조직의 도움을 받을 수 있었다). 1994년에는 건설성 퇴직관료 511명 중 111명이 곧바로 거대 종합건설회사나 아니면 반관반민(半官半民) 유관조직에 비단 낙하산을 타고 내려와 안락하고 보수가 많은 자리를 차지하는 것으로 공직 생활을 마감하였다.[32]

체포됨에 따라 좌절되기는 했으나 카네마루는 전근대적이며 사적(私的)인 체계를 합리화하여 이를 실질적인 조세, 즉 고정적인 상납금을 거두어들이는 근대적인 형태로 전환하려고 시도하였다. 카네마루는 담합에 참여하는 전국의 모든 회사들(특히 건설업단체연합회 소속의 회사들)이 매년 수주 규모에 따라 적절한 금액을 상납하는 절차를 확립함으로써 개별 계약에 따른 상납금을 감소시켰다(단 없앤 것은 아니었다). 이러한 방식으로 조성된 수입금은 순전히 사적인 것은 아니었으며 자민당의 정치자금에 사용되었다. 이러한 방식——연간 매출액의 1~3%에 해당하는 금액——의 상납 이외에도 특정한 계약과 관련하여 별도로 조성된 상납금도 있었다. 이러한 상납금들은 100만엔을 의미하는 만주우(饅頭, 만두)라거나 50만엔이나 10만엔을 의미하는 코오히이(コーヒー, 커피) 등 다양한 별명으로 불렸다.[33]

토건국가라는 체계는 경쟁의 회피를 보장하였으며 따라서 단가는 정기적으로 상승할 수밖에 없었다. 시장의 동향으로부터 보호받은 건설업계는 성장을 거듭해 기업수가 1960년 8만개사에서 1985년에는 50만개사로 증가하였다.[34] 납세자인 시민들의 이익은 철저하게 무시되었다. 오랜 논의를 거쳐 공정거래위원회는 1994년 4월 담합에 대해 형사절차를 취하지 않기로 결

---

32) 「天下りの建設官僚――一人公的法人を經由」, 『朝日新聞』 1994年 5月 4日. 또한 村田孝則, 「データ版 日本建設腐敗地圖」, 『東洋經濟』 1993年 8月 14~21日, 16~17면 참조.
33) 田原, 앞의 글, 51면.
34) 間宮淳, 「建設腐敗の構造」, 『東洋經濟』 1993年 8月 14~21日, 6~9면 중 9면에 있는 표 참조.

정하였다. 행정조치, 예를 들어 담합을 해체하라는 등의 조치를 통하여 체제가 개혁될 가능성은 별로 없다.[35]

공정거래위원회가 이빨 빠진 사냥개였던 반면, 몇몇 논평가들은 지금이야말로 조직범죄에 관한 법률을 건설업계의 비리에 적용해야 할 시기라고 주장하기 시작하였다.[36] 오스트레일리아부패방지독립위원회(Australian Independent Commission Against Corruption) 같은 외국의 모델들 역시 고려할 가치가 있는 것처럼 보였다. 직권남용이나 부패에 대한 국민의 분노는 아직 일반적이고 철저한 체제개혁에 대한 요구로 이어지지 못하고 있으며, 검찰 역시 개별적인 행위에만 관심이 있을 뿐 그 구조적인 맥락에는 손을 대지 않고 있다. 그 사업방식은 물론 이 사업의 일반적인 성격과 관련해 일본에서 건설업의 역할은 거의 문제시되지 않고 있다. 1994년 4월 검찰은 수사를 종료한다고 발표하였다. 그 결과, 감옥에 간 사람들은 이 체제가 적절한 보완작업을 거쳐 계속 존속하기 위해 자신들이 의례적인 희생양으로 선택되었을 따름이고 이는 어느정도 공정한 처분이었다는 느낌을 가질 수 있었다.

공공사업의 재정: 총결산

납세자인 시민들이 이러한 방식으로 아무것도 모르는 채 고도의 착취음모의 희생자가 된다는 것만으로도 불행한 일인데, 현실은 더욱 문제가 많다. 시민들은 모든 개별공사와 공공사업부문 전체에 쓰일 자금을 비합법적으로 비밀리에 징수당하는 셈이다. 더욱이 이러한 돈의 상당 부분이 조세에 기반을 둔 국가의 경상세입과 특별적자국채로 조달됨에 따라 누적적자가 천문학적인 수준에 이르렀고 이는 시민들의 어깨를 매우 무겁게 짓누르고 있다. 일본정부는 방만한 재정을 운영하는 미국정부에 비하면 건전재정

---

35) 田中彰, 「公取委は告發體制作れ」, 『朝日新聞』 1994年 4月 19日.
36) 佐高信, 「ゼネコンの體質, まさに'暴力團'」, 『Views』 1993年 11月 24日, 49면.

의 모델로 간주되고 있으나 현실은 이와 매우 다르다. 80년대의 저축대부
조합 스캔들에 미국정부가 연루되었던 것처럼 일본정부도 건설 스캔들과
관련되었으며, 또한 양국 모두 이를 위해 재정조치를 취하였다. 양국에서
는 그 결과 엄청난 적자가 발생하였고, 일본에서는 정부가 이를 국민들에
게 떠넘겼다.

　1994년 12월 현재 일본정부의 부채는 거의 300조엔(1994년 환율로 계산
할 때 3조 달러로서 미국 저축대부조합 스캔들 공식 추정액의 6배)에 달하
고 있는데, 이중 대부분은 1973년 이후의 시기, 나중에 타나까의 '일본열도
개조론'으로 발전한 경기회복 공공사업들과 이에 이은 다른 여러 대규모 프
로젝트를 추진하는 과정에서 누적된 것이다. 그러나 만일 여기에 숨겨진
부채나 지자체나 공사(公社)의 부채까지 포함시킨다면 총액은 380조엔에
달하며 만일 5%의 이율로 이들을 갚아나간다고 하면 원리금 총액이 1천조
엔(국민 1인당 약 800만엔)에 달하게 된다. 아오끼와 카와미야가 언급했듯
이 이러한 거액을 갚을 수 있는 방법은 단 두 가지뿐이다. 즉 초과세와 초
인플레이션뿐이다.[37]

　일본 세수의 약 16%는――이는 그림 1.1에서 명확히 볼 수 있는 바와 같
이 다른 산업국가와 비교하면 매우 큰 수치인데――이렇게 누적된 부채의
이자를 지불하는 데 사용되어야 한다. 다시 말해 이는 세금으로 1달러를 거
뒀을 때 대략 16센트가 이자를 갚는 데 들어간다는 얘기인데, 만약 이자율
이 갑자기 오르기라도 하면 엄청난 타격을 받게 될 것이다.[38] 그러나 일본
정부는 부채를 줄이거나 이를 없애기 위한 긴급조치들을 취하기보다는 90
년대 중반까지 막대한 공공사업 지출을 계속할 것이 거의 틀림없다. 문제
는 외국기업들이 공평하게 경쟁할 수 있도록 건설사업이 운영되게끔 하라
는 미국정부의 요구에 부응하는 것뿐만 아니라, 이러한 엄청난 지출을 정

---

37) 靑木·河宮, 앞의 글, 29면.
38) 水谷健二(東海硏究所 부회장 겸 이사장), 「日米同時代破産が世界恐怖を呼び起こ
　す」, 『BART』, 第9號, 1994年 5月 9日, 30~32면 중 32면. (水谷은 미국의 경우 부채에
　대한 이자의 상환율이 예산지출의 13.7%에 불과하다는 점을 지적하고 있다.)

〈그림 1.1〉 일본의 공채 및 GDP(1970~94)(青木秀和 그림)

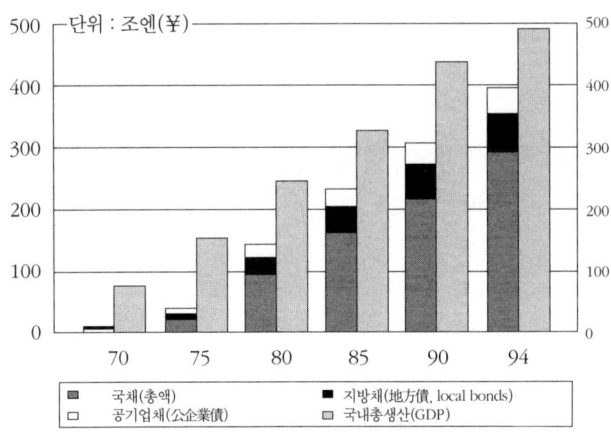

〈그림 1.2〉 국채에 대한 이자 지불(青木秀和 그림)

(국가예산대비)

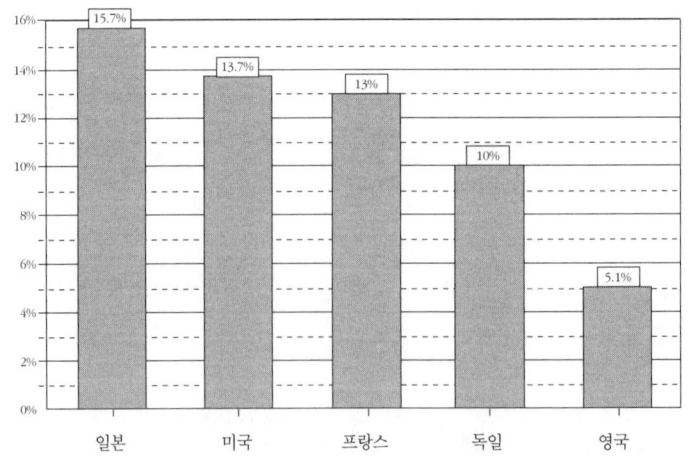

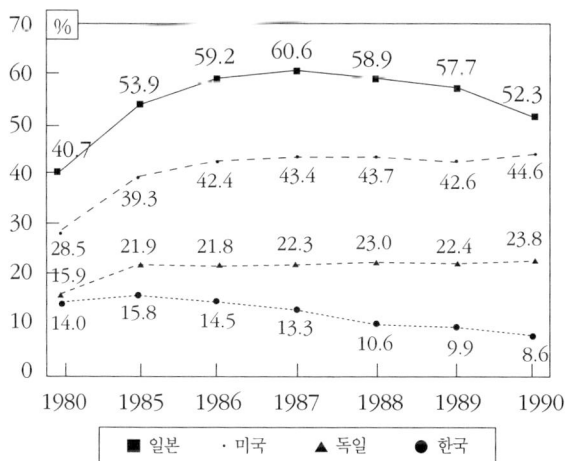

〈그림 1.3〉 중앙정부의 장기부채(青木秀和 그림)

당화할 수 있는 프로젝트들을 실제적으로 찾아내는 일이다. 하늘을 찌를 듯 높이 솟은 빌딩과 바다를 매립한 섬과 강을 막는 댐 그리고 섬을 연결하는 교량과 터널들이 이러한 시도의 일환으로 제안될 것이다.

경제를 활성화하라는 미국의 요구는 이러한 조치들을 정당화하기 위하여 인용될 것이며, 또한 건설업계와 건설성과 정치가들을 연결하는 황금의 고리에 계속 기름을 쳐주는 것이 필요할 것이다. 1990년 6월 구조조정회의에서 일본의 자민당 정부는 미국에게 2000년 이전에 공공사업에 대략 430조 엔을 지출하겠다고 약속하였다. 아마 전례도 없고 또한 유례도 없을 이러한 종류의 엄청난 지출을 주권국가가 단지 외압에 굴복해 행한다는 것, 게다가 이에 대한 반대가 무시할 정도로 미미한 수준이라는 것은 놀라운 현상이다.[39] 비록 1994년 10월 현재 아직 목표에는 상당히 미달하고 있지만 그 규모는 공공투자10개년기본계획(1995~2004)의 일환으로 200조엔이 추가로 증액되었다. 이 기본계획은 자금을 어디에서 조달할 것인가를 명시

---

39) 久野收, 『久野收世界を見つめる』, 自由國民社 1995, 83~84면.

〈그림 1.4〉 건설투자의 국제비교(靑木秀和 그림)

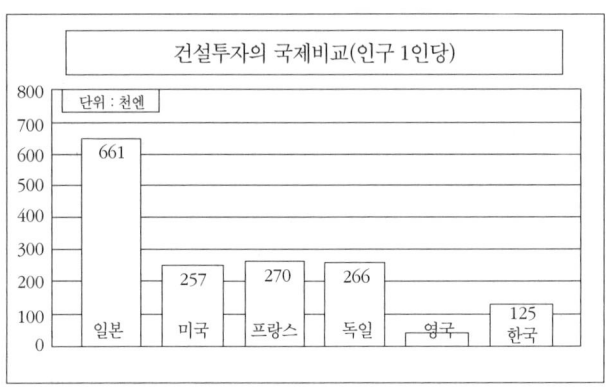

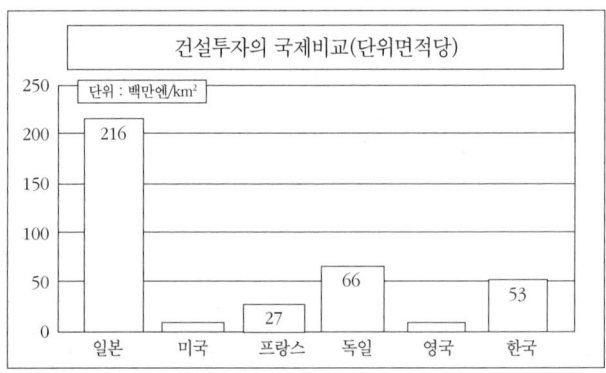

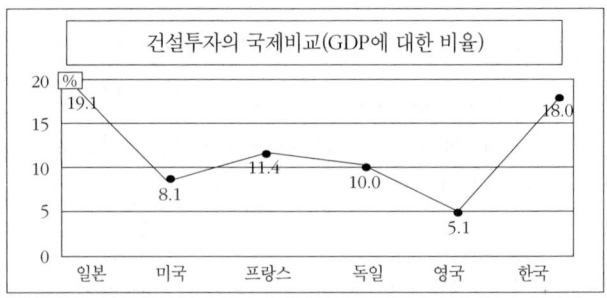

하지 않았으나, 결국 부채의 증가를 통하여 이루어질 것은 필연적이다.[40] 심지어 일부 사람들은 이러한 금액조차 너무나 적기 때문에 더욱 확대해야 한다면서 사실상 그 두 배인 1천조엔은 되어야 한다고 주장하고 있다.[41] 이 로써 공공사업부문에 대한 극적인 두자를 통해 경기회복을 유도하기 위한 무대는 갖추어진 셈이다. 그리하여 1994년 예산에서는 이에 대한 배정액이 29.6% 증가하였다.[42] 20세기 말까지 도달하기로 한 공식 목표에 근접하기 위해서는 이 수치도 향후 대폭 증대되어야 한다. 그러나 국고는 단지 바닥 난 정도가 아니라 오랜 자민당집권기의 낭비와 부패로 인해 쌓여온 차용증 서로 가득 차 있는 형편이다. 1994년에 실시된 공공사업의 90% 이상이 적 자국채를 통하여 자금을 조달하였다.[43] 자민당 이후에 추구된 개혁의 초점 은 심지어 사회당 주도의 무라야마 내각(1994~96)에서조차 1993년 자민 당정권의 붕괴를 가져온 부패의 구조적인 뿌리가 아니라 선거제도에 국한 되어 있었다. 거품과 불황에서 벗어나 회복과 안정적 성장이라는 안전한 바다로 나아가기 위하여, 80년대 말의 소용돌이 속으로 배를 몰아갔던 바 로 그 사람들에게 키를 다시 맡긴 꼴이다. 이러한 복합체를 묘사하기 위하 여 이 책에서 사용된 토건국가라는 용어는 일본의 주요 산업인 건설업과 공공사업만이 아니라, 관료와 정치인과 기업인들을 직권남용과 부패라는 망으로 결합시킨 유착의 회로까지 부각시키기 위해 만들어낸 것이다. 냉전 기간중에 성장한 토건국가는 몇몇 측면에서는 마치 냉전기의 미국이나 소 련의 군산복합체와도 유사하게 국가의 부를 빨아들여 이를 비효율적으로 소비하면서 마치 암세포와 같이 성장했고 재정위기와 환경파괴를 유산으 로 남기고 있다.[44]

---

40) 青木秀和·河宮信郎,「發散に向かう日本の累積財政赤字」,『中京大學教養論叢』, 35 卷 3號, 1994, 19~64면 중 37면.
41) 野口悠紀雄(一橋大學),「日本經濟のビジョン ── 國債で公共投資增を」,『朝日新 聞』1994年 5月 3日.
42) 青木·河宮,「日本土建國家論」, 32면.
43) 같은 글, 57면.
44) 같은 글, 81면.

이러한 비정상적인 재정체계 하부의 단층의 사면에서 뻗어나온 압력은 궁극적으로는 일본뿐만 아니라 세계 전체에 영향을 미칠 수 있으나, 마치 코오베시의 지하에서 1995년까지 잠복중이었던 단층선과 마찬가지로 아직도 그 심각성은 거의 감지되지 못하고 있다. 부채가 외채가 아니라 국내 부채이며 또한 그 상당 부분은 일본의 우편저금기금(이는 단연 세계 최대의 금융기관이다)에 적립되어 있는 평범한 일본 국민들의 저축에서 자금을 조달한 것이다. 그러나 그렇다고 하여 이 체계의 불안정성과 부당성이 더 줄어드는 것은 아니다. 나아가 1995년 효오고은행 파산의 여파로, 일본 민간 금융부문의 엄청난 부채——불량채권만도 공식적으로는 40조엔이지만 70∼80조엔일 가능성이 더 크다——를 납세자들이 부담하게 될 가능성이 점점 더 커지고 있다. 독일은행의 케네스 커티스(Kenneth Courtis)는 금융체계를 살리기 위해서는 공공기금에서 35조엔이 유입되어야 한다고 계산한 적이 있다.[45] 과거 이러한 규모의 부채는 국민들의 저축을 간단히 없애버리는 전쟁이나 혹은 만성적인 적자에 시달려온 일본국유철도를 처리한 1983년 방식(비록 이 경우는 37조엔의 부채를 특별히 창설된 공적 기구가 인수하여 이자가 불어나고 있다)[46]처럼 해체와 민영화를 통해 청산되었다. 이런 규모의 부채를 단순히 굴려서, 말하자면 눈덩이처럼 불어나게 하여 문제를 다음 세대에게 전가시키는 행위가 무제한 계속될 수는 없다. 간접세의 증가는 비록 정치적으로 옹호될 수는 없지만 점점 더 필요해질 것이며 점차 심화되는 사회의 고령화에 대처하기 위한 복지형 조세라는 명목으로 실행될 수도 있다. 그러나 문제의 규모는 이미 점진적이거나 교정적(矯正的) 조치로는 감당할 수 없을 정도로 커져버렸다. 아마도 이는 20세기 초의 소설가인 나쯔메 소오세끼(夏目漱石)가 묘사한 바와 같이 소처럼 커지려고 숨을 들여마시다가 배가 터져 죽어버린 개구리를 너무나도 닮아가고 있다.

---

45) Vikram Khanna, "Long Way to Go to Revive Japan's Economy," *Business Times*, Singapore, September 22, 1995.
46) 靑木 · 河宮, 「日本土建國家論」, 33∼34면.

계획: 젠소오(全總, 전국종합개발계획)

1950년 국토종합개발법

일본 경제의 건설·공공사업 부문의 특징은 매우 높은 수준에서 계획과 통제가 이루어진다는 것이다. 1950년 제1차 국토종합개발법이 제정된 이래 정기적으로 전국적인 개발을 위한 종합계획이 채택되고 개정되었다. 그후 수차례의 대폭적인 개정을 거쳐 1962년, 1969년, 1977년, 1987년의 제1차에서 제4차까지의 전국종합개발계획, 즉 젠소오(全總)라 불리는 계획이 성립되었다. 이러한 개정 자체도 다른 추가입법이나 미래의 비전에 대한 공식적 발표, 즉 예를 들자면 신산업도시공업정비특별지역법(1963), 제3차 종합계획보완법률(1983), 21세기의 일본 전망(1984), 테크노폴리스법(1983), 수도권정비법(1985), 리조트법(1987) 및 거점도시법(1992) 등에 의해 보완되거나 변경되었다.

수자원 개발

댐 댐 건설, 다양한 하천공사, 해안매립 등을 포함하는 수자원개발사업은 50년대와 60년대에 채택된 계획에서 중심적인 역할을 하였다. 이러한 과정은 1950년의 계획하에서 시작되었지만 90년대에도 계속되고 있으며, 따라서 댐과 매립 문제를 여기서는 일괄하여 고찰할 것이다.

일본에 불도저가 도입된 것은 50년대로서 일본의 기술자들은 그 능력에 놀라고 또한 기뻐하였으며 테크놀러지에 대한 이들의 신뢰는 더욱 두터워졌다.[47] 일본은 지역개발, 농지조성, 치수(治水), 운송, 및 전력생산 등을 통합하기 위한 모델로서 테네시강유역개발공사(TVA)를 상세히 연구하기도 하였다.[48] 그러나 TVA에서 배우면서도 일본의 계획입안자들은 두 가지

---

47) 宇井純, 「近世のエコロジー思想の流れ」(19세기 이래 일본 생태학의 동향), 『沖繩大學紀要』, 第9號, 1992年 3月, 30~44면.

48) 이에 관한 간략한 요약으로는 宮本憲一, 『環境と開發』, 東京: 岩波書店 1992, 65~85면.

중요한 점에서 이를 그대로 따르지 않았다. 녹스빌(Knoxville)에 본부를 둔 TVA의 경우 지방에 대한 권한이양이라는 개념이 강하였으나 도시의 산업발전을 위한 전력공급을 우선시한 일본에서는 이것이 무시되었다. 또한 전국 평균가격의 절반 가격으로 인접한 지역에 전력을 공급하였던 TVA와는 대조적으로 일본은 단지 도시의 산업에 값싼 전력을 공급하는 데 중점을 두었을 뿐이다. 그리하여 일본에서 산업체에 대한 전력의 공급가는 서독의 약 1/3에 불과하였다.[49] 환언하면 일본은 다목적댐 건설과 수력발전이라는 테크놀러지를 채택하였지만 이는 도시의 산업을 우선적으로 강화하기 위한 수단으로서였다. 1950년에 특별개발지역으로 지정된 지역은 중화학공업은 번창하였으나 점차 낙후되고 인구가 감소하였다. 이러한 국가전략은 당시 폭넓은 지지를 받았으며 또한 명백하고도 필요한 것처럼 보였는데, 이는 역사 이래 급속히 산업화하는 국가라면 어디에서나 마찬가지로 명백하고 필요한 것처럼 여겨지는 전략이었다. 되돌아볼 때 과연 이것이 유일하고도 최선의 방법이었는가에 대해서는 상당한 의구심이 제기될 수 있다. 더 나아가 해안선을 메우고 강을 곧게 펴거나 콘크리트를 바르는 (혹은 댐을 건설하는) 과정이 일단 시작되고 나면, 지속적이며 성공적인 업적에 의하여 생성된 추진력은 기득권 및 중단하기 어려운 역동적 과정을 창조하였다.[50] 때때로 경제적 또는 환경적인 이유에서 이러한 과정에 대한 비판이 제기되었다. 토사 침적과 물의 유량의 감소로 인한 수질악화, 환경파괴 또는 옹벽의 붕괴나 지진에 의한 위험 등의 문제에 대한 인식이 서서히 자라났다. 전반적인 환경오염의 징조인 적조(赤潮) 현상은 1992년에 자그마치 81개의 댐에서 발생하였다.[51] 종전 후 50년 동안 무려 1천개의 댐이 건설되

---

49) 宮本憲一, 「國土總合開發の三〇年」, 『世界』 1992年 8月, 169~76면. (이는 약간 수정되어 「國土開發と公害」란 제목으로 『世界』(임시증간호), 第594號, 1994年 4月, 『キーワード戰後日本政治五〇年』, 98~101면에 재수록되었다.

50) 강에 콘크리트를 덮어씌우는 것에서 탈피하려는 최근의 경향. 요컨대 유럽에서는 '자연에 가까운 공법'('자연으로의 복귀'라는 의미를 함축하고 있음), 일본에서는 '좀더 자연스러운 공법(多自然型工法)'이라고 불리는 이러한 경향에 대하여는 NHK, 앞의 책, 第1卷 『水壓と鬪うダム運河』, 1993, 244면 이하를 참조할 것.

었으며 1995년 현재에도 400개가 건설중이거나 계획중이다. 그러나 기존의 댐들에는 이미 수십억톤에 달하는 진흙이 침적되어 있다. 이러한 댐들은 전후의 토건국가가 성취한 가장 중요한 업적이자 막대한 국가 채무를 형성한 중요한 요인이었으나 그 본래 목적인 수자원 보전과 관리 능력은 점차 저하되는 등 대부분 쓸모없는 것이 되었다.[52] 쿠로베(黑部)강이나 텐류우(天龍)강에 있는 댐 등은 이미 진흙이 40%나 쌓였으며 시즈오까(靜岡)현의 사꾸마(佐久間)댐의 경우에는 사용한 지 35년 만에 1/3이 침적토로 가득 찼다.[53] 이러한 현상은 전혀 새로운 것이 아니다. 이미 1951년에 나까따니 우끼찌로오(中谷宇吉郎)라는 과학자는 텐류우강의 야스오까(泰阜)댐의 경우 준공한 지 겨우 15년 만에 85%가 침적되었다는 사실을 지적한 바 있다.[54]

이렇게 점점 심각성이 증대되고 있는 침적물 문제는 1994년에 칸사이전력의 공사과장이 인정한 바와 같이 댐 건설시에는 전혀 예측하지 못했던 것이다.[55] 1994년에는 댐 바닥에 쌓여 있는 오물을 내보내기 위해 침전물 배출수문을 설치한 새로운 형태의 댐 옹벽을 실험하였으나, 엄청난 환경파괴를 야기한다는 결과 보고에 따라 황급히 중단되었다.[56] 기술적 해결책은 존재하지 않으며 결국 일본의 모든 댐은 침적물로 가득 차 쓸모없게 될 것이며, 그 결과 전국의 강에는 산에서 흘러내린 토사와 콘크리트와 오물로 이루어진 엄청나게 크고 불안정한 덩어리가 가로걸쳐 있게 될 것이다. 이것들이 붕괴될 경우 일시적으로는 막대한 피해를 초래할 테지만, 또한 그러한 방식으로 강이 소생할 가능성도 있다. 그러나 아무도 예측할 수 없는 일들이다. 이것은 일본이 이제야 겨우 깨닫기 시작한 생태학적인 악몽이

---

51) 『水資源白書』(平成5年度), 辻田啓志, 「環境復元に新法律の制定を」, 『朝日新聞』 1994年 3月 29日에서 재인용.
52) 上野英雄, 「ダムに未來はない」, 『世界』 1995年 8月, 217~24면 중 217면.
53) 石川徹也, 「黑部川出し平ダム排砂問題」, 『週刊金曜日』 1994年 4月 29日, 36~41면 중 39면.
54) 田島和生, 「ダム計劃, 見直す時期だ」, 『朝日新聞』(大阪版) 1994年 3月 17日.
55) 같은 글.
56) 多田實, 「戰後史は訴える」, 『週刊金曜日』 1994年 6月 3日, 38~42면.

1995년에 가동을 시작한 나가라강 댐의 침전물 배출수문(『アサヒグラフ』 1995年 6月 9日, 朝日新聞社).

다. 역설적이지만 댐 건설자금을 조달하느라 누적된 부채를 상환하는 작업은 많은 경우 댐 자체가 쓸모없게 된 후에도 오랫동안 계속될 것이다.

1994년 일본열도의 가장 큰 섬인 혼슈우에서 유일하게 댐이 없는 강은 나가라(長良)뿐이다. 아이찌(愛知)현과 미에(三重)현과 기후(岐阜)현 등 3개의 현을 흘러가는 이 강은 일본 전국의 어느 강보다도 더욱 많은 생물종이 발견된 가장 풍요한 생태학적 보고(寶庫)이다.[57] 이세(伊勢)만 임해에 중화학공업단지 건설계획의 일환으로 여기에 댐을 막아서 공업용수를 공급한다는 발상은 60년대부터 있었으나 지역의 저항이 매우 강하였다.[58] 댐

---

57) 本多勝一(大森捷克와의 인터뷰), 「堰は長良川の自然を破壊するだけ」, 『朝日新聞』 1991年 10月 13日.

58) 1959~93년간의 하천에 대한 계획의 상세한 연혁을 손쉽게 보기 위해서는, 天野禮子・デビッド ブラウアー(David Brower), 『長良川から日本を見る』, 東京: 岩波ブックレット 313, 1993, 10~13면 참조.

은 강 어귀에 설치될 계획인데 이곳은 은어와 사쯔끼송어(부화 후 바다로 나아갔다가 산란을 위하여 다시 민물로 돌아오는 송어) 등으로 유명한 풍부한 어장으로서, 상류 100km 지역에 이르기까지 어업에 있어 그 중요성이 매우 크다. 지역의 어업협농조합에서 어업권을 구입하거나 지역의 사회 기반시설을 개량하기 위해 이 지역에 자본이 투입된 뒤인 1968년, 산업적 용도라는 애초의 구상에 수자원 관리(홍수방지)라는 목적이 결국 추가되었으며 댐의 건설이 내각에서 결정되었다. 그러나 이러한 시도는 다시 지역의 어민 및 환경단체의 반대로 20여년간 저지되었다.

1990년 여름에 제2차 카이후(海部) 내각(1989년 7월~1990년 12월)의 환경청장관이었던 키따가와 이시마쯔(北川石松)는 이러한 계획은 불필요하며 환경파괴적이라고 보게 되었다. 그러나 공사를 잠정 중단하라는 명령을 내리기로 결심한 키따가와는 자신이 장관으로 있던 환경청 관료들의 엄청난 반대에 봉착하였는데, 관료들은 건설성 및 대장성과 적대관계에 들어가는 것을 두려워했던 것이다. 또한 부총리인 카네마루도 공공연한 협박을 가하여, 키따가와가 계속 반대할 경우 그의 정치적 생명이 끝장날 것이라는 경고까지 하였다.[59] 계획이 좀더 진전되자 건설성도 댐이 완성될 경우 얻을 수 있는 용수 중 90%가 별다른 쓸모가 없음을 인정하게 되었다.[60] 1993~94년 동안, 드디어 자민당의 장기집권이 끝나고 호소까와 모리히로(細川護熙)의 개혁정권이 들어서자 댐 건설을 저지하기 위한 노력에 박차가 가해졌다. 건설성장관으로 임명된 사회당의 이가라시 코오조오(五十嵐廣三)는 이 계획의 열렬한 반대자로 알려져 있었다. 그는 호소까와 수상에게 역대 자민당 정권하에서 입안된 모든 대규모 공공사업에 대한 철저한 재검토를 요청하였다. 그런데 이러한 제안은 또다시 관련부처 내부로부터의 반대에 부딪혔으며 호소까와 내각은 겨우 8개월 만에 붕괴되었다.[61]

이 사업계획은 일본 학계의 주류, 자연 및 환경 보호단체, 그리고 언론계

---

59) 百瀨敏昭,「環境廳長官を恫喝した金丸信」,『東洋經濟』1993年 8月 14~21日, 11~14면.
60) Naoya Sugio, "Opposition to Nagara Dam Building up," *Japan Times*, January 6, 1992.
61)「搖らぐ官僚神話」3,『朝日新聞』1994年 3月 29日.

가 반대하였던 것이었으며, 저명한 보수적 철학자인 우메하라 타께시(梅原猛)도 "백해무익한 것"이라고 비난한 것이었다.[62] 건설성의 이 계획은 앞서 기술한 유착 및 부패의 체계를 가장 잘 드러내는 사례로, 애초 카네마루가 승인하였고 전형적인 담합방식으로 카시마건설과 타이세이건설에 공사계약이 돌아갔었다.[63] 이같은 상황에도 불구하고, 그리고 공업용수를 공급한다는 댐의 본래의 존재이유가 완전히 포기되었음에도 불구하고, 1994년 현재 공사는 완공을 향해 진척되고 있다. 1992년 말까지 이미 1840억엔이 투입되었으며 13개의 거대한 지주가 강을 가로질러 설치되었고 침전물 배출 수문도 시험운전을 마쳤다. 그리하여 결과는 거의 결정된 것처럼 보였다.

댐 건설을 대폭 늘린다는 계획은 공업용수에 대한 수요가 지속적으로 증가하리라는 가정하에 60년대와 70년대에 채택되었으나, 그 이후 일본의 산업구조가 변화한 결과, 나가라강의 사례에서 나타난 바와 같이 계획된 용량의 상당 부분은 불필요한 것이 되어버렸다. 그러나 수자원 공사는 관료와 건설업계의 유착이 특히 강한 영역으로서, 과잉용량의 증가도 건설계획을 중지시키지는 못하였다.[64] 이것은 거의 완공단계에 이른 홋까이도오의 사루(沙流)강에 건설된 니부따니(二風谷)댐의 경우도 마찬가지이다. 이 댐은 토마꼬마이히가시공업단지(苫小牧東工業團地) 건설계획이 거의 대부분 철회되었기 때문에 불필요한 시설이 되었으며, 게다가 그 건설부지는 원주민인 아이누족이 성지로 여기는 장소이기도 하다.[65]

그러나 건설성이 오랜 세월 일본 전국의 강에 대하여 장악하고 있던 헤게모니에 대한 도전은 점점 더 빈번히 나타나고 있다. 시꼬꾸의 산 속을 흐르는 나까(那賀) 강변의 키또오무라(木頭村) 같은 작은 촌락(인구 2300명)에

---

62) 天野·ブラウアー, 앞의 책, 3~4면.

63) 『朝日新聞』1993年 6月 25日, 같은 책, 16면에서 재인용

64) 수자원개발공단의 임원 중 1/3 이상이 퇴직 후 댐사업과 긴밀한 관련을 맺고 있는 건설회사나 컨썰팅 회사에 일자리를 얻는다(馬場晋, 「ダム關聯企業へOB三割天下り」, 『朝日新聞』1994年 5月 23日).

65) 1993년 5월, 아이누족 2명이 자신들의 문화를 보존할 원주민 고유의 권리에 근거해, 자신들의 토지가 댐건설 목적으로 수용되는 것을 막기 위해 소송을 제기하였다("Ainu Seek to Halt Dam Construction," *Japan Times*, March 29, 1994).

서조차 자신들의 지역에 댐을 건설하려는 건설성의 계획에 반대해 촌장과 촌의회를 중심으로 지역사회 전체가 단결하여, 댐 없는 미래를 위한 전략의 추구에 치열한 노력이 경주되고 있다.[66] 일본지질조사소의 수문과(水文課) 위원장인 이시이 나께마사(石井武政)는 댐 건설사업을 일종의 정치적인 편의주의라고 하면서 "건설회사, 정치가, 엘리뜨 관료, 이 세 요소가 일본 전국을 댐투성이로 만들기 위하여 음모를 꾸미고 있다"[67]고 말하였다. 과학자이며 환경보호론자인 우이 쥰(宇井純)은 강에 댐을 건설한다는 발상에 대하여 오랜 기간 통렬히 비판해온 인물로서 수자원관리 관행을 철저히 재검토할 것을 설득력있게 주장하고 있다. 새로운 프로젝트 한두 개를 중지하는 데 그치지 않고 댐을 해체하여 한때 웅장하였던 일본의 강들을 소생시키자는 다른 목소리들도 서서히 들려오기 시작하고 있다.[68] 이러한 목소리들은 90년대 후반에 새로운 사회운동으로 성장할 것으로 예상된다.

해안의 간척사업 일본에서 해안의 간척사업은 17세기 초반부터 시작되었으나 토꾸가와 시대의 300년간은 상당히 느리게 진행되었다. 이 기간 동안 약 3천 헥타르로 추정되는 면적이 환경에 거의 나쁜 영향을 미치지 않고 매립되었다.[69] 1945년 2차대전 종료 때까지도 이러한 변화의 속도는 매우 느렸다. 1953년 항만정비촉진법이 통과되어 전국적인 해안매립 계획체계가 수립되었다. 매립사업계획의 허가권은 운수성이 가지고 있었으며, 실제 사업집행은 지방정부가 담당하게 되었는데 이들은 결국 이렇게 조성된 토지를 공장부지로 민간 개발업자에게 판매할 수 있었다. 토지조성 비용은 동일한 면적의 농지구입 비용의 절반 수준이었다. 1960년까지는 전국적으

---

66) 上野, 앞의 글, 217~19면.

67) Peter Hadfield, "The Revenge of the Rain Gods," *New Scientist*, August 20, 1994, 14~15면.

68) 예를 들어 1994년 4월 22일부터 『週刊金曜日』에 게재되기 시작한 多田實의 시꼬꾸의 시만또가와(四万十川)에 관한 연재기사를 참조할 것. 이는 나중에 『四万十川を歩いて下る』(築地書館 1995)라는 단행본으로 출판되었다.

69) Jun Ui(宇井純), *Industrial Pollution in Japan*, Tokyo: United Nations University Press 1992, 71면(그리고 72면의 1600년부터의 간척 속도표를 참조할 것).

로 2321헥타르가 매립되었으나 이후의 고도성장기 동안 그 속도가 점점 빨라졌다. 60년대에는 2만 4957헥타르가 추가로 매립되었다. 70년대에는 대규모 확장계획이 수립되어 1975년까지 4만 헥타르를 계획했으나 석유파동과 이에 따른 산업전략의 재조정 결과 매립면적은 1만 2512헥타르로 감소되었다.[70] 60년대의 고도성장기에 오오사까뿐만 아니라 토오꾜오, 나고야, 세또나이까이, 토오야마(富山), 오오이따(大分), 카고시마(鹿兒島) 등에서 대규모 공사가 수행되었다. 그 결과 세또나이까이의 해안선 중 500km가 콘크리트로 덮이게 되었다.[71] 오오사까만의 경우만 하더라도 1990년까지 40년 동안 5600헥타르가 매립되었는데, 여기에는 만(灣) 전체 면적의 8분의 1에 달하는 생태학적으로 귀중한 얕은 바다가 4분의 3이나 포함되어 있다.

90년대 초 장기불황이나 자민당정권 붕괴 후 정치개혁기로의 이행도 토건국가와 그 기반을 이루고 있는 과정 및 이해관계에 아무런 영향을 미치지 못하고 있다. 1994년 4월 호소까와 개혁정권이 취한 마지막 행동은 큐우슈우의 하까따(博多)만에 401헥타르에 달하는 인공섬을 건설하여 컨테이너 부두를 조성한다는 계획을 승인한 것이었는데, 이는 하까따를 국제항만도시로서, 정보·연구 개발기지로서의 역할을 강화하기 위하여 계획된 것이다. 이러한 승인은 호소까와의 사임이 발표된 기자회견 직후에 황급히 이루어졌으며, 이는 또한 (검은얼굴저어새 black-faced spoon-bill, 중국왜가리 Chinese heron, 볏 있는 작은 농병아리 crested little grebe, 검은머리 갈매기 black-headed gull 등과 같은 멸종 위기에 놓인 여러 희귀종 조류가 포함된) 수많은 조류의 서식지와 경유지로서의 중요성 때문에 람사협약 (Ramsara Convention, 전세계의 물새 및 그 서식지를 보호하기 위하여 1971년에 체결된 국제협약)에 따라 동지역의 등록을 촉구하는 환경청장관의 의견이 접수된 지 불과 수시간 후에 이루어진 것이다. 다른 수많은 도래지들이 사라져버린 결과 하까따만의 조석평저(潮汐平底)는 가을과 겨울에

---

70) Tsutru, 앞의 책, 102~103면.
71) 같은 책, 130면.

는 새들의 중요한 피난처가 되어 시베리아와 오스트레일리아-뉴질랜드 간 경로를 여행하는 새들이 하루에 6만 마리씩이나 찾고 있다. 이 프로젝트에 내한 국내외의 거센 저항에도 불구하고 공사는 1994년 7월에 착공되었으며 2003년까지 계속될 계획이다.[72]

일본을 구성하는 4개의 주요 섬들은 과거 1만 8919km에 달하는 해안선을 가지고 있었으나, 1984년 조사에 의하면 이중 겨우 46%만이 원래의 자연상태를 유지하고 있었다.[73] 이 조사 이후 10년 동안 개발은 더욱 가속화되었으며, 분명히 80년대 후반의 리조트 개발은 얼마 남지 않은 자연상태의 해안선 조각들을 크게 잠식하였음에 틀림없다. 오오사까만의 경우에는 동쪽 끝과 서쪽 끝의 겨우 2%만이 매립이나 개발이 되지 않은 채 (어느정도) 자연상태로 남아 있을 뿐이다. 90년대 초반 전국토에 대한 정기적인 현황조사 결과 자연상태의 해안선은 자취를 감추었고, 일본 전국 개펄의 40%가 매립과 도로의 건설, 기타 공공사업 때문에 사라져버렸다는 사실이 밝혀졌다.[74]

제1차 젠소오: 1962년

60년대는 중화학공업의 발전과 소위 '중후장대(重厚長大)'산업, 즉 제철·조선·석유화학 공업의 번영을 특징으로 하는 기적적인 경제성장의 시기였다. 제1차 '젠소오'(1962)는 이께다(池田) 내각의 소득배가정책이 채택되고 고도성장기가 시작되던 시기에 입안된 것이다. 이는 콤비나트, 즉 기간산업(기본적으로 석유화학, 제철, 알루미늄 등)의 전략적 집중을 지방으로 분산시킴으로써 도시지역과 농촌지역 간에 나타난 부와 발전의 격차를 해소하려 하였다. 각기 100만명의 인구를 갖게 될 새로운 도시들의 입

---

72) 松本悟,「國際的にも重要な干潟をなぜ'人工島'に埋め立てるの」,『週刊金曜日』1995年 2月 3日, 48~49면. 또한 Reiji Yoshida, "Boondoggle, Bird Threat Seen in Hakata Port Projects," *Japan Times*, October 27, 1994 참조.

73) 이 조사에 의하면, 지난 5년간 565km에 달하는 천연 해안선이 사라졌다(『環境白書, 增刷』, 1994, 372면).

74) 「干潟」,『朝日新聞』1992年 9月 6日.

지를 위해 일련의 부지선정 작업이 실시되었다. 전국의 모든 현이 이 계획에 따른 지정을 받기 위한 경쟁에 뛰어들었으며, 계획 자체의 제1차 연도 지출에 배정된 예산만큼 많은 로비자금이 사용되었다.[75] 1차로 15개의 지역이 입지로 선정되었으며 그후 6개 지역이 '잠정적' 입지로 선정되었다. 이들 15개 중에서 오직 2개, 즉 오까야마현 남부(미즈시마水島)와 키따큐우슈우(北九州)의 오오이따시만이 새로운 산업도시로서 투자를 유치하는 데 성공하였다. 결국 콤비나트 도시로 성장한 곳은 이들 2개 도시와 토오꾜오 근방인 이바라끼현의 카시마(鹿島)뿐이었다. 심지어 이곳에서조차 1981년 5월의 정부보고서는 당초 목표로 했던 산업생산량의 단지 30%만이 달성되었음을 보여주고 있다.

본래 15년 계획으로 구성된 이 젠소오는 계획이 달성된 시점에 이르자 그 기반이 되었던 전제(前提)들이 사라져버렸다. 즉 제철·조선·석유화학 공업은 더이상 기술혁명의 총아가 아니었으며, 이들과 하나의 운명체로 묶여버린 오오이따시의 경우 이미 몰락의 길로 접어들고 있었다.[76] 투자를 유치하려는 시도에 따른 부담(사회간접자본에 대한 지출)은 투자유치에 실패한 지역들의 재정문제를 더욱 악화시키는 데 일조하였다.[77] 성공한 지역의 경우에는 새로운 문제들이 기다리고 있었는데, 특히 이들 산업에 대한 규제의 부재로 야기된 각종 질병과 환경오염 문제를 둘러싼 소송은 오늘날까지도 법정에서 계속되고 있다. 개발부지로 지정해두었다가 60년대에 공사가 시작되지 않았던 곳은 상당수가 후에 다시 리조트 개발 후보지로 등장하였다.

새로운 산업도시와 산업지대로 선정된 지역의 운명을 조사해보면 공해와 관련하여 엄청난 사회적·환경적 비용을 부담하였을 뿐, 지역(도시 소재

75) 宮本憲一, 『環境と開發』, 東京: 岩波書店 1992, 189면.

76) Shinobu Ohe, "Future City Planning: The Japanese Experience and the MFP," in Gavan McCormack, ed., *Bonsai Australia Banzai: Multifunctionpolis and the Making of a Special Relationship with Japan*, Sydney: Pluto 1991, 84~102면 중 94면.

77) Tessa Morris-Suzuki, "MFP and the Japanese Developmental Model," 같은 책, 123~37 면 중 128~29면.

기업과는 별도로)에 대한 실제 경제적 혜택은 얼마 되지 않았다. 미야모또의 연구에 의하면 오오사까만의 사까이-키따이즈미(堺-北和泉) 임해콤비나트의 경우, 전력소비량 및 오염물질 발생량은 오오사까부 산업 전체의 41%를 섬하지만 부가가치 생산액은 7.8%, 고용은 1.7%, 법인세 납부액은 1.6%밖에 기여하지 못하고 있는 것으로 집계되었다.[78] 생산물은 흔히 (그 지역의 현지 기업가들과 새로운 연계를 창조하기보다는) 다른 지역의 대기업조직 내부부문에서 가공되거나 그대로 수출되었다. 고향을 방문한 어느 유명한 재계 인사는 대부분의 과실이 토오꾜오에 기반을 둔 본사로 유출되는 등 이러한 개발이 지극히 외부유도적이라는 사실을 목격하고는 미즈시마에서 벌어지고 있는 것은 "식민지 스타일의 개발"이라고 개탄하였다.[79] 1970년에는 사까이상공회의소 의장마저도 기존의 시설을 더이상 확장하는데 반대하기에 이른다.

1994년 3월 오까야마지방재판소는 카와사끼(川崎)제철과 그밖의 7개 기업이 아황산가스와 이산화질소 등 오염물질을 배출하여 만성기관지염, 천식, 폐기종(肺氣腫) 등을 유발한 사실이 인정된다고 판정하였다. 50년대 후반에서 70년대에 걸쳐 발생한 건강파괴와 관련, 주민 41명에게 보상금을 지급하라는 법원의 명령은 젠소오하의 국가계획을 송두리째 부인하는 판결에 해당하는 것이었다. 욧까이찌(四日市) 사건에 대한 유사한 판결로부터 22년 만에 내려진 이 판결 이후 오오사까와 요꼬하마의 다른 사건들에 대한 선례가 되었다. 이곳 주민들은 보상뿐만 아니라 상실된 환경의 복구, 즉 해안에서 콘크리트를 철거할 것과 고속도로의 노선변경(지하나 혹은 어떤 다른 장소로 옮기는 것) 등도 요구하고 있다.[80]

욧까이찌의 석유화학콤비나트는 1960년 나고야와 가까운 이세만의 해안에서 완전 가동을 시작하였다. 이 당시 욧까이찌콤비나트는 아시아·태평

---

78) 宮本, 앞의 책, 190~91면(191면의 표). 또한 宮本憲一편, 『大都市とコンビナート大阪』, 東京: 筑摩書房 1977 참조.
79) 宮本, 『環境と開發』, 191면(미즈시마에 대하여 쿠라시끼레이온사의 오오하라 소오이찌로오 大原總一郎 회장의 말을 인용하고 있음).
80) 「國土政策が裁かれた」(사설), 『朝日新聞』 1994年 3月 24日.

양 지역에서는 최대의 석유화학공업단지였다. 가동을 시작한 해 가을이 되자 인접한 촌락의 주민 천여명이 천식을 앓게 되었다. 악취 때문에 학교는 창문을 닫은 채 수업을 해야 했으며 여러가지 이상한 증상과 질병이 보고되었다. 1963년 정부가 드디어 스모그 배출을 제한하는 조치를 취하기는 했지만 정부가 마련한 강제기준은 아직도 전전 수준을 밑도는 것이었다. 대기오염과 '욧까이찌병'(천식)은 계속 번져나갔다.[81]

돌이켜볼 때, 이 시기에 일어난 가장 중요한 변화는 토오꾜오, 요꼬하마, 나고야, 쿄오또, 오오사까 등 토오까이도(東海道)의 주요 도시들이 특히 초특급열차(신깐센) 같은 새로운 운송기술의 도입 결과 하나의 거대한 단위(메갈로폴리스)로 융합된 것인데, 신깐센은 1964년에는 6시간 50분 걸리던 토오꾜오와 오오사까 간의 여행시간을 3시간 10분으로(1992년에는 2시간 30분으로) 단축하였다. 사람들이 안락하고 상대적으로 여유가 있었던 과거의 급행열차를 계속 선호하였을 것인가 하는 문제는 그러한 써비스가 없어졌기 때문에 판단이 불가능하다. 1994년부터는 오오사까에서 토오꾜오까지 신깐센 열차를 타지 않고(즉 특별한 급행요금을 지불하지 않고) 여행하고자 하는 사람은 30년 전보다 시간이 더 걸린다는 사실을 발견하게 되었다.

계획적인 지역개발이 이루어진 지 수십년이 지난 1980년에도 840만명의 주민들이 과소지역(過疎地域)에 거주하고 있다. 이것은 전국토의 44%, 즉 전국 시정촌(市町村)의 34%에 해당한다. 농촌문제를 무시한 결과 엄청난 사회적 불안과 고통을 초래한 전전의 계획자들과 마찬가지로 전후의 정책입안자들도 상이한 여러 지역들의 독특한 필요를 충분히 고려하지는 못하였다. 이 기간중 도시와 농촌에 거주하는 사람들의 생활수준이 급격히 향상하였다는 데 대해서는 의심할 여지 없이 개발정책 및 성장지향정책 간에 차이가 있겠지만, 지역의 과소화(過疎化)와 환경파괴의 영향은 속도가 느리기는 하지만 분명히 나타날 수밖에 없다.

---

81) 宮本, 『環境と開發』, 198~99면.

60년대 지역개발정책은 지역이나 농촌 또는 농업의 이익보다는 중앙, 공업, 도시의 필요를 우선시한다는 점을 강조하였다. 몇몇 제조업 기능이 점차 지방으로 재배치되기는 하였으나 계획, 통제, 연구조사, 정보 및 써비스가 주요 대도시, 특히 토오꾜오에 집중되는 과정은 엄청난 것이었다. 70년대 지방자치단체 선거로 몇몇 지역에서 개혁정권이 다시 등장하였으나 당선된 이들은 실질적인 개혁을 시작할 만한 권한이 사실상 거의 없다는 사실을 깨달았다. 이들의 주요 역할이란 (쿠마모또熊本현 지사로 나중에 수상이 된 호소까와 모리히로가 종종 불만을 표시한 바와 같이) 토오꾜오 통제하에 있는 지점(支店)을 관장하는 것에 불과하였다.

개발의 소용돌이 속에서 이 10여년간 자본축적과 팽창을 위해 가용자원을 집중한 결과, 일본에서는 나중에 외국 관찰자들이 '일본주식회사' 또는 '자본주의적 개발국가',[82] 국내 비판자들이 '기업국가(企業國家)' 심지어는 '진정한 국가독점자본주의'[83]로 부르게 된 특징들이 나타났다. 이 10여년간 공공사업비 총액은 33조 7천억엔(이는 1868년에서 1945년까지의 총지출과 맞먹지만 90년대 중반에는 단지 일년치 지출에 불과하다)이나 되었지만 이러한 자원들은 사회적 하부구조를 개선하기보다는 경제성장을 지원하기 위한 기반시설에 집중적으로 투입되었다.[84]

자동차사회(automobile society)가 된다거나, 나아가 세계 최대의 자동차수출국으로 부상하겠다는 결정은 민주적으로 이루어지지 않았지만 엄청난 결과를 가져왔다. 1962년 내가 일본에 처음 도착했을 때, 연간 자동차생산량은 약 50만대(1960년엔 48만 1천대)였고 공공교통체계는 상당히 훌륭하였으며 진정으로 자동차를 필요로 하는 사람은 아무도 없었다. 그러나 1970년에 이르자 연간 자동차생산량은 520만대가 되었으며 1985년에는 1230만대로 증가하였다. 생산량은 그후 매년 감소하여 현재는 900~1000

---

82) Chalmers Johnson, *MITI and the Japanese Miracle: The Growth of Industrial Policy, 1925~1975*, Stanford: Stanford University Press 1982, 316면.

83) Jun Ui, 앞의 책, 3면.

84) 宮本, 『環境と開發』, 182면.

만대 수준이 되었는데 이중 약 절반은 수출된다. 1960년에는 불과 340만
대였던 일본의 차량보유 대수가 1993년에는 무려 6500만대로 증가하였고,
고속도로는 5400km에 이르게 되었다. 일본은 자국의 환경에 대한 엄청난
압박과 무역상대국들과의 마찰증대 이외에도 다른 비용들을 치르고 있다.
매년 대략 2만여명이 교통사고로 사망한다(1945~91년간에 70만명이 죽었
으며 부상자는 이루 헤아릴 수 없이 많다).[85] 이 정도의 인명피해가 전쟁으
로 발생하였다면 엄청난 사회적·정치적 소동이 일어났겠지만 이들은 근
대화라는 비인격적인 힘의 희생자이기 때문에 여기에 주의를 기울이는 사
람은 거의 없다. 지난 40년간 도로에 대한 투자는 공공사업비 지출 중 가장
큰 비중을 점하고 있었다. 1975년에서 93년에 이르는 기간 동안 거의 3조㎥
의 콘크리트를 쏟아부었는데, 이는 아오끼가 단적으로 지적하였듯이 토오
꾜오에서 나고야까지 폭 800m, 두께 10m의 콘크리트 활주로를 깔기에 충
분한 양이다.[86] 1994년 예산에서도 또다시 공공사업비 항목 중 가장 많은
액수인 3조엔(만일 지방자치단체까지 포함한다면 10조엔)이 도로건설에
지출되었다.[87] 일반적으로 말하자면 자가용이라고 하는 것은 기적적인
GNP 증가에 기여했음에도 불구하고, 불필요하고 성가시며 낭비가 심하고
엄청나게 파괴적인 힘이었던 것이다.[88]

제2차 젠소오: 1969년

제2차 젠소오는 흔히 신젠소오(新全總)라고도 하는데 그 비전은 일본열
도를 개조하자는 타나까 카꾸에이 수상의 유명한 계획에 가장 명료하게 나

---

85) 杉田聰,「自動車'は憲法違反だ」,『週刊金曜日』1994年 2月 11日, 27~38면 중 32면.
     경찰의 공식 집계는 사망자수를 45만 3천명으로 추산하고 있으나, 여기에는 사고발생 후
     24시간 이내에 사망한 사람들만 포함되어 있다.
86) 靑木秀和,「環境破壞と財政破綻から拔け出そう」, 協同組合經營硏究所편,『硏究月
     報』1995年 7月.
87) 齋藤一郞,「田中から中村までの道」,『AERA』1994年 3月 21日, 14~15면.
88) 일본의 '자동차화'(automobilization, 자동차의 보급—옮긴이)에 대해 지속적으로 비판
     적인 발언을 했던 소수의 인물들 중 하나는 경제학자인 우자와 히로후미宇澤弘文이다.
     최근 출판된 그의 전집『宇澤弘文著作集』(全12卷), 岩波書店 1994, 특히 제1권 참조.

타나 있다.[89] 이 계획의 규모는 엄청나게 커서 20년간에 걸쳐 450~550조 엔에 달하는 총투자(메이지 시대 이후 일본의 총투자규모는 140조엔이다)를 통하여 일본의 GNP를 5배로 증가시킬 것을 목표로 하고 있다.[90] 또한 이 계획은 토오꾜오 지역에서 키따큐우슈우에 이르는 태평양 연안의 토오까이도(道)·산요오도(道) 벨트 지대 내에서 관리기능이 행사되며 문화·교육·써비스 기능도 이 지역에 집중되는 유기적 국가를 목표로 했다. 북동과 남서 지역은 거대산업 및 관광지대가 들어서게 되며 이들 모두는 정보와 교통과 커뮤니케이션의 고속 네트워크로 연결된다는 것이다. 거대산업지대는 넓이가 약 1만 헥타르로서 카시마의 2배에 달하는 규모가 될 것이며, 혼슈우 북부 아오모리현의 무쯔-오가와라(むつ-小川原)와 카고시마현의 시부시(志布志)를 비롯하여 몇몇 지역들이 입지로 지정되었다.[91] 이 계획은 일본이 연간 6억 킬로리터의 석유를 수입한다는 것을 전제로 하고 있는데, 이는 세계시장에서 조달할 수 있는 전체 원유의 절반에 해당한다. 이는 아마도 60년대 소득배가정책을 본떠 입안된 계획인 듯하며, 매년 9% 정도로 성장이 지속된다는 것을 전제로 하고 있다.[92] 타나까는 기존의 추세가 지속될 것으로 가정하였으며 규모의 경제가 갖는 우위를 거의 편집증적으로 신봉하고 있었으나 지역사회의 이익에 대해서는 무시로 일관하고 있었다.

그러나 이러한 대규모 프로젝트들은 이로 인해 유발된 투기(특히 땅투

89) 田中角榮, 『日本列島改造論』, 東京: 日刊工業新聞社 1972(영어본은 *Building a New Japan: A Plan for Remodelling the Japanese Archipelago,* Tokyo, tran. Simul International, Simul Press 1973).

90) 宮本, 『環境と開發』, 193~94면.

91) 이 당시의 분석의 예로서는 Jon Halliday and Gavan McCormack, *Japanese Imperialism Today: Co-Prosperity in Greater East Asia,* London and New York: Penguin and Monthly Review 1973, 176~78면 참조(한글본은 백계문 옮김, 『日本 帝國主義의 現況: 大東亞共榮圈의 부활』, 한마당 1984. 원저자인 매코맥은 '日本 帝國主義의 現狀'이 더욱 타당한 번역이라고 지적하였다—옮긴이).

92) Nakamura Takafusa, *Lectures on Modern Japanese Economic History 1926~1994,* Tokyo, LTCB, International Library Selection, No. 2, 1994(이는 中村隆英, 『昭和經濟史』, 岩波書店 1986의 영어본임), 248~49면.

기)의 여파, 민중의 저항 증가, 1973년 석유파동에 뒤이은 경제전망의 악화 등의 복합적인 영향으로 난관에 봉착하였다. 60년대와 70년대에 열심히 추진되었던 거점개발 방식을 통한 지역개발이라는 발상(이는 극히 일본적인 발상이다)은 그후 (일본의 모델을 따르려 시도하는 몇몇 국가를 제외하고는) 자취도 없이 사라지게 된다.[93] 일본 내에서도 혼슈우 북부의 무쯔-오가와라 같은 주요 지정지역은 제2차 젠소오 입안자들에 의해 오도가도못하게 된 결과, 80년대에는 거대한 원유저장시설을 받아들일 수밖에 없었으며, 90년대에는 롯까쇼(六カ所) 마을에 핵폐기물 재처리시설을 받아들이게 되었다.[94]

제3차 젠소오: 1977년

제3차 젠소오(1977)부터는 복지와 환경에 대한 고려를 무시한다는 것이 더욱더 어려워졌다. 이는 관료 및 기업경영자들 사이에 개발에 대한 신앙이 약화되었다기보다는 정책의 사회적·환경적 결과를 고려할 것을 요구하는 여론의 압력이 크게 증가하였기 때문이다. 과거의 정책결정이 빚은 결과에 관한 주요 소송사건들, 특히 미나마따병(쿠마모또현과 니이가따현의 화학공장에서 유출된 유기수은 중독으로 발생), 카드뮴 중독에 의한 토오야마의 이따이이따이병, 그리고 욧까이찌병(대기중의 산업배기물 특히 아황산가스에 의한 천식) 등과 관련된 시민운동과 주민운동의 발전은 이러한 생각 변화에 중요한 역할을 하였다. 비록 커다란 방향전환을 강제할 정도로 민중의 압력이 충분히 강력하지는 않았지만 환경영향평가, 자연보존, 교육·복지·문화 써비스의 마련 등이 좀더 주목을 받게 되었으며, 도시로의 인구유입 억제 역시 적어도 이론적으로는 그 필요성이 인식되었다.

70년대 후반에는 상이한 형태의 개발이 점진적으로 등장하였다. 대량의

---

93) 예상과 달리, 이론이 실제로는 어떻게 현실화되었는가에 관하여는 宮本, 『環境と開發』 187면 참조.
94) Shimada Kei, "Nuclear Curse ——A Report from Rokkasho-mura," *Ampo: Japan-Asia Quarterly Review*, Vol. 25, No. 2, 1994, 33~36면.

원재료를 사용하는 중화학공업을 중심으로 한 '중후장대'의 시대는 끝나고 그 반대인 '경박단소(輕薄短小)'라는 하이테크와 전자산업의 시대가 열리게 된다. 그러나 어떻게 나아갈 것인가라는 문제에 관한 한 그 근저에 있는 확신은 변하지 않았다. 다만, 과거의 소재처리의 거점(material-processing bases)을 대신해 테크노폴리스라는 정보처리의 거점(information-processing bases)이 등장한 것이다.

테크노폴리스는 통상산업성이 지역개발 문제에 대한 해결책의 일환으로 제시한 것이다. 미국의 씰리콘밸리와 유사한 것을 일본에 만들려 했던 이 구상은 80년대 통상산업정책 비전에서 처음 제시되었는데, 이는 지방도시에 값싼 부동산, 노동력, 그리고 (집적회로IC 공장의 경우에는) 깨끗한 용수를 이용하여 주로 정보 관련 하이테크산업(특히 집적회로공장)을 설립하려는 것이었다. 고도기술산업집중지역진흥법(1983)은 인구 2,30만명 정도의 기존의 모도시 부근에 인구 4,5만명 규모의 새로운 위성도시들을 개발하여 여기에 역동적인 상호 연계망 속에서 교육, 연구 및 제조 능력을 집중시킬 것을 구상하는 10개년계획이었다.

그런데 이러한 처방 역시 토오꾜오에 대한 지방의 의존도를 증가시키는 결과를 가져왔다. 왜냐하면 거의 예외 없이, 지방의 중심에 무엇이 성립되든 특히 경영과 기술에 관한 문제의 경우에는 수도인 토오꾜오에 있는 거대기업의 권위에 계속 복종해야 했기 때문이었다. 그리하여 사사끼(佐々木)의 표현대로 "뇌가 없는 테크노폴리스"[95]가 등장하였다.

60년대에 신산업도시의 지정을 둘러싸고 벌어졌던 경쟁 못지않게 치열한 경쟁을 거쳐 궁극적으로 26개 지역이 선정되었는데, 이들 역시 각기 유치기업들을 만족시키기 위해 필요한 사회기반시설을 조성하는 과정에서 막대한 재정부담에 직면하게 되었다. 더욱이 80년대 후반에는 엔고와 국제경쟁의 압력 때문에 하이테크 제조업의 상당 부분이 특히 아시아 대륙 등 해외로 이전됨에 따라 이들 지역의 비교우위는 사라져버렸다. 결국 나중엔

95) Masayuki Sasaki, "Japan, Australia and the Multifunctionpolis," in McCormack, ed., 앞의 책, 138~51면 중 142면.

통산성마저도 지역의 경제발전을 위한 최선의 방법은 지역 자원의 개발과
정에서 지역이 주도권을 갖도록 하는 것이라는 점을 인식하게 되었다.[96] 소
위 '성공적'인 테크노폴리스의 경우도 계획목표는 달성되지 못했으며 기술
이전도 실현되지 않았고 하이테크에 의한 지역 수자원 오염만이 불확실한
유산으로 남았을 뿐이다.[97] 지역개발계획의 세번째 축을 이루는 리조트 개
발에 관해서는 제2장에서 다루기로 한다.

80년대에는 환경문제를 기술적으로 해결할 수 있다는 신념이 자라났다.
내수확대를 통하여 국제무역 경쟁국들을 달랜다는 전략은, 동시에 국내 수
요를 팽창시켰으며 미국을 (적어도 잠정적으로는) 만족시켰을 뿐 아니라,
국내의 중요한 이익집단들의 이해에 봉사 (즉 자민당과 건설 로비스트들의
지갑을 두툼하게) 함으로써, 대규모 토목 건설공사에 대한 신뢰는 새로이
절정에 달하였다. 장기적으로 볼 때 이는 80년대 말 거품을 터뜨려 경제에
치명적 타격을 주는 데 일조하였으며 또한 자민당을 극한 상황으로 몰고
가서 거의 붕괴시키기에 이르렀다.

제4차 젠소오: 1987년

제4차 젠소오(1987)는 나까소네 야스히로(中曾根康弘) 정권의 비전을
명확히 나타낸 것이다. 이는 토오꾜오 지역에 대한 극심한 일극집중(一極
集中) 현상과 지방의 몰락의 결과 발생한 불균형이 더이상 커지는 것을 억
제함으로써 전국적으로 균형적인 발전을 촉진하고, 정보화 시대의 요구에
부응하며 나아가 일본의 국제화를 원활히하기 위한 것이다. 그러나 오히려
이 장기계획(1987~2000년)은 토오꾜오와 지방 간의 간극을 더욱 확대하
였으며 하이테크 정보기능을 더욱더 수도에 집중시켰다. 민간부문의 활력
에 의존한다는 명목으로 제4차 젠소오는 투기적인 토지가격 상승에 불씨를

---

96) "Committee for Consideration of Technopolis 2000 Plan," a MITI report, 佐々木, 앞의
   책, 145면에서 재인용.
97) 같은 책. 오오이따와 토오야마의 테크노폴리스의 목표와 성취에 대한 일람표에 대해서는
   특히 146~47면을 살펴볼 것. 쿠마모또에 관해서는 Morris-Suzuki, 앞의 글, 특히 130면
   참조.

당겼는데 지가상승은 토오꾜오와 다른 지역 간의 격차를 극대화하였고,[98] 환경오염을 확산시켰으며 국가경제에 심각한 타격을 주었다. 국내경제는 무역흑자와 엔고에 의한 자본이익에 도취되었으며 저금리정책에 의하여 미친 듯이 달아올랐다. 1985~87년의 소위 도시부흥기중(이 당시 토오꾜오의 토지가격은 평균 300% 증가하였다)[99] 더욱 달아오른 도시의 부동산 투기 붐은 제4차 젠소오와 리조트법의 영향으로 1987년부터 전국으로 확산되었다. 제4차 젠소오는 1986년부터 금세기 말까지 전국에 기본적인 위락시설을 마련하는 데 1천조엔을 투자할 것을 구상하고 있다. 공공부문에서의 투자는 공공자산, 특히 공유지의 개방이라는 형태로 이루어질 것이며 이를 보완하여 교통, 주택, 통신, 정보기술 및 도시 재개발에 대한 민간투자가 추가될 예정이었다. 리조트법에 의해 일본의 여러 지방에서 일어난 변화는 제4차 젠소오의 원리가 어떻게 구체화되었는가를 보여주는 가장 훌륭한 사례가 되고 있다. 나까소네 정권의 정책에 의해 가장 큰 혜택을 입은 것으로 알려진 3개 현, 즉 홋까이도오, 오오이따, 쿠마모또의 지사들(쿠마마또의 지사인 호소까와 모리히로는 1993년에 수상이 되었다)이 가장 목청을 높이는 비판자가 되었다는 사실은 중요하다.[100]

'인텔리전트(지능) 도시'라는 용어는 '인텔리전트 빌딩'간 정보소통을 가능케 하는 첨단 테크놀러지(대개 광섬유 케이블)에 의해 통신·정보 수단의 제공이 조정·통합되는 장소를 의미하게 되었다. 그러므로 이를 도시계획의 초기 단계에서부터 포함시키는 것이 가장 바람직한 방식이다. 그런데 90년대 초 폭로된 종합건설회사 비리에서 드러났듯이, 지능의 수준은 사실상 지방행정의 부패 정도와 밀접한 상관관계를 이루고 있는 것처럼 보인다.[101]

---

98) 토오꾜오의 토지가격은 1986년 7월에서 1987년 6월 사이에 무려 85.7%나 상승하였는데, 이 기간중 토지가격의 전국적인 평균 상승률은 9.7%였다(宮本, 『環境と開發』, 231면).
99) 宮本憲一, 「日本環境報告——リゾート法を考える」, 『朝日ジャーナル』 1989年 11月 10日, 53면.
100) Ohe, 앞의 글, 98면. 또한 細川護熙, 「的外れの'政界再編'論議」, 『月刊 Asahi』 1992年 4月, 8~31면 참조.
101) Ohe, 앞의 글, 98면에는 이바라끼현에 계획중인 어느 '인텔리전트 도시'에 관한 언급이 들어 있다.

종전 바로 다음 시기부터 제4차 젠소오에 이르기까지 지역계획은 국가를
재조직하려는 야심차지만 비현실적인 행정관료들의 탁상공론적 프로젝트
라는 특징을 가지고 있었다. 계획의 처방들은 유토피아적 수식어로 표현되
었으나, 이러한 치장으로도 토오꾜오에서 키따큐우슈우에 이르는 거대한
메갈로폴리스와 급격한 인구감소를 겪고 있는 농촌·산촌·어촌 같은 촌
락들간의 첨예한 양극화 문제에 대처하는 데 실패했다는 사실을 감출 수는
없었다. 성장에 대한 이들의 편집증적인 집착과 사회 및 환경에 대한 배려
의 결여, 그리고 지역이나 지방의 자생적인 개발을 희생시키면서 촉진해온
대도시 토오꾜오(혹은 오오사까) 지배의 거대산업집단들에 대한 지원이 너
무나도 철저하고 완벽했기 때문에 이러한 개발계획의 폐해를 시정하는 데
는 계획목표를 달성하는 데 걸린 시간과 거의 같은 기간이 소요될 수도 있
다. 메갈로폴리스의 주민들에게 있어 경제성장이 의미하는 바는 무엇인가,
그리고 경제성장은 국가 전체의 장기적인 미래에 어떠한 영향을 미쳤는가
하는 문제에 대해서는 더욱더 숙고해보아야 한다.

일본 지역개발정책의 실패로 누적된 폐해는 80년대 중반부터 나까소네
내각이 국제적인 무역압력의 완화를 목적으로 국내 수요를 확대하기 위하
여 취한 조치들 때문에 한층 심화되었다. 「마에까와(前川)보고서」(1986년 4
월, 1000억 달러가 넘는 무역흑자로 대외 경제마찰이 격화되자 그 대책으로 나까소네 수
상의 자문기관인 '국제협조를 위한 경제구조조정연구회'가 제출한 보고서—옮긴이)에
의거한 다양한 정책들은 '민까쯔'(民活, 민간부문에 의존한 경기 활성화)와
내수확대라는 슬로건을 강조하였다. 구체적인 실천 면에서 이는 사회기반
시설과 공공사업에 대한 지출을 통한 경기부양책을 의미한다. 그런데 이러
한 대규모 토목공사들은 바로 토건국가에 독특한 채널을 통해 조직되었던
것이다.[102]

---

102) 이 현상에 대한 좀더 자세한 분석으로는 졸고, "Pacific Dreamtime and Japan's New
Millennialism," *Australian Outlook*, Vol. 43, No. 2, August 1989, 64~73면 참조.

국가 수도 계획

90년대 초에 널리 유행한 대형 프로젝트 중에는 여러가지 수도 재개발계획이 포함되어 있었다. 토오꾜오가 현재 규모의, 전국적인 중요성을 가진 도시로 부상한 것은 중세와 근세 초기에 대규모 토목 및 매립 사업이 시작되면서부터이다. 황궁, 히비야(日比谷)공원, 국회의사당, 그리고 긴자(銀座)를 포함하는 현재 토오꾜오의 상당 부분은 17세기 초 이래 여러 차례에 걸쳐 매립된 땅 위에 조성된 것이다. 이 당시에는 각기 100명을 태운 3천척이나 되는 배가 에도(江戶)와 이즈(伊豆) 사이를 오가면서 이즈로부터 매립공사와 성곽 건설에 쓸 커다란 암석들을 운반하였다. 이러한 공사는 30년대까지 계속되었으며 제2차 세계대전 동안 중단되었다가 1948년에 제1차 토오꾜오항 개발 5개년계획과 함께 재개되었다.[103] 60년대는 매립공사가 급격히 증가하였는데, 대량소비시대의 도래와 함께 대량의 쓰레기가 발생함에 따라 이들 중 상당 부분을 토오꾜오만에 내버려 점차 오늘날 유메노시마(夢の島)와 신유메노시마(新夢の島)라 불리는 인공섬들이 조성되었다. 그러나 여지껏 단편적인 조정의 누적에 불과하였던 토오꾜오만의 변화는 80년대에 들어와 종합적이며 통합적인 질적 계획으로 대체되었다.

토오꾜오의 미래에 대해서는 논의가 활발히 전개되었는데 특히 1983년 4월 스즈끼 슌이찌(鈴木俊一)가 토오꾜오도 지사로 선출되자 더욱 활기를 띠었다. 수도권 임해부도심계획이라는 구상은 1982년 처음 시작되었을 때는 토오꾜오시의 낙후된 옛 임해지구들을 개발함으로써 시민들이 더욱 생기에 넘치는 스타일로 살 수 있도록 주거 및 레크리에이션 시설을 마련하는 것을 목적으로 하였다.[104] 개발대상지로 토오꾜오역에서 겨우 5~7km 떨어진 지역이 선정되었는데(448.4헥타르 중 단지 213헥타르만이 지정될

103) NHK, 앞의 책, 第3卷, 156~60면.
104) 須田春海,「矛盾が集中する臨海副都心計劃」,『世界』1991年 2月, 348~54면 중 39면.

수 있었다), 곧 수도의 바람직한 장래에 대한 논쟁에 휩쓸리게 되었다. 일본의 수도를 센다이 등 동쪽으로 이전하거나, 또는 나고야 등 서쪽으로 이전함으로써 국가의 정치적·행정적·기업적·문화적 기능들이 한곳에 지나치게 집중되는 것을 방지하자는 구상은 많은 지지자들을 끌어들였다. 스즈끼 지사는 이러한 수도의 이전이 일본의 경제적 추진력을 약화시키게 될 것이라 확신하면서 이에 강력히 반대하였다. 임해부도심계획은 수도를 재개발함으로써 수도의 이전을 저지하려는 것이 계획의 초점이 되었다. 이는 토오꾜오의 팽창이 계속되고 토오꾜오시가 안고 있는 기존의 문제들이 더욱 심각해진다는 것을 의미할 뿐 아니라, 80년대 후반에 전국적으로 파급된 토오꾜오의 부동산투기 열풍을 일으키는 데 중요한 요인으로 일조하였다.

쾌적한 주거시설과 레크리에이션 시설을 확충하겠다는 소박한 전망은, 토오꾜오의 번화가인 신쥬꾸(新宿) 지역의 1.5배에 달하는 면적에 360만의 인구를 수용하고, 이곳을 독자적인 주거·상업·업무·문화 지구로 구획해, 각 지구를 지상에서는 (폭 80m로 샹젤리제에 버금가는) 거대한 상징적 산책대로로, 그 위에서는 폭 10미터의 고가도로[105]로 연결시키는 미래지향적인 토오꾜오 텔레포트 타운(Tokyo Teleport Town)이라는 거창한 구상으로 바뀌었다.[106] 총공사비는 당초 3~4조엔으로 추산되었으나 점차 불어나 8조엔으로 증가하였으며 1991년 말에 이르러는 10조엔이라는 엄청난 액수에 달하였다. 이 프로젝트는 스즈끼 지사와 카네마루 부총리, 두 사람의 후원을 받아 한때 활기를 띠었으나 90년대 초 일본을 뒤흔든 정치위기로 카네마루는 완전히 몰락하였다. 그러나 중앙정부의 여섯 개 성이 참여하는 막강한 추진기구의 지원을 배경으로 카네마루가 추진하던 이 사업은 그의 몰락에도 불구하고 계속되어 1993년 현재 640대의 크레인과 3만명의

---

105) 岡部裕三, 「臨海十兆円プロジェクト政官財癒着の構造」, 『世界』 1993年 12月, 82~100면. 또한 같은 저자의 『臨海副都心開發――ドキュメント·ゼネコン癒着十兆円プロジェクト』, あけび書房 1993 참조.

106) Takashi Onishi, "The Waterfront Subcenter Project――Hopes for Area Transport," *The Wheel Extended: A Toyota Quarterly Review*, special issue, 1993, 4~5면.

토오꾜오의 '임해부도심'. '텔레포트 타운' 및 불발로 끝난 '세계도시 엑스포 토오꾜오 '96'의 예정지이기도 하다. 전면에 리조트 호텔이 보이고 오른쪽 위에는 헬기장이 보인다(『AERA』 1995年 4月 17日, 朝日新聞社).

인원이 24시간 쉬지 않고 텔레포트 타운의 기반조성 공사에 몰두하고 있다.[107] 이러한 공사는 43개의 대형 종합건설회사들의 주도하에 진행되고 있는데, 이러한 종합건설회사들은 자민당에 정치자금을 상납하였으며 따라서 '구조적 부패'의 핵심을 구성하고 있는 것으로 알려져 있다. 그러나 이러한 사실은 자민당정권 몰락 후에도 이 프로젝트를 진행하는 데 결정적인 난관으로 작용하고 있지는 않은 듯하다.

그러나 프로젝트의 규모가 너무나 크기 때문에 90년대 초의 불경기 속에서 공사는 진척속도가 떨어졌으며, 이것이 과연 현명한 짓인가, 또 그 경제적 의의는 무엇인가에 대한 의문은 한층 심화되었다. 비판자들은 실제 사회적 욕구와의 적합성 여부, 터무니없는 규모, 그리고 그 경제적 생존 가능성(마꾸하리멧세가 얼마 전 완공되었는데도 불구하고 과연 국제전시쎈터

---

107) 岡部, 앞의 글, 86면.

가 토오꾜오에 하나 더 있어야 하는가) 등을 문제시하였다. 임해부도심이 없어도 토오꾜오의 가용 상업지구 면적은 20세기 말까지 수요를 약 1000헥타르, 즉 카스미가세끼(霞が關) 빌딩 가용면적의 60배 정도를 초과할 것으로 추산되고 있다.[108] 1993년 7월 현재, 토오꾜오 지역 신축빌딩의 경우 입주율은 60.8%에 불과하며 신쥬꾸의 일부 지역은 더욱 낮아서 32% 정도이고 몇몇 빌딩의 경우는 고작 11%에 지나지 않는다.[109] 건설이 진행되는 동안 분산화의 모든 가능성은 사라진 것처럼 보였다. 토오꾜오는 반경 50km 내에 3천만명이 모여 살고 있는 메갈로폴리스가 된 것이다.

90년대 중반에 이르자 80년대 후반에 지나치게 팽창했던 거품부분은 녹아 사라져버렸다. 그러나 적어도 명목상으로 남아 있는 대규모 프로젝트의 하나는 '토오꾜오 프런티어 엑스포'(Tokyo Frontier Expo)였다. 1990년 4월 스즈끼 지사는 토오꾜오 도심에서 레인보우 브릿지(Rainbow Bridge)를 건너 텔레포트 타운의 입지 예정지인 임해지대에서 1964년의 토오꾜오 올림픽이나 1970년의 오오사까 엑스포 못지않은 국제적 주목을 받을 만한 대규모 국제행사를 개최하겠다는 구상을 발표하였다. 프런티어 엑스포는 지구 프런트(지하 깊이), 우주 프런트(하늘 높이), 워터 프런트(臨海)의 경계를 더 밀어내어 21세기의 라이프스타일을 제시할 것으로 기대되었다.[110] 민간의 반응이 시큰둥하고 불황 때문에 기업의 열의도 불러일으키기 어려워서 1994년 개최 예정이던 이 프로젝트는 연기되었다. 그러나 이는 1996년 3월부터 10월까지 개최 예정인 '세계도시 엑스포 토오꾜오 '96—도시 프런티어'(World City Expo Tokyo '96—Urban Frontier)로 부활되었다. 이것은 인구증가, 주택, 레저, 교통난, 환경, 복지 등 도시문제들에 초점을 맞추어 21세기 도시에 대한 일본식 구상의 정수를 보여줄 박람회가 될 것이라고 발표되었다. 1994년 10월 기공식을 거행한 이래 본질적으로는 거대한 테마파크가 될 듯한 전시관 공사가 진행되었다. 토오꾜오의 역사(19세기의

---

108) 須田, 앞의 글, 350~52면.
109) 岡部, 앞의 글, 100면.
110) 岡部, 앞의 책, 162~78면.

전차를 선보임), 현대적인 리니어 모터 열차(자기부상열차), 우주정거장인 생태광장(Ecology Plaza, NASA가 출품), 터키의 석조가옥에서부터 인도네시아의 초가집에 이르기까지 전세계 도시들의 모형, 최신의 가상현실 판타지를 보여주는 원더 시티(Wonder City) 등의 전시가 있을 예정이다.[111] 세계의 도시들이라는 주제에 관한 학술대회가 이러한 행사의 일부로서 유엔과의 공동후원으로 개최될 예정이었다. 2천만명 이상이 입장할 것으로 예상되었으며 1조엔을 훨씬 넘는 금액이 지출되었고 40개국 이상이 참가를 약속하였다.

아무튼 90년대 초반에 토오꾜오만 주변에서 진행중인 대규모 프로젝트는 약 40개나 된다. 여기에는 다음과 같은 것들이 포함되어 있다. 즉 토오꾜오만횡단도로(1989~96년에 1조 1300억엔을 들여서 건설될 예정이며 여기에는 만을 가로지르는 총길이 9.8km 해저터널이 포함된다),[112] 신토오꾜오공항(하네다에 1조 1500억엔을 들여 건설하며 1995년 완공 예정이다), 미나또 미라이 21 혹은 요꼬하마의 21세기 미래항구(2000년까지 2조엔 이상을 투입하여 186헥타르의 토지를 개발, 호텔·박물관·국제회의장·사무실을 짓는다), 마꾸하리 신도시와 카즈자(上總)의 신연구개발도시 등이다. 토오꾜오만횡단교를 건설하기 위해 찌바(千葉)현의 보오소오(房總)산에서 9억 세제곱미터의 흙을 채취해가서 이 산은 점차 평평해져가고 있다(이는 수에즈운하를 건설하는 데 사용된 토사 총량의 12배에 달한다).[113] 아무튼 이 결과 1868년 당시 토오꾜오만 면적의 1/5에 해당하는 해수면이 사라져버렸다.[114]

새로운 토오꾜오의 미래를 이야기하는 예언자로서 건축가들이 이름을 날리게 되었다. 1960년에 탄게 켄조오(丹下健三)는 토오꾜오를 3개의 축, 즉 도심축(옛 시가지), 수도축(마루노우찌 丸の內-카스미가세끼 지역), 국제

---

111) Hitoshi Fukui, "World City Exposition Tokyo '96," *Asahi Evening News*, Supplement, November 23, 1994, 7면.
112) 佐野, 앞의 글, 6~10면.
113) 같은 글, 6면.
114) 같은 글, 7면.

건설중인 토오꾜오만횡단도로(『アサヒグラフ』1995年 6月 9日, 朝日新聞社).

토오꾜오만 해저터널. 한달에 150m를 전진할 수 있는 거대한 '방패'기계를 사용해 해저 60m 깊이로 굴착하여 건설(『アサヒグラフ』1995年 6月 9日, 朝日新聞社).

축(워터 프런트)에 따라 건설된 도시로서 구상하였다. 80년대에 들어와 쿠로까와 키쇼오(黑川紀章)는 토오꾜오만 내에 면적 3만 헥타르에 달하는 섬을 조성하고 시 내부와 주변에 운하와 고속도로를 뚫어 수도를 확장하자는 제안을 한 바 있다.[115] 이 섬에는 500만명을 이주시킬 수 있으며, 또한 토오꾜오만횡단교의 찌바 끝단에 보오소오 신도시를 건설해 여기에 인구 100만명을 입주시킬 수 있다는 구상이었다. 그의 구상을 실현하는 데 드는 비용을 추산하면 35년간에 걸쳐 2조 4500억 달러(약 300조엔)로서, 이는 아폴로 우주계획에 들어간 비용의 20배에 해당한다. 매립을 통하여 인공섬을 조성하려는 프로젝트들은 84억m³나 되는 막대한 토사를 필요로 하는데 이는 수에즈운하 공사에 사용된 토사량의 125배에 해당한다.[116] 나까소네 정권 이래 일본에서 커다란 지지를 받은 쿠로까와는 90년대에 가장 남용된 슬로건인 '쿄오세이(共生)'를 사용하여 자신의 비전을 묘사하고 있다.[117]

토오꾜오와 오오사까 간에 제2고속도로를 건설하자는 계획(1993~2002, 공사비 약 8조엔)과 21세기 초까지 자기부상열차(토오꾜오와 오오사까 간 약 500km를 약 한 시간에 가기 위한 것)를 건설하자는 계획도 있었다. 지하 깊숙이 진공터널을 건설함으로써 오오사까까지 1분, 뉴욕까지 1시간에 도달할 정도의 초고속 교통수단의 이론적 가능성에 대한 일본인의 흥미에 관하여 읽노라면, 이들을 단순한 SF소설(영화)이라고만 넘겨버릴 수는 없다.[118]

거대하게 팽창한 토오꾜오 지역 내에는 700~100m 지하에 수송터널망을

---

115) 黑川紀章 편,「二一世紀への提言 —— 東京と地方の共生」,『Lightup』1992年 4月. 이 것은 쿠로까와와 '그룹 2025'가 공동으로 저술한 보다 길고 중요한 글인『東京改造計劃の緊急提案 —— 2025年の國土と東京』의 간략한 요약이다.

116) 같은 글.

117) Kurokawa, *The Architecture of Symbiosis*, New York: Rizzoli 1988 참조.

118)「惑星列車」, 自由國民社 편,『現代用語の基礎知識』, 1993年版, 573면(매사추세츠공대의 계산에 따르면 뉴욕에서 로스앤젤레스까지 2분 이내에 주파할 수 있다고 한다). 보도에 의하면 스위스의 한 컨쏘씨엄이 시간당 500km를 진공터널이 아니라 저기압 터널 속을 달릴 수 있도록 기압을 조절한 '지하의 고속자기부상열차 씨스템'에 관한 타당성 연구를 1994년에 시작한 것으로 알려지고 있다(*Financial Times*, "Fast Train Has Swiss Up in Air," *The Australian*, September 20, 1994).

건설함으로써 화물운송을 용이하게 할 수 있다. 또한 제2고속도로(1993∼
2002년에 걸쳐 8조엔이 투입된다)도 계획되어 있으며 전국 각지에서 새로
운 신깐센 철도가 건설되고 있다(여기에는 2001년까지 1조 4000억엔이 소
요될 전망이다). 아직은 설계 테이블 위에 있는 다른 계획들 중에는 토오꾜
오의 통근철도망의 상당 부분(야마노떼센山手線과 쮸우오오센中央線의
일부)을 지하 깊숙이 이전함으로써 지상공간을 재개발한다는 구상과[119] 심
지어는 일본, 러시아, 한국 사이의 바다 한가운데에 '일본해 아크로폴리스'
라는 기발한 이름이 붙은 섬을 비롯하여 여러 곳에 인공섬을 만든다는 구
상도 있다.[120]

  90년대 초의 불경기에도 불구하고 토오꾜오를 변화시키려는 환상적인
계획은 주요 건설회사들의 설계도 위에서 계속 작성되었다. 현재 세계에서
가장 높은 빌딩은 시카고의 씨어스 타워(Sears Tower, 443m)이고 일본에
서 가장 높은 빌딩은 요꼬하마의 랜드마크 타워(Landmark Tower, 296m)
이지만 카시마건설과 오오바야시구미(大林組)가 모두 800m(200층) 높이
의 다이내믹 인텔리전트 빌딩(카시마의 경우는 BID-200, 오오바야시구미
의 경우는 밀레니엄 타워Millennium Tower라 알려진)을 설계하고 있는
중이다. 어느 건축가 한 사람은 BID-200을 "중소도시 규모 인구에 해당하
는 주민들이 살기에 쾌적한 장소"[121]라고 묘사하였다. 더욱 야심에 찬 타께
나까코오무떼(竹中工務店)는 1000m 높이의 '스카이 씨티 1000'을 설계하
고 있는데, 이는 "도시공간의 수직적 사용법 개발이라는 목표로 도시기능
과 자연을 결합하게 될 인공적이면서도 총체적으로 포괄적인 환경" 속에 3
만 5천명의 주민과 1만명의 사무노동자들을 수용할 수 있을 것이라고 한
다.[122] 시미즈건설은 'TRY 2004'란 계획을 가지고 있는데 이 빌딩은 높이

---

119) 쿠마가이구미(熊谷組)의 계획으로서 약 800억 달러의 비용으로 가능하다고 추산하고
    있다(「地下─○○メ─トルにJR線」, 『朝日新聞』1988年 6月 15日).
120) 토비시마(飛島)건설의 발상으로서, 15년에 걸쳐 약 2500억 달러(33조엔)의 비용을 들여
    서 5만 내지 10만 명을 수용할 수 있는 3.14km²의 인공섬을 조성한다는 것이다("Floating
    Island Proposed by Tokyo Firm," *Japan Times,* September 6, 1991).
121) Bill O'Neill, "Cities in the Sky," *New Scientist,* October 2, 1993, 22∼24면.

가 2km에 달하고 건평이 약 8km²에 달하게 될 것이다. 타이세이건설은 'X-SEED 4000'이라는 장대한 건물을 계획하고 있는데 이는 후지산과 같은 모양을 하고 있으나 높이는 몇백미터 더 높을 것이다. 그리하여 이 건물 맨 위층 아파트에 입주한 사람들은 아마도 신성한 후지산을 아래로 **굽어볼** 수 있을 것이다. 이들 기업은 모두 자신들의 야망이 21세기 중반까지는 아마도 실현되지 않을 것이라는 점을 인식하고 있다.

세계 '최고'가 되려는 야심은 일본에만 국한된 것은 아니다. 홍콩이 1998년까지 높이 480m에 달하는 건물을 짓겠다는 계획을 실현한다면 세계 최고라는 타이틀을 주장할 수 있을 것 같으며, 한편 콸라룸푸르는 450m 높이의 트윈 타워(Twin Tower) 건설을 계획하고 있다. 아마도 21세기 초에는 충칭(重慶)이 517m 높이의 건물을 계획하게 될 것이다.[123]

이러한 거대한 터널 굴착이나 자연의 모습을 변화시키는 건설 프로젝트들은 이미 거대한 메갈로폴리스로 변해버린 토오꾜오와 오오사까의 시경계를 더욱더 확대할 것이며 그 주변 곳곳에 아직 조금씩 고립된 채 자연상태로 남아 있는 지역들을 더욱 축소시키고 강철과 유리와 콘크리트로 된 거대한 구조물을 건설함으로써 지구 온난화를 상당히 촉진시키게 될 것이다. 토오꾜오는 이제 더이상 자연적인 해안선을 전혀 가지고 있지 않으며 토오꾜오에 인접한 카나가와(神奈川)현과 찌바현에도 각각 겨우 6km와 2.9km밖에 남지 않았다(즉 자연적 해안은 토오꾜오 주변의 해안 753km 중 1.2%에 불과하다).[124] 한때 해양생물과 수생생물의 풍요한 보고였던 토오꾜오만은[125] "멸종의 위기를 맞고 있다.… 토오꾜오만은 산업문명의 쓰레기를 버리는 거대한 수상 쓰레기장이 될 것이다."[126]

122) 같은 책, 竹中의 팸플릿에서 재인용.
123) 中崎隆司,「進化する超高層ビル」,『AERA』1994年 4月 25日, 42~43면.
124) 佐野, 앞의 글, 7면.
125) Kevin Short, "Tokyo Bay: Crabs and Concrete," *Japan Environment Monitor,* Vol. 2, No. 3, July 1989, 1, 6~7, 16면.
126) Yasuda Yasoi, "Tokyo On and Under the Bay," *Japan Quarterly,* 35, 2, April~June 1988, 124면.

　토오꾜오와 같은 메갈로폴리스의 주민들은 80년대 후반의 신보수주의 정책의 폐해를 경험하였는데 이러한 정책은 나중에 밝혀진 바와 같이 사회의 도덕적·정치적 기초뿐 아니라 이에 못지않게 환경적·경제적 기초마저 파괴하였다. 은행과 관료와 탐욕스러운 기업들이 촉진한 도시 내 부동산 투기 붐으로 봉급생활자인 중간계급 대중은 더욱 먼 교외지역으로 밀려났으며, 이들의 노동시간은 편도 1시간을 넘는 통근시간 때문에 더욱 연장되었고, 살아생전에 주택을 소유한다는 현실적인 가능성마저 사라져버렸다. 500만명이나 되는 사람이 최저주거한계라고 할 수 있는 50m²(약 15.5평 —옮긴이)도 되지 않는 비좁은 목조 아파트에 살고 있다.[127] 오락 또는 쇼핑용의 거대한 복합건물 내에서 공조시설이 내뿜는 공기를 마실 수 있을 뿐, 자연과 공생을 이룩할 가능성도 사라져버렸다. 토오꾜오 주민들의 1인당 도시공원 면적은 런던의 30.4m², 본(Bonn)의 37.4m², 워싱턴의 45.7m², 빠리의 12.2m²에 비교할 때 불과 2.6m²밖에 되지 않으며,[128] 또한 현재 농지로 지정되어 있는 그나마 남아 있는 녹지공간마저도 권고하는 규제완화책이 채택된다면 새로운 개발의 물결에 밀려 사라질 위기에 있다.[129]

　토오꾜오 지역에서 개발과 인구증가가 계속되면서 더욱 심각해지는 또다른 차원의 문제가 있다. 이는 열섬(heat island) 효과라고 알려진 대기현상이다. 자동차와 에어컨 등에서 계속적으로 방출되는 열, 콘크리트의 보온적 성질, 이산화탄소 배출에 의한 온실효과, 식물의 감소 등이 복합적으로 작용한 결과, 토오꾜오는 세계 평균의 10배가 넘는 빠른 속도로 온도가 상승하고 있다.[130] 환경청에 의하면 열대야(熱帶夜, 8월중 밤 기온이 섭씨 25도 이하로 떨어지지 않는 날)가 20년대의 평균 2.6일에서 80년대에는 13.6

---

127) 「私はウサギじゃない」(사설), 『朝日新聞』 1994年 5月 22日(평균 4인가족 가구가 140만 가구였음).

128) 宮崎勇, 『世界經濟圖說』, 東京: 岩波新書 1994, 195면.

129) 宮本(『環境と開發』, 233면)에 의하면 토오꾜오, 나고야, 오오사까 등 3대 도시의 이러한 '농지' 총면적은 3만 7천 헥타르가 된다.

130) 上野英雄, 「東京崩壞」, 第4部, 「熱汚染」, 『世界』 1993年 8月, 144~49면 중 145면(지난 100년간의 온도상승 폭이 세계 평균은 섭씨 0.7도인 데 비해 자그마치 7도에 달한다).

일로 증가하였으며[131] 토오꾜오 중심부는 근대 이전 시기보다 평균 섭씨 4
도 정도 높고 토오꾜오 중심부 일부 지역(신쥬꾸나 시나가와品川 주변)의
기온은 하찌오오지(八王子) 등 교외지역보다 8도 정도 높다.[132] 게다가 도
시가 더워질수록 더 많은 사람들이 에어컨을 구입함으로써 일시직인 대책
을 구한다. 열공해는 메갈로폴리스 현상의 불가피한 결과이다.

이는 수도권 지역에서의 인구, 편의시설, 기타 시설의 중앙집중이 한계에
도달하고 있음을 의미하고 있다. 과연 환경 및 에너지 문제 전문가인 사이
또오 타께오(齋藤武雄)가 지적하듯이 토오꾜오는 살 수 없는 곳이 되어가
고 있다.[133] 물론 일본정부는 지구 온난화 문제의 해결책과 지속 가능한 경
제라는 이념의 실현방안을 모색하는 데 지원을 아끼지 않겠다고 밝히고 있
으나, 우선 이러한 목표와 실제로 추진되고 있는 팽창 및 성장 정책 사이에
존재하는 모순부터 해결해야 한다.

이 책의 출판을 위하여 제1장의 수정작업을 하던 중 현재의 방향에 대해
전혀 새로운 생각을 하게 해준 두 가지 사건이 발생하였다. 그 하나는 1995
년 1월 17일의 코오베지진이며, 다른 하나는 1995년 4월의 선거에서 세계
도시 엑스포 '96 계획을 백지화할 것과 수도권 임해부도심계획을 전반적으
로 축소할[34] 것을 공약한 인물이 토오꾜오도 지사로 당선된 사건이다. 그
는 도시 엑스포를 "처음부터 잘못된 일이었으며…도민의 혈세를 낭비하는
짓일 뿐"이라고 규정하였고 수도권 임해부도심계획 예정지를 "공원 아니면
숲"으로 변화시키겠다고 약속하였다. 이들 두 가지 사건 중 전자는 토건국
가의 자연적 한계를 보여주는 것이며, 후자는 이를 뛰어넘어 새로운 진로
를 모색하려는 지적인 이해력과 정치적 의지의 성장을 보여주는 것이다.

---

131) 岡部, 앞의 책, 81면.
132) 「天聲人語」, 『朝日新聞』 1992年 9月 6日.
133) 같은 글.
134) Ben Hills, "At $20bn, He's a Real Party Pooper," *Sydney Morning Herald*, April 29,
    1995; 山之上玲子・山本眞男, 「青島都知事公約ガ生命線」, 『AERA』 1995年 4月 24
    日, 6~9면 참조.

개발, 민주정치, 방향

80년대 일본 성장의 중심에는 90년대에 와서야 서서히 명백하게 드러나기 시작한 모순이 있었다. 근대화, 산업화, 그리고 서구 따라잡기라는 과제에 매달리기 시작한 19세기 후반 이래 일본 국민은 세대를 거듭하면서, 자신들의 희생이 그 다음 세대의 삶을 더 좋고 편안한 것으로 만들 것이라는 믿음을 갖고 열심히 노력하였다. 자본이 축적되었고 기술도 세련되어 90년대에 이르자 전세계는 터널을 뚫거나 교량을 건설하거나 인공섬을 조성할 때 스코틀랜드인이나 독일인 혹은 미국인들 대신 일본인 기술자들한테 조언을 구하게 되었다.

의심할 나위 없이 최근 수십년간의 일본의 발전은 산을 허물고 바다를 메우고 깊은 땅속을 개발한다는 발상에서 드러난 바와 같이, 엄청난 활력과 프로메테우스와 같은 불굴의 에너지를 보여주었으며, 이는 마치 과거의 십자군 파병이나 제국의 건설에 필적할 만한 것이었다. 그러나 일본 국민의 에너지와 자본과 기술이 너무나도 대규모로 인적·물적으로 착취적인 정치경제의 전유물이 되고 이를 위하여 동원·집중된 결과 일본 국민과 이들의 환경은 피폐해졌다.

일본의 성장은 대단한 성과이기는 하지만 사회적 우선순위와 필요를 결정하는 데 필요한 사회적·정치적 구조가 더이상 감당할 수 없을 정도로 도가 지나친 것이 되어버렸으며 그리하여 취약한 생태계를 위협하기 시작하였다. 최근 일본의 발전은 그 템포나 방향 모두가 지속 가능한 것이 아니다. 최근 NHK(일본방송협회)가 발간한 연구보고서의 저자들은 토오꾜오만이나 오오사까만에 있는 교량, 인공섬, 터널 같은 거대한 기술적 성취는 엄청나게 값비싼 것이었으며, 그 건설의 책임을 맡았던 엔지니어들조차 이러한 일들이 다시 되풀이될 수 있는지, 혹은 되풀이되어야 하는지에 대해 회의적이라는 냉정한 결론에 도달하였다. 새로운 인공섬들은 지구 온난화에 의한 해수면의 상승이나 (1995년 1월에 그 비극적인 예를 보았듯이) 모

오오사까부 카시와라(柏原)시 카린도오바따(應多尾火田)의 '쓰레기궁전'. 1976년에서 91년까지 인접한 시정촌의 불연성 쓰레기 즉 냉장고, 세탁기, 각종 플라스틱 제품 등을 분쇄한 후 콘크리트와 섞어서 2만 7천여개의 블록으로 만들어 이 계곡에 영구히 방기하였다(『朝日新聞』 1992年 4月 30日).

든 종류의 지진에 극히 취약하다. 최근 수십년간의 무절제한 성장에서 비롯되어 악화일로에 있는 여러 환경문제들 중에는 파헤쳐낸 토사와 폐건축 자재 등의 (합법적 또는 불법적) 처리 문제도 있는데, 이것들은 너무나 엄청난 규모로 대량 발생하기 때문에 도저히 버릴 곳을 찾을 수가 없을 정도이다.

　일본열도의 사회기반시설을 통한 기본적인 통합, 즉 교량과 터널과 철도와 도로 등에 의한 통합은 이제 완성되었으며 자연을 또다시 대대적으로 개조한다 하더라도 크게 개선될 것이 없다. 그러나 이제 진정으로 또한 더욱더 절실히 필요한 것은 환경에 가해진 일부 손상을 회복시키기 위한 창조적인 프로젝트들이다. 즉 강변과 해안의 콘크리트를 걷어내고 몇몇 댐을 헐어버림으로써 일부나마 강을 그 자연적 상태로 되돌리는 것이다. 일본의 가장 커다란 호수인 비와(琵琶)호는 수십년에 걸친 무분별한 개발의 결과

현재 위험한 상태에 있으며 이를 회복하려면 아마도 2조엔 정도의 비용이
소요될 것이다. 그러나 이러한 목표를 둘러싼 사회적 합의가 형성될 수도
있는데 왜냐하면 이러한 자연회복 작업은 상당한 정도로 지방의 고용을 증
대시킬 뿐만 아니라 또한 경제를 활성화시킬 것이며, 그러는 가운데 활력
있고 지속 가능한 풍요의 조건을 재건할 것이기 때문이다.[135] 그러나 이를
위해서는 주도면밀한 장기적 계획이 필요하다. 내가 이미 지적한 바와 같
이 과거 이러한 계획을 수립하려는 주기적인 시도는 실패하였을 뿐 아니라
상당한 재앙을 초래하기도 하였다.

　전후 일본의 기업경영자 중 매우 철학적인 성향을 지닌 나쇼날 파나소닉
(마쯔시따전기)의 창업자 마쯔시따 코오노스께(松下幸之助)는 한때 일본
산악지대의 20%, 즉 7만 5000km²의 산지를 깎아 바다에 쏟아넣음으로써
시꼬꾸만한 크기의 새로운 섬을 조성하자는 200년에 걸친 국가적 계획을
제안한 바 있다. 그는 일본의 에너지를 국내의 이러한 거대한 프로젝트에
국한시키고 집중시키는 것만이 과거 전쟁으로 가능하였던 것과 같은 국민
적 일체감과 목적의식을 창조할 수 있을 것이라 주장하였다.[136] 1976년에
이러한 글을 썼던 마쯔시따가 그후 일본의 무분별한 팽창이 야기한 국제적
마찰이 얼마나 심각한지를 목격할 수 있었다면 그는 의심할 나위 없이 바
로 여기서 자신의 계획의 정당성을 더욱 강화시켜줄 근거를 발견하였을 것
이다. 어쨌든 일본 국민을 동원하여 산을 깎고 바다를 메움으로써 해외에
서 이들의 영향력이 제어 불가능할 정도의 반일감정을 야기하거나 심지어
전쟁을 촉발하지 못하도록 하자는 마쯔시따의 구상은 근본적으로 빈곤한
것이다. 일본 국민으로 하여금 외부세계와 건설적이고 상상력있는 관계를
맺을 가능성을 바라보도록 하기보다는 끊임없는 (그리고 의미없는) 성장의
연자방아에 묶어놓기를 선호하는 이러한 구상은 가히 절망적이라 할 수 있

---

135) 田啓志(全國河川湖沼會議 사무국장), 「環境復元に新法律の制定を」, 『朝日新聞』
　　　1994年 3月 29日.
136) 松下幸之助, 「私の國土倍增論」, 『文藝春秋』 1976年 5月, 136~42면. 영어본은
　　　"Doubling Japan's Land Space," *Japan Interpreter*, Vol. 11, No. 3, Winter 1977,
　　　279~92면.

❶乱開発されたままの「一条山」現況

❷再開発案　山はなくなり宅地となる

❸当時開発許可案　この姿にまで是正を

쿄오또의 이찌조오(一條)산. 맨 위에서부터 1993년 현재의 모습과, 컴퓨터 씨뮬레이션을 통해 1982년에 시작되었다가 중단된 개발이 재개될 경우의 모습, 그리고 산을 복원할 경우의 모습을 보여준다(奈良磐雄, 『木野評論』, 京都精華大學, 第23號, 1992年 3月 20日).

는 것이다. 이는 언덕을 행군해올라갔다가 다시 내려오라는 명령을 수없이 되풀이하여 받았던 '요크 대공'(Grand Old Duke of York, Frederick Augustus: 1763~1827년 그의 일화는 동요에도 나옴—옮긴이)의 병사들을 상기시킬 정도이다.

쿠로까와 같은 사람들의 거창하고 이루 말할 수 없이 자신만만한 쿄오세이의 구상과는 대조적인 일본사회 비주류의 목소리가 있다. 이들 비주류 학자, 철학자, 지방의 운동가, 예술가 등은 지난 30년간의 일본의 지역개발 계획의 실패에 대하여 통렬히 비판하고 있다.[137] 지난 수십년간 일본에서 추진되었던 오만한 자연개조계획을 근본적으로 비판하는 이들은 그러한 자연개조계획의 결과 일본이 부유한 나라가 되었다는 사고 자체에 회의를 나타내고 있다. 이들은 이러한 거창한 계획 속에는 환경적 재앙과 사회적 뿌리의 상실, 그리고 실제 욕구의 무시 등의 문제가 내포되어 있다고 경고하고 있다.[138] 그 대신에 이러한 새로운 양심의 목소리들은 다음과 같은 좀더 겸손한 구상을 촉구하고 있다. 즉 (식량을 포함하여) 지역의 자급자족과 자율, 중앙정부기구의 축소, 그리고 텔레토피아나 녹색도시 같은 거창한 개발의 회랑(回廊)으로 기존의 농촌, 산촌, 어촌을 파괴하기보다는 보존할 것 등이다. 이들은 도시를 무한히 팽창시키기보다는 마을을 사람들이 생활하고 싶어하는 곳으로 만들려고 하는 것이다.

이들 역시 때때로 자신들의 처방을 단적으로 표현하기 위하여 '쿄오세이'라는 용어를 사용하는데,[139] 이는 서로 밀접히 관련된 용어인 '쿄오존(共存)'과 '쿄오에이(共榮)'의 내용이 무엇이어야 하는가를 결정하기 위한 30년대의 투쟁과 아마도 유사하게 쿄오세이란 용어의 내용을 결정하기 위한

---

137) 宮本憲一, 「國土總合開發の三〇年」, 『世界』1992年 8月, 169~76면.
138) 아마도 가장 잘 알려진 인물들은 각각 立命館大學의 宮本憲一, 中央大學의 宇澤弘文, 橋大學의 室田武 등이다. 예를 들어 宇澤弘文·室田武, 「持續的開發と經濟學の役割」(대담), 『エコノミスト』1992年 3月 10日, 82~88면. 宮本憲一, 「集中砲火を浴びた日本型ウォーターフロント開發」, 『月刊Asahi』1991年 6月; 宮本『環境保全の樞內で經濟を發展させよ」, 『エコノミスト』1992年 3月 17日, 24~31면 참조.
139) 예를 들어 槌田劭, 『共生の時代』, 樹心社 1981; 花崎皐平, 『アイデンティティと共生の哲學』, 筑摩書房 1993; 內橋克人, 『共生の大地』, 岩波新書 1995 참조.

투쟁이 존재하고 있음을 시사하고 있다. 이 용어는 영어로는 symbiosis라고 번역되지만 그 의미는 '같이 산다'는 것으로서 이 매력적인 용어는 이제는 대개 과거의 것으로 간주되는 공동체와 자연의 질서와 관련되면서 상상력을 강력히 자극하여 과거에 대한 향수를 계속 상화하거나 미래에 대한 유토피아적인 꿈으로 순진하게 투영되기도 한다.

　1994년 롯꼬오산의 중턱에서 볼 수 있었던 광경은 그러므로 낡은 것과 새로운 것이 혼합된 것이었다. 건설과 공공사업이 중심적 위치를 차지하는 것이 메이지 시대 이래 (그리고 그 이전부터) 일본이라는 나라의 특징이었다. 오오사까만의 대규모 자연개조와 10년 이상 일본을 괴롭힌 정치적 부패 간의 구조적 연계관계는 명백하였지만, 1994년의 정치개혁은 이 문제를 다루기 시작하지 않았다. 게다가 1992년 여름 리우회의에 파견되었던 일본 대표단이 표명한 지속 가능한 발전과 자연과의 조화에 대한 경건한 감정도, 그 어떤 대가를 치르더라도 성장을 해야 한다는 주장에 대한 진지한 재검토 작업을 시작하도록 하지는 못하였다. 비록 일본이 저성장 궤도를 지키도록 예를 들어 매년 GNP의 1.4%만 성장을 하도록 영원히 강제된다 하더라도 이는 50년이면 2배, 100년이면 4배, 그리고 500년이 지나면 1000배로 성장하는 것을 의미한다.[140] 따라서 이러한 장기적인 코스 또한 어리석은 것이다. 제로성장이야말로 인류와 그 환경이 택할 수 있는 유일한 진지한 대안이다. 이러한 안정된 사회를 달성하는 작업은 '남'(South)의 빈곤한 국가들에 필요한 사회적·경제적 발전을 위하여 이들 국가로 자원이 대규모로 이전되는 데 필요한 이행국면──이 기간이 얼마나 될지는 정확히 알 수 없으나──중에는 잠정적으로 연기될 수도 있다. 나아가 일본과 같은 선진국가에서는 최근 수십년에 걸친 왜곡된 개발 때문에 파괴된 자연환경을 복구해야 한다는 절실한 필요가 존재하는데 이러한 과정은 가까운 장래에 엄청난 투자를 필요로 할 것이다. 그러나 이러한 제로성장이라는 새로운 지향은 토오꾜오와 오오사까의 거물들──이른바 '현자들'──사이에

---

140) 大軒由敬·福間鋼治,「ゼロ成長のススメ」,『AERA』1994年 1月 3～10日, 58면.

서는 우수꽝스러운 이단으로 간주되고 있다.

오오사까만은 토건국가가 활짝 만개한 결과이면서도 또한 아직 그 이름에 대한 합의가 이루어지지 않은 제3세대 자본주의, 1945년 이후의 자본주의라는, 새로운 형태의 자본주의에 대처하기 위한 일본의 결연한 노력이 경주되는 곳이기도 하다. 60년대의 중화학공업이라는 '중후장대'의 시대나 70년대와 80년대에 들어와 이를 계승한 '경박단소'라는 소규모화한 전자시대를 대신하여 오오사까와 코오베의 시민들의 마음속에는 '미감유창(美感遊創, 아름다움·감각·놀이·창조)'의 시대가 오게 되는데, 이 시기에는 패션·관광·리조트·레저 등이 중심이 된다. 새로운 만안지역 개발계획의 상당 부분 그리고 그 이전에 실시된 개발계획 중 상당 부분은 번쩍번쩍 빛나는 인공섬 도시 개발, 배후지의 산정(山頂)까지 연결된 케이블카, 스위스식 농장, 영국식 골프장은 말할 것도 없고 "부띠끄·피부미용실·맥주홀을 갖추고 있는 모조 이딸리아 저택, 초고속 신깐센, 전원이 여성으로 이루어진 타까라즈까(寶塚) 공연, 교회같이 생긴 결혼식장"[141] 등으로 코오베 지역은 특히 테마파크 같은 인상을 주고 있다. 코오베시에서 계획된 중요한 개발사업의 하나는 토오꾜오의 디즈니랜드에 버금가게 설계된 레저월드(Leisure World)로서 이는 1997년 포트아일랜드에서 개장될 예정이며 1세기의 로마, 8세기의 장안(長安), 1920년대의 뉴올리언즈 등 (전성기 때의) 세계의 위대한 도시에서의 생활을 경험할 수 있도록 함으로써 수백만의 관객을 끌어들일 예정이다. 테마파크와 유원지 형태의 수족관(Aquarian World)은 그리하여 대규모 공사에 기반을 둔 건설산업의 팽창을 위한 새로운 통로가 된다.

이러한 개발사업을 낙관적으로 보는 이는 그 속에서 비록 혼란스럽고 모순적이기는 하지만 제로성장의 미래와, 노동의 인간화 원칙에 입각한 새로운 정치경제, 창조성과 레저 기회의 극대화, 그리고 일상생활 자체의 예술화를 향한 모색을 발견할 것이다.[142] 그러나 비관적인 견해를 가진 사람들

---

141) Yoichi Clark Shimatsu, "After the Earthquake, an Economy Built on Sand is Exposed," *Los Angeles Times,* January 20, 1995.

은 여기서 소비욕구의 형성과 조작을 통하여 새로운 물신숭배적인 '성장'을 위한 공식이 지속적으로 추구되는 모습을 보게 될 것이다.

　1994년에 일본은 아직도 불경기였다. 1973년, 1979년, 1985년 등 과거에 경기침체를 빗어난 방법은 수출증대와 함께 공공사업에 대한 지출을 동하여 국내 수요의 확대를 도모하는 것이었다. 1994년의 국제환경에서는 수출 확대란 생각할 수도 없다.[143] 1994년 4월 건설업계의 부패를 수사하던 검찰이 본보기로 몇명만 체포하고 기소하고 난 후 수사를 종결할 움직임을 보이기 시작함에 따라, 경제를 활성화하라는 국내 및 서구(특히 미국)의 압력에 대한 대응으로 공공사업비 지출의 증가와 같은 전통적인 방법에 의한 경기부양책이 더욱 확대될 가능성은 매우 커지고 있다. 지난 40년간 전국의 균형발전을 위한 경솔한 정책을 연달아 추진해온 관료집단의 기획부서가 또다시 미래의 계획을 수립해달라는 요청을 받고 있다. 이들이 과거에 이룩한 유일한 실적이란 토오꾜오(칸또오), 나고야(쮸우부中部), 오오사까(칸사이)라는 3개의 메갈로폴리스를 잇는 토오꾜오에서 키따큐우슈우에 이르는 해안의 좁은 회랑지대에 전인구의 40%와 부와 권력을 전무후무할 정도로 집중시킨 것이었다.

　1995년 초에는 2010년까지의 국가개발 지침을 결정할 5차 젠소오, 즉 새로운 신국토종합개발계획을 준비하기 위한 심의가 시작되었다. 만일 초기 보고서들이 정확하다면 1만 4천km에 달하는 도로의 건설, 새로운 고속철로 및 항만과 공항의 연계, 동서로 일본열도를 관통하는 교량 및 터널의 네트워크, 그리고 새로운 수도(首都) 혹은 제2수도의 계획 등, 이미 잘 설정되어 있는 경로를 따라 구상이 진행되고 있는 것처럼 보이고 있다. 일본이 1993년 말 GATT의 우루과이라운드 협정을 승인했을 때(이 책 제3장 참조), 사회당 출신 수상이 이끄는 연립내각이 제시한 국내 타협안 안에는 "농민

142) 都留重人,「成長ではなく'勞動の人間化'を」,『世界』1994年 4月, 84~98면 중 96면 참조(여기에서 필자는 都留의 글을 직역하지 않고 그 표현을 약간 바꾸었다).
143) 伊東光晴,「九○年代不況は公共投資では救えない」,『世界』1993年 12月, 56~70면 중 56면.

이 외국과의 경쟁에 적응하는 것을 보조하기 위하여" 6조엔이 약간 넘는 금액을 지출할 것이란 내용이 포함되어 있었다.[144] 사실상 그 대부분의 돈은 교량과 도로를 건설하고 논의 물을 빼서 다른 용도로 전환하는 등 토건국가의 회로를 다시금 활성화하는 데 쓰이게 될 것이다. 또한 수조엔 이상이 지진 후 코오베시를 재건하는 데 지출되었는데, 이는 향후 1천년 동안 견딜 수 있도록 교량과 터널과 빌딩을 보강하는 데에 사용될 것이다. 경제불황, 그리고 폭로 당시 한때 토건국가의 존립 자체를 위태롭게 할 듯이 보였던 스캔들, 그 다음에는 지진으로 인해 제기된 심각한 문제들, 이 모든 것들이 지나가고 난 뒤 다시금 모든 것이 제자리로 돌아왔다. 즉 새로운 공공사업, 새로운 '쓸데없는 일'이 또다시 시작된 것이다.

일본의 국토를 종합적으로 개발한다는 목적으로 여러 다양한 계획을 추진한 결과 파생된 극히 불균형적이며 불평등한 개발의 패턴을 인식하고 또한 이러한 개발 때문에 초래되거나 악화된 국가의 재정위기와 구조적 부패를 인식하지 못하는 한, 근저에 놓인 문제들을 해결하려는 노력은 거의 전망이 없어 보인다. 90년대 중반을 지배하던 정치적 혼란과 우유부단에서, 2000년 이후의 새로운 천년대에 적합한 구상을 찾으려 하는 것은 아마도 너무 지나친 일인지도 모른다. 따라서 이로쿼이족의 장로들과 같이 지혜를 가진 정치가들이 일본에 등장할 때까지는 이 장에서 서술한 구조들은 지속될 것으로 보인다.

---

144) 長谷川熙, 「つかみ金六兆円は闇の中」, 『AERA』 1994年 12月 26日, 16~19면.

2

레저국가

일, 휴식, 그리고 소비

'감성적' 자본주의를 향하여

　일본이 세계 최대의 자산보유국[1]으로서 경제적 초강국이란 사실은 잘 알려져 있다. 일본의 1인당 GNP와 해외원조 예산은 세계 1위이며, 세계 최대규모의 은행들은 일본 은행이고, 최대 규모의 기업들도 다수가 일본 기업이다. 게다가 일본은 세계무역체제에서 가장 역동적인 구역의 중심이다.[2] 그러나 일본이 널리 알려진 대로 경제적으로 성공한 나라라고 해서 그 국민도 마찬가지로 행복하고 부유하며 성공의 과실을 즐기고 있다고 가정할

---

1) 여기서 '자산'이란 해외자산(정부와 민간부문의 합계)에서 대외부채를 공제한 잔고로 정의한다. 1995년 5월 일본정부는 독일이 2103억 달러의 자산을 보유하고, 미국이 5557억 달러의 부채를 기록하고 있음에 비해 일본은 6889억 달러의 자산을 보유하고 있다고 발표하였다. 1995년 5월 26일자「對外純資産日本四年連續世界一位」,『每日新聞』1995年 5月 26日.

2) 일본 부상의 의의에 대한 최근의 분석으로는 졸고 "Pacific Dreamtime and Japan's New Millennialism," *Australian Outlook*, Vol. 43, No. 2, August 1989, 64~73면; "Capitalism Triumphant? The Evidence from 'Number 1'," *Kyoto Journal*, Spring 1990, 4~10면; "The Price of Affluence: The Political Economy of Japanese Leisure," *New Left Review*, No. 188, July~August 1991, 121~34면 참조.

수 있는가? 소비자 소득이 증가하여 소득 통계치는 아시아 주변지역(그리고 대부분의 세계)에 비해 후지산처럼 높이 솟아 있는 것이 사실이다. 일본인들의 에너지를 흡수하고 있는 과소비에는 분명히 일종의 부(富)가 반영되어 있다. 일본의 번영이란, 6천만대의 자동차가 고속도로를 메우고 세계 참치어획고의 1/3과 새우어획고의 2/5가 일본인들의 위장을 거쳐가고 있으며, 세계 열대림 목재의 1/4을 수입하며 수백만명의 보통 사람들이 매년 해외에서 휴가를 보낸다는 것을 의미한다.[3] 평균수명, 문자해득률, 교육연수, 개인소득이란 면에서 일본은 1990~93년엔 세계 1위였으며 그 이후에는 3위로 남아 있다.[4]

이러한 수치들은 인상적이지만 균형있게 조망해야 한다. 생활수준을 측정할 때 고급음식의 존재, 해외여행의 정도, 자동차나 가전제품의 소유수준 등을 무시하는 것은 어리석은 일일 것이다. 그러나 그러한 것들은 주택이나 도시 인프라(교통, 상하수도, 여가, 복지시설, 환경의 질)와 같은 좀더 근본적인 필요가 일반적으로 충족된 다음에나 따르는 것이다. 항목별로 비교해보면 일본은 오로지 1인당 소득이나 텔레비전 보유대수, 전자기기에서만 유럽이나 북미의 선진산업국들과 같거나 이들을 앞지르고 있다(물론 평균수명도 세계에서 가장 길다는 점이 추가되어야겠지만).[5] 노무라(野村)종합연구소에 따르면 일본의 생활수준은 미국과 독일 같은 국가에 비해 훨씬 뒤처져 있으며 한동안 그러한 상태일 것이라고 한다.[6] 1990년 12월에 토오꾜오의 57m²(약 17.3평—옮긴이) 아파트의 평균가격은 8천만엔으로 토오꾜오 주민 연평균 수입의 12배이며, 도영주택(都營住宅) 청약비율은 40배에 달한다.[7] 다른 척도로 보면 대학졸업자 평균 생애소득으로 토오꾜오

---

3) 村井吉敬, 「破局にいたる開發主義と過剰消費」, 『經濟セミナー』, 第422號, 1990, 12~16면과 『えびと日本人』, 岩波書店 1988.
4) "Nation Slips in Index of Human Development," *Japan Times*, June 3, 1994.
5) 「日米關係」 6, 『朝日新聞』 1990年 3月 29日, 3면.
6) 일본의 생활수준은 58점을 기록하고 있다. 한편 독일은 79점, 미국은 80점, 영국은 53점. 高懸雄治, 「円パワーの政治學」, 『アジア經濟』 1989年 9月, 80~98면 중 94면에서 재인용.
7) Paul Waley, "Rabbit Hutch Life Holds Seeds of Social Fracture," *Japan Times*, December 9, 1990.

에 있는 방 하나짜리 아파트를 겨우 살 수 있을 정도이다.[8] 그들의 현실을
비웃는 듯한 풍요의 이미지가 넘쳐나는 환경 안에서 매일 직장까지 왕복
서너 시간 걸려 통근하면서, 고층아파트의 두어 개 방을 갖는 것이 기대할
수 있는 전부이다. 일터에 나가게 되면 젊은이들은 일본이 '생활대국'이라
는 주장에 대해 회의적이 된다. 그들은 평생수입으로 볼 때 결국 자신들이
거의 틀림없이 가난한 쪽에 속하게 되리라는 것을 취업하자마자 곧바로 깨
닫게 된다. 90년대에 일본의 막대한 무역흑자를 줄이기 위해서 외국상품을
더 소비하는 것이 애국적 의무라는 메씨지에 일본 사람들이 다소 느리게
반응하였다고 해서 그들을 비난하기는 어렵다.

　기업의 번영이 확실하고, 소득은 높으며, 상점들은 상품으로 가득 채워져
있음에도 불구하고 전망이 전적으로 밝지는 않다. 자본주의는 항상 불균등
하게 발전해온 것이 사실이다. 그러나 자본주의 생산능력이 세계적으로 진
정한 찬미를 불러일으키는 이때 고도로 발전한 일본에서 자본주의의 모순
을 세밀하게 살펴볼 필요가 있다.

　일본은 지난 20년간 석유파동과 이후의 경제적 구조조정을 통하여 놀랄
만큼 민첩하게 경제적 진로를 헤쳐나갔다. 일본 경제는 철강, 조선, 석유화
학 등 근대적인 중화학공업을 기반으로 하여 첨단기술과 써비스로 대표되
는 탈근대적인 또는 정보화 사회 산업으로 전환하였다. 더 최근에는 레저
산업으로의 전환을 선도하기 시작하였는데, 이는 경제적·사회적 정책에
서 폭넓은 함의를 갖고 있는 것이다. 일본에서 이용 가능한 오락시설의 범
위와 질은 많이 향상되었다.

　역설적으로, 물리적 편의시설은 이를 즐길 국민들의 욕구와 능력을 넘어
서버릴 정도로 엄청나게 증대하고 말았다. 레저시장은 1990년에 70조엔에
이를 정도로 거대해졌고 여전히 급속히 확대되고 있지만, 일본인들의 연평
균 노동시간은 70년대 중반 이래 변하지 않고 있으며 다른 선진국보다
200~500시간을 더 일한다. 이는 50년대 전후 경제부흥기 유럽인들의 노동

---

8) Shigeto Tsuru, *Japan's Capitalism: Creative Defeat and Beyond,* Cambridge: Cambridge
　University Press 1993, 169면.

시간과 비슷한 것이다.

1991년 일본의 노동시간에 대한 공식 수치는 미국 1943시간, 영국 1902시간, 독일 1582시간, 프랑스 1682시간인 데 비해 2080시간이었지만,[9] 다른 추정치들은 실제 노동시간이 남자는 2617시간, 여자는 2409시간이 될 것이라고 한다.[10] 이러한 차이는 다른 나라에는 없는 범주인 '써비스 잔업'이라 알려진 것을 어떻게 처리할지 불분명한 데에서 기인한다. 써비스 잔업이란 종업원들이 도덕적인 압력이나 여타의 압력에 의해서 일할 수밖에 없는 몇시간의 부불초과노동을 가리킨다. 여하튼 일본과 일본 경쟁자들인 다른 선진산업국 간의 노동시간 차이는 놀랄 만하다. 시장과 시장점유율은 노동시간하고만 상관있는 것은 아니다. 그럼에도 불구하고 노동시간은 매우 중요한 요인이며, 지난 10년간 유럽이나 미국의 통상협상자들에게 관심사가 되어왔다. 1990년 당시 자동차산업의 실태 조사에 의하면 프랑스나 독일에 있는 대부분의 자동차산업 회사는 그와 현격히 차이가 나는 1650~1750시간을 일하고, 레겐스부르크의 BMW와 같은 회사는 일본 경쟁기업보다 무려 727시간이나 적은 1548시간밖에 일하지 않고 있었다.[11] 일본 근로자의 20% 미만만이 주휴2일제를 누리고 있다. 연평균 190시간이나 되는 잔업은 1986년 이래 오히려 증가한 것이며, 유급휴가는 연평균 9일로 미국의 19일, 영국의 24일, 프랑스의 26일, 독일(서독)의 29일과 대조된다.[12] 1975~90년간 일본의 40대 남성 근로자들의 경우 수면시간이 23% 줄어든 반면에 노동시간은 40% 늘어났다.[13] 근로기준법을 개정해 1991년

9) エンノ・ベルント(Enno Berndt), 「'日本的經營'からの脱却」, 『立命館經營學』, 33卷 3號, 1994年 9月, 1~37면 중 34면(일본생산성본부의 통계수치를 이용함)

10) 安丸良夫, 「歷史硏究と現代日本との對話」, 『世界』 1994年 1月, 23~35면 중 26~27면.

11) ベルント, 앞의 글, 35면. (전체 일본 자동차산업 노동자의 평균 노동시간은 일본의 5개 자동차회사의 평균 노동시간으로 대신하였다.)

12) 渡會由美, 「九〇年代の 餘暇市場」, 『日本經濟新聞』 1990年 7月 5日, 27면.

13) 安丸, 앞의 글, 27면에서 인용된 NHK의 조사에 의한 것임. 또다른 추정치는 30세 전후의 남성 근로시간은 80년대에 증가하여 이중 60%가 주당 50시간을 일하고 20%가 주당 60시간을 일한다고 한다(Shimada Haruo, "The Desperate Need for New Values in Japanese Corporate Behavior," *Journal of Japanese Studies*, Vol. 17, No. 1, Winter 1991, 107~21면 중 115면).

에는 44시간으로, 이후 1994년에는 40시간으로 주당 법정 노동시간을 단축
하고 1993년에는 공무원의 주5일근무제를 실시한 것이 이러한 노동시간에
어느정도 영향을 미쳤을 것이나, 전체 노동자의 2/3가 중소기업에 고용되
어 있고 이들은 이러한 법이 적용되지 않는다는 사실 때문에 이러한 조치
의 효과는 제한적이었을 것이다. 아직도 많은 경우 주 55시간 노동은 보통
이며, 치솟는 엔화 가치에도 불구하고 경쟁력을 유지하려는 영세기업들의
필사적인 노력은 이러한 장시간노동이 쉽게 변하지 않을 것임을 시사하고
있다.[14] 유럽의 일부 주요 제조업체들이 1994년에 주 28.5시간 노동과 주휴
3일제를 도입하려고 움직이고 있으므로, 일본과 그 국제적 경쟁자의 대조
적 추세는 앞으로도 여전할 것이다.[15]

이러한 세부사항에서 볼 수 있는 것처럼 일본에서 노동의 사회적 조직이
특이하게 보인다면 이는 노동조직이 형성된 특수한 역사적 상황 때문이다.
특히 세 가지 차원의 요인이 강력한 영향을 끼쳤다. 첫째는 노동을 회사와
국가에 대한 봉사에 동원시킨 전전(前戰)의 권위주의적·위계적인 전통으
로, 이는 전시동원체제에서 그 극에 달하였고 이로 말미암아 사회민주주의
세력은 생기자마자 짓밟혀버렸다. 둘째는 40년대 말부터 1960년까지 진행
된 전후 초기 일본에서 등장한 전투적 노동운동의 패배와 무력화로, 이 과
정은 냉전시대에 일본이 수행해야 할 역할이 '교란되지' 않도록 보장하였
고 경제 회복 및 성장에 필요한 노동규율을 제공하였다. 셋째는 80년대 행
정개혁과정에서 이전에 강력하였던 공공부문노조들이 겪은 엄청난 후퇴이
다.

서서히 형성되어온 보통 일본형 노사관계라고 일컫는 이 체계는 세 가지
핵심적 요인인 종신고용제, 연공서열제, 기업별 노조를 그 특색으로 한다.
이들은 절대적이지 않고, 말로 표현할 수 없는 일본 문화의 어떤 독특한 성

14) Philippe Pons, "Japanese Ponder How to Stop Work," *Guardian Weekly*, April 12, 1992.
15) エンノ・ベルント, 「新しい市場を創造する勞動環境とは」, 『實業の日本』 1994年 5月, 42~43면.

질에서 비롯되는 것도 아니며, 또한 90년대 시점에서 볼 때 영구불변의 것이라고 판명될 것들도 아니다. 서로가 서로를 지탱시키고 강화하는 가운데 이들 세 가지 과정은 일본 성장의 역동성을 보장했지만, 경제학자 사와 타까미쯔(佐和隆光)의 말대로 '약물'에 의존하여 뛰었던 올림픽 경기의 벤 존슨(Ben Johnson)과 같은 경쟁력을 가진 엔진을 만들어냈다.[16] 경제구조가 명목상으로는 자유시장체제지만 사실은 '시장을 모방한 가짜'였기 때문에 효율성과 생산성이 그렇게 강박적으로 오랫동안 강조될 수 있었던 것이다. 이 가짜 시장경제는 일본이 '세계의 고아'가 되는 결과를 초래했다.[17] 그러나 찰머스 존슨(Chalmers Johnson)이 '적대적 무역'이라고 서술했던 이 성장과 시장확대에 잘 맞추어진 내연기관은 마침내 급격한 불균형과 통화시장의 대변동을 낳았다. 1995년에 20%의 엔화 가치의 상승은 많은 영세기업과 상당수의 중소기업을 궁지에 몰아넣었다.

논평가 사따까 마꼬또(佐高信)는 이러한 일본 기업의 외견상 군사적이며 팽창주의적인 역동성에 대해 집중적으로 기고해왔다. 그는 전후 민주개혁이 가족, 교육 및 다른 생활영역에는 상당한 영향을 주었으나 회사는 개혁의 범주에서 벗어나 있었다고 주장한다. 60년대부터 일본사회에서 회사가 차지하는 비중이 전체적으로 커지면서 회사의 비민주적인 가치가 확산되기 시작하였으며 민주화된 일본인들의 다른 생활영역을 잠식하기 시작하였다.[18] 오움진리교가 1995년 토오꾜오 지하철에서 사린가스 공격을 하여 쎈쎄이셔널하게 모습을 드러내고, 이어서 그들의 화학·세균·핵에 의한 종말론적 아마겟돈 계획이 알려졌을 때, 사따까는 이 사교를 괴상하고 설명할 수 없는 현상이 아니라 일본적인 특징을 지닌 것으로 분석하였다. 개인의 의지와 지성을 집단의 목적에 동화시키고 예속시키기 위해 고안된 가입식, 정화의례, 비밀전수 의식, 마인드 컨트롤을 강조한다는 점에서 토요따,

---

16) Michitoshi Takabatake and Takamitsu Sawa, "Japan Acts as Role Model," *Japan Times*, January 1, 1992.
17) 佐和隆光,「效率至上では自由社會の孤兒に」,『每日新聞』1992年 4月 7日.
18) 佐高信,『'會社國家'を擊つ』, 京都, 鴨川ブックレット, 第64號, 14면.

히따찌, 마쯔시따 등과 같은 첨단기업들의 구조를 꼭 빼닮았다는 것이다.[19] 90년대 일본 기업의 구조개혁은 긴급한 과제가 되었다.

이러한 감정이 극단적으로 들릴지 모르지만 많은 사람들이 위기감을 느끼고 있다. 한 시대의 문제를 푸는 네 성공적인 해결책이었던 일본의 회사와 '회사주의'는 그 자체가 문제가 되어버린 것이다.[20] 사따까와 사와의 분석의 핵심은 가장 권력있고 존경받는 몇몇 재계 지도자들과 노동운동의 저명한 인물들이 내린 평가에서도 되풀이되고 있다. 소니사의 회장이며 경단련(經團連, 일본경제단체연합회의 약칭) 부회장인 모리따 아끼오(盛田昭夫)는 일본이 "새로운 경영철학, 새로운 경쟁력 패러다임, 새로운 자아감각을 절실히 필요로 하고 있다"[21]고 말한다. 모리따의 처방은 노동시간의 대폭 단축, 임금인상, 배당금 개선, 그리고 사회와 환경에 대한 기업의 감수성 증대 등이었다.[22] 그는 일본이 스스로를 재정의할 준비가 되어 있음이 증명되지 않는 한 "일본은 유럽이나 북미와 똑같이 받아들여지기를 바랄 수 없다"고 부연하고 있다. 강박적이고 심지어는 물신숭배적이기까지 한 효율성과 생산성의 추구는 더이상 용납되지 않음을 의미하는 것이다.

일본자동차노동조합연맹 서기장은 자동차업계가 세 가지 부담, 즉 탈진하고 과로에 시달리는 노동자들, 이윤을 내지 못하는 기업들, 그리고 외부로부터의 '일본 두들기기'에 의해 고통받고 있다고 말하고 있다. "우리가 변하지 않는 한 일본 자동차산업은 붕괴할 것"[23]이라고 그는 말한다. 시장점유율이나 이윤에 비중을 덜 두면서 일본인 및 세계와 좀더 부드럽고 유화적인 관계를 맺도록 전환을 이뤄야 한다는 비슷한 주장이 경단련 회장이며 토오꾜오전력의 회장인 히라이와 가이시(平岩外四)에 의해 표명되었

---

19) 佐高信, 「オウム眞理敎と企業敎は紙一重」, 『週刊金曜日』 1995年 7月 7日, 35면.

20) 永野健二, 「會社主義の靜かな崩壞」, 『世界』 1992年 2月, 44～51면.

21) "Morita Shock: A New Paradigm Needed for Japanese Management," *Japanese Business Today*, Vol. 60, No. 3, March 1992, 40～42면.

22) 盛田昭夫, 「日本型經營'が危ない」, 『文藝春秋』 1992年 2月, 94～103면.

23) Totsuka Hideo, "Building Japan's Corporate Society," *Ampo――Japan-Asia Quarterly Review*, Vol. 25, No. 1, 1994, 11～19면 중 16면.

다.[24] 히라이와는 쿄오세이(共生)를 요청하였다. 쿄오세이란 말은 이전에도 사용된 적이 있지만 1992년경 이후에는 개혁처방의 중심이 되었다. 정부가 출자한 싱크 탱크인 종합개발연구기구(NIRA)에는 어떻게 쿄오세이를 실현시킬 것인가라는 과제가 주어졌다.[25] 경단련은 1992년의 방침으로서 외국과의 쿄오세이를 이루고 "회사 중심 사회의 해약"을 고친다는 목표를 선택하였다.[26] 1992년 7월에 발표된 경제기획청의 제12차 5개년계획은 "공격적이고 경쟁적인 기업문화로부터 생산의 양보다 삶의 질을 우선시하는 소비자 지향의 사회로" 변혁된 일본의 비전을 제시하고 있다.[27] 이전의 계획과는 달리 이 계획은 "아름다운 자연환경에서 단순한 라이프스타일로 살아가는 사회, 그 안에서는 누구나가 풍요와 여가를 즐길 수 있고 다양한 가치를 실현할 수 있는 기회가 동등하게 주어지는 사회"를 의미하는 "생활대국"으로서의 일본의 비전을 제공하는 전혀 새로운 생활철학의 창출을 임무로 채택하였다.[28] 일본의 위기는 (캐논사 회장 카꾸 류우자부로오 賀來龍三郎에 의하면) 그가 현재 사회에서 경시되고 있다고 느끼는 덕목인 "창조성, 창의공부, 도덕심 및 윤리"가 강조되도록 교육체제까지도 근본적으로 개혁해야만 할 정도로 심각하게 인식되었다.[29]

이것이 의미하는 바는 일본 경제기적의 원동력이었던 열심히 일하고 저축하고 무조건 복종하는 거의 금욕적인 기업윤리가 이를 만든 그의(이러한 현상은 거의 전적으로 남성적인 것이기 때문에 '그의'라고 표현한다) 창조자들에게도 매우 당혹스러운 것이 되고 말았다는 것이다. 통산성이 감성비즈니스연구회에 프로젝트를 발주하여, 1994년에 『근대화의 잊혀진 일들 ──감성이 풍부한 사회를 향하여』란 보고서가 출판된 사실보다 이러한 변

---

24) 辻陽明, 「ブロック化する世界經濟」, 第16部, 『朝日新聞』1992年 4月 27日. 또한 Anthony Rowley, "Ease up, Japan," *Far Eastern Enconomic Review,* August 6, 1992 참조.

25) 辻陽, 앞의 글.

26) 『朝日新聞』(사설), 1992年 2月 7日.

27) Anthony Rowley, "Kinder, Gentler Japan," *Far Eastern Economic Review,* July 9, 1992.

28) 經濟企劃廳, 『生活大國五ヶ年計劃 ──地球社會との共存をめざして』, 1992年 7月.

29) Robyn Williams, "Corporate Ethic under Canon Fire," *The Australian*(Higher Education Supplement), August 18, 1993.

화를 더 잘 전달해주는 것은 없을 것이다.[30] 이 연구회는 주요 언론사, 출판사, 제약회사, 담배회사, 패션회사, 건설회사 및 영화사들의 임원과 몇몇 학자와 전통 꽃꽂이 및 다도(茶道) 종가의 우두머리들을 포함하고 있다. 표지에 풍요로운 자연의 혜택을 암시하는 우거진 열대림 풍경을 넣은 이 책은 분석틀이나 가설 또는 결론이 없으며 상식적 의미에서 통일성을 결여하고 있다. 대신, 이 책은 유일신적인 서양의 정신과 범신론적인 동양의 정신을 대비시키고 근대화 과정에서 희생된 '동양적'인 정신적 가치의 우월을 회복하는 것이 바람직하다는 애매한 주장을 펴고 있으며, 한편으로 발리섬 종교의식의 정신적 과정을 논하기도 하고, 현대사회의 세뇌와 마약 문제, 그리고 스트레스 관리에 대해 간단히 언급하기도 한다. 아마도 이 프로젝트의 핵심은 "'감성적 가치와 경험'에 대한 소비자의 욕구"가 커졌음에 주목하는 것일 텐데, 통산성이 새로운 시장의 기회를 규명하고 일본 기업들이 이로부터 이득을 보게끔 도와주는 전통적 역할을 여전히 수행하고 있음을 시사하는 것이다.

이렇게 매우 애매함에도 불구하고 감성의 진흥을 위한 이같은 프로젝트를 정부가 지원한다는 건 다른 나라에서는 상상하기 어려운 것이며 세계자본주의를 이끄는 기함(旗艦)의 함교(艦橋)라 할 수 있는 통산성이 이러한 프로젝트를 지원했다는 것은 일본이 지난 30년간 얼마나 멀리 여행해왔는가를 보여주기에 충분한 것이다. 고전이 되어버린 찰머스 존슨의 1982년 연구(『통산성과 일본의 기적』 MITI and the Japanese Miracle — 옮긴이)에서 집중 검토한 바에 의하면, 통산성은 일본에서 자본주의라는 신앙의 본산이자 생산성과 시장점유율을 위한 국가적 추구의 중심이었다. 그러나 이제 통산성은 훨씬 애매모호한 프로젝트를 추진하게 된 것이다.

이러한 우려와 새로운 비전은 어떤 조직된 사회운동 혹은 사와나 사따까 같은 이들의 비판에 의해서라기보다는 유럽과 북미에서 증가하고 있는 일본의 공세적인 경제팽창에 대한 적개심이 억제불능의 상태에 이를지도 모

---

30) 通商産業省 편,『近代化の忘れ物——感性豊かな社會をめざして』, 共同通信社 1994.

126

른다는 공포로 인해 촉발된 것이다. (최소한 당분간) 이 프로그램은 전략적이고 도구적인 것으로 보아야 할 것이며, 이 프로그램의 대변인들은 바로이 체제의 주요 설계자이거나 건축가들로 이제 체제의 근본적 결점을 발견하고 있는 것이다. 쿄오세이에 대한 재계와 관료의 새로운 합의로부터 과연 의미있는 변화가 따를 것인지, 또는 그것이 과거의 (대동아—옮긴이)공영권 슬로건과 마찬가지로 유토피아적 공상의 언술로서 해결될 수 없는 체제내 모순들을 감추기 위한 이데올로기적인 연막의 도구가 될 것인지는 오직시간만이 말해줄 것이다. 자본주의에 대한 비판은 어디서도 들리지 않고계속되는 경제성장에 대한 신실한 신앙은 흔들리지 않은 채 남아 있다.

해이해지거나 성장을 늦추는 것은 '영국병' 또는 '선진국병' 증세이며 따라서 어떤 대가를 치르더라도 막아야 한다고 생각해왔기 때문에 관계와 재계의 엘리뜨들은 이 점에 대해서 상당히 정신분열병적이다. 90년대에 일본이 점차로 노동시간을 줄이고 여가를 늘리려 애쓰고 있는 것은 사실이다.그러나 이러한 것이 어떻게든 제로성장 GNP와 관련된다든지 근대 일본의역동성이 어떻게든 희생될 것이라는 생각은 여전히 금물이다. 따라서 여가, 휴양 그리고 '감성적' 소비주의는 제로성장의 미래로 나아가는 길이라기보다는 20세기 말의 새로운 성장영역으로 봐야 한다.

현재 사용 가능한 여가시간이 여가시설을 거의 따라잡지 못하고 있지만,성취에 기여한 보상으로나 육체적 필요로 보더라도 여가가 필요하다는 것은 명확하다. 후생성의 통계에 따르면 1955년과 85년 사이에 유병률(有病率)은 4배로 증가하였으며 특히 고혈압과 신경장애는 훨씬 크게 증가하고있다.[31]

의학적 현상으로서의 고혈압은 1960년 이래 30년간의 고도성장기 동안네 배 이상 증가하였다.[32] 극심한 형태의 스트레스는 과로사 현상으로 이어

31) 1955년에 1천명당 37.9에서 1985년에는 1천명당 145.2로 증가하였다. 佐藤誠, 『リゾート列島』, 岩波新書 1990, 157면. 일본병원협회의 통계는 지역의 건강지수가 1984년부터 94년에 걸쳐 오오사까—코오베 지역에서 특히 떨어지고 있음을 보여주고 있다. Reuter, "Hospitals Say Health of Japanese Declining," Tokyo, August 23, 1995.

지면서 널리 알려진 사회현상이 되었다.[33] 회사를 위해 그야말로 죽을 때까지 일하는 '자원자들'은 더 큰 집합체를 위해 자신을 전적으로 희생하는(滅私奉公) 정신을 내면화시킨 전시 카미까제의 현대적 화신이다. 소수의 유기족만이 공식적으로 보상을 요구하고 소수의 과로사만이 공식적으로 인정되고 있어 희생자수는 물론 명시하기 어렵지만, 많은 이들이 과로사로 인한 사망자수가 연간 1만명에 이를 것으로 추측하고 있다.[34] 1988년에 경제기획청이 조사했을 때 조사대상자의 58.5%가 유또리(ゆとり), 즉 여가나 자기 일을 할 시간과 공간의 여유가 부족하다고 답했다.[35] 비교해보면, 일본의 노동자들은 미국, 영국, 독일, 싱가포르의 노동자들보다 임금과 일반적 근로조건에 대한 불만이 더 큰 것으로 조사되고 있다.[36] 더욱 특이한 것은 일본 노동자들은 일에 헌신적이라는 일반적 인식에도 불구하고 많은 일본인들이 노동시간 단축을 원하고 있다는 것이다.[37] 이 문제에 대해 생각할 시간이 있다면 대부분의 일본인들이 감성적이며 풍요로운 삶을 원하는 데 기꺼이 손을 들 것이다.

이러한 상황에서 노동시간 단축, 인구분산 그리고 자연환경에서 적은 비용으로 즐길 수 있는 휴양시설들이 요청되는 것은 당연해 보인다. 사실 이러한 방향으로의 진전도 더러 있으나 일본주식회사는 특수한 껌, 명상실 (1990년에는 전국에서 100개의 PSY Brain Mind Gym Relaxation Salon가

---

32) Asahi Shimbunsha, *Japan Almanac 1995*, 211면에 있는 厚生省, 『患者調査』, 1990 참조.

33) 暉峻淑子, 『豊かさとは何か』, 岩波書店 1989, 142면 이하 참조(暉峻의 책은 스트레스 현상에 대한 탁월한 일반론을 전개한다).

34) 미국에 위치한 국제교육개발사(International Education Development Inc.)는 연 1만명으로 추정하고 있는데, 이 정도 수치는 일본에서는 논란거리도 안되며 너무 낮은 수치일지도 모른다. *Japan Times*, February 19, 1992. 또한 Louise do Rosario and Anthony Rowley, "A Dying Breed," *Far Eastern Economic Review*, August 3, 1992, 55~56면 참조.

35) 佐藤, 앞의 책, 157면에서 재인용.

36) 오스트레일리아 남부에 있는 플린더스(Flinders)대학과 시카고에 있는 International Survey Research Corporation이 실시한 조사로『日本經濟新聞』1991年 11月 7日자에 보도됨. 또한 Riaz Hassan, "Attitudes of Employees: 1991 International Norm Comparison" 참조(이 미출간 논문 사본을 보내준 플린더스대학의 하싼 교수에게 감사드린다).

37) 노동성의 조사에 따르면 61.7%였다. *Asahi Evening News*, November 11, 1991.

개점되었다), '조잘거리는 시냇물, 노래하는 새, 부드럽게 부서지는 파도'
와 같은 환경에 전적으로 잠기도록 하는 테이프 시설이 장착된 어머니의
자궁과 같은 리프레시 캡슐, 또는 정신적 리듬을 측정하고 조절하는 바이
오 피드백 장치 등과 같은 첨단과학적이며 기발한 스트레스 해소책도 강구
해왔다.[38] 그러나 진짜 모순은 한편으로는 더 많이 소비하고 즐기고 (일반
적으로 수동적이고 수용적인 행동으로 표출되는) 감수성을 가지라고 권고
하는 것과 다른 한편으로는 물건을 만들고 교환하기 위하여 독창성을 가지
라고 요청하는 것 사이에 있다. 조직적이고 제도적인 일본의 특성대로 지
금까지 이러한 문제에 대한 대응은 리조트라고 알려진 특이한 제도를 만들
어낸 것이었다.[39]

리조트 붐

오늘날 일본의 이른바 '리조트 국가'는 매우 특별한 국가적 · 국제적 맥락
에서 발전한 것이다. 80년대 초 막대한 무역흑자가 쌓이기 시작하자, 일본
은 국내 수요를 자극해 수입을 촉진하라는 압력에 직면하였다. 동시에 토
오꾜오 및 태평양 연안의 메갈로폴리스와 그외의 지역 특히 농촌과의 생활
격차는 더욱 심각해지고 있었다. 농촌의 대부분 지역은 노인들만 남아 있
는 반쯤 버려진 곳이 되어가고 있었다. 수차에 걸친 전국종합개발계획을
통해 국토를 종합적으로 개발하려는 노력이 실패했다는 사실은 분명히 드

38) J. Walsh and Mizuho Toyoshima, "All in Your Mind," *Look Japan,* April 1990, 30~31면
(또한 다양한 홍보물을 참조할 것).
39) 일반적으로 리조트에 대해서는 다음을 보라. 「傷つく日本列島」, 『月刊自治研』 31卷 361
號, 1989年 10月; 佐藤誠 · NHKおはようジャーナル取材班 편, 『ドキュメント · リゾー
ト』, 日本評論社 1989; 佐藤, 『リゾート列島』; 山田國弘, 『ゴルフ場亡國論』, 新評論
1989(영어본 "The Triple Evil of Golf Courses," *Japan Quarterly,* July~September
1990, 291~97면); 「どうするリゾート開發」, 『農業協同組合』 426卷, 1990年 8月(특별
호). 자료로는 NHK九州スペシャル, 「崩れ行く樂園──沖繩の自然は今」, 1989年 8月;
NHK ドキュメント · スペシャル, 「リゾート列島」, 1990年 7月.

러나고 있었다. 1986년 이래 쌀 보조금이 점차 줄어들면서 농업은 심각한 불황에 처해 있었고, 쌀재고량은 막대한 보조금을 먹어치우고 있었다. 다른 농촌의 산업들도 특히 무역 자유화의 여파로 위기에 처해 있었다. 일본의 국유임야사업은 재정적으로 수렁에 빠져들고 있었는데, 1975~88년 동안의 결손누적액은 8천억엔에 달하였으며 같은 기간에 장기부채는 1조 9천억엔이나 쌓여 있었다.[40] 80년대 행정개혁은 독립채산제를 원칙으로 했기 때문에 국토개발과 리조트 발달을 막는 장애물을 제거하는 데 대안을 허용하지 않았다. 즉 나라 곳곳의 농촌, 어촌, 산촌(山村)들은 부채, 인구감소, 노령화와 고립으로 고통받고 있었으며 끊임없는 정부정책의 변화와 방기에 의하여 사기가 저하되어 있었다. '리조트화'는 이러한 상황에 대한 해결책으로 여겨졌다.

1985년 5월의 플라자 합의* 이후 엔화의 대폭적인 평가절상으로 위기는 더더욱 깊어졌다. 철강과 조선 같은 재래의 수출산업은 흔들렸고 제조업은 각종 계획들이 지정했던 지역거점이 아니라 해외로 이전하였으며, 농업은 수입을 확대하라는 정언명령에 의해 다시 희생되었다. 1986년 4월의 「마에까와 보고서」에서 천명된 처방책에 따라, 거대한 사회기반시설 정비와 도시개발 및 토지규제 완화 프로그램들이 착수되었다. 민간부문(의 활력―옮긴이)에 의존한다는 민까쯔(民活)가 표어였다. 무역흑자와 엔고에 의한 자본이익으로 엄청난 자금이 유입된 국내경제는 저금리정책으로 과열되었다. 이른바 1985~87년의 소위 '도시부흥기' 동안 도시의 땅투기 붐이 힘을 얻었고, 이때 토오꾜오의 토지가격은 평균 300%나 올랐다.[41] 땅투기 붐은

---

40) 藤原信, 「かつてなき自然破壊への道」, 『世界』 1990年 6月, 131~43면 중 140면. 농수산 산업의 위기 일반에 대해서는 NHK 필름자료가 문제를 잘 드러낸다.

41) 宮本憲一, 「日本環境報告 ── リゾート法を考える」, 『朝日ジャーナル』, 1989年 11月 10日, 53면.

* 선진 5개국 재정담당 장관들이 뉴욕의 플라자 호텔에서 회합을 갖고 일본이 주요 국가들, 특히 미국에 대한 무역흑자를 줄이기 위하여 엔화를 평가절상하는 환율조정에 합의하였다. 이에 따라 1985년 2월과 1988년 12월 사이에 엔화는 명목적으로 57%, 실질적으로는 33% 평가절상되었으며, 미국 달러에 대해서는 무려 97%나 평가절상되었다―옮긴이.

전국종합개발계획(젠소오, 이 책 제1장 참조)과 리조트법의 발효로, 1987년부터는 전국으로 확대되었다. 리조트법에 따라 일본 대부분의 지방에서 일어난 변화는 전국종합개발계획의 원칙이 어떻게 작용했는지를 살펴보는 데 가장 좋은 사례연구 거리가 되고 있다.

자연질서와의 교류와 휴식의 필요성에 대한 인식과 실제 채택된 정책 사이의 부조화를 1987년 제정된 리조트법보다 더 극명하게 보여주는 예는 없을 것이다. 상쾌함과 푸르름과 '나의 인생'과 함께 하는 휴식은 실제 상황에서는 부수적인 것이 되었다. 일본 자본주의의 팽창주의적 공세는 기어를 한 단계 더 높였다. 나까소네 야스히로 수상이 고안해낸 '리조트 열도'라는 처방은 거대한 새로운 시장을 창출하였으며, 확장압력을 강력히 부추겨 기존의 부동산 및 개발 업체뿐만 아니라 무역회사, 호텔 체인, 철도회사, 보험회사, 은행, 선박업체와 금융집단들까지 이에 가담하였다. 1988년 7월에 공표된 '푸른일본구상2단계(綠陽日本構想 Phase II)'에서 리조트는 처음으로 "일본을 위한 새로운 기간산업"이라 서술되었다.[42] 나까소네가 그가 생각하는 이상적 일본을 "평화, 자유, 그리고 푸르른 나무들"[43]로 표현하였을 때, 그가 의미한 것은 이 장에 서술된 것들, 즉 농약으로 다듬어진 골프장, 값비싼 요트 계류장, 산 깊숙이 파고드는 유료 고속도로, 그리고 디즈니랜드식의 이데올로기와 미적 감각을 그대로 본뜬 리조트라 이해해야 한다. 여기서 문화란 곧 소비에 다름아니다.

리조트법의 통과는 고위층의 정치적·관료적 합의에 의해 이루어졌다. 폭넓은 세제혜택에다 재정적으로 매력적인 다양한 인센티브 제도가 제공되었으며 행정절차는 간소화되었다. 관련된 국토면적이 70년대 중반 타나까 내각 때 잘못 짜여진 '일본열도 개조론'보다 훨씬 넓을 뿐 아니라 당시 국립공원과 산과 해변의 환경을 보호하기 위해 채택된 법적·행정적 절차들이 소위 휴먼 그린 플랜(Human Green Plan)이라는 명목으로 완화되거

---

42) 佐藤, 『リゾート列島』, 171~72면.
43) "Blueprint for the 21st Century"(1987년 9월 21일의 제42회 유엔 총회 연설문), *Speaking of Japan*, December 1987, 26~32면.

나 포기되었다.

이는 골프장, 스키시설 및 호화로운 호텔들이 늘어나는 것을 의미하였으며, 이들은 모두 80년대 말의 투기와 부패 거품의 심장부와 관련되어 있다. 1994년 통산성 조사보고서의 필지들은 자신들의 '감성적 사회'라는 비전이 급성장하는 일본 골프계의 클럽하우스와 잔디밭을 통해 이루어질 수 있는 것인가에 대해 자세히 언급하기를 꺼려 하였다. 그러나 회사생활의 스트레스를 해소하는 데 골프의 역할은 분명히 상당한 것이었다.

리조트법은 좋은 자연조건을 가진 지역에서 스포츠, 레크리에이션, 교육, 문화 관련 활동을 종합적으로 확보하기 위해 민간사업자의 능력에 의존할 것을 명시하였다. 극히 형식적인 토론만을 거친 후 법으로 통과되었지만, 이 법은 즉각적이고도 놀랄 만한 효과를 가져왔다. 전국 곳곳의 소도시, 마을 및 현(縣)들이 리조트 지역으로 지정받기 위해 치열한 경쟁에 들어가 1991년 12월 현재 일본 전체 국토의 20%가 개발지역으로 지정되었다(농경지가 550만 헥타르인 데 비해 리조트 개발지는 750만 헥타르이다).[44] 벼락부자 냄새가 나는 획일적인 리조트 건설은 토오꾜오에서 그려진 똑같은 밑그림에 따라 이루어졌고, 산림이건 해안이나 강이건 저수지역이건간에 보통 공공자산 또는 지역 공유자산의 훼손을 가져왔다.[45]

리조트법 이후에 스키 리조트, 골프장, 요트 계류장들은 마치 가을 버섯처럼 퍼져나갔다. 그것들은 '미에(三重) 썬벨트 존' '아이즈(會津) 프레시 리조트' '스노우 앤드 그린 마이 라이프 리조트 니이가따' '군마(群馬) 리프레시 마이 라이프 리조트' '경도(經度) 40도 계절 리조트 아끼따(秋田)' '나가사끼(長崎) 이그조틱 리조트' 등과 같이 암시적인 이름을 자랑하고 있었다. 큐우슈우섬의 예를 들면 토지의 26.7%가 100개의 골프장과 '스페이스 월드' 등 디즈니랜드식 테마파크 10개를 포함하여 3천억엔 정도의 투자

44) 佐藤, 『リゾート列島』 123면; 林良二, 「環境破壊のリゾート法を廃止せよ」, 『エコノミスト』 1992年 1月 21日, 54~57면 중 55면.
45) 80년대 말까지 일본 산림의 1%가 골프장 건설을 위해 벌목되었다. Yamada Kunihiro, "The Triple Evil of Golf Courses," *Japan Quarterly*, July~September 1990, 235면.

가 예상되는 135개 리조트 건설계획에 들어가 있었다.[46] 일본에서 가장 가난한 현인 오끼나와의 경우, 70개 섬 모두가 열대 리조트로 선포되었으며, 금세기 말까지 연간 관광객수를 240만명에서 하와이 수준인 600만명으로 올리려는 노력이 시작되었다.[47]

골 프

일본에서 골프는 리조트와 거의 같은 말이다. 인구가 감소한 촌락 등 지방의 행정가들은 농림수산업의 미래는 없는 반면에 리조트 개발에는 미래가 있다고 믿게 되었다. 1955년에는 100개에 불과하던 일본의 골프장은 타나까 정권기에 그 수가 급증하다가 리조트법 이후 80년대 말에 다시 폭발적으로 증가하였다. 1994년경에는 완성된 골프장이 2000개나 있었으며,[48] 건설중이거나 계획중인 골프장까지 포함하면 적어도 1680km² 즉 좁고 산많은 일본 국토의 1/115이 이 게임을 위하여 사용되고 있었다.[49] 일본골프협회는 세계 약 5천만 골프인구 가운데 약 1300만명이 일본인이며 이들은 대부분 남성이라고 추정하고 있다.[50] 다른 선진산업국에서도 이같은 현상은 없다. 일본에서 이러한 현상을 초래한 힘은 현재 태평양 지역 전체에서 급속히 팽창하고 있으며, 특히 '땅값이 싼' 동남아시아 공산권 국가들에 재빨리 상륙하였다. 주변환경을 무미건조한 평지로 만들고 언덕이나 산마저

---

46) 佐藤,『リゾート列島』, 3~4면. 1991년 12월까지의 프로젝트안을 보기 위해서는「全國の
　　リゾート構想」,『エコノミスト』 1992年 1月 21日, 62~63면.

47) 『世界』 1990年 6月, 223면(『琉球新報』에서 재인용). 오끼나와 큐우슈우에 대해서는 九
　　州辯護士連合會,『リゾート開發, 光と影』, 福岡 1991, 38~40면 참조.

48) Fumiko Fujisaki, "All Bets off at Slumping Links," *Japan Times*, April 20, 1994.

49) 「國をむしばむ日本のゴルフ場」,『ノーサイド』, 1992年 1月, 114면. 세계 전체에 2만 5천
　　개의 골프장이 있는 것으로 추정되고 있고 그 총면적은 벨기에 국토면적에 상당한다. 이
　　가운데 2천개가 일본에 있고 1만 4천개는 미국에, 3천개는 영국에 있다고 한다(Genevieve
　　Fox, "How about Bunking Off for the Day?" *The Independent*, April 28, 1994).

50) 같은 글. 남성의 23.6%와 여성의 2.6%가 골프를 치는 것으로 추산된다.

없애버리며, 자연 식생(植生)을 파괴하고 (잔디를 입혀—옮긴이) 다량의 화학제를 뿌리는 미국식의 개발이 도입되었다.

일본의 80년대 골프 붐의 열광적인 성격 역시 확산되어 특히 한국과 대만의 사업가들이 골프란 대의명분의 신봉자가 되었는데, 이들은 "골프장이 완성되고 (땅속에 묻혀 있는—옮긴이) 지뢰의 뇌관이 모두 제거되기를 기다리지 못하여" 베트남의 지뢰밭에서 열정적으로 골프를 치고 있다고 보도될 정도이다.[51] 항의시위가 하와이에서 말레이시아까지 퍼져나갔다. 이는 생태학적인 이유나 골프와 자주 관련되는 부패문화 때문만이 아니라 원주민들의 이주나 삼림벌목과 같은 이유 때문이기도 하였다. 경제적·사회적·환경적으로 일본의 골프 현상이 함축하는 바는 주목할 가치가 있다. 휴식과 여가에 대한 욕구가, 자연과 모습만 닮게 꾸민 소독된 클럽하우스와 골프장으로 이루어진 세계에서 과연 충족될 수 있는지 또 충족된다면 어느 정도나 충족될 수 있는지 물어봐야 할 것이다.

골프장은 어떻게 건설되는 것인가? 1990년 오오사까 근교에 18홀 골프장을 짓는 데 드는 비용은 약 200억엔으로 추정되었다. 따라서 1천명의 회원이 평균 4천만엔의 회비로 가입할 경우 벌써 100%의 이익이 생기게 된다. 그러한 이익은 심지어 골프장이 개장되기도 전에 자주 발생하였다. 사고 팔 수 있는 상품으로서 클럽 회원권의 가격은 1982~89년 사이에 400%가, 1989년에 190%가 오를 정도로 80년대 말에 급등하였다.[52]

토오꾜오 바로 외곽인 찌바현의 이른바 골프장 긴자(銀座, 번화가라는 의미—옮긴이) 지구에 건설중인 한 골프장은 70억엔의 비용이 들어갔다. 문제의 회사는 8천만엔을 출자하고, 1400명의 회원을 모집할 계획을 세웠다. 이러한 회원모집은 몇단계만 거치면 끝나는데, 처음에는 수백명 정도로 회원을 제한해 1인당 300만엔이란 특별 입회비를 받다가 다음 회원들에게는 점차 회비를 올려 결국 1천만엔까지 받는 것이다. 8천만엔이란 초기투자로 30억엔이란 수입을 올리게 되는 것이다.

---

51) 같은 글.
52) 佐藤, 『リゾート列島』, 132면. 또한 1990년 NHK ドキュメント・スペシャル 참조.

1990~91년 오오사까거래소에서 골프 회원권은 평균 약 4천만엔, 즉 신규 골프장 최종 입회비의 4배였으므로 골프는 투기 거품을 부풀리는 데 핵심적 역할을 한 것이다. 특권적이기를 열망하는 사람들의 기호에 맞추어,[53] 다른 나라에서라면 골프장 전체를 사기에 충분한 최고 4억엔 이상을 호가하는 100만 달러 컨트리클럽 회원제(오꾸깐 億カン)가 성행하였다. 입회비를 끌어모아 형성되는 골프클럽 회사 자산의 많은 매력적인 특징 중 하나는 이런 종류의 수입은 회계상 단지 일시적으로 예치한 기금으로 간주되기 때문에 과세대상이 되지 않는다는 점이다.[54]

스키장 개발의 경우에도 비슷한 분석을 할 수 있다. 90년대 초에 600~700개의 스키장이 있었는데 이 역시 급속히 팽창하고 있었다.[55] 그러나 골프장과 스키장 개발은 거품의 중심에 있었으므로 1990년 이후 이 거품이 터진 여파는 불가피하게 엄청난 것이었으며, 따라서 새로운 골프장 개발은 동결되었고, 가장 비싼 골프장 회원권은 4억엔에서 1억 2천만엔으로 폭락했다.[56]

이러한 유형의 개발이 가져온 경제적·사회적 결과는 특히 잠재적 부패구조의 측면에서 심각한 것이었다. 정치가, 관료, 그리고 권력과 영향력이 있는 사람들은 대폭 할인된 가격으로 컨트리클럽의 창립회원으로 등록되어 있어, 골프장 조기건설 허가를 보장하고 지역의 반대를 무마시키는 데 이해관계를 갖고 있었다. 자신의 정치조직을 관리하기 위해 보통 연간 1억엔 이상이 필요한 정치가들은 (골프장 건설에—옮긴이) 열성적이었는데, 이는 특히 1982년 최고재판소가 내린 매우 편협한 판결, 즉 골프 회원권은 매매 가능하고 은행 대부를 위한 담보로 사용될 수 있음에도 불구하고 유가증권

---

53) 佐藤, 『リゾート列島』, 131면. 또한 NHK ドキュメント・スペシャル 참조. 두 자료 모두 찌바현의 보오소오(房總)반도의 쿠마가이(態谷) 개발을 예로 들고 있는데, 이 경우 돈 한 푼 투자하지 않은 채 173억엔의 수익이 예상되고 있었다.

54) 같은 책, 125면.

55) 「日本生態學會リゾートに警鍾」, 『赤旗』 1989年 12月 13日, 12면. 또한 『朝日ジャーナル』 1990년 4월부터 5월호에 실린 本多勝一의 몇편의 글 참조.

56) Fujisaki, 앞의 글.

이 아니므로 뇌물로 간주될 수 없다는 판결 이후 더욱 그렇게 되었다.[57] 80
년대 말에 설계중이던 신규 골프장이 모두 건설되었다면, 법적으로 뇌물이
라고 간주되든 아니든 골프장 하나당 200~300명의 창립회원들로 구성된
하나의 기득권망이 아마도 일본의 유력인사 30만명 정도를 포괄하여 형성
되어 있을 것이다.

지가상승은 실질 경제성장률을 훨씬 능가하는 것이었으며, 동시에 경제
성장을 이끌고 있었다. 70년대에 일본의 GNP가 다섯 배 증가하는 동안 토
지자산은 10배로 성장하였으며, 이러한 불균형은 80년대 내내 계속 확대되
었다.[58] 79만명을 고용하는 부동산업계는 (1500만명을 고용하는) 제조업
과 거의 맞먹는 영업이익을 창출할 수 있었다.[59] 그 지수적 성장은 모든 다
른 경제부문을 능가하는 것이었다.

그러나 이는 나라의 부나 복지를 진정으로 향상시키지 못했을 뿐만 아니
라, 해악적 투기 싸이클 밖에서 살아가는 수백만의 보통 사람들에게 준 부
담을 고려한다면 오히려 손실을 끼친 것이 사실일 것이다. 보통 사람들에
게 땅값의 상승은 악몽이었다. 80년대 말에는 토오꾜오 중심부의 땅
100m²(약 30평―옮긴이)이면 유럽의 성 또는 캐나다나 오스트레일리아의 작
은 섬과 교환할 수 있었다. 일본의 이러한 상황은 1688년 명예혁명 이전의
영국과 좀 유사하다고 할 수 있지만 아마도 역사적으로 유례가 없을 것이
다.[60] 일본에서는 토지가 국부(國富)의 65%를 차지하지만, 서독은 25%, 미
국은 33%, 영국은 겨우 2.5%에 지나지 않는다.[61]

이러한 사태에 대한 책임은 너무 복잡하여 소수의 부패한 사람들에게 전

---

57) 「リゾート開發に節度を」, 『日本經濟新聞』 1990年 1月 14日.
58) 佐藤, 『リゾート列島』, 136면(136~37면의 표도 참조). 또한 Yukio Noguchi, "The
    Bubble and Economic Policies in the 1980s," *Journal of Japanese Studies*, Vol. 20, No.
    2, Summer 1994, 291~330면 중 292~93면 참조.
59) 佐藤, 『リゾート列島』, 146면.
60) Christopher Wood, "Japanese Finance"(특별부록), *The Economist*, December 8, 1990,
    3면.
61) 같은 글, 138면.

가될 수 없다. 이러한 과정은 복잡한 경제적 힘에 의해 움직여졌기 때문에 진행될 수 있었다. 그중에서도 지가상승의 문제가 핵심적이다. 일본의 물가상승률은 오랫동안 산업국가 가운데 가장 낮았으나, 80년대의 지가상승은 유례가 없는 것이었다(설혹 있다 하더라도 극소수였을 것이다). 어떤 의미에서 일본은 이중통화제도를 운영하고 있었다. 그 하나는 엔이고 또 하나는 부동산시장과 정치적 이해관계에 연결된 '도까(土貨)'이다. 이 둘의 관계는 토지나 주식을 담보로 이루어지는 은행의 대출에 의해 접합되고 있다.[62] 1990년까지 20년간 일본의 토지와 주식 가격의 인상폭은 놀랄 만한 것이다.

그러나 광란의 시기가 계속될 수는 없었다. 1986년과 87년에 환경청장관으로 초기의 리조트 붐을 관장했던 이나무라 토시유끼(稻村俊幸)는 1990년 12월 개발에 적극 간여한 기업의 주식매매에서 발생한 약 28억엔의 수익에 대한 세금포탈 혐의로 체포되었다.[63] 이어서 몇몇 현지사들과 주요 건설사 사장들도 체포되었다(이 책 제1장 참조).

1990년 1월부터 10월 사이에 닛께이(日經) 평균주가는 48%나 폭락하였는데, 이는 제3세계 부채의 두 배 또는 미국 저축대부업계 전체의 구제비용으로 추정되는 5천억 달러의 4배에 해당하는 것이다.[64] 부채의 바다에서 표류하던 토지가격 역시 떨어지기 시작하였고, 금융기관 등이 금세기 최대의 투기 거품이 폭발하는 쇼크에 직면하면서 대출은 고갈되기 시작하였다. 골프가 투기열병의 주요 초점이었던만큼 붕괴에서도 중심 역할을 하였으며 그후 재판에 회부된 많은 부패사건의 초점이었다. 1995년경에도 여전히 이 중요한 지표에서 회복의 조짐은 없었고, 전국의 대표적인 530개 골프장 가운데 회원권 평균가격은 1990년 피크 때의 26%에 불과하였다.[65] 이 무서운 경기후퇴는 사회적 · 정치적으로 계속 심대한 영향을 미치고 있었다.

---

62) 佐藤, 『リゾート列島』, 128면.
63) 1990년 12월 19일과 그 이후의 다양한 일본 언론보도.
64) Wood, 앞의 글, 3면.
65) Peter Hartcher, "Japanic! Putt Options Sink to a Nine-Year Low," *Australian Financial Review*, March 21, 1995.

토오꾜오의 자금이 전국으로 확산되면서 나라 전체가 투기와 인플레이션의 해악에 감염되고 리조트 자체가 (많은 경우) 물리적 환경에 대해서뿐만이 아니라 지역사회의 사회적·도덕적 가치에도 큰 희생을 치르도록 하였다. 요컨대 골프 현상은 수요증가보다 공급측의 압력에 의한 것이며, 돈과 기업의 욕심이 핵심적이었고 휴식은 부차적인 것이었다.

국제적 차원

환태평양 지역 주변의 관광 및 리조트 산업 확장은 대부분 일본 국내의 골프 붐을 보고 모여든 막대한 자금으로 충당되었다. 90년대 초에 200개가 넘는 해외 일본 골프장이 있었고, 호텔이나 다른 리조트도 많았다.[66] 오스트레일리아 씨드니의 민간소유 골프장을 모두 사겠다는 일본인들의 제의는 이런 배경을 알면 이해할 수 있다.[67]

일본의 경제적 영향력이 확산되면서 일본의 국내 정치경제적 양상이 지역적·지구적 영향범위의 확대를 통해 재생산되었다. 오스트레일리아든 하와이, 말레이시아 또는 타이 어디든간에 땅값 인상은 골프 붐의 분명한 결과였다. 80년대를 통해 일본으로부터 주변지역의 관광과 부동산 개발에 유입된 자본량은 무역흑자의 누적, 국내 토지와 주식 자산의 증가, 토지를 담보로 한 보통 4% 가량인 저리 융자에 의해 자극되어 점차 증가하였다. 1990년 일년간 일본의 해외직접투자액(441억 달러)은 미국(317억 달러)과 영국(318억 달러)을 앞지르는 것이었다.[68] 투자총액으로도 일본은 가까운 장래에 1위가 될 것으로 보인다.

결과적으로 80년대 말경 오스트레일리아의 골드 코스트(Gold Coast, 고

---

66) 佐藤, 『リゾート列島』, 132면.
67) Abe David and Ted Wheelwright, *The Third Wave: Asian Capitalism and Australia*, Sydney 1989, 153면(*Daily Mirror* 1989년 1월 13일자에서 재인용).
68) 「直接投資 ── 日本, 英米抜き世界一」, 『朝日新聞』 1990年 12月 21日.

급주택지구)나 하와이 같은 곳의 일류호텔, 골프장이나 아파트 빌딩들 중
상당수가 일본인들의 수중에 있었다. 80년대 동안에 연간 10억 달러 이상
의 일본 자금이 골드 코스트로 유입되더니 이 지역의 사업중심가 부동산의
절반이 일본인 소유라고 보도된 바 있다.[69] 요트 계류장, 골프장, 호화 아파
트와 호텔 등의 대형 프로젝트가 노스퀸즐랜드(North Queensland, 이 주
의 케언즈Cairns는 마치 다이꾜오大京 관광회사의 마을처럼 보인다)와 서
오스트레일리아, 뉴싸우스웨일즈 북부에서 준비되고 있었다. 하와이에는
1992년 당시 68개의 골프장이 있었고, 100개가 더 계획되고 있었는데 그중
절반은 일본인이 소유하고 운영할 것들이었다.[70] 말레이시아에서는 80년
대에 골프장이 두 배로 늘어나 80개가 되었는데 금세기 말까지 다시 그 두
배가 될 것으로 예상되고 있다. 이 골프장은 대부분 일본 회사들이 일본의
골프 수요를 위해 건설하고 있었다.[71] 토오꾜오 스키돔의 복사판을 세우려
던 조호르(Johore) 동부 해안의 리조트와 페낭(Penang) 언덕 꼭대기에 디
즈니랜드식의 테마파크와 골프장, 일본인의 휴양단지를 거느린 아크로폴
리스를 건설하려던 계획을 포함한 좀더 호화로운 몇몇 방식들은 일본의 거
품경기가 붕괴되고 말레이시아의 환경운동이 강화되면서 90년대 초에 저
지되었다.[72] 1991년에 86개이던 골프장이 수년 안에 300개로 증가할 것으
로 예상되는 등 개발속도가 더 빠르기는 하였지만, 타이에서도 같은 일이
일어났다.[73]

동남아시아에서 '골프 없는 날'과 같은 여론의 이목을 상당히 끈 회의와

---

69) *The Australian,* June 16, 1990.

70) Gen Morita, "Golf Courses Threaten Hawaii Lifestyles," *Resources*(일본소비자연맹 뉴스
레터), No. 80, January~March 1992, 1~2면.

71) Gwen Benjamin, "Japanese Golf Boom Alarms Malaysians," *Japan Times,* January 5,
1992.

72) Ismail Kassim, "Zoo Row Puts Spotlight on Golf and Condo Projects," *The Straits
Times,* October 7, 1991; Lincoln Kaye, "Look to the Hills," *Far Eastern Economic
Review,* August 22, 1991; Doug Tsuruoka, "Malice in Wonderland," *Far Eastern
Economic Review,* October 10, 1991.

73) NHKテレビ番組, 「21」, 1991年 9月 1日.

캠페인을 조직한 반대운동의 급속한 확장은 아마도 골프장의 확산을 늦추는 데 일조하였을 것이다. 여전히 "세계 최고속성장형의 토지개발"[74] "개발업자, 호텔 체인, 관광사업가, 항공사 그리고 이보다 적지 않은 골프장 설계자와 골프웨어 생산자를 포함하는 수십억 달러 규모의 다국적산업"[75]인 골프사업은 새로운 지역인 베트남, 라오스, 미얀마, 중국과 인도로 진출하고 있었다. 이는 농약오염, 삼림파괴, 생산성이 높은 농지의 전환, 투기, 부정, 사회적 양극화, 여성착취 등과 같은 일본에서 잘 알려진 문제들뿐만 아니라 (개발의 혜택이 대부분 부유한 외국인에게 돌아간다는 점에서) 신식민주의와 원주민이나 소수민족의 땅과 (열대림과 같이) 생물다양성이 풍부한 생태학적으로 민감한 지역을 침해하는 등의 새로운 문제들 또한 수반하였다.[76]

80년대 말에 거품경기가 붕괴되고 자산가격이 하락하면서 일본 국내에서 골프사업과 관련해 성장한 광범위한 투기그룹은 곧 흩어졌으며, 많은 사람들이 곤욕을 치렀다. 미국에 있는 일본인 소유의 **모든** 골프장은 적자상태에 처했으며, 이중 70%가 대폭 할인된 가격으로 부동산시장에 다시 나왔다.[77] 거대건설업체인 시미즈사는 해외손실 800억엔을 손비처리해야 했으며, 카시마사는 오스트레일리아 투자에서만 660억엔의 손실을 보았다.[78]

80년대 후반에 태평양 지역에서 호텔과 리조트 시설을 포함해 총 1조엔 이상의 자산을 매입한 일본 회사 EIE는——이 회사는 오스트레일리아에서 2천억엔 상당의 대학, 호화 리조트, 주요 호텔들을 사들여 오스트레일리아 최대의 외국 투자자가 되었다——이 회사를 지탱해온 높은 레버리지(기업이 타인자본에 의존하는 정도와 타인자본이 기업에 미치는 영향을 측정하는 모든 비율

---

74) Anne Platt, "Toxic Green: The Trouble with Golf," *World Watch*, May~June 1994, 27~40면.

75) Tony Allison et al., "Rough Justice," *Asia Magazine*, April 15~17, 1994, 26면.

76) "GAG'M Update No. 2," May 1994, Chiba, Penang, Bangkok, Hawaii and Bedford (England), GAG'M coordinating networks.

77) 松尾正史, 「米國で破綻する日本式ゴルフ商法」, 『東洋經濟』 1992年 3月 14日, 20면.

78) Henny Sender, "No Going Back," *Far Eastern Economic Review*, September 15, 1994, 74~75면.

—옮긴이)와 저리자금 공급이라는 메커니즘이 붕괴되면서 1991년 초에 은행의 손에 넘어갔다가 1994년 파산선고를 받았다. 이 회사의 확장은 최소한의 담보로 막대한 차입금을 들여오는 방식으로 유지되어왔다. 이렇게 들여온 대부분의 자금은 호화 골프장과 그밖의 투기적 리조트 개발로 사라져버렸고, 1994년에는 EIE에 막대한 돈을 빌려준 토오꾜오쿄오와(東京協和)와 안젠(安全)이란 두 신용조합 역시 1100억엔의 부채를 감당하지 못해 파산하였다.[79] 전직 장관 한 명을 포함한 많은 유명 정치인들이——"토오꾜오 국세국장 … EIE의 최대 채권자인 정부 소유 장기신용은행의 전직 행장, 대장성 고관 3명, 심지어는 일본은행의 전직 총재"[80]——여러 부정의혹과 EIE 및 그 회사의 화려한 사장인 타까하시 하루노리(高橋治則)와의 불법적인 유착혐의로 수사를 받게 되었다. 일본의 일류기업들도 타까하시 작전의 전성기에 투자하였었다. 타까하시는 1995년 초 기소되었다. 일본의 금융기관과 최고위 관료에 대한 신임은 스캔들이 하나 더 터지고 그 구체적인 내용이 폭로되면서 더욱더 훼손되었다.

환경에 대한 영향

그러나 장기적으로 가장 심각한 것은 골프 붐이 환경에 미치는 영향이다. 현재 진행중인 많은 성급한 리조트 건설이 경제적 상황으로 인해 조만간 파산할지도 모르지만 개발을 위해 파괴된 일본 농촌은 빨리 복원되지 않을 것이다. 골프장 개발에는 약 100헥타르의 면적이 필요한데, 바람직하기는 땅의 기복이 있고 주요 인구밀집지역에서 접근하기 쉬운 곳이 좋다. 80년대의 일본에는 택지나 농지 개발에 묶이지 않은 그러한 용지는 남아 있지 않았다. 따라서 환경학자 야마다 쿠니히로(山田國廣)는 이렇게 묘사했다.

79) 山本敦子, 「高橋治則氏は寡默な大借金王」, 『AERA』 1995年 2月 27日, 6~9면.
80) Ben Hills, "Scandal Exposes Japan Inc.," *Sydney Morning Herald*, April 5, 1995.

대부분의 골프장 개발은 산기슭의 삼림지대에서 일어났다. 개발업자들은 숲을 베어내고 불도저로 산꼭대기를 깎아내고 계곡을 메웠다. 이렇게 해서 골프장 건설로 간단명료하게 삼림파괴가 된 것이다. 일본의 전체 국토면적의 67%가 숲으로 덮여 있지만 임산물의 자급률은 30%로 떨어졌다.[81]

어느 환경청 직원에 따르면 1987년까지 골프장 건설을 위해 매년 5천 헥타르의 삼림이 사라져갔다.[82] 골프장과 그와 관련된 개발을 위해 일본 전체 삼림의 1%가 벌목됨에 따라 환경은 복합적인 상처로 고통받게 되었다.[83] 여기에는 임야청(林野廳)의 적자보전을 위해 벌목된 홋까이도오 시레또꼬(知床)반도의 거목들도 포함된다.[84] 지구를 덮고 있는 삼림면적의 축소는 온실효과를 가속화하며, 또한 일본 국내 목재자원의 감소는 수입목재에 대한 의존을 심화시키고, 그리하여 제3세계 삼림의 약탈을 초래한다.

이러한 구도하에서 산과 해안의 리조트가 도모하려던 푸르름의 질은 기만적인 것이다. 일본의 환경은 매우 습하여 시설관리에는 시간과 노력이 요구된다. 골프장의 경우 매년 3,4톤의 제초제, 살균제, 살충제, 착색제, 유기염소, 기타 비료들, 발암성이거나 여러가지 질병을 야기하는 화학제들을 뿌려야 잔디를 푸르게 유지할 수 있다.[85] 이러한 혼합물질은 농약을 가장 많이 사용하는 농부가 채소에 뿌리는 것보다 3배나 강한 것으로 결국에는 강, 연못, 늪지, 호수, 바다로 흘러들어간다.[86] 나오끼상(直木賞)을 수상한 타까하시 오사무(高橋治)는 나리따공항 근처 찌바현의 언덕이 고엽제가 뿌려진 베트남과 닮았다고 묘사하면서 회복되는 데 마찬가지로 오랜 세월이 걸릴 것이라고 말한다.[87] 80년대 말 후생성 조사에 의해 골프장 개발로

---

81) Yamada, 앞의 글, 292면.
82) Platt, 앞의 글, 38면에서 인용된 南川秀樹.
83) Yamada, 앞의 글, 235면.
84) 本多勝一, 『朝日ジャーナル』, 1989年 12月 15日.
85) Yamada, 앞의 글, 292면; 山田, 앞의 책.
86) 「使い捨て王國 (6) 農藥を流すゴルフ場」, 『朝日新聞』 1989年 12月 20日, 10면.
87) 「リゾート 特集」, 『世界』 1990年 6月, 60면 참조.

950여 곳의 수질이나 수량이 악영향을 받았음이 밝혀졌다.[88]

일본생태학회는 레저라는 이름으로 자연에 가한 손상, 특히 국립공원의 훼손에 대해 심각한 우려를 표명하였다. 스키장 건설을 위해 산의 초목을 벗겨내고 형태를 변형시키는 것 역시 산사태를 야기하며, 하나의 개발로 일년에 10톤짜리 덤프트럭 100~200대에 해당하는 토양이 유실되어 주변의 강으로 흘러들어간다고 이 학회는 추정한다.[89]

좁고 산이 많은 일본의 자연환경은 최근 수십년간의 개발로 심하게 위협받았다. 그 원인은 단순히 골프장 건설에 의한 파괴라기보다는 좀더 복합적이지만, 리조트 붐이 상당한 역할을 하였다는 데는 의심의 여지가 없다. 바다, 강, 삼림, 산뿐만 아니라 동물, 새, 곤충 및 해양생물 가운데에서도 광범위한 피해가 보고되고 있다. 환경청에 따르면 벌써 628종의 야생동물과 899종의 야생식물이 멸종 위기에 처해 있다고 한다. 위협받는 동물상 가운데는 나가라강의 사쯔끼송어, 오끼나와의 이리오모떼 들고양이, 사도(佐度)섬의 볏따오기, 아리아께(有明)만의 짱뚱어, 줄무늬올빼미, 수달, 흰기러기 등이 있으며, 위협받는 식물군 가운데는 줄무늬난초와 앵초꽃 등이 있다.[90] 한 경험 많은 생물학자는 일본에 생물학적 재난이 임박하고 있으며 "일본의 모든 척추동물의 거의 1/4이 위기에 처해 있다고 간주할 수 있다"[91]고 추정하고 있다. 그는 위기에 처한 야생동물 명단에 검은 곰이나 불곰도 추가하고 있다. 마지막 남은 볏따오기도 1995년에 산악보호지구에서 죽었다. 1987년 리조트법에 의해 발생한 것과 같은 환경변화가 일본의 농촌이나 산악지대에서 또다시 일어난다면 이는 파멸적인 결과를 가져올 것이다.

1945년에 미국이 점령했던 오끼나와는 1972년에야 일본으로 반환되었

88) 佐藤, 『リゾート列島』, 163~64면; NHKドキュメント・スペシャル, 1990; 藤原信, 「かつてなき自然破壊への道」, 131~43면.

89) 佐藤, 『リゾート列島』.

90) "Protection of Wildlife"(사설), *Mainichi Daily News,* January 1990, 2면.

91) Mark Brazil, "The Wildlife of Japan: A Twentieth-Century Naturalist's View," *Japan Quarterly,* July~September 1992, 328~38면.

다. 오끼나와 반환을 축하하기 위하여 인류의 미래에 해양의 역할이란 주제로 오끼나와 해양 엑스포가 개최되었다. 그러나 반환 20년 만에 오끼나와 산호초의 80% 이상이 죽었으며, 가장 좋은 해변은 사유화되었고, 어부들의 어획고는 급격한 감소를 기록하고 있다.[92] 1988년에 국제자연보호연맹(International Union for the Conservation of Nature)이 북반구에서 가장 오래되고 가장 큰 산호초로 규정하였던 이시가끼(石垣)섬의 유명한 푸른 산호초마저 (도로 및 기타 '개량'사업들을 포함한) 무절제한 개발에 의한 토사유입과 퍼져나가는 '가시불가사리'(체표면에 날카로운 가시가 있어 일명 '가시면류관'으로도 불리는 불가사리의 한 종류로 오스트레일리아나 오끼나와 연안의 산호초를 먹어없앤다고 한다―옮긴이)의 영향으로 천천히 질식되고 있다.[93] 장래 개발을 위해 예상되는 용수 수요를 충족하기 위해 오끼나와의 모든 강에다 댐을 세웠는데, 이는 상류 생태계를 황폐화하고 하구의 침적을 촉진할 것으로 예상되었다.[94] 탐욕을 부리고 적절한 제방공사에 대한 투자나 농약을 포함한 농업폐기물 억제를 회피하는 것은 본래 관광개발의 초점이었던 아열대 해양생물을 점차로 죽여가는 것이었다.[95]

그러나 저항세력이 점차 형성되어 1994년에는 GAG'M(전지구적인 골프 반대운동Global Anti-Golf Movement)이 결성되었다. GAG'M은 이미 일본 국내에서 약 300개의 골프장 건설을 중지시켰다고 주장하고 있으며, 국제운동으로 성장하고 있다.[96] 주요 신문들은 모두 비판적 입장을 취했으며 일본법률가협회는 리조트법을 철회할 것을 요청하는 결의를 통과시켰다. 당시 사회당 당수였던 도이 타까꼬(土井たか子)는 포괄적인 리조트법 개정안을 제안하였다.[97] 대대적인 반대와 불황으로 많은 프로젝트가 보류되

92) NHKドキュメント・スペシャル.
93) 山里節子, インタビュー, 白保, 石垣, 1989年 12月. 또한 野池元基, 「珊瑚の海を壊し, 農家を苦しめる'土地改良'事業」, 『週刊金曜日』 1994年 6月 24日, 28~33면.
94) 佐藤・NHK, おはようジャーナル取材班, 앞의 책, 30면.
95) 松鷹彰弘・宇井純, 「自然豊かだった島の不幸」, 『週刊金曜日』 1994年 6月 17日, 50~53면; 「病むサンゴ―陸の開發が影響石垣島」, 『朝日新聞』 1994年 11月 15日.
96) GAG'M, 1994.

었으나, 경기가 회복될 경우 최종 결과가 어떠할지는 명확하지 않다.[98]

테마파크

테마파크에 대한 일본인들의 편애는 주목할 만하다. 이러한 편애는 주로 1939~40년의 뉴욕 세계박람회(이 박람회의 미래도시 파노라마는 80년대 토오꾜오의 신쥬꾸 신도심지를 매우 닮았다)를 모델로 한 1970년 오오사까 엑스포로 거슬러올라간다.[99] 토오꾜오 디즈니랜드(1983년에 개장된 후 처음 10년간 1억 4천만명을 입장시켰다)의 공전의 대성공은 60년대의 소득 배가에 의해 성취된 사회·경제적 변혁을 실체적 형태로 나타내면서 생산보다는 소비를 찬양하는 경향에 최초로 영속적인 형태를 부여하였다. 여하튼 80년대에 테마파크는 일본식 리조트의 전형적인 특징이 되었다. 테마파크의 구성요소들은 백화점과 쇼핑몰의 디자인에 도입되었고, 코오베와 같은 일부 도시들의 디자인에서는 원칙으로까지 채택되었다. 그림형제 동화의 배경을 재현한 홋까이도오의 글럭 왕국(Gluck Kingdom), 니이가따의 러시아 마을, 유리마을(ガラスの里)로 알려진 히로시마의 일본의 베니스, 히로시마 근처 쿠레(吳)에 있는 스페인풍의 꼬스따 델 쏠(Costa del Sol)——그리고 미에현의 시마(志摩) 스페인 마을——홋까이도오의 아시베쯔(芦別)에 있는 캐나다 세계 등이 여기에 속한다.

리조트 붐의 대부분은 일시적이거나 투기적이거나 부패로 얼룩진 것이었고, 어떤 개발은 이 모든 것에 해당되었다. 그러나 예외도 있어, 나가사끼현의 오오무라(大村)만에 152헥타르의 면적에 풍차와 튤립, 운하로 중세 네덜란드의 생활을 재현한 후이스 텐 보시(Huis Ten Bosch)——이는 종

---

97) 宇田川秀雄,「破綻したリゾート」,『東洋經濟』1992年 3月 14日, 8~14면 중 10면.

98) '교착상태'에 빠진 프로젝트의 명단을 보기 위해서는 「きしむリゾート列島」(특별취재반 보도),『朝日新聞』1992年 5月 22日(또한 「轉換のリゾート」,『日本經濟新聞』1992年 4月 17日 참조).

99) 吉見俊哉,『博覽會の政治學』, 中公新書 1992, 234면 이하.

나가사끼현 후이스 텐 보시, '17세기 네덜란드' 리조트 마을(1994년 11월 지은이 촬영).

나가사끼현 후이스 텐 보시(1994년 11월 지은이 촬영).

나가사끼현 후이스 텐 보시(1994년 11월 지은이 촬영).

종 영어식으로 하우스 템포스(House Tempos)라고 불린다——는 그중에서도 가장 놀라운 것이다. 이는 어떤 의미로는 테마파크이나, 사실은 그 이상의 것으로서 오래 지속된 강력한 영속적 의미를 전달하고 있다. 이는 디즈니랜드나 다른 테마파크와 어느정도 대조되는 가치관을 반영하는 새로운 형태의 도시 설립에 해당하는 것이다. 설립자들은 이것이 천년을 지탱하도록 지어졌으며, 8세기 쿄오또가 중국 당나라의 수도 장안을 모델로 하여 세워졌듯이 후이스 텐 보시도 유럽 모델에서 따왔으나 쿄오또가 중국적인 것이 아닌 것처럼 네덜란드적이라고 할 수 없고, 네덜란드 사람들도 경이로움으로 쳐다볼 도시가 창조될 것이며 미래에는 새로운 유형의 후기산업사회적 도시개발의 최초 유형으로 간주될 것이라고 주장한다.[100] 설립자인 카미지까 요시꾸니(神近義邦)가 이 프로젝트를 생태학적인 것과 경제적인 것의 통합을 상징하는 것으로 생각하고 싶어한 것은 분명하다.[101]

제1기 공사에만 2250억엔이 소요되었다. 현대적 재료인 콘크리트와 강철은 피하고 벽돌과 돌을 사용하였다. 베아트리체 여왕의 궁전 및 동인도회사의 모형건물과 풍요의 극치를 구현하는(1994년 시점의 경우 하룻밤 숙박비로 최소한 3만 4천엔을 쓰는 고객을 모시기 위해서는 당연히 그래야 할 것이다) 호텔 유럽(Hotel Europe) 건설을 위해 특별히 구워낸 벽돌 2천만개를 공급하게 되면서 네덜란드는 한동안 세계 최대의 벽돌 수출국이 되었다.[102] 도시를 관통하는 6km의 도시운하망은 네덜란드 것의 세 배 크기로 만들어졌으며 훨씬 더 세심하게 손질되어 있다.[103] 용수는 바닷물을 탈염분 처리하여 마을 정원에 이용한 후에 다시 바다로 돌려보내게 된다. 프로젝트 전체가 무엇을 표상하는지는 여전히 말하기 어려우나, 다가오는 '21세기의 노령화 및 여가지향 사회'의 욕구를 강조하는 선구적인 생태학적인 도시계획이라는 주장을 쉽게 부정할 수는 없다. 수확제, 치즈를 먹고 맥주를

---

100) 上之鄕利昭,『ハウステンボスの物語』, プレジデント社 1992.

101) 같은 책, 46면에서 인용.

102) Cameron Hay, "Dutch Resort Has No Trouble Staying Afloat in Recession," *Japan Times,* May 17, 1994.

103) 上之鄕, 앞의 책, 79면.

마시며 노래하고 춤추는 붉게 상기된 얼굴의 명랑한 '네덜란드' 사람들, 또는 거리의 마차와 중세 네덜란드 생활의 재현 등은 지속되지 않을 것이나, 도시의 하부구조는 지속될 것이며 디즈니랜드나 다른 리조트보다 자유공간이 더 많고 인위적인 통제가 적다는 것은 분명하다.[104] 짓는 데는 막대한 비용이 들었지만 다른 리조트보다 더 견고하고 재미있는 무엇인가를 남길 것이다. 이곳은 또한 불황기에 개장했음에도 성공을 거두어, 개장 첫 해에 386만명의 관람객이 다녀갔다.[105] 제1기에 세워진 박물관, 호텔, 궁전, 미술관, 운하, 항구, 상점들을 보완하기 위해 '보통' 주택을 짓는 제2기 공사가 계획되었다.

이와 성격은 조금 다르지만 역시 매우 성공적이며 아마 사회문화적 추세를 암시한다는 점에서 똑같은 큐우슈우 미야자끼(宮崎)현에 있는 씨 가이아(Sea Gaia)와 토오꾜오 외곽의 후나바시(船橋)시에 있는 라 포트 스키 돔 SSAWS(La Port Ski Dome SSAWS)가 있다. 씨 가이아의 오션 돔(Ocean Dome)에서는 전적으로 인공적인 환경 안에서 하와이풍의 열대 해변 리조트를 즐길 수 있다. 이곳은 야자수와 완벽히 깨끗한 대리석 모래 해변, 기계로 만드는 파고(波高) 2.5m까지의 파도(그리고 원한다면 '튜브 타기'도 가능하다)로 완비되어 있으며, 절대 지나치게 덥거나 지나치게 습하지 않고 또 지나치게 춥지도 않은 무엇이든 지나친 것이 없는 알맞은 환경이다.[106] 용수는 가까운 바다에서 끌어오지 않기 때문에 염분은 없으나 염소는 함유하고 있으며, 발리 하이(Bali Hai) 인공화산이 매 15분마다 폭발한다. SSAWS(이는 '봄 Spring, 여름 Summer, 가을 Autumn, 겨울 Winter, 눈Snow'을 의미한다)에서는 인공 눈 위에서 일년 내내 스키를 탈 수 있다. 섭씨 영하 2도가 항상 유지되는 커다란 돔 안에 500m 코스와 좀

---

104) 1994년 11월 저자의 방문에서 얻은 인상.

105) 이는 '나가사끼 이그조틱 리조트' 개발 프로젝트의 첫단계에 불과하며, 후이스 텐 보시 인근에는 인구 15만의 도시가 만들어질 계획이었다.

106) 이곳의 설계와 건설은 미쯔비시중공업이 맡았는데, 이는 이 회사가 선박과 무기생산 의존에서 점차 벗어나고 있음을 나타내는 것이다(齋藤一郎,「三菱グループの資産百兆円パワー」,『AERA』1993年 7月 20日, 26~28면).

큐우슈우 미야자끼현의 '오션 돔'. 세계 최대의 워터파크로 세계 최대의 인공파도 제조장치를 갖추고 있음(사진 秋山忠助, *Pacific Friend*, 時事畫報社, 1993年 10月).

'천국 안의 천국'(미야자끼현 씨 가이아 피닉스 리조트 제공).

더 높은 상급코스가 마련되어 있다.

후이스 텐 보시, 씨 가이아, SSAWS 같은 곳은 리조트 중심지이자 가까운 시일 내에 아시아 전역에서 방문객들이 찾아오는 리조트 도시가 되기를 희망하고 있다. (불황기였던) 초창기에 이들이 서둔 성공이 계속될 수 있다면, 이것은 정말로 현실이 될 것이다. 리조트형 개발에 있어 이들이 지역적 (그리고 세계적) 추세를 결정하리라는 점은 분명해 보인다.[107] 후이스 텐 보시는 이미 동아시아의 니스(Nice) 또는 리비에라(Riviera) 스타일의 리조트가 되어가는 듯하며, 많은 다른 도시들이 이를 흉내내려 할 것이다. 외양은 서구적이라 해도 후이스 텐 보시나 씨 가이아의 별천지에서 신선하고 코즈머폴리턴적인 아시아의 정체성이 생겨나고 있다는 느낌을 피하기는 어렵다.

그러나 400년도 더 전에 유럽문화와 대결하기 시작하였던 일본 서부에서 새로운 문화적 잡종이 부상하고 있다는 사실이 증명된다 하여도, 유럽-미국의 헤게모니는 여전히 수도권에서 유지되고 있다. 매년 1천만명의 인파를 끌어들이는 디즈니랜드를 논평가 요시미 슌야(吉見俊哉)는 새로운 일본 문화의 중심적 상징으로 묘사하였다. 90년대에 쇼핑몰과 전람회장에서 점차로 모방되었던 이 "지구상에서 가장 행복한 장소"는 자발적인 축제와 인간적 상호작용의 기회를 박탈하면서 환상, 사랑, 모험이란 미국적 상징의 패키지를 수동적으로 소비하게 해준다.[108] 요시미는 이를 오웰(Orwell)의 『1984』의 예언을 충족시키는 것으로 보고 있다.[109] 또 다른 논평가 아사다 아끼라(淺田彰)는 디즈니랜드 현상을 유아적인 것으로 묘사한다.[110] 이

---

107) 좋은 사진이 들어간 소개글로는, Kikuo Arai, "Taking the Outdoors Indoors"(秋山忠助 촬영의 사진 삽입), *Pacific Friend*, Vol. 21, No. 6, October 1993, 2~9면 참조.

108) 吉見俊哉,「遊園地のユートピア」,『世界』 1989年 9月, 293~306면 중 306면. 이 글은 'シミュラークルの樂園'이란 제목으로 瀧浩二·內田良三 편, 『ゼロの修辭學』, 리브로 포트 1992, 79~136면에 재수록되었다.

109) 吉見,『博覽會の政治學』, 256면.

110) Asada Akira, "Infantile Capitalism and Japan's Post-Modernism: A Fairy Tale," in Masao Miyoshi and H. D. Harootunian, eds., *Post-Modernism and Japan*, Durham and London: Duke University Press 1989, 273~78면 중 275~76면.

는 폭력과 성을 제거하고 (미따 무네스께 見田宗介가 표현했듯이) "현실적인 것, 살아 있는 것, 자연적인 것의 냄새를 없애며"[111] 귀여움이 지배적인 성인들의 유아기에 대한 환상을 제시하기 위해, 신화에 대한 소독과 현실세계의 배제를 수반하기 때문에 참으로 나쁘다는 것이다. 그러한 세계의 인공공간은 현대 일본의 초현실(hyperreality)을 농축된 형태로 대변한다.

요시미는 이 현상이 현실세계와 내면세계 양쪽에 모두 관련이 된다고 하면서 그의 분석을 끝맺는다.

오늘날 많은 일본인들이 즐기는 '풍요'는 자연과 제3세계에 대한 무수히 많은 수탈과 배제의 산물이다. 우리는 이를 소유할 정당한 권리가 없으며 더욱이 우리는 이를 잘 알고 있다. 이러한 상황에서 우리가 선택할 수 있는 유일한 것은 우리가 계속 거부하고 있는 것을 가능한 한 보지 않으려고, 또 '꿈과 마술의 왕국'에 몰입하려고 가능한 한 발버둥치는 것이다. 이 '왕국'은 '구원'보다는 '망각' 메커니즘을 효과적으로 작동시킴으로써 사람들의 시선을 잡다한 것들과 동요에 빠뜨리면서 내면적인 것을 수많은 조각들로 점차 분해시킨다.[112]

그러나 여기에는 두 가지 조건이 있다. 적어도 '리조트 일본' 개발의 일부는 단순히 디즈니랜드의 연장이 아니며, 적어도 잠재적으로는 새롭고 독특하다는 것이다. 둘째로 후이스 텐 보시나, 씨 가이아, SSAWS, 또는 디즈니랜드 같은 이 모든 개발들이 실제 자연환경을 보호할 수도 있다는 점이다. 이들 리조트가 수백만의 사람을 끌어들이고 있다면, 이것들은 (유네스코 UNESCO 보고서가 쓰고 있듯이) 다음과 같은 가능성도 품고 있는 것이다.

수백만의 사람들로 하여금, 아마도 훨씬 많은 해를 끼쳤을 **다른** 목적지에 가는 것을 못하게 하는 역할을 해왔을 수도 있다. … 전적으로 인공적이기는

---

111) Mita Munesuke, "Reality, Dream and Fiction: Japan 1945~90," *Journal of Pacific Asia*, 1994, No. 1, 121~33면 중 131면.
112) 吉見, 『博覽會の政治學』, 306면.

하지만 이것들은 사람들이 원하는 종류의 관광을 제공하고 그것도 오늘날 전세계적으로 성행중인 전세 비행기와 리조트 호텔로 초래되는 환경적·문화적 비용에 비해 훨씬 적은 부분으로 가능하게 해준다는 점은 의심의 여지가 없다.[113] (강소는 인용사)

80년대 일본의 리조트 붐 현상은 그 규모나 성장속도, 화려함에 대한 집착, 80년대 식의 리조트 생활과 전통적 리조트 생활의 차이 등이 예외적이기는 하지만 그 자체로 유일한 것은 아니다. 일본인들은 오래 전부터 여행과 순례를 즐겼으며 떼지어 다니면서 호기심을 갖고 자기 나라를 탐색해온 사람들이었다. 온천휴양지가 번창하고 있고 이중 일부는 천년의 역사를 가지고 있다. 그러나 80년대 일본에 번영이 갑자기 찾아왔고, (존 어리 John Urry 가 쓰고 있듯이 "현대 소비주의"와 관광주의의 "심장부에 있는 새로움과 탐욕의 변증법"[114]에서 중심적인) 백일몽과 기대의 영역으로까지 소비시장이 확장된 것은 갑작스러운 획기적 도약이었다.

단조롭고 좁은 기업세계에서 성장한 일중독증 세대의 백일몽이 갑자기 실현되었는데, 이 백일몽은 좀더 여유있는 공간, 극한으로까지 확대된 물질적(소비적) 풍요, 그리고 세계의 온갖 부와 신비로 신속하고도 안전하게 다가갈 수 있기를 바라는 꿈이라는 사실이 드러난다. 그러나 역설적으로 그러한 꿈의 경험은 오로지 엄격한 꿈의 규칙과 제약 내에서만 그것도 일년에 단 며칠 동안만 이루어질 수 있는 것이다. 꿈의 힘은 일상세계로부터의 단절 그 자체에 의존하며, 일상생활의 거울상(mirror image)으로서 일상생활이 지탱되게 도와주는 것이다.

---

113) Bernd Von Droste, Dana Silk, and Mechtild Rössler, "Tourism, World Heritage and Sustainable Development," *Kyoto Journal*, No. 24, 1993, 5~8면(UNEP 잡지인 *Industry and Environment* 7~12월호에 수록됨).

114) John Urry, *The Tourist Gaze: Leisure and Travel in Contemporary Societies*, London, Newbury Park, California, and New Delhi, 1990, 13면.

152

아래로부터의 처방

1987년에 제정된 법(리조트법)에 따라, 기본적으로 토오꾜오의 정치 및 기업 세력에 의해 지방에 강요되었던 '리조트' 유형과는 대조적으로, 지역 사회에 힘을 부여하는 매우 다른 종류의 놀라운 실험이 1988년에 이루어졌다. 타께시따 내각하에 전국의 모든 지방자치단체, 3268개의 시정촌(市町村)에 1억엔이란 '한 번의' 무상보조금이 지급되었고, 이 돈은 뭐든지 적절하다고 생각되는 방식으로 지역사회를 활성화시키는 데 쓸 수 있었다. 이는 고도로 중앙집권화되어 있는 일본에서 아무런 제한 없이 지방의 재량에 일을 맡긴 최초의 유일한 실험이었다. 이 생각은 80년대 초 이래의 '일촌일품(一村一品)운동'과 '일본일운동(日本一, 일본에서 최고)운동'과 같은 지방의 발의에 의해서 만들어진 것이다. 이들 운동하에서 예를 들어, 큐우슈우의 쿠마모또현의 한 촌락은 일본에서 가장 긴 돌계단(산기슭에 3333개 계단)을 지어서 호기심 많은 수많은 관광객들을 끌어들이고 있으며, 다른 곳에서는 일본에서 가장 큰 물레방아나 가장 큰 냄비(지름이 6m이며 3만명을 먹이기에 충분한 양을 담을 수 있다), 가장 큰 북, 세계에서 가장 큰 모래시계, 또는 사람들이 앉을 수 있도록 해변가에 460m의 긴 벤치 등을 만들었다.[115] 타께시따의 제안으로 놀랍게도 5만개 이상의 아이디어가 쏟아졌는데, 그 폭과 다양성, 지방의 가치와 관습, 열망을 반영하고 있는 점에서 주목할 만한 것들이었다.

아마도 가장 유명한 것은 효오고현 쯔나(津名)정의 예인데, 이곳에서는 63kg의 금덩어리를 사들여 전시하였다. 이는 매우 성공적이어서 주말이면 마을로 들어가고 나오는 길거리가 관광버스로 막혔으며, 1989년에서 92년까지 3년간 100만명 이상의 관광객이 찾아왔다. 코오찌(高知)현의 나까또사(中土佐) 어촌에서는 카쯔오(가다랭이, 이 지방의 명산품으로 말려서 국물을 내

115) 大久保圭二, 「村起こしにあの手この手」, 『AERA』 1992年 10月 27日, 50~51면.

는 재료로 쓰기도 하고 살짝 익혀서 '카쯔오 다다끼'라는 요리를 만들기도 한다—옮긴이)를 순금으로 조각할 것을 의뢰하였다. 시가(滋賀)현의 에이겐지(永源寺)에서는 단풍나무를 심는 거대한 프로그램에 돈을 썼다(호화스럽다는 반대 때문에 어느정도 프로그램 규모를 숨여야 했지만). 오까야마현의 미세이(美星, '아름다운 별')에서는 일본에서 별을 관찰하기에 가장 좋은 곳이라는 명성을 쌓기 위해 노력하였고(마을에서 네온등을 사용하는 것을 금지하는 조례를 통과시키기도 했다), 시가현의 모리야마(守山)는 강을 청소하고, '산'을 세우고, 한때 유명했던 개똥벌레들을 끌어들이기 위해 적합한 나무와 수풀을 심는 데 돈을 썼다. 인구 300명으로 일본에서 가장 작은 촌(村)인 에히메(愛媛)현의 벳시야마(別子山)는 송이버섯 재배 중심지로 부활하려 했다. 그밖에도 야마가따현의 세계에서 가장 큰 허수아비(높이 28.8m) 만들기, 후꾸시마현의 코뿔소투구벌레(카부또 벌레) 기르기, 치즈 생산을 위한 이바라끼현의 염소 사육, 사이따마(埼玉)현의 가능한 많은 종자의 나비 끌어들이기, 오가사와라(小笠原)의 고래관광산업 개발, 효오고현의 (350여종의) 자두나무 1500그루로 세계자두공원 만들기, 숯 생산을 부활(이제 취사만이 아니라 정수를 위해서도 유용하게 쓰이는 숯을 생산하기로 한 것은 지방이 창안한 환경관광의 한 사례이다)하고 오래된 집을 식당과 회의 및 강의 시설을 갖춘 여관으로 개조한 오까야마현의 시도, 105가지 술을 혼합한 찌바현의 지방 브랜디 제조 등이 있다.[116] 촌락들이 자신들의 독특한, 도시화된 일본에서는 거의 이국적이라고 할 수 있는 특징을 이용하여 이런 방식으로 자신들의 아이덴티티를 명확하게 하려고 노력하게 되면서 "다양한 형태의 양식(養殖)뿐만 아니라 목공예, 염색, 도예, 직조, 짚신 만들기, 제지, 대나무 공예"[117] 같은 사회적 지식을 시골에서 도시로

---

116) 그런 프로젝트 241개의 명단을 보기 위해서는, 「ひもなしボーナス 一億円知惠を絞って まちおこし」, 『朝日新聞』 1991年 12月 21日 참조. 다른 예들은 「五年目のふるさと創生」, 『朝日新聞』 1992年 4月 23日;「ふるさと創生なったか 否か」, 『朝日新聞』(大阪版) 1993年 5月 20日; Asako Murakami, "Charcoal Helps Revive Iwate Village," *Japan Times*, November 9, 1993를 근거로 함.

117) John Knight, "Rural *Kokusaika?* Foreign Motifs and Village Revival in Japan," *Japan*

이전하는 것은 제법 성장산업이 되었다.

경우에 따라서는 괴이하거나 비현실적인 것으로 들릴 수도 있는 지역개발의 이러한 아이디어들은 토오꾜오에 있는 관료나 리조트산업이나 건설산업과 관련된 두뇌집단으로부터 나오는 처방과는 매우 대조되는 다양성과 수수함을 지니고 있다. 분권화를 통한 정치개혁이라든가 지역사회로의 권력이양과 같은 지금까지는 막연한 생각이던 것들이 실현되어야 한다고 할 때, 이러한 실험은 기회가 주어진다면 지역사회를 부활시킬 수 있는 에너지와 독창성이 지방에 있음을 시사하는 것이다. 금덩어리에 투자한 마을은 당시 거품경기 의식의 영향을 매우 깊이 받았을 것이다. 그 투자에서 지속적인 가치를 얻지는 못했을 것이지만, 그 제안은 헛되고 호화로운 거품 세계와는 일정한 거리가 있다는 특징을 가지고 있다고 할 수 있다.

이러한 계획에서 나타난 바와 같이 지방자치와 지방이 만들어내는 개발을 주장하는 입장에서 외부 관료나 자본의 세력이 그들 지역사회에 간섭 (혹은 일부에서 보기에는 전복)하는 것을 막기 위한 장벽을 구축해야 한다는 생각이 점차 힘을 얻고 있다. 큐우슈우 벳뿌(別府) 근처의 유후인(湯布院)은 외부에 지점까지 있는 반(半)전통적인 (온천)휴양지로 매우 성공을 거두었고, 또한 매우 성공적으로 음악과 예술의 중심지로 스스로를 자리매김함으로써 80년대 말 매년 300만명 이상의 관광객을 끌어들이고 있었다.[118] 토오꾜오식 리조트 개발이라는 외부 위협으로부터 자율성과 환경을 보호하기 위하여 유후인은 환경영향평가와 지역과의 협의에 의한 엄격한 개발계획 규제조항과 용수, 쓰레기 및 일반 환경보호 조항을 갖춘 독자적인 개발헌장을 (1990년 9월에) 마련하였다.[119] 유후인에 있는 지역방위운동 중심지의 하나는 마당과 정원을 중심으로 한 환경과 어울리게 지어진 지방여관인데, 몇층 안되는 높이지만 중세 수도원처럼 활기가 넘치는 공간

Forum, Vol. 5, No. 2, October 1993, 203~15면 중 208면.

118) 中谷建太良·溝口董平·木原啓吉,「本當のリゾートとはないか──大分縣湯布院を訪ねて」,『公害研究』21卷 2號, 1991年 가을, 2~9면 중 9면.

119) 大分縣湯布院町,「潤いのある町づくり條例」, 九州辯護士聯合會, 앞의 책, 202~205면.

이며, 10대부터 노인에 이르기까지 100여명의 지역주민을 고용하면서 지역문화와 예술생활의 자랑스러운 중심지 노릇을 하고 있다. 방방곡곡의 지방여관과 전통 온천휴양지에서 흔히 볼 수 있는 이러한 시설들에 의해 대표되는 세계와, 사치스런 (식도락석) 소비나 골프 위주의 지역환경과 유리된 규격화된 고층 리조트 호텔 사이의 간격은 매우 깊은 것이다.[120]

또한 두 개의 다른 예를 인용할 수 있다. (시꼬꾸섬) 에히메현의 작은 정(町)인 쿠마(久万, 인구 8천명)는 노령화와 전통적 농림업 기반의 쇠퇴에 직면해 (유기농법을 강조하는) 환금채소 재배로 전환함으로써 농업분야를 재개발하고, 사치스런 호텔보다는 산악 오두막집, 캠프촌, 조류관찰공원에 다가 연주회장과 미술관, 천문관(이 점에서는 마을의 어두운 하늘이 상당한 비교우위를 갖고 있다)과 같은 새로운 요소들을 추가한 수수한 지방 휴양지를 발전시키기로 하였다.[121] 그리고 오끼나와의 나하(那覇) 서쪽으로 약 40km에 있는 섬마을 자마미(座間味, 인구 853명)에는 매년 5만 5천명의 레크리에이션 다이버(diver)들이 방문한다. 단순하고 검소한 스타일에 익숙해진 관광객들은 해수의 산호초로 안내되어 산호초의 생존을 위협하고 있는 가시불가사리를 제거하는 작업에 자원하고 있다. 외부자본은 지역주민들에게 혜택도 주지 못하고 오히려 이들이 사는 예민한 환경을 위협할 것이기 때문에 도입하지 않고 있으며, 더이상의 (관광지로서의—옮긴이) 확장도 주민들은 원하지 않고 있다.[122]

부유한 나라, 가난한 국민

일본에서는 도시든 농촌이든 인적 자원은 방향감각을 잃었고 자산의 인

---

120) 湯布院에 대한 자세한 연구로는, 鈴木茂・小渕港 편,『リゾートの綜合的研究』, 京都: 光洋書房 1991, 206~18면.

121) 高橋さや 외,「久万町の 地域産業振興政策 ──その特徴と課題」, 愛媛縣自治體問題研究所,『愛媛の 自治』, 第68號, 1993年 4月.

122) 松鷹・宇井, 앞의 글, 52면.

플레이션에 의한 엄청난 혼란스러운 변화에 휩쓸렸다. 이러한 변화는 소외와 불안을 가져왔으며, 정치적 · 경제적 도덕성을 저하시켰고, 또한 조상으로부터 위탁받은 유산을 파괴하였다. "기차가 긴 터널을 빠져나오자 눈의 나라였다"라는 문장으로 시작되는 카와바따 야스나리(川端康成)의 명작 『설국』을 아는 사람들 또는 그 터널을 지나 설국으로 갈 수 있었던 사람들은 오늘날 에찌고(越後, 현재의 니이가따현―옮긴이)의 유자와(湯澤) 온천 마을에서 마주치게 되는 고층빌딩들에 놀랄 것이다.[123] 이곳은 1987년에 720만명의 관광객이 다녀갔고, 1989년까지 3년간 땅값이 10배로 올랐으며, 167km 떨어져 있는 토오꾜오에 그야말로 잡아먹히고 있었다.[124]

지가상승은 또한 보통 사람들의 통근거리를 점점 더 길게 만들었다. 도시에서는 집을 소유할 전망이 없어 토오꾜오 노동인구의 20%가 출퇴근에 하루 3시간 이상을 허비하고 있다.[125] 이 문제의 해결에 실패했다는 징후가 '역(逆)'리조트 생활양식이란 현상의 증가이다. 주중에는 토오꾜오의 캡슐호텔(또는 그에 상응하는 곳)에서 살면서 가족과 떨어져 있다가 주말에는 '리조트 맨션'으로 돌아오는 것인데, 이에 따라 고향의 의미가 가족이 남아 있는 토오꾜오 외곽으로 재정의된다.[126]

토오꾜오에서 그려진 설계원본을 그대로 따른 신흥부자 냄새가 나는 리조트가 일본열도 전체로 확산되면서 지역의 이해관계나 특수성은 함몰되거나 무시되었으며, 애초에 리조트 시설의 입지를 합리화시켰던 자연환경도 훼손되었다. 또한 그 궁극적 비용――경제적 비용 포함――을 계산할 수조차 없는 환경파괴가 확산되었으며, 투기의 바이러스가 퍼져 과거 일본의 성공을 가능케 했던 노동과 생산의 윤리를 잠식함으로써 사회의 도덕성이 저하하고 지역사회가 분열되었다.

일본의 '리조트화'는 성장을 촉진하고, 건설업을 활성화시키고, 부패라는

---

123) 예를 들어 『世界』 1990년 6월호의 사진을 보거나 佐藤 · NHKおはようジャーナル取材班, 앞의 책, 27, 32면을 볼 것.

124) 佐藤, 『リゾート列島』, 114면.

125) 같은 책, 20면. 또한 NHK ドキュメント · スペシャル, 1990.

126) 1987년 12월 타께시따 수상이 제시한 비전으로 佐藤, 『リゾート列島』, 21면에서 재인용.

톱니바퀴에 기름칠을 하는 데는 의심할 여지 없이 성공하였다. 그러나 이는 쇠퇴하는 지역사회를 다시 활성화시키거나 그들의 소외와 만성적인 노령화 문제를 개선하고, 또한 휴식과 오락이 필요한 일본인 전체의 욕구를 충족시킬 만한 시설을 제공하는 전략으로서는 실패하였다. 결국에는 거시경제적 이득마저도 환상이거나 비생산적인 것이었고, 리조트 전략은 도시와 농촌에서 노동, 환경 보호 및 개선, 주택, 식량 등 기본 문제들을 해결하는 데 실패했음을 그저 눈속임으로 가리려 한 것에 불과했다는 평가를 받을지도 모른다. 태평양 지역 전체의 휴양 및 관광 산업에 대한 일본의 점증하는 투자도 무역압력을 더는 데는 아마도 별로 소용이 없었던 듯하다.

이러한 문제들은 해결하기 쉽지 않을 것이다. 국토를 메워가는 골프장, 스키 리조트, 요트 계류장들은 놀랄 정도로 지역사회의 필요나 문제와는 상관이 없으며, 많은 지역사회들은 이러한 과정 전체를 공유지와 삼림, 산, 해변들이 기업이윤을 위한 사적인 이해관계에 의해 울타리가 쳐지는 현대판 엔클로저 운동으로 보고 있다. 일본의 기업들은 번창하고 있으나, 사람들은 고통받는다고 말한다. 그리하여 최근에 후꼬꾸 힌민(富國貧民)이란 용어가 등장하였다. 이는 풍요의 심장부에 있는 빈곤을 가리키는 말이다.

일본의 논평가들은 대안적 처방의 어떤 요소들에 대해서는 일반적으로 동의하고 있다.[127] 지방이 활성화될 수 있으려면 지역 자체의 문제에 대해, 지역 내부에서 추진되며, 지역의 필요로부터 생기고 지역의 필요에 대응하며, 토오꾜오의 거대기업과 관료들의 외적인 간섭을 통제할 힘과 의지를 가진 강력한 지방자치정부를 기반으로 하는 해결방식을 발견해야만 한다. 이러한 처방 아래 농업, 예술, 공예, 또는 다양하면서도 비용이 적게 들며 강압적이지 않은 활동들에 뿌리를 둔 소규모 개발에 우선권이 주어질 것이다. 지역사회 선조들의 고향인 숲과 산은 보호될 것이며, 기본적 생활의 원천인 들과 바다는 존중될 것이다. 마치 돌림병에 저항하듯 투기 바이러스

---

127) 예를 들어 宮本憲一·橫田茂·中村幸次郎, 『地域經濟學』, 有斐閣ブックス 1990, 339면 이하. 이 문제에 대한 노동조합의 반응으로는, 全日本自治團體勞動組合, 『新しい時代の國家──地方關係』, 1989年 10月, 52~57면.

를 물리칠 것이며, 지친 노동자와 메갈로폴리스의 주민들은 자연계와 근접한 환경에서 휴식을 취하고 원기를 회복할 수 있을 것이다. 궁극적으로는 일본 자신이 변해서 광란적으로 들떠 있는 상태를 극복하고 민주적·생태학적 윤리를 심화할 때만이 외부세계와의 긴장과 마찰도 해결될 수 있을 것이다.

3

농업국가

GATT 따르기

도입: 곡물법과 미곡법

세계는 인구, 자원, 환경 등의 물질적 위기가 심각해지고 있음을 점차 자각하게 되었다. 냉전의 종식은 일본이 오랫동안 정치적 · 전략적 견지에서 세계와 관련을 맺어오던 기본적 구조가 변하였음을 알린 것이다. 일본의 국제적 경제관계도 '관세 및 무역에 관한 일반협정'(General Agreement on Tariff and Trade, GATT)이 근본적으로 수정되고 1995년 '세계무역기구'(World Trade Organization, WTO)가 창립되면서 흔들리고 있었다. 정치적인 것도 경제적인 것도 일차원적이지 않았다. 왜냐하면 어떤 수준에서는 시장과 화폐가치에 관한 사항인 것이 또다른 수준에서는 기본적인 사회 · 도덕적 가치로 연결되며, '무엇'이나 '어떻게'라는 물질적 차원의 문제뿐만 아니라 '왜'라고 하는 삶의 도덕적 차원의 문제에까지 영향을 미치기 때문이다. 일본에 닥친 국제적인 물질적 위기의 다중구조 이면에는 가치관의 위기가 있는 것이다.

일본(그리고 주요 공산품 수출국인 다른 동아시아 국가)에서 보호받는 농업시장의 존재는 GATT의 자유무역이란 의제 아래 더욱더 변칙적인 것이 되어왔으며, 미국과 유럽공동체와 같은 주요 농산물 수출국의 특별한 비판의 표적이 되어가고 있었다. 일본은 공산품과 써비스 수출을 위한 개방된 수출시장을 확보하는 데 있어 GATT에 의존하고 있기 때문에 농산물 시장 개방에 대해 계속 저항하는 것은 더욱 어려워졌다. 1993년 말, 일본정부가 이른바 GATT의 우루과이라운드 협상하에서 쌀시장의 부분적 개방의 허용을 약속하였을 때, 이는 매우 상징적인 양보였다. 가장 완전한 일본의 요새로서 세계경제로부터 격리되어 보존되어온 핵심분야(쌀시장―옮긴이)의 보호장벽이 마침내 함락된 것이며, 다른 경제영역에서 실시된 합리화와 국제화 과정이 이제 농업과 식량 유통에 침투할 것이라고 생각되었다. 일본 식량시장의 구조조정은 수입식품에 대한 의존도와 국제적 (그리고 일본의) 농산물관련업계의 역할이 더 커지고 영세가족농과 지역적 공급·유통망의 역할이 축소되며, 일본의 국토 모습이 급격하게 변화하는 것을 의미할 것으로 예상되었다.

1986년에 시작된 우루과이라운드 협상은 오래 끌었다. 1994년에 아르투르 둥켈(Arthur Dunkel)이 기초한 제안에 대한 양보는 일련의 양보 중 마지막일 뿐이었지만, 쌀을 문제시함으로써 이것만으로도 비교할 수 없는 상징적 충격을 주었다. 일본의 쌀농사는 살아남을 수 있을 것인가? 일본이 더 이상 쌀을 재배하고 소비하는 문화가 아니게 된다면 어떻게 될 것인가? 세계적인 부와 권력을 성취한 일본이 자국의 국민을 먹일 수 없으며 후세들을 유례없는 취약성에 노출시킨다면 현재 세대의 성취는 어떻든 공허한 것이 아닌가? 외관상으로는 경제적 사안에 관련된 것처럼 보이는 토론의 밑바닥에는 아이덴티티, 생존, 의미 등의 근본적인 질문들에 관한 회의와 불안이 깔려 있었다.

정치지도자들이 단 한 톨의 외국 쌀도 일본에 들여오지 않을 것이라고 반복해서 약속해왔으므로, 1993년에 이러한 입장에서 후퇴했다는 것은 많은 논란을 불러일으켰으며 또한 굴욕적인 일이었다. 일본정부가 시장개방 원칙을 수용했을 때는 그러한 입장변화를 지지할 사회적 합의는 분명히 없었

다. 시장개방을 지지한 소수의 사람들조차 기본적 태도는 우루과이라운드
협상이 붕괴했을 때 받을 국제사회로부터의 심한 비난을 피하기 위해서 어
쩔 수 없이 일본이 양보해야 한다는 소극적인 것이었다. 최소시장 접근방
식(Minimum Access Formula)에 따라, 쌀수입량을 처음 6년 농안은 매년
국내 수요량 중 약속된 분량만큼씩으로 제한하면서 쌀시장의 8%(약 80만
톤)까지 점차로 늘리다가, 2001년부터는 관세체계에 의해 점차적으로 더
개방하는 것이기 때문에 어떤 사람들은 협정의 성격이 다분히 온건하다는
생각에서 위안을 얻기도 하였다. 그러나 다른 사람들은 이것이 1846년 농
업보호를 포기하고 포괄적인 자유무역정책을 채택했던 영국의 곡물법 폐
지와 비교되는 역사적 개방이라고 환호하였다.[1] 일본의 쌀시장 자유화는
20세기 말의 강대국 일본이 세계에 대해 쌍무적이고 자신있고 책임있는 개
방을 한 것을 뜻하게 될 것이다. 후나바시 요오이찌(船橋洋一)가 말하듯
이, "이 신성한 곡물을 국제화시킨다는 것은 일본의 신화적 정수를 국제화
시키는 것이고, 뿐만 아니라 지난 40년간의 쌀보호주의에 기초한 정치문화
를 변혁시키는 것이다."[2] 하야미 유우지로오(速水佑次郞) 같은 농업경제
학자로부터, 도시 소비자를 우선시하는 정치개혁을 주장하는 오오마에 켄
이찌 같은 이들에 이르기까지 여타의 저명한 인물들 역시 과감한 농업개혁
과 전면 시장개방은 바람직하며 필요하다고 동의하였다.[3]

국제시장경제에 대처함에 있어 동아시아 국가, 특히 일본이 거둔 일견 분
명한 성공은 세계시장 옹호론자들에게 있어 그들 주장의 올바름을 입증하
는 것, 다시 말해 공산품에 통용되리라 여겨지는 것이 농산물에도 역시 통
용된다는 것을 보여주는 것이라 생각됐다. 세계 곳곳을 도는 상품과 써비
스의 자유롭고도 대폭 확대된 흐름이 우루과이라운드 비준에 따라 일어날

1) 船橋洋一,「日本の世紀は 來るか」,『朝日ジャーナル』1989年 9月 29日, 52~57면.
2) "Globalize Asia," *New Perspectives Quarterly,* Vol. 9, No. 1, Winter 1992, 23~27면 중 26
면.
3) Hayami Yūjirō et al., "Toward the Success of the GATT Uruguay Round," Seisaku
Kohsoh Forum(Forum for Policy Innovation), Policy Proposal No. 29, January 1992(등
사판).

것이라고 자신있게 예측되고 있다. 그럼에도 불구하고 자유시장에 대한 신념만이 모습을 드러내고 있는 커다란 문제들을 해결할 수 있는지에 대해서는 의심해봐야 한다. 보호시장을 자유시장으로 전환하는 데에 가장 열성적인 것은 강국들(그리고 예상되는 수혜자들)이다. 유엔에서 새로운 **정치적** 세계질서를 구축하는 데 적극적인 역할을 하려는 열성과는 대조적으로, 일본은 새로운 **경제적** 세계질서를 형성하기 위한 GATT의 처방에 대하여 적어도 농업분야에 관해서는 눈에 띄게 주저하고 있었다. 국내의 격렬한 반대에도 불구하고 일본은 결국 승복했는데, 그 이유는 단지 이러한 저항이 자국을 수용 불가능한 국제적 고립에 빠뜨려왔으며, 특히 미국의 비난을 불러일으켜왔다는 판단 때문이었다. 다른 동아시아 공업국가들, 특히 대만과 한국도 마찬가지였다.

19세기 영국에 비유하는 것이나 일본에게 개방적이고 책임있는 세계의 시민권을 행사하라는 호소는 설득력이 있다. 그러나 이 장은 20세기 말의 세계라는 맥락에서 책임있는 시민권은 매우 다른 대응을 요청할 것이라고 주장한다. 일본의 결정은 자유무역주의 대 보호주의 또는 G7 내의 (또는 실제로는 미국과 일본이라는 G2 내의) 긴장이라는 측면에서만이 아니라 세계의 환경과 인구의 균형, 지구상 농경지의 축소와 수확감소, 그리고 남북관계의 경제적·정치적 차원에서의 변화라는 맥락에서 살펴볼 필요가 있다.

장기적 전망에 대한 평가가 어떻든간에, 의견이 매우 다르다 해도 식량의 생산·분배·소비의 순환은 전지구적 시장력에 의해 급속히 통합되고 있다. 1993년의 GATT 협정 비준은 지역과 전지구적 네트워크 사이의 장벽을 더 축소시킬 것이며, 지배적(제1세계) 유형의 생산을 확장시킬 것이다. 자본집약적·화학집약적·기계집약적 기술들, 영세 생산자의 점진적 도태, 규모의 확대, 단일경작의 증대, (대개는 멀리 떨어져 있는) 전지구적 시장을 위한 생산 등에 지나치게 의존하는 것은 최대한의 시장구매력을 가진 자들에게나 유리한 것임이 증명된다. 농업과 식량이 칫솔이나 자동차처럼 그저 하나의 상품으로 취급될 수 있는지는 의문이다.

식량, 인구, 그리고 맬서스의 악몽

이러한 문제에 대한 오늘날의 사고는 여전히 고전 정치경제학에 단단히 뿌리박고 있다. 낙관론자들은 시장 내의 경쟁적이고 불균등한 이해를 조정하기 위해 데이비드 리카도(David Ricardo)가 주창한 비교우위 원칙에 근거하여 자동차와 컴퓨터 생산에 우위가 있는 일본이 식량을 수입하는 것이 당연하다고 주장한다. 비관론자들은 19세기 초 영국 승려였던 토머스 맬서스(Thomas Malthus)의 통찰에 따른다. 맬서스는 경제체계의 한계, 특히 기하급수적인 인구팽창과 산술적 증가를 보이는 생산력 및 인류가 의존하는 자원 사이의 모순에 대해 주목한 바 있다. 이들은 일본이 식량분야에서 세계시장력에 의존하는 것은 어리석고 근시안적인 사고라고 주장한다. 자유시장을 신뢰하는 신고전학파 경제학자들은 압력에 대응하고 규제할 시장의 지속적 능력을 확신하는 반면에, 비판가들은 자연과학 전문가, 특히 전체 자연계의 상태 악화를 나타내는 지표와 자율규제 능력이 기능하지 않음을 보여주는 징후에 주목하는 생명과학자들에게 동조하고 있다. 19세기 초 토머스 맬서스가 그렇게 두려워했던 전망이 이제 더욱 개연성이 높아졌다.

예수 생전에 아마도 2억 정도 되었을 세계인구는 콜럼버스가 살아 있던 동안 5억에 이르렀으며, 1830년경에는 두 배로 증가하여 10억으로 늘어났다. 세계인구는 100년이 지난 1930년에 다시 두 배로 늘어났고, 45년이 지난 1975년에는 또다시 두 배가 되었으며, 1987년에는 50억을 넘었다. 여러 가지 인구예측 시나리오를 조심스럽게 검토한 바에 따르면 2030년에는 출산율과 사망률의 동향에 따라 80억이나 110억에 이를 수 있다고 한다.[4]

점점 더 짧은 간격으로 인구가 배가하는 현상은 지수적이거나, 상승률을

---

4) Wolfgang Lutz, "The Future of World Population," *Population Bulletin* (Population Reference Bureau), Vol. 49, No. 1, June 1994, 26면.

〈그림 3.1〉 세계의 인구성장

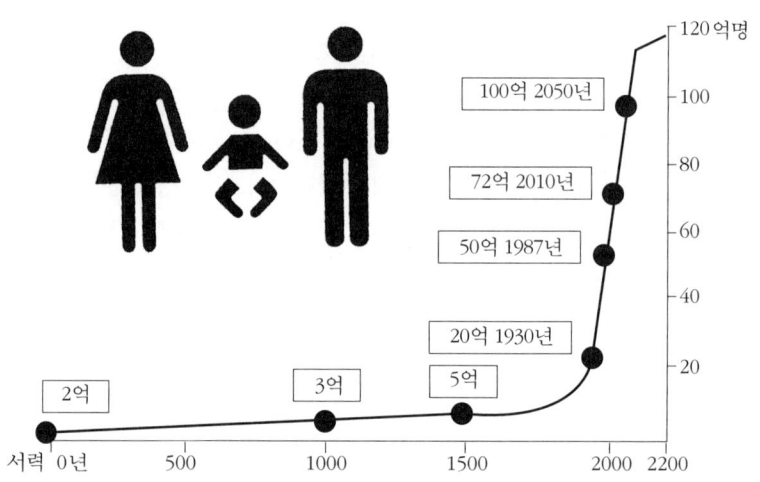

강조하는 한 인구통계학자가 서술하듯이 "초지수적"[5]인 것이다. 증가율이 상승할 뿐만 아니라 절대 인구수도 폭발적으로 증가하고 있다. 이러한 가속적인 기하급수적 진행은 명백히 장기적으로 지속 가능하지 않으며, 장기적으로 어떻게 될 것인가 탁상공론하는 중에 이 문제가 인류에게 뜻하는 바는 그래프가 올라갈수록 더욱 심각해질 것이다. 1990년과 2010년까지 20년간 현단계에서 세계인구는 1900년 전체 세계인구와 대략 같은 수만큼 증가하고, 이러한 증가의 94%는 개발도상국에서 일어날 것으로 예측되고 있다. 21세기 중엽에 세계인구가 100억이 될 것이라는 유엔 전문가들의 예측이 실현된다면, 이는 90년대 초 인구의 두 배가 됨을 의미한다.[6] 유엔의 몇몇 고위간부들은 현 수준에서 이미 세계는 "만원 행성"이 되었으며, "담수공급, 해양어획고, 지표토양"이란 면에서 특히 우려할 만한 상태라고 믿고

---

5) Graston Fischer, "The Population Explosion: Where Is It Leading?" *Population and Environment: A Journal of Interdisciplinary Studies,* Vol. 15, No. 2, Novemver 1993, 139면.

6) René Dumont, "Graves menaces sur la sécurité alimentaire mondiale," *Le Monde Diplomatique,* August 1994, 14~15면.

있다.[7] 지구 토양의 17%는 피폐화되었고 열대림의 1%가 매년 유실되고 있다. 계속되는 지구 온난화 현상, 오존층의 구멍, 해수면의 상승, 사막의 확대, 종(種)의 감소는 말할 것도 없다. 이것이 우리의 자손들이 물려받을 세상인 것이다.

벌써 10억의 사람들이 만성적으로 영양실조에 시달리고 있다.[8] 세계인구의 가장 부유한 1/5은 대부분 북(北, 선진국)의 상대적 안락함 속에서 살면서 세계 총생산의 83%를 소비하는 반면에, 대부분 남(南, 개발도상국)에 살고 있는 가장 가난한 인구 1/5은 겨우 1.4%를 소비한다.[9] 현재 산업화된 나라들이 향후 수십년간 세계인구에서 차지하는 비중은 점차 줄어들어 1990년 22%에서 2030년 14%가 될 것이다.[10] 세계의 식량생산은 21세기 중엽까지 세 배로 증가해야 되지만 곡물생산 농지가 도시화되거나 공업용지로 전환되거나 토양이 염화, 양분상실, 사막화, 기타 피폐화를 겪으면서 생산량은 사실상 줄어들고 있다. 세계인구 1인당 쓸 수 있는 물의 양은 1970년의 1/3에 불과하다. 강·호수·지하수층은 고갈되고 피폐해지는 징후를 보이고 있으며, 세계인구의 40%는 적절한 식수를 제대로 공급받지 못하고 있다. 인구증가 압력은 유례없는 비율로 커지고 있는 반면에 물, 토양, 공기는 황폐화되고 동식물 종들의 생물 다양성이 위협받으면서 기초자원이 양적으로 줄어들고 질적으로 저하되는 이러한 유형을 냉정히 관찰하기는 어렵다. 최근 연구들은 "생각할 수 있는 모든 척도로 살펴보더라도 인류는 생태학적으로 비정상적이어서"[11] "악성의 생태병리학적 과정"[12]이 진

7) UNEP의 Noel Brown, Natasha Bita, "No Place on Earth for More Consumers," *The Australian*, March 8, 1993에서 재인용.

8) 이는 유엔의 식량농업기구(Food and Agriculture Organizaton, FAO)에 따른 것임. Lester R. Brown, "Facing Food Insecurity," in Lester R. Brown et al., eds., *State of the World 1994*, London: Worldwatch Institute 1994, 177~97면 중 178면 참조.

9) Sandra Postel, "Carrying Capacity: Earth's Bottom Line," Lester R. Brown et al., eds., 같은 책, 3~21면 중 5면 참조.

10) Lutz, 앞의 글, 28면.

11) Edward O. Wilson, *The Diversity of Life*, Cambridge: The Belknap Press of Harvard University Press 1992, 272면.

행중이거나, "우리는 인간종의 진화에 있어 이미 자연적 파국 단계에 들어섰다"[13]고 결론짓고 있다.

그러나 낙관론자들은 로마클럽(Club of Rome)이 1972년에 작성한 유명한 보고서 「성장의 한계」(The Limits to Growth)에서 아시아의 기아를 예견하였으나, 오히려 녹색혁명 이후 수십년 동안 막대한 생산성 향상으로 많은 사람들이 생존선 위로 올라왔으며 아시아 전역에서 성장하는 신중산층이 창출되었음을 상기시킨다. 1960년 이후 수십년간 개발도상국 세계의 평균소득은 배로 증가하였으며, 문자해득률과 평균수명이 증가한 반면에 절대빈곤과 유아사망률 수치는 급속히 감소하였다.[14] 그리하여 인구 및 식량 통계의 황량함에도 불구하고 어떤 영역에서는 고질적인 낙관론이 여전하고, (성장의—옮긴이) 한계를 논하는 어떤 이야기도 조야한 맬서스주의적 결정론으로 치부해 무시하려는 경향이 있다. 이러한 조류에는 아시아의 "10억 소비자"[15] 시장을 고대하는 『이코노미스트』(The Economist)의 예측이나, "풍요라는 잔치에 모든 사람들을 앉히기에는 아직 부족한 점이 있지만 이제 우리는 무엇이 유효한지 안다. 자유로운 사람들이 서로 자유롭게 거래할 수 있다는 것이다"[16]라고 평가를 내리는 『파 이스턴 이코노믹 리뷰』(Far Eastern Economic Review)가 있다.

경제학자들——적어도 자유시장이 기적을 이룰 수 있다고 믿고 있는 자들——이 미래에 대해 낙관적인 예측을 제기한다면, 대부분의 과학자들은 좀더 냉정한 입장을 취하고 있다. 그리하여 1992년 초에 미국과학아카데미(U.S. National Academy of Sciences)와 영국왕립학회(British Royal

---

12) W. M. Hern, "Why Are There So Many of Us? Description and Diagnosis of a Planetary Ecopathologial Process," *Population and Environment*, Vol. 12, No. 1, 1991, 9~39면. 또한 P. R. and A. H. Ehrlich, *The Population Explosion*, New York: Simon and Schuster 1990 참조.

13) Fischer, 앞의 글, 151면.

14) 세계은행(World Bank)의 산정, "The Good Earth"(사설), *Far Eastern Economic Review*, September 8, 1994.

15) "Asia, a Billion Consumers," *The Economist*, October 30, 1993.

16) *Far Eastern Economic Review*, September 1994.

Society)는 합동으로 다음과 같은 경고를 발표하였다.

> 인구증가에 관한 현재의 추측이 정확하고 이 행성에서 인간활동의 패턴이
> 변화하지 않는다면, 과학과 기술은 되돌릴 수 없는 환경파괴나 세계의 많은
> 지역에서 계속되는 가난을 막을 수 없을 것이다.[17]

비관적 관점의 가장 설득력있는 대변인은 월드워치연구소(Worldwatch
Institute)의 레스터 브라운(Lester R. Brown)이다. 그는 다음과 같이 믿고
있다.

> 20세기 말의 역사가 씌어질 때, 1990년대는 불연속성의 10년 ── 평탄하고
> 곧은 길처럼 영원히 계속될 것 같아 보였던 익숙한 경향들이 갑작스럽게 휘
> 거나 접합되고 급속히 내려가기 시작하는 시기 ── 으로 평가될 것이다.[18]

석탄산출량, 철강생산량, 곡물수확량, 어획고 등 모든 것이(그야말로 철강
을 제외하고는 산업혁명 발흥 이후) 수십년 동안 꾸준히 성장하다가 인구
증가의 상승곡선이 무정하게 계속되고 있음에도 불구하고 하락하기 시작
하였다. 곡물생산량이 가장 중요할 것이다. 곡물생산은 1950~84년에만 해
도 연평균 3% 가량 성장하면서 인구증가를 앞질렀고 수많은 사람들의 영
양상태를 개선시켰다. 그러나 1984년 이래 곡물생산량 증가율은 1% 전후
에 머물렀으며, 이는 사실상 1인당 수확량의 하락을 의미하는 것이었다.
1991년에 세계 곡물생산량은 8400만톤이나 감소하였으며, 이는 최대의 하
락폭을 기록하는 것이다.[19] 세계빈곤대책계획(World Hunger Project)의

---

17) Lester R. Brown, "What on Earth Is the World Coming to?," *Vital Signs 1993: The Trends That Are Shaping Our Future*, co-edited with Hal Kane and Ed Ayres, New York: W. W. Norton and the Worldwatch Institute 1993에서 재인용.

18) 같은 글.

19) Lester R. Brown, Christopher Flavin, and Hal Kane, *Vital Signs: The Trends That Are Shaping Our Future, 1992~93*, London: Worldwatch Institute 1992, 17면.

전문가들은 "행성의 생태계는 현재의 농업기술과 식량공급의 평등한 분배를 가정하고 인간이 모두 채식만 한다 해도 60억 이상을 지속적으로 먹일 수 없다. 1993년 전지구의 인구는 이미 55억이다. 인간이…대부분의 북미 사람들처럼 칼로리의 25%를 동물성 단백질에서 얻는다면, 지구는 28억의 사람만을 지속적으로 먹일 수 있다"[20]고 산정한다.

어획고 역시 90년대에 절대량과 1인당 어획량 모두 감소하기 시작하였으며, 유엔의 식량농업기구(Food and Agriculture Organization, FAO)에 따르면, "세계의 주요 어획지 17곳 모두가 자연적 한계에 도달하였거나 이미 한계를 넘어섰으며 … 9곳은 매우 심각한 쇠퇴상태에 처해 있다"[21]고 한다. 1993년경 세계의 총어획고는 1989년의 최고치에서 7% 가량 감소하였다.[22] 어획량이 줄어들었을 뿐만 아니라 물고기가 자라는 맹그로브숲이 밀려나고 산호초가 위협받고 있으며, 고래·펭귄·바다표범·돌고래 같은 해양 동물들도 농약의 체내축적량이 증가하고 있다.[23] 세계 도처에서 이산화탄소 배출량이 점차로 증가하고, 1992년 6월 리우데자네이루에서 유엔의 '환경과 개발에 관한 특별회의'(Special Conference on the Environment and Development)가 열린 지 몇년 지나지 않았음에도 불구하고 그 회의에서 규정된 배출기준이 준수될 전망은 후퇴해가고 있다. 또한 21세기 중반에 세계 평균기온이 2~4도 올라갈 가능성이 짙어짐에 따라 세계에서 생산성이 높은 몇몇 지역에서도 농업생산량은 급격히 감소하고 있다.[24] 달리 말하자면, 식량과 인구의 균형은 이미 가장 불안한 상태에 놓여 있으며 유례없는 위기로 향하고 있는 것이다.

가장 인구가 많은 나라이며 90년대 초부터 놀라운 경제호황을 맞고 있는 중국은 산업화로 인해 매년 경작지 100만 헥타르가 사라지고 있으며, 확대

---

20) Norman Myers in Norman Myers and Julian L. Simon, *Scarcity or Abundance: A Debate on the Environment*, New York: W. W. Norton 1994, 87면.

21) Postel, 앞의 글, 11면.

22) Brown, 앞의 책, 177면.

23) Julian Cribb, "Oceans in Peril," *The Australian*, June 5~6, 1993.

24) 渡部忠世, 『日本から水田が消える日』, 岩波ブックレット 314, 1993, 15면.

<표 3.1> 식량생산과 천연자원의 증대(1950~92)

	고도성장기		저성장기	
	연도	%	연도	%
주요 식량생산				
곡물생산	1950~84	+2.9	1984~92	+0.7
콩생산	1950~80	+5.1	1980~92	+2.2
고기생산	1950~86	+3.4	1986~92	+2.0
어획고	1950~88	+4.0	1988~92	−0.8
주요 농업자원				
곡물재배면적	1950~81	+0.7	1981~92	−0.5
관개면적	1950~78	+2.8	1978~92	+1.2
농약사용량	1950~84	+6.7	1984~92	+0.7

주) 所英雄, 「食糧は自由貿易になじまない」, 伊庭みかふ · 古澤廣祐 편, 『ガット自由貿易への疑問』, 學陽書房 1993, 21~35면. 곡물생산량이 1984~92년에 연 0.7%씩 조금 늘어났으나 인구 1인당 생산량은 6%씩 줄어들었다.

되는 도시 중산층의 식단 수요에 맞추기 위하여 가축사료로 사용되는 곡물량이 늘어나고 있다.[25] 월드워치연구소는 중국의 곡물생산량이 1990~2030년에 최소한 20% 가량 감소할 것이며, 필요로 할 곡물수입량은 세계 공급량을 훨씬 초과할 것으로 예상하고 있다.[26]

심화되는 인구 대 자원의 위기에 대한 장기적 전망의 맥락에서 GATT/WTO의 입장(또는 이들 기관을 지배하는 소수 선진국)은 자유무역이 해답을 제공한다는 것이다. 시장이 해결할 것이라는 것이다. 그러나 이는 과학적이기보다는 독단적인 주장이다.

현대세계에서 기아와 수탈은 이를 경험한 사람들에게 아무리 절대적으로 보인다 해도 절대적인 것이 아니다. 문제는 분배가 불평등하다는 것이며, 시장 신봉자들은 오늘날의 절반쯤 세계화된 시장보다 더욱 세계화된 시장

---

25) Brown, 앞의 책, 36면.
26) "Grain Deficit Could Affect World Supply," *The Age*, August 26, 1994.

이 이 문제에 적절하게 대처할 수 있다는 설득력있는 논지를 거의 제시하지 못하고 있다. 이 통합된 시장에서는 부자의 이해관계가 명백히 우선시될 것이며, 늘어난 전지구적인 중산층이 고단백 식생활, 특히 육류소비 증가와 밀접히 연관되는 소비패턴을 자신들의 권리로 주장할 경우 양극화가 심화될 가능성이 크다. 1kg의 쇠고기를 생산하는 데는 약 7kg(돼지고기의 경우는 4kg, 닭고기의 경우는 2kg)[27]의 곡물이 필요하기 때문에 부유한 소비자와 가난한 소비자 사이의 불평등한 경쟁은 시장이 개방되고 공급과 수요 간 격차가 커지면서 더욱 심화될 것이다.[28]

식량의존적 강대국

1993년에 일본이 우루과이라운드 '잔치' 자리에 앉기를 아무리 주저하면서 동의하였다 하더라도, 일본이 세계에 대해 GATT 훨씬 이전부터 세계시장력에 대한 의존을 표명하고 있었다는 사실은 자명하다. 심지어 1993년 쌀문제로 옮겨오기 이전에도 일본은 식량수입에 대해 개방정책을 취하는 데 있어 거의 어떤 나라에도 비할 수 없을 정도로 열심이었다. 국내 자원으로 국민에게 식량을 공급할 능력 면에서 일본의 자급률은 끊임없이 하락해왔다. 1960년에 곡물수요의 82%와 필수 칼로리의 79%가 국내 자원으로부터 충당되었으나, 1990년에는 각각 29%와 47%만이 충당되고 있었다.[29] 산업국가 가운데 의도적으로 고도의 식량의존을 택한 일본의 유형은 매우 독특하다. 한때 유사한 처지였던 영국은 의도적으로 식량의존을 탈피하여 1988년경에는 곡물자급률이 105%에 이르게 되었다(프랑스, 서독, 이딸리

---

27) Lester R. Brown, "Overview ──Entering a New Era," in Brown, Flavin, and Kane, 앞의 책, 17면.

28) 한 추정치에 의하면 이미 세계 곡물의 40%와 미국 곡물재배지의 절반 이상이 가축을 먹이는 데 쓰이고 있다고 한다(Francis Moore Lappé, "Saving a Small Planet," *Kyoto Review,* Fall 1989, 20~21면).

29) 槌田劭, 「農の衰退と二一世紀の食環境」, 『京都精華大學紀要』, 第4號, 1993年 1月 20

아의 경우 자급률은 각각 222%, 106%, 80%였다).[30] 일본은 쌀시장 개방 이전에도 의심할 여지 없이 세계 제1의 식량수입국이었다. 예를 들어 1989 년에 2700만톤, 즉 세계 종곡물무역량 2억 3600만톤의 11.4%를 수입하였 다.[31] 같은 해, 일본이 미국에서 수입한 물량만 해도 옥수수의 84%, 사탕수 수의 71%, 콩의 75%, 밀의 55%, 쇠고기와 송아지고기의 43%, 가금류 고기 의 38%, 감귤류의 98%, 면화의 43%에 이른다.[32] 1991년 식량수입액은 석 유수입액보다 많은 4조 6천억엔(약 340억 달러)에 달한다.[33] 일본은 세계 총해산물무역량의 1/4 가량을 통상적으로 수입하는데, 이에는 일본 참치소 비량의 1/3, 새우소비량의 2/5가 포함되며, 이제는 점차 주요 육류수입국 이 되어가고 있다(육류수입량은 1983년과 88년 사이에 14배 증가하였다). 쇠고기 수입은 80년대 할당제 기간 동안 매년 20%씩 증가하였으며, 수입자 유화 이후에는 느리지만 꾸준한 증가를 기록하였다.[34] 일본의 애완동물용 식품시장 하나만 해도 매년 2천억엔(약 20억 달러) 규모이다.

전후 일본의 역대 정부는 통제 가능한 정도 이상으로 시장의 힘에 매우 취약하게 노출시키는 방침을 택했다는 의미에서 국민생활의 안전성을 크 게 약화시켜왔다. 묘하게도 이처럼 국내시장 방어벽이 붕괴되어가는 한편 에서는 식량안보에 관한 주장이 고조되었으며, 미국과의 동맹이 전후 일본 의 모든 전략적 사고의 핵심이라는 등의 전통적 군사안보에 관한 끈질긴 주장이 뒤따랐다. 일본은 결국 세계 제2위의 방위비를 자랑하게끔 되었다. 이러한 선택은 의도적이었으나, 이러한 선택을 한 맥락은 현대 일본의 기

日, 2~15면 중 9면.

30) Nishida Yoshiaki, "From a Train Window: Why Is Japanese Farmland So Different from That in Europe?," *Social Science Japan*, No. 3, April 1995, 10~11면.

31) 樋田, 앞의 글, 14면.

32) Philip McMichael, "Agro-Food Restructuring in the Pacific Rim," in Ravi Arvind Palat, ed., *Pacific–Asia and the Future of the World-System,* Westport, Conn., and London: Greenwood Press 1993, 103~16면 중 105면.

33) 通商産業省 편, 『通商白書』, 1992年(각론), 135면.

34) Hayami Yūjirō, "Tariffs Are the Less Painful Way to Go," *The Nikkei Weekly,* December 27, 1993 to January 3, 1994.

본적인 제도의 구조가 대부분 그렇듯이 냉전이었다. 오늘날 소농체제의 기초는 미군정기(1945~52)에 마련된 것인데, 미군정은 농지소유권의 재분배에 착수하였으며, 소작제를 종식시켰고, 구지주계급의 권력과 특권을 박탈하였다. 이러한 초기의 변화는 폭발적인 생산성 증가를 가져왔지만, 독립적 소농체제는 점차 경직되었다. 평균 최소 농지규모를 2헥타르로 배가시키고 농가수를 230만으로 감소시킬 것을 구상하였던 1961년의 농업기본법과 같은 미군정 이후의 개혁시도들은 실패하였다.[35] 이러한 급진적 변화를 위하여 정치적 의지가 동원된 바는 없는데, 그 큰 이유는 보수정당 지배의 지지기반이 농촌에 치우쳐 있었고 이들이 개혁에 반대했기 때문이다. 60년대의 고도성장과 소득배가정책은 농업인구의 꾸준한 감소로 이어졌다. 수백만이 도시로 이동하였고, 남아 있는 사람들도 파트타임 농민으로 전환되었는데 이들의 소득은 주로 (제1장에서 서술된 대로) 건설현장을 비롯한 다른 곳에서 얻어졌다. 90년대 초에 425만의 농민(인구의 14%)이 있었으나, 이들의 88%(376만)가 파트타임 농민이었다.[36] 벼농사를 짓는 농민 가운데 83%는 여전히 1헥타르 미만의 농지를 경작하고 있었다.[37]

일본 시장은 전시에 제정된 식량관리법(1942)하에서 외부세계로부터 격리되었는데, 이 법은 여러 차례의 개정에도 불구하고 90년대 중반에도 쌀의 생산·분배 및 판매에 대한 정부 규제의 기본 틀이 되고 있었다. 수입은 금지되었으며, 농림수산성의 식량관리청은 농민으로부터 쌀을 직접 구입하여 특별히 허가받은 소매업자를 통해 보조금이 포함된 가격으로 소비자에게 팔았다. 전후 시기 동안 일본 국내가격과 국제가격의 차이는 6배에서 10배로 커졌다. 60년대 후반의 보호장벽 뒤에서 재고쌀이 '산' 같이 쌓이기 시작하면서 농림성은 생산장려에서 생산억제로 돌아섰으며, 겐딴(減段, 여

---

35) 이러한 과정에 대한 최근의 요약으로는, McMichael, 앞의 글 참조.

36) "Rice and GATT: Implications for Japan and Australia," *Economic Bulletin*, Australia-Japan Economic Institute, Vol. 1, No. 1, January 1993.

37) David P. Rapkin and Aurelia George, "Rice Liberalization and Japan's Role in the Uruguay Round," William P. Avery, ed., *World Agriculture and the GATT*, Boulder, Colorado and London: Lynne Rienner 1993, 55~94면 중 57면.

러 국토종합계획 내의 여타 목적들을 위해 농지전환을 허가하는 구획규제)
이란 제도하에 벼농사 지정농지를 해마다 해제하였다. 1986년의 「마에까와
보고서」(마에까와 하루오前川春雄 전 일본은행 총재를 위원장으로 한 나
까소네 수상의 자문기관 '국제협조를 위한 경제구조조정연구회'가 발표한
보고서)와 같은 영향력있는 보고서들은 고비용 저생산성이라는 특징을 갖
는 석탄산업이나 농업 같은 경제부문은 수입산업으로 전환해야 한다고 선
언하였다.[38]

보호되고 통제된 가운데 국내 농업체제의 정체현상은 식량수입에 대한
의존과 표리를 이루고 있다. 수입의존은 전후 식량위기라는 맥락에서 시작
되었고, 일본이 미국의 잉여농산물(밀, 옥수수, 콩 등) 수출에 있어 세계에
서 가장 크고 가장 수익성있는 시장으로 위치를 굳히면서 계속되었다.[39]
7,80년대 일본이 미국의 공산품시장을 잠식하면서 생겨난 극심한 양국간
무역불균형은 미국이 일본에 잔존하는 장벽을 속히 없애도록 요구하게 만
들었다. 감귤류에서 육류(1991)까지 각 분야의 규제가 점차 사라져갔다.
그러자 마지막 아성인 쌀은 1993년에 전반적인 GATT체제가 논의된 둥켈
제안의 형태로 공격에 직면하게 되었다.

1993년경, 일본은 외부로부터의 시장개방 압력으로 위기를 맞고 있었고,
더욱이 농업부문은 50년간의 관료적 국가통제로 인해 붕괴 직전 상태에 놓
여 있었다. 이랬다저랬다 하는 정부정책으로 사기저하가 심각했고, 농촌인
구의 감소는 만성화되었으며, 특히 산간벽지에서는 전답이 겐땅으로 유기
되었다(1994년경 버려진 전답은 60만 헥타르, 즉 일본 전체 농지면적의
20%에 이르렀다).[40] 농민들 자신도 급속히 노령화하고 있었다(1990년 전
업농민의 절반 이상이 60세 이상이었다). 또한 생활방식으로서 농업에 대

---

38) 大野和興, 「'農業解體'と'工'の論理」, 『立命館評論』, 第96號, 1992년 12月, 36～44면 중
    42면. 그러나 「마에까와 보고서」는 "핵심적 농산물을 제외하고"라는 모호한 구절을 포함
    하고 있었다.
39) 이러한 현상에 대한 논의로는 大野和興, 『農と食の政治經濟學』, 綠風書房 1994, 제2장
    참조.
40) 같은 책, 25면.

174

한 신념도 급속히 사라져, 전국 고졸 청년 중 농업을 생활수단으로 선택한 사람은 겨우 1700명뿐이었고,[41] 그에 따라 농가의 6.5%만이 상속자를 가질 전망이었다.[42] 농업보다는 건설업에 더 많은 사람들이 고용되었으며 농지보다는 리조트 개발에 지정된 토지가 더 많았다. GATT가 있든 없든, 일본 농업은 심각한 곤경에 처해 있었다.

대외적 시장개방(처음엔 점진적이지만)과——농지를 리조트나 자동차도로, 또는 도시개발이나 택지개발로 전환하려는——다른 시장들의 잠식력의 결합은 매우 큰 문제를 제기한다. 일본 농업이 새로운 세기에 살아남는 데 필요한 조정을 할 수 있을지는 명확하지 않다. (마에까와와 같은 일본 은행가들과 하야미 같은 농업경제학자들이 속하는) 순수 리카도주의 경제학자들은 농업이 완전히 없어지면 일본의 전반적 생산성이 올라갈 것이고, 미작농가의 최소 채산규모는 (현재 평균면적보다 10배나 더 넓은) 5~10헥타르가 될 것이라고 주장한다.[43] 1992년에 하야미는 "지금 이 중요한 기로에서 일본이 국제사회에 할 수 있는 가장 중요한 기여는 둥켈안을 받아들이는 데 앞장서는 일일 것"[44]이라고 쓰고 있었다. 그에게 있어 (마이너스는 아니더라도) 비교우위가 적은 부문을 포기하는 것은 합리적이고 유익한 것이었다. 섬유공업과 중화학공업의 일부, 해운산업, 그리고 (1985년 이후 엔고 압력하에서) 제조업 전반의 점진적 폐기로 발전하였던 앞서의 구조조정에 맞추어 농업이라고 시장원리 적용대상에서 면제되어서는 안된다는 것이다. 일본은 팽창기 동안 자유무역의 주요 수혜자였기 때문에 자국의 농업부문을 자유화시키려는 제스처는 치러야 할 작은 대가이며, 이에 대한 반대는 비합리적이고 낭만적이며 심지어는 과거회귀적인 것으로 여겨질 수 있었다.

1942년 이래의 통제체제는 분명히 돌아오지 못할 선을 넘은 것처럼 보였

41) 坂本進一郎,「農業復權への道——もう一つの日本を探る」,『週刊金曜日』1993年 11月 19日, 30~45면 중 42면.
42) 大野, 앞의 글, 36면.
43) 1994년 2월 14일에 열린 오스트레일리아국립대학의 쎄미나.
44) Hayami, 앞의 글, 19면.

다. 외국의 압력뿐만 아니라 암시장[45]의 급속한 확산과 생산자와 소비자 모두의 저항에 의해 훼손되었다. 개혁에 성공해 살아남는 방법이 과연 있을지 문제였으나, 서로 꼭 일치하지는 않는 다음과 같은 몇가지 방법이 탐색되었다. (미국 및 다국적 식품산업과 대등하게 경쟁할 만큼) 국제경쟁력이 있는 자본·기계 집약적인 농경이 가능하도록 비경제적인 토지소유를 집중을 통해 규모를 확장하는 방법, 시장 프리미엄으로 안전과 건강이라는 무형의 요인을 제공하여 (차별화 경쟁전략에 의해) 저렴한 수입식품과 싸우려는 협동조합들의 유기농 방식,[46] 원격지나 산지, 환경적으로 민감한 지역 등 순수한 시장원리만으로는 지탱될 수 없지만 특별 공공보조금을 지급해서라도 보존해야 할 상당한 비경제적 가치를 지닌 토지들을, 일반적으로 시장원리를 수용하면서(시장부문과 비시장부문을 구획하면서) 집중 보호하는 방법 등이 있다. 여하튼 농촌의 지지에 기초해온 보수정치 헤게모니는 탈냉전적 환경의 등장에다가 선거개혁을 핵심으로 하는 일괄적인 정치개혁의 채택 등으로 침식되고 있다. 따라서 90년대에서야 농업구조의 변화가 가능해졌고, 농업의 절멸 아니면 진짜 개혁을 위한 길이 열렸다.

GATT의 맹점

그러나 GATT 방식에 대해서는 일련의 의문들이 있다. 첫째, 쟁점이 되고 있는 것이 실제로 시장의 자유화인가? 협정에 서명한 일본을 비롯한 국가들이 시장개방을 위해 노력하는 반면에 미국과 유럽공동체 같은 농업대국이 생산보조금이나 수출보조금 지급을 중단하려고 노력할 가능성은 전

---

45) Charles Smith, "Black Rice," *Far Eastern Economic Review,* January 20, 1994에 의하면 1993년 쌀판매의 1/3이 암시장을 통해 거래되었다.

46) 宇田川는 일본에 '자연농민'이 1만 5천명이 있다고 보고 있다. Taketoshi Udagawa, "Development and Transfer of Environment-Friendly Agriculture," in Asian Productivity Organization, ed., *Sustainable Agricultural Development in Asia,* Tokyo: APO 1994, 111면.

176

혀 명확하지 않다. 미국은 자유무역의 챔피언으로 GATT에 가입하고 있지
만 사실은 신보호주의의 아성이다. GATT 내에서 미국은 (네이선 예외조항
Nathan exemptions으로 알려진) 일련의 예외조항에 따른 놀랄 만한 특권
을 누리고 있는데, 이에 따라 땅콩에서 유제품과 면화에 이르기까지 다양
한 상품이 국내시장에서 보호를 받고 있다. 일반적인 견해와는 반대로 미
국의 농산물시장은 일본보다 더 보호를 받고 있다.[47] 더욱이 70년대 초 미
국이 지배하던 세계 곡물시장에서 미국의 지배권을 되찾으려는 목적으로
옥수수, 쌀, 담배 및 여타 상품 수출을 진흥시키기 위한 미국의 가격보장과
보조금 정책은 잘 구축되어 있다. 이른바 수출진흥프로그램(Export
Enhancement Program, EEP)을 실시하여 미국은 특히 유럽과 같은 경쟁자
들을 물리치고 세계 곡물시장 점유율을 31%에서 46%로 확대시켰다. 미국
은 또한 미국의 동맹국이며 진정한 자유시장 경쟁자인 오스트레일리아의
점유율을 20%에서 10%로 축소시켰다.[48] 미국 수출의 10%를 차지하는 농
업분야는 연방 수출보조금의 80%를 받고 있는데, 『뉴욕 타임즈』는 이 지출
총액이 매년 500억 달러에 달하는 것으로 추정하고 있다.[49] 예를 들어 1987
년경에 100파운드당 17달러에 달하는 보조금을 통해 미국의 다국적 농업
회사들은 도정하지 않은 쌀의 가격을 100파운드(약 45kg)당 대략 8달러에
서 4달러 이하로 내려, 제3세계 생산비보다 1톤당 80달러, 심지어 미국 내
생산비보다 1톤당 140달러 더 싼 가격으로 수출할 수 있었다.[50] 이것이 시
사하는 바는, 일반의 상식과는 반대로 미국 농업이 비효율적이고 낭비적이
며 지속 가능하지 않다는 사실로서 에너지와 환경 비용을 미국 곡물가격에
반영하고 보조금을 없앤다면 경쟁력이 크게 저하되리라는 점이다.

---

47) 渡部, 앞의 책, 10면.
48) Geoffrey Lawrence, "Agricultural Restructuring and Rural Social Change in Australia,"
in Terry Marsden, Philip Lowe, and Sarah Whatmore, eds., *Rural Restructuring*,
London: David Fulton 1990, 101~28면 중 107면.
49) "융자, 교부금, 대출보증, 직접보조와 현금지불 등을 포함한 연간 지원총액은 500억 달러
에…" Dean Baquet and Diana B. Henriques, "Agriculture Companies Still Get Federal
Business Despite Abuses," *The New York Times*, October 12, 1993. (또한 Claude Julien,
"Complices ou insurgés," *Le Monde Diplomatique*, December 1993 참조.)

인도와 같은 노동집약적 농업생산국과 오스트레일리아와 같이 보조금을
지원하지 않는 농업수출국은 자유경쟁이라 하기 힘든 이러한 경쟁에 대처
하는 데 어려움을 겪고 있다. 유명한 제3세계 옹호론자들은 이것을 제3세
계 농업에 대한 합동공격이며, 장차 기근을 가져올 행위로 표현한다.[51] 국
민국가를 그 국민을 대표하는 단위로 보거나 농산물 교역의 자유화를 통하
여 증진시켜야 할 집단적 국익을 대표하는 단위처럼 언급하는 것은 심지어
사실을 왜곡하는 것이다. 왜냐하면 농산물관련업계 이해관계는 고도로 자
율적이며, 곡물의 경우 미국에 본거지를 두고 있는 고작 4개의 거대기업이
세계무역의 90%를 지배하기 때문이다.[52] 다른 것은 몰라도 GATT를 진실
로 다자적이며 민주적인 기관이라고 생각하기는 어렵다.

여기에는 일련의 쟁점들이 더 있다. 쌀이 아닌 다른 식량시장의 움직임은
쌀 '자유화'에서 예상할 수 있는 경향을 시사한다. 식량수입에 의존적인 강
대국으로서의 일본의 위치는 확고하며, 일본이 아시아 지역의 농업경제에
미치는 영향은 이미 심각하다. 왜냐하면 부유한 나라인 일본의 식량구입은
외국시장의 구조조정을 촉진하고 현지 지역시장의 재고량을 감축시키며,
가격을 올리기 때문이다. 아시아의 농경지나 바다와 삼림에서 나온 신선한
생산물을 생산·가공·보존해 일본 소비자들에게 운반하는 성장산업은 매
우 에너지집약적인 것이다. 단일품목경작과 원격지 시장지향이 확산될수
록 현지 소비자들은 자주 전통식품을 빼앗기거나 오오사까나 토오꾜오에
서나 합당한 가격을 마닐라나 자카르타에서 지불하도록 강요받게 된다. 아
마도 **원칙적으로** 시장에 저항해야 하는 지점이 있다면 바로 이 지점이며,
이러한 쟁점에 대해 일본은 확고한 입장을 가지고 시장 합리성에 반대하고
인류애와 문명이란 보편적 기준에 호소할 수 있을 것이다. 그러나 정계나
관료들의 인식은 이와 반대이며, 쌀을 GATT의 적용대상에서 제외하자는

---

50) (Mark Ritchie and Kevin Ristau의 1987년 연구를 인용하고 있는) バンダナ·シヴァ, 「家
　　族農業と遺傳子が乘っ取られる」, 伊庭みか子·古澤廣祐 편, 『ガット自由貿易への疑
　　問』, 學陽書房 1993, 135~55면 중 138~39면.
51) 같은 글.
52) 村井吉敬, 『飽食日本とアジア』, 家の光協會 1993, 30면.

호소는 국제사회에서 전적으로 받아들여질 수 없는 것으로 가정되고 있다.

둘째로, 공산품이나 써비스의 자유무역에 관해서야 어떻든 식량에서조차 자유시장체제가 바람직한 것인가? 그야말로 모든 나라가 식량을 생산하는 데 필요한 요소들——흙, 물, 씨앗, 계절변화, 사람——을 갖고 있으며, 모든 문화의 사회적 삶은 노동의 계절적 순환——심기, 가꾸기, 추수하기, 교환하기 및 그 지역의 토양, 강, 바다의 산물 소비하기——에 사람들을 집단적으로 참여시킴으로써 현지 환경에 대한 독특한 적응형태를 발전시켜왔다. 그들로 하여금 자신들의 전통적 음식문화를 포기하고 대신 머나먼 다국적 농산물관련업계가 조직한 생산과 공급에 의존하게 만드는 시장 합리성에 기반을 두도록 장려하는 구조는 좋은 것이 아니다.

신세계 국가들(미국, 캐나다, 오스트레일리아 등)은 규모에 있어 상당한 비교우위를 갖고 있으며, 이러한 우위를 이용해 구세계 농업의 노동집약적인 많은 부분들을 자본, 기계, 화학제 등으로 대체시킬 수 있었다. 헬리콥터로 볍씨를 심고 농약을 뿌리며, 레이저 빔으로 수위를 조절하고, 사람의 손이 거의 가지 않는 캘리포니아의 100헥타르 쌀 경작지와, 보통 수세대에 걸쳐 하나의 집안이 가까이에서 돌보고 농경주기의 의식에 맞추어진 사회공동체 생활에 통합되어 있는 대체로 1헥타르 미만의 일본의 논 사이에는 커다란 차이가 있다. 이들 사이에 자유경쟁을 강요하는 것이 필요한지 혹은 바람직한지는 명확하지 않다.

새로운 세계질서에서 영세농보다는 다국적 농산물관련업계에 특권을 주는 경제적 기구(GATT)들은 정치적·사회적·환경적 권리와 관련된 국제기구들과 다른 지향을 갖고 있다. 전지구적 식량무역에 대한 제한이 사라지는만큼 가난한 자들은 부유한 자들의 잔치에서 거지로 전락하고, 뿐만 아니라 많은 경우 이들의 노동은 자신들의 필요를 위한 생산에서 국제시장을 위한 생산으로 전환됨에 따라 자신들은 남은 식량이나 질 낮은 곡물을 소비하게 된다. 점차로 자본집약적이 되고 규모가 커지는 형태의 농업생산방식은 생산뿐만 아니라 운송, 저장, 분배에 산출단위당 에너지투입량을 더욱 많이 요구할 것이다. 이는 일종의 합리적인 모양의 생산단위——기계

화 생산을 위해 (나무를 비롯한) 장애물이 없는 넓고 네모난 경작지——를
장려할 것인데, 이것은 단기적 생산성과 편리성은 극대화하지만 표토의 유
실과 염화 같은 장기적 쇠퇴를 야기한다. 기계가 인간노동을 대체하면서
전세계 농촌사회의 인구는 더욱 감소하고, 따라서 세계인구는 거대도시에
집중하게 된다. 그리하여 고용과 삶의 의미와 같은 인간적·사회적인 문제
는 말할 것도 없고, 환경오염과 쓰레기와 같은 물질적 문제들을 증폭시킬
것이다. 자유시장의 세계화가 근대적이고 진보적인 길처럼 들릴지 모르지
만, 이는 명백히 지속 가능하고 (시민들에게 의미있는 고용을 제공하는 문
제가 점점 곤혹스러워지는 세계에서) 만족을 주는 노동집약적인 방식을 제
쳐두고 여러가지 면에서 지속 가능하지 않은 양식을 선호하는 것을 뜻한다.

따라서 GATT의 쟁점은 표면적으로는 통상문제에 대한 것이지만 심층적
으로는 정치적·사회적인 것이다. 가장 통렬한 비판은 프랑스에서 나오고
있다. 베르나르 까쌍(Bernard Cassen)은 다음과 같이 쓰고 있다.

> 상품, 써비스 및 자본 유통의 세계화, 생산의 탈지역화, 모든 곳이 중심인 동
> 시에 어느 곳에도 중심이 없는 거대기업들의 힘, 즉 자유교환이라고 하는 모
> 든 타락은…민주주의에 대한 위협이 된다.…달리 말하자면, 정치적 실체가
> 경제적으로 '개방되어' 있을수록 수출과 온갖 첨단기술 영역에서의 '전략
> 적' 수입을 위해 외국시장에 더욱 의존하게 되며, 그리하여 자신의 모든 통
> 제력을 점점 더 잃게 되고 그 '통치력'은 의심스러워진다.[53]

까쌍의 주장은 GATT가 국제노동기구(ILO), 유네스코(UNESCO), 1992
년 리우회의, 유엔개발계획(UNDP)과 같은 여타의 유엔 기구 및 회의의 정
신과는 별도로 또한 중요한 측면에서 이런 기구들의 정신과 모순적인 방향
으로 발전하는 중대한 결함이 있는 기관이라는 것이다. 그가 말하듯이 소

---

53) Bernard Cassen, "Vivre sans le GATT," *Le Monde Diplomatique*, May 1993, 6~7면. 또
한 Christian De Brie, "Paysans sans frontières: pour une agriculture écologique," 같은
책, July 1995 참조.

180

비자는 "중국의 죄수가 만든 양말과 인도의 어린이가 손으로 짠 카펫, 오오
사까보다 코펜하겐에서 더 싼 일제 자동차, 식량생산(vivriére) 농업을 해치
게 될 아프리카에서 자란 제철 아닌 과일들"을 구입하는 데 금전적인 이해
관계가 있을 것이다. 비슷한 관점에서, 미국의 소비자운동가인 랠프 네이
더(Ralph Nader)는 "이 무역협정은 세계적 기업들이 가장 낮은 가격, 가장
관대한 법과 자신들의 일에 대한 가장 적은 규제를 확보하기 위해 국가간
에 경쟁을 시키려는 의도로 추진된 것이다"[54]라고 말한다. 새로운 질서의
옹호자들은 자동차나 섬유 산업처럼 농업도 노동력을 절약하고, 비용을 최
소화하며, 생산성과 이윤을 극대화하도록 해야 한다는 신념에 의존하고 있
다. 자유교환의 이데올로기는 다른 무엇보다도 원자화되고 소외된 소비자
들로부터는 극진한 숭배를 받는 반면, 민주적·사회적·문화적 또는 생태
학적 고려에 대해서는 눈감고 있고, GATT에서 설교하는 자유주의 교리문
답은 시민들 자신이 속한 사회에서의 사회적 연대와 혜택받지 못한 이에
대한 책임 같은 시민들이 관심을 갖는 질문에는 침묵을 지키고 있다.

　근본적인 개혁이 필요하다. 사회정의의 목표와 지속 가능하면서 품위있
는 생활을 영위하려는 개인과 공동체의 권리는 '시장'의 자율성이란 추상적
추구보다 더 중요하다. 사회적·생태학적·문화적 조항들이 남북관계의
평등한 재조정을 위한 조항들과 함께 GATT 내로 포섭되어 이러한 조항들
이 강력한 힘을 얻을 수 있도록 GATT는 과감하게 개혁되어야 한다.[55]

　이러한 개혁의 기초가 되어야 하는 원칙은 명확하다. 이들 원칙의 기본적
관점은, 자유무역의 원칙을 식량에 적용하기 이전에 그 환경적·사회적·
문화적 비용을 어떤 합의된 국제기준에 의해 산정하여야 하며, 생산의 사
회적·환경적 비용을 내면화한 나라들은 그렇지 않은 나라들과 경쟁할 필
요가 없다는 것이다. 이같은 공정한 무역을 실현하자는 제안 하나는 필요

54) 1994년 10월 19일에 미국 상원의 상업·과학·기술위원회에 제출한 자료로, Michael
　　Stutchbury, "Nader Fires Broadside against World Trade Pact," *Australian Financial
　　Review,* October 20, 1994에서 재인용.
55) 같은 글.

한 원칙들을 다음과 같이 여섯 가지로 나열하고 있다.

①농산물이나 해산물의 순환주기(즉, 환경이나 다음 세대에 부담이 될
   어떤 비용이든 생산비에 포함시키기).
②오염자부담 원칙.
③노동자의 임금과 안전 보장(단체교섭권 포함).
④향후 발생할 수 있는 건강이나 환경훼손 위협에 대한 안전수칙.
⑤절차상의 민주주의(정보공개 포함).
⑥공공이익과 과학적 자료(궁극적으로 대상이 되는 국가 내부에 있는
   지역공동체들의 공공이익이 보호되는 것).[56]

공정무역을 위한 이러한 전제조건들이 충족되려면, 이들 전제조건 역시
'자유롭게' 만들어져야 한다. 미국 정부와 관료가 증진시키는 농산물관련
업계의 이익은 쇠퇴하는 미국 영세농사회의 이해관계와 반드시 일치하지
는 않지만, 나라 밖에서 후자의 목소리는 거의 들리지 않는다. 그들이
GATT에 대해 갖는 불만은 다른 곳의 영세농과 같다. 전미가족농업동맹
(National Family Farm Coalition)과 유럽영세농연맹(European Small
Farmers' League)의 1991년 11월 합동 공동선언은 GATT 협상이 "제3세계
를 포함한 모든 나라들이 자국의 국민을 먹이기에 충분하고도 무해한 식량
을 생산할 수 있도록 해야 한다"[57]고 선포하였다.
  농촌사회를 파괴하지 않고 자본주의로의 전환을 성취하려 했던 (적어도
최근까지는) 두 나라, 일본과 프랑스가 세계무역질서에 저항하려는 운동에
앞장섰던 것은 우연의 일치가 아니다. GATT/WTO는 미국의 농산물관련
업계의 단기이익을 위해 대부분의 제3세계 국가의 '탈농업화'를 유도할 수

---

56) ロドニー・レオナルド,「公正な貿易のルールづくり」, 伊庭・古澤 편, 앞의 책, 208~19
    면 중 217~19면.
57) Jacques Bertelot, "Contre les aberrations du productionisme en agriculture," *Le Monde
    Diplomatique*, December 1993, 20면.

밖에 없으며, 비농업국가들의 확대가 가져올 결과란 곧 재앙일 것이라고 한 매우 조리있는 일본 농민의 비판은 폭넓은 공감을 얻게 될 것이다.[58] 그러나 결국 양국 정부는 공통된 명분과 유럽과 아시아 간 공동 저지선을 형성할 기회를 놓쳤다. GATT가 붕괴되면 무역전쟁과 경기후퇴가 초래될 것이기에 테러리즘과 유사한 사태가 올 것이라 느끼게 되고, 미국의 최후통첩에 직면하면서 모든 반대는 무너졌으며 협정은 1993년 12월에 채택되었다.

1993년 12월의 GATT 세계무역협정의 결과와는 무관하게, 동아시아 경제구조에 대한 일본의 영향은 일본 경제 전체의 불균형 강도를 반영하면서 여전히 막강할 것이며, 일본의 소비패턴은 아시아 지역 경제의 패턴을 계속 결정할 것이다. 그러나 일본이 역사상 가장 성공적인 나라이며, 일본 경제는 기적이며, 일본의 번영과 생활양식 모델은 모방되어야 한다는 일반적 인식은 조심스럽게 검토될 필요가 있다. 이러한 시각은 모델과 반(反)모델을 형성하게 된다. 모델은 GATT와 WTO에 의해 이제 도마에 오른 생태학적으로 건전한 전통적 관습이며, 반(反)모델은 현대사회 소비주의 풍조로, 낭비적인 소외된 소비의 극대화, 불공평한 분배, 재생 불가능한 자원의 고갈, 그리고 환경파괴 등이다. 한마디로 지속 불가능함이다. 슬프게도 강력한 힘을 행사하는 것은 여기에서 반모델로 서술된 요인들이다. 이러한 유형들이 널리 모델로 여겨지면서 일본식 유형의 여가와 소비가 일반적으로 그렇듯이 급속히 그리고 무제한으로 지역 곳곳에 확산되려 하고 있다.

지역적 패턴들: 일본, 동남아시아, 오스트레일리아

일반적인 일본 번영의 유형은 다른 장에서 논의되었다. 여기서 초점은 일본의 소비유형이 다른 지역, 특히 동남아시아와 오스트레일리아에 미치는

---

58) 坂本進一郎, 「ああ, ついに農民敗れたり」, 『週刊金曜日』 1994年 2月 11日, 40~44면.

영향에 한정하겠다. 이들 두 지역은 미국 및 중국과 함께 모든 종류의 식량을 일본에 공급하는 데 커다란 역할을 하는데, 장래에는 쌀도 포함될 것으로 기대된다.

현대 일본이 노동, 주택, 통근과 같은 영역에서 해결하기 어려운 지속적인 곤경을 겪고 있음에도 불구하고 식품과 음료 면에서 역사상 유례없던 대중적 풍요의 수준에 도달했다는 사실을 부인할 사람은 거의 없을 것이다. 일본의 슈퍼마켓과 호텔, 식당은 세계의 바다와 삼림, 농경지에서 수확된 맛나는 것들을 제공하며, 일본의 소비유형은 비할 데 없이 화려해졌다. 국내외 관광은 호화로운 이미지와 미식가(이 용어는 한때 전후 1세대에게 평화와 희망이란 말이 그랬듯이 이제 바람직한 경험과 기대에 붙는 일종의 형용사가 되어버렸다)의 기쁨을 제시한다. 한때 고급식품이던 것이 이제는 일상식품이 되어버렸다. 한가지 예를 든다면, 60년대와 70년대 초에 1만엔이나 하던 조니워커 블랙라벨 위스키는 90년대 초에는 2천엔에 살 수 있게 되었다. 다른 많은 상품들도 비슷한 변화를 겪었다. 오랫동안 쌀과 채소절임, 생선이 주식이었던 국민들에게는 상당한 변화였다. 그러나 일본인들은 점차로 꿈을 먹고 살게 되었고, 성공과 풍요로운 좋은 삶의 비슷한 이미지가 일본 밖의 수백만 사람들에게도 심어졌다. 이들 이미지는 소수의 사람들에게는 실현될 수도 있을 것이나, 그러나 사회적 양극화의 심화와 귀중한 자원의 낭비라는 대가를 치러야만 할 것이다. 바야흐로 수립되고 있는 '새로운 식량질서'의 수혜자인 일본인들 가운데에 성공의 식단이 새로운 건강문제, 특히 복잡하고 아직도 설명 불가능한 알레르기를 야기하고 있다는 우려가 늘어나고 있다.

일본의 수입식품에 대한 일반적 의존은——곡물에서 과일, 채소, 해산물, 육류——이미 언급했으나, 이런 통계치가 갖는 사회적·생태학적인 함의도 평가되어야 한다. 일본인의 식탁에 오르는 몇가지 기본 반찬들——채소, 쇠고기, 밀, 돼지고기와 새우——의 경우 어떻게 시장이 작동하고 있는가? 이미 70년대부터 농업을 단일품종의 기업형 특화경작으로 재조직하는 과정은 어떤 영역에서는 이미 고도로 진행되었다. 필리핀의 농경지 중 약

55%는 일본 시장에서 판매될 바나나와 파인애플 같은 수출작물을 위한 것이다.[59] 1985년 이후 엔고 상황에서 일본 엔이나 경화(硬貨) 수입을 극대화하고 일본의 미식가 붐에 부응하려는 농업과 수산업의 구조조정이 힘을 얻었다. "점점 더 많은 저개발국가의 토지가 비례상 점점 더 적은 수의 사람들만이 구입할 수 있는 사치스런 식품을 생산하는 데 사용되는 것"[60]은 수십년간 세계 식량산업의 특징이 되어왔다. 그러나 일본인의 식욕은 점차 새우나 쇠고기와 같은 상대적으로 호화로운 것에서 일반적인 것들——닭고기와 돼지고기, 밀과 콩, 양파와 아스파라거스, 오렌지——로 확장되었고 이들 식품의 수입량도 증가일로에 있다. 1991년경에는 일본에서 소비되는 쇠고기와 양파 중 절반이 수입된 것이었다. 타이와 인도네시아에서는 당근, 콩, 양상치, 양파, 아스파라거스, 오이 등을 가공하기 위한 공장들이 세워졌다. 산채절임같이 소위 건강식품이며 가장 일본적인 것들이라 간주되는 **후루사또**(故鄕, 향토) 식품마저도 수입되는데, 여기에는 고사리류(고사리와 고비)나 죽순과 버섯이 포함된다. 열차 플랫폼(그리고 다른 수많은 장소)의 메밀국수 가게는 멀리는 터키와 (오스트레일리아의—옮긴이) 태즈메이니아로부터 들여오는 수입에 의존한다. 수입의존율은 80%이다(중국이 가장 큰 공급자이다). 예전엔 남은 밥과 가다랭이포 부스러기를 먹던 일본의 고양이들은 동남아시아에서 들여온 참치와 가다랭이 통조림을 먹게 되었다. 1960년부터 90년까지 (50만톤에서 2억 8600만톤으로) 거의 500배나 증가한 일본인의 식욕을 만족시키기 위하여 일본 소비자 위장에 들어갈 새우생산에 동남아시아에서만 거의 50만명이 고용되기에 이르렀다.[61] 이 산업을 위해서 동남아시아의 맹그로브숲이 끊임없이 잠식되어가고 있으며, 이에 따라 심각한 생태학적 결과가 발생하고 있으며 토착 어종이 급격히 고갈되고 있다.[62] 한 예로, 타이의 맹그로브숲은 1961년부터 89년까지 30

---

59) 같은 글, 172면.
60) Susan Strange, *How the Other Half Dies: The Real Reasons for World Hunger*, London: Penguin 1976, 173면.
61) 村井, 앞의 책, 35면.

년도 안되는 사이에 35만 헥타르에서 18만 헥타르로 그야말로 절반으로 줄어들었다.[63] 돼지고기로 말하자면, 대만의 생산자들이 시장의 기회를 포착하여 돼지수가 70만 마리에서 100만 마리로 늘어났는데, 이중 절반이 일본 시장을 목표로 한 것이다. 돼지 한 마리의 배설물은 사람 한 명의 것과 같은데, 이 오물이 처리되지 않은 채 대만의 강으로 흘러들어가 생태계를 파괴하고 있다.[64] 생태학적 비용은 일본의 소비자들이 지불하는 가격에 포함되지 않으며, 종국에는 대만의 납세자와 시민들이 지불하게 될 것이다.

80년대 말부터 중국은 일본의 주요 식량공급자로 급속히 성장하여, 1993년에는 대만과 오스트레일리아를 앞질렀으며, 미국 다음의 공급자가 되었다. 밀과 쇠고기, 옥수수와 같은 다양한 농산물을 천연상태로 대량공급하는 주요국(미국)과는 대조적으로, 중국은 냉동하거나 저장가공된 채소를 대량 공급하고 있다. 그러나 21세기 초에는 인구가 증가하고 중산층이 곡물사료로 사육된 육류 중심의 식사를 원하게 되며, 도시와 산업 발전으로 농경지가 줄고 염화, 토양유실, 산성비 등의 현상이 늘어남에 따라 중국은 점차 식량수입대국으로 전환될 전망이다.[65] 중국의 1인당 곡물소비 수준이 예를 들어 한국과 같아지려면 매년 6억톤——현재 세계시장에서 거래되는 양의 4배——이 필요하게 된다.[66] 일본이 식량공급 면에서 중국에 대한 의존도를 높여가는 것은 시장의 관점에서는 이해할 수 있으나, 장기적인 국익의 관점에서는 두둔하기 어려운 것이다.

60년대 이래 오스트레일리아는 일본 산업발전의 기반인 대량의 광물과 에너지 자원뿐 아니라 밀, 보리, 설탕, 과일, 생선, 쇠고기 등 식량수입의 상당 부분을 공급하면서 일본과 공생관계를 맺어왔다. 매우 드물게, 특히 미

---

62) 상세한 내용은 같은 책, 21~22면.
63) 같은 책.
64) 宇井純, 「アジアと日本に關する環境問題」, 『環境と公害』, 24巻 2號, 1994, 8~17면 중 9면.
65) 脇坂紀行, 「中國賴み進む日本の'食'」, 『朝日新聞』 1995年 1月 1日.
66) Vaclav Smil, "China's Environmental Crisis," *Asia-Pacific Observer* (Honolulu), Vol. 1, No. 3, October~December 1994, 4면.

국과는 대조적으로 양국간 무역균형은 오스트레일리아에게 전적으로 유리하다. 80년대에 쇠고기와 쌀은 식량무역의 주요 부분이 되었는데, 쇠고기는 1992년 시장개방으로 큰 이득을 본 품목이며, 쌀은 1993년 시장의 부분적 개방으로 커다란 이득을 볼 것으로 기대되고 있다.

일본의 쇠고기시장은 80년대에 크게 성장했으며, 90년대 초에 오스트레일리아는 쇠고기시장의 40%를 공급하고 있었다. 그러나 일본인들은 곡물을 먹여 사육한 꽃등심 쇠고기를 선호하기 때문에, 전통적으로 풀을 먹고 자라는 방목소를 도축한 오스트레일리아 쇠고기는 시장에서 낮은 등급을 받았다. 이러한 일본인의 기호에 맞추기 위하여 오스트레일리아 업계는 구조조정을 시작하였다. 사육소의 연간 생산(도축) 두수가 80년대에는 대체로 20만두 이하였으나 1994년에는 약 400여 사육장에서 65만두로 증가하였고 오스트레일리아 달러(오스트레일리아 달러로 6달러는 미국의 1달러—옮긴이)로 5억 달러의 수출소득을 가져왔다.[67] 일본으로의 수출은 연 25%씩 성장하고 있었다.[68] 증가분의 상당 부분은 쇠고기시장 자유화를 예상하고 80년대 말에 세워진 일본인 소유의 생산시설에 의한 것이다.[69] 그러나 생산이 크게 확대되자마자 1994년에 가뭄이 닥쳤고 호황을 누리던 수출분야는 갑자기 생존을 위해 미국과 캐나다의 수입곡물에 의존할 수밖에 없게 되었다.[70] 확대과정에서 고도로 상업적인 대규모 축산업체가 유리하게 되었고, 그 결과 이들과 전통적 가족목장 소유자들 사이의 양극화가 첨예화되었다. 또한 사육장이 매우 집중되어 있고 소 한 두당 연간 10톤이나 되는 오물을 배출하기 때문에 중대한 환경문제가 발생하였다.[71] 달리 말하자면, 예를 들어 소를 4만두 사육하면 캔버라(Canberra) 규모 도시만큼의 배설물이 생기게 된다.[72] 오물은 쌓아놓고 햇볕에 말리거나 물로 희석하는데, 어느 경우

---

67) "Meat-Processing Sector Fact File," *Australian Farm Journal,* May 1994, 26면.
68) Kathryn Bice, "Why Feedlots Are Turning into a Growth Industry," *Australian Financial Review,* June 21, 1993.
69) 大野, 앞의 글, 130~33면.
70) Tim Stevens, "Supply of Feed Grain Nears End," *The Australian,* October 15~16, 1994.
71) "Meat-Processing Fact File," *Australian Form Journal,* May 1994.

든 오물의 상당량이 거머리처럼 달라붙거나 흘러들어가 아주 서서히 환경을 파괴한다. 내륙하천 생태계의 점진적 쇠퇴는 녹조의 발생이 그 지표가 되는데 이와같은 부영양(富營養) 오물질이 더해지면서 생태계는 더욱 나빠진다. 오스트레일리아 내륙에서 물은 희소자원이어서 사육장의 오물 희석에 이용하는 것은 지나친 사치이다. 만약에 환경에 미친 영향에 대한 계산을 오스트레일리아—일본 식량무역의 경제학에 포함시킨다면 교역조건은 처음보다 훨씬 이점이 적어 보일 것이다.

그러나 소사육산업에 대한 반대의 주요 근거는 일본(그리고 미국)의 엘리뜨 시장을 위한 식량생산에 사용되는 토지의 비율이 점점 높아지면서 오스트레일리아의 식량생산 능력이 사실상 감소한다는 데 있다. 전통적인 방목소는 인간과 경쟁하지 않지만, 사육소는 (곡물을 먹는다는 점에서—옮긴이) 인간의 경쟁자이다. 세계시장의 최고급 부분에 봉사하기 위해 가장 에너지 집약적이며, 고칼로리·고콜레스트롤이고, 낭비적이며, 환경적으로도 지속 가능하기 가장 어려운 형태의 목축업을 선호하는 것은 시장경제학에 편협하고도 배타적으로 초점을 맞춘 오스트레일리아 농업정책의 역행성을 나타내는 것이다. 그러나 일본 시장의 힘은 저항하기 어려운 것이다.

옥수수는 오랫동안 일본 시장에 대한 오스트레일리아의 주요 수출품목이었다. 오스트레일리아의 옥수수 생산 지역은 주로 동서 해안과 건조한 내륙 사이에 있는 좁은 지대에 위치해 있다. 프랑스와 에스빠냐를 합쳐놓은 면적인 전체 100만km³에 달하는, 오스트레일리아 동남부의 머리-달링(Murray-Darling)강 유역의 관개지역은 퀸즐랜드, 뉴싸우스웨일즈, 빅토리아, 남오스트레일리아주에 걸쳐 있는데, 이곳은 가장 비옥하고 수출지향적인 농경지의 하나이다. 90년대 초 이곳의 연간 농산물 생산은 오스트레일리아 달러로 약 100억 달러이며, 밀의 80%, 양모의 97%, 쇠고기의 50%가 수출되었다.[73] 이 지역의 환경은 취약하며 위협당하고 있다. 농촌사회학자

---

72) Geoffrey Lawrence(University of Central Queensland)가 ABC라디오의 "Late Night Live"에서 Phillip Adams에게 말한 것, 1994년 4월. (또한 직접적 의견교환, 1994년 10월 26일.)

제프리 로렌스(Geoffrey Lawrence)에 따르면, 이곳은 "염화, 산성화, 토양 구조의 악화, 침식으로 인한 표토유실, 잡초의 성장, 물의 혼탁, 습지 파괴, 생물종 감소, 농약오염…관개농사와 건토농사 모두에서 염분 수준의 증가"[74]로 고통받고 있다고 한다. 이 지역의 토양 형성률은 일반적으로 0으로 간주될 만큼 낮아서 곡물 1톤 생산에 약 13톤의 표토가 유실되는데 1헥타르당 연간 50톤이 유실되는 셈이다.[75] 현재의 농사법은 수확량 감소와 농촌환경의 쇠퇴를 야기하고 있다. 어느 대략적 추정치에 의하면 현존하는 환경문제를 개선하는 데 오스트레일리아 달러로 160억 달러가 소요될 것이라고 한다.[76]

많은 측면에서 오스트레일리아 농업지역의 문제는 세계의 주요 농업지역에서 실시되고 있는 농사법이 초래하는 전형적인 훼손에 의한 것이다. 연간 표토유실은 17억톤(미국), 25억톤(러시아), 43억톤(중국), 47억톤(인도), 세계 전체로는 260억톤으로 추정되고 있다. 세계 옥수수 수확이 약 16억톤이고 옥수수 생산은 농지의 절반을 점하기 때문에, 대략 계산하면 1톤의 곡물생산에 대해 약 8톤의 표토가 유실되고 있는 셈이다.[77] 약 40%의 미국 농지가 이미 어느정도 표토유실의 영향을 받고 있으며, 세계적 규모로는 큐우슈우와 시꼬꾸를 합친 것과 같은 500만 헥타르의 면적이 매년 황폐화되고 있는 것이다.[78]

점증하는 지구의 빈곤은 사회적 · 상대적으로 빈곤한 농민들이 부채와 저소득, 농산물의 낮은 국제가격에 쫓기며 자신들의 자원에 더 압박을 가하

73) Geoffrey Lawrence, "Agricultural Production and Environmental Degradation in the Murray-Darling Basin," in Geoffrey Lawrence, Frank Vanclay, and Brian Furze, eds., *Agriculture Environment and Society; Contemporary Issues for Australia*, South Melbourne: Macmillan 1992, 33~59면 중 34, 37면.
74) 같은 글, 39면.
75) 같은 글, 40면.
76) 같은 곳. 또한 Bill Norman, "Ruined Rivers," *The Canberra Times,* October 29~30, 1994 참조.
77) 井上ひさし, 『續 井上ひさしのコメ講座』, 岩波ブックレット 227, 1991, 22면.
78) 같은 책. 또한 マーク · リッチー, 「ガットがアメリカを脅かす」, 伊庭 · 古澤 편, 앞의 책, 157면 참조.

게 됨에 따라 더욱 심화되고 있다.[79] 오스트레일리아 대부분의 지역을 덮친 유례없는 1994년 가뭄은 이러한 경향을 심화시켰다. 거대한 먼지폭풍이 바짝 마른 목초지의 흙 수백만톤을 휩쓸어 남부 도시들을 가로질러가다가 결국에는 바다에다 쏟아버렸다. 과학자들은 "현존하는 식량과 섬유작물 생산 체제는 지속 가능하지 않다"[80]는 너무나도 자명한 사실을 되풀이하여 말한다. 농촌경제의 급진적인 구조조정이 필요하나, GATT가 추진하는 자유무역체제의 제약 내에서는 이를 성취할 수 있는 방법을 생각해내기 어렵다. 미래에 국가의 역할은 작아지기보다는 더 커져야 할 것이다. 유명한 경제학자이며 환경학자인 쿰즈(H. C. Coombs)는 이러한 방향에서 하나의 아이디어를 제시한 바 있는데, 요컨대 "농업과 목축, 임업, 어업, 또는 토지나 해양의 생산성을 고갈시킬 가능성이 있는 기타 자원들을 사용하는 산업에 종사하는 기업은 재생산세 같은 것을 내야만 한다"[81]는 것이다.

재정압박과 시장특화의 심화는 '농업 생태계'를 더욱 악화시킨다. 토지이용에 대한 결정에 있어 다국적 농산물관련업계의 이익이나 외국인(종종 기업) 소유자들의 역할이 점점 더 커질수록, 멀리 있거나 다국적 사업을 벌이는 외국인 소유자들이 오스트레일리아 환경에 절실히 필요한 장기적인 생태계 회복정책을 펼치기를 기대하는 건 무리이므로 이러한 압력은 심화될 것이라 예측할 수 있다. 나무심기 캠페인 같은 몇차례 벌어진 정치적인 제스처들은 필요한지는 몰라도 해답이 될 수는 없다. 먼 곳의 외부수요를 충족시키기 위해 토지를 이용하는 성급한 시도들 대신에 심각한 스트레스를 받아 죽어가고 있는 환경에 생기를 불어넣어줄 수 있는 완전히 다른 접근 방식이 요청된다. 하나의 출발점은 오스트레일리아 대륙에서 유일하게 명

---

79) 부채 수준과 낮은 농가소득에 대해서는 Lawrence, "Agricultural Production and Environmental Degradation in the Murray-Darling Basin," 38면이나 Geoffrey Lawrence, "The Rural Crisis Downunder," in David Goodman and Michael Redclift, eds., *The International Farm Crisis*, London: Macmillan 1989, 234~74면 중 241면 참조.

80) Andrew Campbell, *Landcare*, St. Leonards: Allen and Unwin 1994.

81) H. C. Coombs, *The Return of Scarcity: Strategies for an Economic Future*, Cambridge: Cambridge University Press 1990, 15면.

백히 지속 가능한 농업은 여러 세대 동안 지속 가능했던 농업일 거라는 점이다. 여기에는 그야말로 콜레스트롤이 하나도 없고, 기르는 데 노동과 자본이 거의 필요치 않은, 땅 위를 가볍게 뛰어다니는 캥거루와 같은 토종동물을 키우거나 토종 방향유, 곡물, 꽃, 식물 등을 토대로 하는 새로운 산업이 있을 것이다. 그러한 움직임은 재정적으로도 가능할 뿐 아니라 훼손된 토양과 수자원 체계를 복구하는 데도 도움이 될 것이다.[82]

　오스트레일리아 농업환경과 일본의 관계에 관한 이러한 우울한 그림 중에 아마도 한가지 예외가 있다. 쌀농사는 비교적 최근에 생긴 오스트레일리아 농경산업으로 생산물은 거의 전량 수출된다. 오스트레일리아 쌀생산은 농약과 비료 투입수준이 세계에서 가장 낮다는 점과 천적이 전적으로 없다는 점을 자랑한다.[83] 2천명 가량의 농민이 평균 5,60헥타르의 면적에 쌀을 다른 작물과 교대로 재배하는 혼합농업에 종사하고 있다. 생산비와 생산자 가격이 일본의 1/10에 불과하지만 이들은 생산자이다. 90년대 초의 산출량은 연간 100만톤이었고, 1993년에는 일본에서의 비상사태로 20만톤의 쌀을 수출하였다. 그러나 쌀재배지역에서 이용할 수 있는 관개용수가 한정되어 있고 다른 장기 수출시장에 주력하고 있기 때문에 앞으로 이 수치가 크게 늘어날 가능성은 거의 없다. 또한 미국은 80년대에 수출보조금 정책으로 오스트레일리아 쌀판매량을 1982년 72만톤에서 80년대 말에는 40만톤 이하로 감소시켰듯이, 이후에도 오스트레일리아 쌀수출을 줄이려 압력을 가할 것이다.[84] 따라서 오스트레일리아 쌀생산은 양국관계에서 중요하지는 않지만 아마도 환경적으로 해로운 역할을 하지는 않을 것이다.

　세계 쌀농사의 특이성은 전세계 쌀수확량 중에서 무역량의 비중이 매우

---

82) Julian Cribb, "Soil Nutrient Loss Threatens Farming," *The Australian,* October 26, 1994. 한 토양 전문가는 의약용 · 공업용 화학제로서 토종 야생화, 방향유, 기타 유류 등의 가치는 2020년 120억 달러를 넘을 것이고 오스트레일리아의 밀수출액과 같아질 것이라고 1974년에 추정한 바 있다(John Williams, CSIRO Division of Soils, "Farming without Harming," ANZAS Congress, 1994, "Environmental and Natural Resources, 2020 Vision Statements").

83) 필자가 1995년 3월에 뉴싸우스웨일즈의 리턴(Leeton) 지역을 방문했을 때 리턴쌀생산협동조합(Leeton Rice-Growers Cooperative) 회원들과의 대화.

적고(약 3%),[85] 세계 생산량의 70%를 차지하는 주요 생산국들(중국, 인도, 인도네시아, 방글라데시)은 기본적으로 자국의 생산물을 소비한다는 점이다. 반면에 (세계 생산량의 1.5%를 산출하는) 미국과 (4%를 생산하는) 타이는 세계 수출량의 각각 20%와 40%를 차지한다.[86] 80년대에 미국의 농업분야는 농산물업계의 지배와 자국 산물을 위해 세계(그리고 특히 부유한 일본 시장)의 문호를 개방시키려는 거센 압력이라는 특징을 점점 더 갖게 되었다.

  적어도 단기간 대규모 쌀수입 이외에는 대안이 없게 만든 극심한 흉작(이상 기상조건 때문)과 농촌의 득표기제로서의 중요성을 크게 감소시킨 선거결과와 따라서 농촌부문 자체의 정치적 중요성마저 격감시킨 정치적 변화(정치권의 선거법 개정안 논의를 말하며, 중의원 공직선거법 등 선거개혁 4개 법안은 1994년 1월 개정 또는 제정됨—옮긴이)가 한꺼번에 일어나면서 1993년에는 일본의 쌀시장 보호장벽이 약화되었다. 이러한 복합적인 상황이 1993년 12월 GATT 협상에서의 양보를 가능하게 만들었던 것이다. 1973년의 (200만톤) 수입은 다음해 시행될 최소시장 접근방식에서의 수입량보다 5배나 많은 예외적인 경우였다. 그러나 결과는 (미국, 타이, 오스트레일리아에서의) 기대감을 증대시켰고, (가난한 쌀 소비국 또는 수입국에서) 시장의 인플레이션을 가져왔으며, (일본 농민들 사이에서는) 위기감을 낳았다. 이는 또한 일본 관료와 정치가들 사이에 혼란을 야기하였다. 1993년의 대량수입이 공급과잉으로 바뀌고, 1994년에 대풍작이 있게 되자 문제의 심각성이 다시 드러나게 된 것이다.

---

84) 伊東光晴·竹內啓·原剛·唯是康彦, 「このままでは農村は崩壊する」, 『世界』 1994年 7月, 122~40면 중 125면.

85) Rapkin and George, 앞의 글, 78면.

86) 須永芳顯, 「米の國際需給」, 『世界』 1994年 7月, 152~53면.

이와떼현의 농촌풍경. 토오노(遠野)시에 있는 논의 한가운데에 '코오진'(荒神, 지신 또는 조왕신—옮긴이)을 모신 지역의 신사가 서 있다(사진 宮田文雄, 世界文化フォト 제공).

나가노현 이이야마(飯山)시의 농촌풍경(사진 前田眞三, 丹溪フォト·ライブラリー 제공).

일본 농업의 특이성

일본 농민들의 장기적 전망이 어떻든 간에, 일본의 농업은 주요 식량수출국의 농업과 구별되는 몇가지 놀라운 특질을 갖고 있다. 가장 현저한 차이는 일본의 쌀생산은 환경적으로 **이롭다**는 것인데, 이러한 성격은 산이 많고 몬순기후를 가진 다른 몇몇 동아시아 국가들도 공유하는 것이나 농업대국과는 매우 다른 점이다. 일본의 많은 강우량(연간 1800mm 또는 71인치)과 경사가 가파른 산악지형, 계절에 따른 기온변화 등은 여러 세대를 거쳐 창조적으로 개발되어왔다. 논농사는 전국의 대부분을 차지하는 산지에서 흘러내린 부식토 성분이 풍부한 퇴적토양을 수세기에 걸쳐 발전시킨 복잡한 관개체계를 통해 논으로 조성하였다는 의미에서 흔히 오늘날 일본이라고 할 때 연상되는 모습을 창조하였다.[87] 쌀의 생산성은 일본열도에 쌀농사가 성립된 이래 1300년간 5배 증가하였다.[88]

일본은 자원이 빈곤한 나라가 아니라 "막대한 생태학적 자원"과 "산림, 밭, 논에 가장 유리한 물흐름을 생성하는" "거의 이상적인" 농업조건을 가진 나라이다.[89] 전후 수십년간 비료와 살충제를 자유롭게 거의 무제한으로 사용한 것은 사실이지만 농업체계가 내재적으로 이런 화학약품들에 의존하고 있는 것은 아니었다. 화학비료를 포기하고 양분의 재순환을 포함한 전통적인 복잡한 농사방식을 다시 도입한다(많은 농민들이 그렇게 하려고 시도하고 있다) 해도, 현 생산수준의 75% 가량을 유지할 수 있다고 추정된 바 있다.[90] 이와 대조적으로 미국이나 오스트레일리아 식의 근대적 농업체계는 기껏해야 "이 체계에서 수확한 식량 1칼로리당 2.5칼로리의 화석연료

---

87) 井上, 앞의 책, 34면.

88) Tashiro Yoichi, "An Environmental Mandate for Rice Self-sufficiency," *Japan Quarterly*, January~March 1992, 34~44면 중 35면.

89) Atsushi Tsuchida and Takeshi Murota, "The Scarred Face of Japan," *The Ecologist*, Vol. 9, No. 7, November 1979, 221~26면 중 222면.

90) 井上, 앞의 책, 34면.

〈표 3.2〉 일본의 쌀 생산성과 인구변동(729~1974년)

기간	논면적(100만ha)	생산량(100만톤)	kg/ha	인구(100만명)	kg/인(人)
729~806	1.05	1.06	101	3.7	287
1532~1615	1.05~2.0	1.8~1.85	150~177	22.3	81~83
1716~48	1.63	3.15	193	26.5	119
1830~44	1.55	3.00	194	27.0	111
1878~87	2.56	4.77	186	37.4	127
1908~17	2.99	7.94	265	50.9	156
1938~42	3.15	9.53	302	73.2	131
1959~65	3.10	12.38	399	93.4	143
1971~74	2.62	11.70	448	107.9	109

출전: 安藤廣太郎, 『日本古代稲作史研究』, 農林統計協會 1959에 기초해 吉田武彦
가 작성한 『水田輕視は農業を滅ぼす』, 農山漁村文化協會 1978, 78면에서 인
용.

를 태워야 하는…화석연료를 식량으로 전환하는 농업-산업체계"로 이해되
고 있다.[91] 수확에 의해 점점 피폐해져가는 토양은 인위적으로 다시 채워넣
든지 결국 유실될 수밖에 없다. 일본은 농사일이 환경을 자연적으로 풍요
롭게 하고 비옥하게 한다는 점에서 이와 매우 대조적이며, 일본 환경의 피
폐는 일본이 농사짓지 않는 정도에 비례하여 발생한다. 화학비료를 뿌려도
강우량이 많기 때문에 논의 물이 정기적으로 흘러넘쳐 비료의 니트로겐이
땅속에 이르지 못하며, 용해되지 않은 건 무엇이든간에 인근 바다로 흘러
들어가게 되는데, 이는 미국이나 오스트레일리아같이 건조한 나라들과 매
우 다른 유형인 것이다.[92] 즉, 쌀재배체계에 대한 경제학적 고려에 있어 쌀
재배와 관련된 전국적인 수류체계가 수행하는 다른 역할도 고려할 필요가
있다. 논과 그 수로들은 놀랍게도 80억톤의 물을 보유하는데,[93] 이는 농업
에 유용할 뿐 아니라 저수, 홍수예방, 산사태 방지, 토양침식 방지, 유기 오

91) David Goodman, Bernardo Sorj, and John Wilkinson, *From Farming to Biotechnology*,
   Oxford: Basil Blackwell 1987, 101면.
92) Tashiro, 앞의 글, 43면.
93) 渡部, 앞의 책, 48면.

염물의 생물학적 분해, 그리고 대기의 정화를 돕는다.[94] 정부의 위탁으로
미쯔비시종합연구소가 실시한 조사에 의하면 논의 토지와 환경적 기능은
연간 12조원의 가치가 있는 것으로, 이는 쌀의 총생산량 가치의 3배가 되는
것이나.[95] 만약에 국제 자유시상이 일본 쌀이 경쟁력이 없고 일본은 쌀산업
을 점차로 포기해야 한다고 지시한다면, 누가 그러한 비용을 지불할 것인
가?

간단히 말해, 일본은 쌀농사에 이상적인 조건을 갖추고 있다. 이는 일본
농민들이 순전히 시장적인 측면에서, 예를 들어 캘리포니아의 기업형 생산
자와 경쟁할 수 있다는 뜻은 아니나, 일본 농업이 화석연료에 기초한 투입
에서 양분 재순환으로 전환하는 한 고도로 경제적이며 무한정 지속 가능하
다는 뜻이다. 미국의 (혹은 어느정도는 유럽의) 농업과는 대조적으로, 일본
에서 생산성 향상은 노동투입과 비례하여 증가한다. 그러나 경제합리주의
라는 GATT 원칙은 이러한 점에는 관심이 없다. 일본 정부와 관료마저 보
편주의적이고 생태학적이며 환경적인 이유를 근거로 GATT 협상대상에서
일본 쌀을 제외시켜줄 것을 주장하지 않고 대신 '문화적 동질성'과 '식량안
보'를 강조하였기 때문에 GATT 협상에서 인정을 받지 못하였다.[96] 생태학
적으로 지속 가능한 형태의 농촌경제를 세계적으로 추구함에 있어 일본의
사례는 긍정적인 모델이며, 오스트레일리아와 미국은 부정적인 모델이다.
일본의 농업은 평화헌법처럼 일본을 공적으로 대변하는 사람들이 대체로
거의 가치를 부여하지 않는 것이지만, 장기적 관점에서는 자동차산업이나
조선산업보다 훨씬 귀중한 것일 수도 있다.

94) Udagawa, 앞의 글, 92면.
95) Tashiro, 앞의 글, 43면.
96) Rapkin and George, 앞의 글, 77, 79면.

일본 모델

여태까지 일본의 성취라는 면에서든 또는 일본이 다른 나라들이 추구할
모델로 제시된다는 점에서든, 현대 일본의 경제적 성공이란 문제가 분명히
두드러지는 것은 아시아 전체의 맥락에서이다. 공산품 수출의 위대함만을
외곬로 추구하는 가운데, 자국민을 먹이고 양육할 여러 차원의 능력을 하
나하나 체계적으로 제거함으로써 유례없는 식량의존국가로 변해가면서도
일본은 세계 식량시장이 계속 개방적이고 잉여가 있을 것이라는 믿음을 갖
고 있었다. 그러나 이러한 믿음은 점차 근시안적 안목임이 드러나고 있으
며, 이는 종종 일본 기업의 특징으로 언급되는 장기적 안목과는 서로 대조
되는 것이다. 1985년 플라자 합의 이후, 산업과 경제의 구조조정기를 맞아
일본은 무기에 막대한 투자를 하면서 식량에서는 모든 보호장벽을 낮추었
다. 이 군비증강에 대해 많은 논평자들은 국방에 아무런 도움이 안되는 쓸
데없는 짓이었으나 미국의 통상압력을 달래기 위해 필요한 것이었다는 데
동의한다. 이런 수준에서 일본이 삶의 의미에 관한 질문에 대해 답을 찾았
는지는 의문이다.

아시아 지역의 식량자원 중 터무니없이 많은 부분을 계속 독점할 수 있으
리라는 가정하에서 예상되는 일본의 생활수준이란 지속 가능하지 않을 뿐
만 아니라 방탕과 낭비의 문화를 소중히 모시는 것이다.[97] 일본처럼 소비하
는 나라가 또 하나 있다면 세계에는 이들을 먹일 여유가 없다. 세계적으로
농경지는 계속 줄어드는 가운데 일본인의 식량을 생산하기 위해 일한 국가
와 농민들과 시민들은 굶주리고 있는데, 일본이 자국민들에게 외국의 농지
1200만 헥타르(일본 농지의 약 3배)에서 수확한 농산물을 계속 먹일 수 있
을 것인가? "생태학적 족문(足紋)"(ecological footprint)이란 "환경적 공간
의 선택적 생태적재능력(이것에 의해 한 지역이 세계의 나머지 지역에 얼

---

97) 전국적으로 연간 상당량의 쌀이 가정과 호텔, 식당에서 버려진다고 하는데, 이는 약 1천
만톤으로 추정되고 있다(村井, 앞의 책, 17면).

마나 의존하는지 판단할 수 있다), 또는 세계 각 지역 및 국가에 대해 계산한다면 어떤 곳이 자신의 생물자원(biomass) 생산량 이상의 수준으로 살고있고 또 어떤 곳이 이에 미치지 못하는 낮은 수준에서 사는지를 보여주는 순 1차생산물 중 인간이 전유(專有)하는 부분"을 가리키는 용어이다. 이러한 관점에서 본다면 일본은 거인의 장화를 신고 있는 것이 분명하다.[98] 일본이란 요새 안에서는 일본의 소비유형이 지속 가능하다 해도 이는 인근지역과 세계로 확산될 수는 없다. 성공과 번영에 관한 일본의 비전은 결국에는 일본과 주변지역 간의 모순을 첨예화시킬 뿐인데, 이는 정치가나 관료, 그리고 많은 일반인들이 믿고 있는 코꾸사이까(국제화)라는 이상과 반대되는 것이다.

20세기 말의 세계가 두 가지 주요 문제——황폐화되는 환경과 남북의 경제적 격차 확대——에 직면해 있다고 일반적으로 동의하는 한, 일본의 발전궤도는 이 두 가지 문제를 하나로 합치게끔 하는 행로에 놓여 있다. 물론이 점에 있어 일본이 유일한 것은 아니지만, 전근대적인 것(촌락중심 농업)을 보존하면서 여기에 근대적인 것(첨단기술, 산업화)을 혼합하는 데 성공한 나라는 거의 없다는 사실 때문에 일본이 지금 택하고 있는 경로는 이목을 집중시킨다. 물론 일본 내에서도 현재 만들어지고 있는 새로운 세계질서의 성격에 관하여 깊은 불안감이 있다. 창조에 대하여 소비, 보존에 대하여 낭비, 단순함에 대하여 호화로움을 우선시하는 모든 것은 해결의 요소보다는 극복될 문제들을 가리키고 있다. 머지않아 자원의 흐름, 특히 남의 가난한 나라들로부터 북의 부유한 나라들, 특히 일본으로의 식량 흐름은 정치적 쟁점이 될 수밖에 없다. GATT가 그은 코스에 맞추어 일본 농림수산성이 만든 궤도는 선진국들이 20세기 말까지 수년간 1인당 곡물소비 수준을 유지하거나 늘릴 것을, 그리고 남의 인구가 그때쯤이면 세계인구의 80%에 근접하게 될 것임에도 불구하고 선진국과 개발도상국 소비 사이에

---

98) J. Martinez-Alier, "Political Ecology, Distributional Conflicts, and Economic Incommensurability," *New Left Review*, No. 211, May~June 1995, 70~88면 중 78면(및 그 참고문헌들).

1988년 당시와 똑같은 격차를 유지할 것을 요청하고 있다.[99] 이러한 전망은 커다란 도덕적 질문을 제기할 뿐만 아니라 안보(군사정책)에 대해서도 중대한 의미를 갖는다. 왜냐하면 이러한 예측은 위협이자 약속이라 볼 수 있다. 즉 줄어드는 육지와 바다의 자원을 계속 독점하겠다는 의미에서 위협이며, 또 이러한 독점을 가능케 하는 체제를 방어하겠다는 의지라는 의미에서 약속이다.

일본 농업이 직면하고 있는 위기는 90년대의 GATT 구조조정에서 비롯되었다. 어떤 다른 목적을 위해 항상 농업을 희생할 준비가 되어 있는 일종의 산업주의, 경제주의, GNP지상주의 등에 뿌리를 두고 있는 일본의 농업위기는 미국, 특히 미국 농업의 이익을 우선시하는 40년간의 냉전에 의해 형성되었고, 최근에는 일본 공산품 수출의 성공 자체가 세계무역체제에 가한 압박 때문에 악화되어왔다. 세계시장을 식량의 자유무역에 개방하려는 프로젝트는 기존의 모든 모순을 전면적으로 드러나게 했을 뿐이다. 농민에게 이익이 되기는커녕 농민에게 기생하는 자기목적적이고 자기존속적인 거대한 관료기구로 변해버린 일본의 식량관리체계는 붕괴해가고 있다.

GATT/WTO에 대해 어떤 대안이 있을 수 있는지에 대한 논의가 이제 겨우 시작되고 있다. 가장 큰 장애는 우리가 익숙해져 있는 이 세계가 커다란 변화 없이 계속될 것이며, GNP는 무한히 계속 커질 것이며, 세계경제는 개방체제로 계속 갈 것이고 식량은 언제나 값싸게 구할 수 있을 것이라는 믿음이다. 그러나 경제가 어떻게 성장하든간에 생태계는 확대되지 않으며 궁극적으로는 경제에 절대적 제한을 가한다. 환경보호론자이며 법률가인 브루스 리치(Bruce Rich)는 세계은행(World Bank)에 대한 연구에서, "현재 형태로의 경제성장은 짧은 기간 내에 인간세계의 대부분과 지구에서 진화되어 살아남은 생명형태의 상당 부분을 파멸시킴으로써 거의 상상할 수 없

---

99) 柴弘, 「農の生き方」 6, 『朝日新聞』 1993年 3月 31日에 인용된 1988년의 세계 곡물 생산 · 소비량과 그에 대한 2000년 예측치를 비교한 농림성의 도표를 볼 것. 1인당 곡물소비량은 선진국에서는 627kg에서 701kg으로, 개발도상국에서는 233kg에서 260kg으로 늘어날 것으로 예상하고 있다.

을 정도의 황폐화를 초래하기에 이르렀다. GNP에 대한 성장과 효율성에 관한 가정들은 남북간의 형평성과 정의에 관한 사회문화적 또는 전지구적 검토에서는 말할 것도 없고 환경 또는 에너지 문제에 관한 고려에서도 요소로 포함되지 않고 있다"[100]고 서술한다.

일본 내에서는 WTO체제하에서의 농업의 장래에 관해 비관론이 일반적이다. '국경 없는' 세계에 적응할 수 있는 능력이 자신에게 있다고 믿는 농부들이 일본의 여러 곳에 있지만, 그들은 소수이다.[101] 20세기 말 일본의 번영은 다음 세대의 보호장벽을 털어버리고 그들을 예측할 수 없는 미래의 세계 식량시장에 노출시키는 대가를 지불하고 이룩된 것이다. 이는 일본이 주변국들과 협동보다는 지배와 의존, 그리고 모순을 결합한 관계를 맺는 것을 포함한다. 일본의 소비패턴은 ('선진국증후군'의 가장 대표적인 예라는 의미에서만) 독특하며 다른 곳에서는 재생산될 수 없다. 점차로 일본의 과소비(호오쇼꾸飽食)는 가난하고 배고픈 자들의 입에서 음식을 빼앗고, 만족시킬 수 없었던 사회적·개인적 충족에 대한 열망을 탐욕과 미식가의 공상으로 보상하려는 가운데 이루어지고 있다. 늘어나는 농산물 수입은 주변지역의 식량정책을 파괴하고 왜곡시킬 뿐 아니라 모든 일본의 생산자들을 위협한다. 앞으로 더욱 줄어들 것이 확실한 현재의 쌀가격 보조 수준으로는 오직 2%의 농민들만이 살아남을 수 있을 것으로 예상된다.[102]

GATT/WTO의 압력과 엔고는 일본의 유통망과 무역회사로 하여금 생산기지를 주변국들로 이전시켜 공급을 '외주화'하게 만들고 있는데, 이들 주변국에서는 시장이 절대적인 것이며 환경이나 인권은 일본에서보다도 훨씬 더 무시되고 있다. 공식적인 식량가격지원체계인 숏깐세이(食管制, 식량관리체제)와 농업협동조합들인 준공식적 농협체계 모두 신뢰를 잃었다. 100여년간의 근대화는 서구 방식의 우월성에 기반을 두었으나 그 이후 시

---

100) Bruce Rich, *Mortgaging the Earth: The World Bank, Environmental Impoverishment, and the Crisis of Development*, Boston: Beacon Press 1994, 317면.

101) 아끼따현의 예를 보자면, 大潟村秋田小町生産者協會, 『大地からの提言』, 大潟村, 1991年 10月.

102) 大野, 앞의 책, 303면.

대 조류는 다시 바뀌어 전통적 유기농 방식이 재평가되고 있다. 낭비를 제거하고 지속 가능한 생산 싸이클을 재형성함으로써 자연적·생태학적 균형을 창출하려는 노력은 아직도 엉뚱하고 심지어는 반동적으로 보일 수도 있으나 일본의 논과 밭, 계곡, 산을 부활시키고 전국의 땅과 물을 결합한 회로를 다시 연결하려는 노력이 진행되고 있다. 식량의 자급자족과 문화적 자부심을 재건하는 일은 아이덴티티 모색 노력의 일환으로서 또한 미래 국제체제를 창조하는 데 있어 일본의 자신감있고 협조적인 참여를 위한 전제조건으로서 기능할 수 있다.

일본의 정치가가 선거유세 트럭 위에서 GNP 성장률을 제로로 끌어내리는 정책을 지지한다고 선언하는 것을 들을 수 있을 때, 경제학자들이 식량과 같은 상품의 시장가격과 그 진정한 생태학적·사회적인 가격을 구별하기 시작할 때, 식당과 호텔이 멀리 떨어진 지역의 생태계나 주민들에 대한 수탈에 의존하지 않는 메뉴를 제공할 수 있을 때, 우리는 문제들에 대한 대처가 시작되었고 새로운 세계질서의 전망이 밝아졌음을 알 수 있을 것이다.

제2부

아이덴티티

4

지역국가

아시아와 민족적 아이덴티티의 딜레마

서 론

1천년대가 저물고 2천년대가 오고 있다. 지금 돌아보면 전후 냉전은 비교적 짧은 에피쏘드에 지나지 않았고, 그간 냉전이라는 드라마에 가려 보이지 않던 구조적 변화가 장기적으로는 훨씬 중요한 의미를 지니는 것으로 판명될 것 같다. 냉전체제의 해체라는 정치적 상황과 동아시아 전지역이 급부상하게 된 경제적 상황이 어우러져서, 이 지역을 역사적으로 재검토해보려는 작업에도 박차가 가해지고 있다. 어떤 논평가는 세계가 과거 냉전의 이념적 대결의 시대로부터 역시 파란만장한 새로운 시대로 진입하고 있다고 하며, 이 시대에는 서로 대항관계에 있는 문명들간의 단층선이 등장하여 이전에 존재했던 적대적 이데올로기들간의 대립을 대체할 것이라고 한다.[1]

일본은 19세기 이래로 부와 권력을 추구하고 서구와 대등한 위치에 서고

---

1) Samuel P. Huntington, "The Clash of Civilizations," *Foreign Affairs*, Vol. 72, No. 3, Summer 1993, 22~49면.

자 애써왔고 이러한 열망은 이미 달성하였다고 하겠다. 그렇다면 일본이 이같은 갈망을 추구하던 지난 한 세기는 어떠한 의미를 지니는가? 나아가 이제는 그같은 국가적 노력의 초점을 어디에 맞춰야 하는가? 역사적이고 정치적인 이런 질문들이 앞으로 수년간 여러 지성들을 사로잡을 것이다. 서구 헤게모니의 시대들을 상대화시켜보면 여러 문제들을 신선한 시각으로 고려할 수 있는 길이 열린다. 무엇이 보편적인 것이며, 무엇이 특수한 것인가? 근대화의 문화적 토대는 무엇이며, 향후 21세기 사회의 구조·가치·지향은 어떠할 것이며, 어떠해야 하는가?

이제 막을 내리려는 지난 1천년대는 기독교 시대의 시작 이래 두번째 천년대이며, 이 시대의 종료는 그간 어떤 이유로 기독교적 시간과 역사 개념이 그토록 보편화되었던가 하는 의문을 갖게 한다. 기독교식으로 2000년이라 하는 연대는 다른 여러 양식으로도 표기될 수 있는 해이다. 가령, 유대력으로 창세기부터 따진다면 5761년에 해당되고, 유교권에서 공자의 탄생기를 기점으로 잡으면 2551년이 되며, 진무(神武) 천황의 탄생연도로 추정되는 시점을 원년으로 계산하는 전전에서 전중(戰中)까지 사용된 일본력을 따른다면 2660년이고, 1989년에 등극한 현 천황의 집권기인 헤이세이(平成)기만을 따진다면 12년에 해당된다. 또한 한국에서는 전설적 시조인 단군 탄일(지은이의 오류로 탄생일이 아니라 건국일임—옮긴이)로부터 4333년이 되는데, 한국 신문은 아직도 이런 방식의 단군력을 병기하고 있다. 기독교력(서기) 2000년은, 예언자 모하메드가 메카에서 메디나로 이동한 이른바 헤지라를 기점으로 하는 이슬람력으로는 1378년이 된다. 이같은 역법들은 일일이 다 열거할 수조차 없다. 중요한 사실은, 서구의 율리우스력(구태양력)의 보편화는 특수한 역사적 상황,즉 약 500년 전부터 전개된 일련의 사건들의 산물이라는 점이다.

1990년대 초, 콜럼버스의 항해와 신대륙 발견 500주년을 기념하였는데, 그것은 아시아에 유럽의 헤게모니가 닻을 내린 지 500년이 되었음을 시사한다. 그러나 지금, 그러한 유럽의 헤게모니는 과거사임이 분명해졌다. 1492년 쌘타마리아호의 항해와 더불어 개시되었던 유럽의 패권은 이제 끝났다는 말이다. 혹은 1975년 싸이공에서 철수한 미국의 마지막 헬리콥터의 비행과, 1997년 홍콩에서 유니온잭기의 강하 그 사이 어느 시점에서인가 서구 헤게모니는 끝나리라는 것이다. 1990년대 말에 500년간이나 지속된 서구의 패권이라는 현상의 송식을 알리는 증거들에 대해 역사가, 경제학자, 심지어는 철학자들마저도 이를 어떻게 해석해야 할까 골몰하고 있다. 한때 지중해에 있다가 대서양으로 옮겨간 세계권력의 지주가 차츰 태평양쪽으로 이동하고 있다. 현재로서는 일본의 비중이 매우 압도적이지만, 다가오는 천년대 초기에는 그 중심이 더욱 서쪽으로 이동하여, 점차 중국이 일본의 위치를 잠식하리라는 전망이 벌써부터 강화되고 있다.[2]

일본의 부상은 현재 드러나고 있는 탈(脫)콜럼버스 세계질서의 가장 현란한 표현이며, 새로운 세계질서 형성의 원인이자 동시에 결과이다. 1904~1905년의 러일전쟁에서 역사상 최초로 아시아 국가가 유럽의 국가를 군사적으로 물리친 이후 약 100년이 흘렀고, 1995년은 일본이 아시아 전역에 걸쳐 일본의 패권을 수립하고자 했던 시도(소위 대동아전쟁—옮긴이)가 실패한 지 50년이 되는 해이다. 이것은 잘못된 인식에 바탕을 둔 시도였지만, 그럼에도 불구하고 그로부터 약 두 세대 이후 등장한 탈유럽 헤게모니로 나아가는 분기점으로 볼 수 있다. 이처럼 콜럼버스 이후의 서구중심적 세계질서에 대해 최초로 성공적으로 타격을 가한 것은 바로 일본이었고, 두번째로 성공적인 타격을 가한 것도 일본이었다. 첫번째는 러시아에 대한 것이었고, 두번째는 중국을 겨냥해 시작되었으나 결국에는 유럽과 미국으로 이어졌다. 1945년, 이 과정은 패전과 미군점령으로 마무리되고 말았으나, 이같은 명백한 패배상태가 그리 오래가지 않을 것임을 보장하는 상황에서였다.

일본의 근대화를 이해하는 데 있어서, 19세기 중반 서구의 충격을 받기 이전까지는 아무것도 존재하지 않던 백지상태였고 이러한 공백에서 서구의 영향으로 비로소 근대화가 시작되었다고 본다면 잘못일 것이다. 일본이

---

2) David Shambaugh, "Introduction: The Emergence of Greater China," *The China Quarterly*, No. 136, December 1993, 653면.

라는 현상의 뿌리는 멀리 근대 이전의 역사로까지 추적할 수 있으며, 게다
가 아시아와의 관계 속에서 본다면 그 연원은 훨씬 복잡하고 애매모호할
것이기 때문이다. 최근 꽤 주목을 끌고 있는 한 저서는, 근대 유럽과 근대
일본의 뿌리를 둘 다 '장기 16세기'(1450~1640, 아날학파의 개념―옮긴이)에
서 찾을 수 있다고 주장하고 있다. 즉 동일한 유라시아 대륙의 양극단에서
유라시아 대륙문명(이슬람 문명과 중국의 유교문명)으로부터의 절연과정
이 시작되었을 당시 유럽과 일본은 모두 경제발전을 통해 수입의존을 탈피
할 수 있었고, 또한 면화·설탕·염료·도자기·차·커피 등이 유입되면서
일어난 생활양식의 혁명으로 인해 필요불가결해진 제품들을 구입하기 위
해 부(富)가 국외로 유출되는 것을 막을 수 있었다.[3] 피상적으로는 일본의
쇄국정책이 유럽의 팽창정책과 반대되는 것으로 해석되어왔으나, 적어도
한 일본인 학자에 의하면, 당시 유럽과 일본의 정책은 참으로 비슷했으며
대충 일치했다고 한다.[4] 일본은 모든 광물자원이 부족한 나라로 알려져 있
으나, 사실 일본은 금·은·구리 등 모든 형태의 화폐를 주조할 수 있는 원
료를 보유할 만큼 자급자족 상태였다.[5] 강제적 수입대체정책을 시행하던
기간(쇄국정책 시행 기간―옮긴이)에 기술발달의 수준은 괄목할 만했다. 19세
기 강압에 의해 서구에 문호를 개방하게 되었을 즈음, 일본은 어떤 의미에
서는 아시아의 문화적·기술적 성취의 유일한 상속자였지만, 이미 아시아
로부터 과감히 벗어나서 아시아와는 구별되는 별개의 강한 자의식을 발전
시키고 있었다. 이처럼 일본이 아시아로부터 벗어나는 과정 역시 그 뿌리
가 매우 깊다. 최근의 논쟁은 아시아와의 결별이란 문제를 해명하고자 애
쓰는데, 그 견해에 따르면 일본이 아시아와 결별한 것은 유럽 헤게모니 현
상과 마찬가지로 뿌리깊은 것이다. 그러한 문명적 관점은, 겉보기에는 경
제적인 것으로만 여겨지는 오늘날 현대세계의 현상들을 아이덴티티의 장
기적 추이라는 맥락에서 살펴봄으로써 이 현상들을 이해할 수 있는 맥락을

3) 川勝平太 편, 『新しいアジアのドラマ』, 筑摩書房 1994.
4) 大橋良介, 같은 책, 171면.
5) 같은 책, 160면.

제시하는 데 도움이 된다.

아시아: 자율성과 부

최근 수십년간의 경제현상은 변화의 명백한 증거를 제시한다. 1946~47년에는 미국이 전세계 광공업 생산의 60%를 차지하고 세계 수출액의 3분의 1을 점유한 데 비해, 일본의 비중은 두 부문에서 거의 전무상태였다.[6] 14년 후인 1960년에도 미국 경제는 여전히 월등히 앞서 있었고 일본 경제 규모의 약 16배에 달했다. 그러나 1986년에는 거대한 변화가 일어나 있었다. 양국 경제규모의 대비가 거의 2 : 1로 그 격차가 줄어든 것이다. 1950년과 90년 사이에 일본 경제는 약 152배나 성장했다(서독은 이 기간 동안 약 39배 성장하였다). 1987년에는 일본의 1인당 GNP가 미국을 능가하기 시작하여, 1991년에는 2만 7005달러로서 2만 2468달러인 미국을 훨씬 앞질렀다.[7] 90년대 초 일본 경제는 4년 반마다 그 규모가 거의 프랑스 GNP 총액만큼씩 더 커지는 속도로 팽창하고 있었고,[8] 논평가들은 일본 경제가 언제 미국 경제를 완전히 추월하게 될 것인가를 추측하고 있었다.[9]

이 기간 동안 미국 인구와 일본 인구가 세계인구에서 차지하는 부분은 각각 약 5%와 3%에 불과했지만, 양국 경제활동의 합은 전세계경제의 거의 40%에 달하였다. 이 시기에 제시된 한 일본측 추정에 따르면, 세계 GNP에

---

6) 柴垣和夫, 「日本の成長と1945年から現在に至る對外關係」, 『社會科學研究所年報』, 東京大學出版會 1993, 第35卷, 123~56면 중 152면.

7) Keizai Koho Center, *Japan 1994: An International Comparison*, Tokyo 1993, 11면.

8) Karel van Wolferen, "No Brakes, No Compass," *The National Interest*, Fall 1991, 26~35면 중 31면.

9) 월프렌에 따르면 세기의 전환기 때쯤, 토오꾜오 주재 독일은행 자본시장(Deutschebank Capital Markets)의 커티스(Kenneth Courtis)의 분석에 따르면, "10년 혹은 12년 안에" 이루어질 것이라 한다. (또한 1992년 3월 26~27일의 논의, in Armand Clesse, E.B. Keehn, Inoguchi Takashi and J. A. A. Stockwin, eds., *The Vitality of Japan: Sources of National Strength and Weakness*, London: Macmillan Press 1995 참조.)

서 미국과 일본의 GNP 합계가 차지하는 비중은 (아주 조금씩이라도) 계속
확대될 것이나, 양국의 상대적 비중은 차츰 일본 쪽으로 기울어갈 것이라
고 한다.[10]

70년대에 접어들면서 오랫동안 일본에서 뚜렷이 보였던 고도성장과 번
영의 패턴이 동아시아와 동남아시아 국가군으로 옮겨가는 현상이 나타났
으며, 이러한 역사적인 변화의 성격은 점차 분명해지고 있다. 이른바 '네
마리의 호랑이' —— 아시아 신흥공업국(Asian Newly Industrialized
Economies, ANIEs)인 한국, 대만, 싱가포르, 홍콩——는 지난 20여년간
세계 경제성장을 주도하였으며 자국 경제를 거의 두 배로 성장시켰고, 세
계 수출액의 8.9%를 점하기에 이르렀다. 아시아 신흥공업국의 경제성장률
은 70년대는 평균 8.9%였고, 80년대에는 8.2%로서 같은 시기 일본 경제성
장률의 거의 두 배, 미국의 거의 세 배에 이르렀다.[11] 이를 제대로 살펴보려
면, 경제기적의 시기인 1960~70년에 일본의 평균 GDP성장률이 9.7%였
고, 그후 1973~86년에는 평균 3.76%였다는 점을 고려할 필요가 있다.[12]
이 기간 동안 동아시아 네 마리 호랑이들이나 중국의 성장률이 일본을 월
등히 앞지르고 있으나, 일본 경제는 여전히 나머지 국가의 경제를 합한 것
보다 규모가 크며, 그 간격이 좁아질 전망은 아직까지는 거의 보이지 않는
다. 이같은 현상을 좀더 시적으로 표현해, 선두의 일본을 따라 열지어 날고
있는 기러기떼에 비유하기도 한다.

1985년 싱가포르와 홍콩의 1인당 GNP는 일본의 70년대 수준이고, 대만
과 한국은 60년대 수준이었으며, 타이와 필리핀은 50년대 이전 수준이었
다. 이런 성장률이 어느정도 감소한다 해도 아시아 신흥공업국 가운데 싱
가포르와 홍콩은 금세기가 끝나기 직전, 한국과 대만은 다음 세기가 막 시

---

10) 이와 다르게 평가하는 이들도 있다. 일반적으로 1991년 미국 GNP는 세계 GNP의 26.4%,
　　일본은 15.5%를 차지했다고 한다. さくら總合硏究所・環太平洋センター, 『新世紀
　　へのアジア發展のシナリオ』, ダイヤモンド社 1994, 65면.
11) 일본의 경우는 각각 4.5%, 4.2%였으며, 미국의 경우는 2.8%, 2.6%였다. さくら總合硏究
　　所 외, 앞의 책, 65면 참조.
12) 「日はまた昇る」, 『週刊東洋經濟』 1994年 3月 5日, 6~10면 중 8면.

〈표 4.1〉 세계 GNP에서 일본과 미국의 GNP 비중(1970~2005)

	1970	1980	1990	1995	2000	2005
미국	30.2	23.0	23.6	22.7	21.9	21.3
일본	6.0	8.9	12.8	15.8	16.7	17.3

주) 1970년과 1980년 수치는 遠藤正武,「日本たたきはなくさめた報道」,『AERA』 1992년 1月 21日, 14~15면. 1990년 수치와 이후 예측치는 일본경제연구쎈터의 1992년 발행 보고서,「歐, 米, アジアで 三極構想」,『日本經濟新聞』1992年 2月 25日. 흥미롭게도 이 보고서에서는 미일 경제가 장기적으로 세계를 지배하리란 점과 일본 경제가 미국이나 세계에 대해 그 상대적 지위를 강화할 능력을 계속 지니리라는 점을 의심의 여지 없이 당연한 것으로 간주하고 있다.

작할 즈음이면 1인당 GDP의 경우 일본의 80년대 수준에 이르리라고 예측할 수 있다.[13] 간단히 말해서, 2000년경엔 태평양 서안지역에 또다른 네 개의 '일본'이 출현하리란 것이다.[14] 70년대에는 타이, 말레이시아, 인도네시아 등 아세안(ASEAN) 국가들 역시 극적인 성장궤도에 진입하였고, 그 길을 중국이 가장 놀라운 속도로 뒤쫓고 있다(중국 경제는 1979년부터 93년까지 14년간 평균 9%의 성장률을 기록했다).[15] 2000년까지 이 지역 전체의 경제성장률이 전세계 평균 성장률의 두 배 가까운 속도로 계속될 것이고 나중에는 두 배가 넘으리라는 전망에 대해서 거의 이의가 없다. 다시 말해 미국, 유럽공동체, 일본이 약 3%의 성장률을 기록할 것임에 비해, 아세안 국가는 약 6.6% 전후의 성장률을 기록하리라는 얘기이다.[16] 또한 90년대 동안 아시아 전역의 빈곤 수준은 거의 반감되리라 예상된다.[17]

절대적인 기준으로 볼 때 유럽(EEC), 북미(NAFTA), 그리고 동아시아 사이에 대략적인 경제규모의 균형이 이루어지게 되었으나, 그중에서도 동아시아가 성장의 주역의 자리에 있다는 사실은 논란의 여지가 없다. 이 지역

---

13) さくら總合研究所, 앞의 책, 151~52면.
14) 磯村尚德,『アジアからの挑戰』, 日本放送協會 1988, 151~52면.
15) さくら總合研究所, 앞의 책, 197면.
16) 深田祐介,「日本よ, アジアを見よ」,『文藝春秋』1992년 3月, 144~53면 중 152면.
17)「ナンバーワンはアジア まじかに」,『朝日新聞』1994年 5月 23日, 14면.

에서 가장 거대한 에너지를 결집하고 있는 일본은 이 지역 전체에 에너지를 방사하는 성장의 중핵 역할을 하고 있다. 일본 경제의 규모는 아시아 GNP의 약 66%를 점할 정도다(여기서 아시아라 하면 아시아 신흥공업국인 네 마리의 호랑이와 아세안 국가에다가 중국, 인도, 오스트레일리아, 뉴질랜드까지 포함한다). 이 수치는 현행 환율에 근거한 통상적 GDP 계산법에 따른 것이므로 일본의 우위를 분명히 과장했을 것이다. 그러나 이것을 조정한다 해도——가장 급진적 수정주의자들은 일본 인구의 거의 10배를 가진 중국이 지금 현재에도 이 지역 경제에서 일본보다 좀더 큰 비중을 차지하고 있다고 주장한다——일본이 아시아 지역에서 산업 및 금융의 초강대국으로서 독보적인 존재라는 점에는 변화가 없다. 이밖에 다른 통계는 엔의 가치가 1995년 급등하기 이전에도, 세계의 상위 8대 은행과 10위 안에 드는 5개의 세계적 기업이 일본 소유였음을 보여준다.[18] 일본과 다른 아시아 국가 간에 존재하는 엄청난 간격은 매우 느릿느릿하게나 좁혀지게 될 것이다.

　역사적으로 보면 지난 두 세대라는 짧은 기간 동안에 아시아·태평양 지역에서 400여년간 지속된 유럽 식민지배체제가 붕괴했고, 이후 단기간 독점적인 미국 패권기가 이어졌는데, 이제는 미국의 패권도 더이상 독점적위치를 누리지 못하고 눈에 띄게 침식되고 있다. 물론 아직도 미국의 세계적 영향력은 의심할 여지 없이 매우 복합적이고 다면적이며, 미국은 군사적인 면은 말할 것도 없고 문화적인 면에서도 우위를 유지하고 있고, 거대한 미국 시장은 계속해서 아시아·태평양 전역에서 주된 성장의 동력이 되고 있다. 그럼에도 불구하고 미국이 막대한 부채를 지고 있다는 사실은 초강국으로서의 지위를 유지하고 있다는 주장에 어두운 의심의 그림자를 드리운다. 아시아·태평양 지역의 변화과정에서 일본의 역할은 핵심적이었

---

18) Mark Selden, "China, Japan, and the Regional Political Economy of East Asia, 1945~1995," in Pater Katzenstein and Takashi Shiraishi, eds., *Japan in Asia*, Ithaca, New York, Cornell University Press. (발표되기 이전에 이 글을 참고할 수 있도록 해준 Mark Selden에게 감사를 전한다.)

〈표 4.2〉 아시아 12개국(지역)별 실질 GNP 추이(1970~2001)

	1970 ($US)	1980 ($US)	1990 ($US)	2001 ($US)
한국	1,400	2,600	5,700	10,800
대만	2,000	4,200	7,600	13,200
홍콩	3,900	7,400	12,100	19,600
싱가포르	3,600	7,400	11,700	20,500
아시아신흥공업국(평균)	1,800	3,600	7,000	12,600
타이	540	810	1,400	2,800
말레시아	1,100	1,700	2,400	4,100
필리핀	570	780	720	800
인도네시아	240	430	600	1,100
ASEAN 국가(평균)	400	630	870	1,500
중국	110	160	320	650
인도	230	260	370	480
베트남	160	150	210	370
일본	12,100	16,800	23,800	33,700
12개국의 평균	940	1,200	1,700	2,400

출전: 2001년 수치는 1990년 기준으로 산출. さくら銀行·さくら總合硏究所環太平洋硏究センタ 편, 『新世紀のアジア發展のシナリオ』, ダイヤモンド社 1994, 240면.

다. 일본은 일찍이 군사력으로 유럽 식민제국을 압도하여 물리쳤고, 이제는 경제적인 수단으로 미국 헤게모니를 전복시켜버렸던 것이다.

유럽은 수세기가 걸렸고, 미국과 일본은 약 100년이 걸린 성장과정은 끊임없이 짧아지고 있는 것 같다. 아시아 신흥공업국은 불과 수십년 만에 이 과정을 완수했고(1930년대 일본제국이 한국과 대만을 지배한 시기부터 성장과정이 시작되었다고 본다면 약 반세기), 이후 아세안 국가가 급속히 이 궤도에 들어섰으며, 최근에는 중국의 성장이 크게 주목받고 있다.

이같은 괄목할 만한 경제적 변화들이 삶의 모든 영역에 영향을 미칠 것이라는 점을 이해하기 위해 반드시 맑스주의자가 될 필요는 없으며, 그 정치적 · 문화적 · 군사적 함의는 이미 이해되기 시작하고 있다. 예컨대 한 세대 전에는 경제적 정체의 원인으로 지적되던 유교가 이제는 사회에 성장과 역동성을 부여한 요소로 높이 평가받고 있다. 또한 문화간의 마찰이 늘어가고 아시아라는 관념에 대한 근본적인 재평가가 이루어지고 있으며, 그 결과 이 지역에서는 아이덴티티의 정치(identity politics)가 힘을 얻고 있다.

아이덴티티와 정신분열증

근대 서구와 조우한 1860년대 이후 오늘날에 이르기까지, 일본은 아이덴티티 문제로 고심해왔다. 일본의 아이덴티티 문제의 핵심은 여전히 자신을 아시아로 인식할 것인가 아니면 서구로 인식할 것인가에 놓여 있다. 19세기에 일본이 직면한 세계에서는 근대성과 그에 수반된 부와 권력을 구가하던 곳이 유럽이었던 반면 당시 아시아라 하면 후진성과 동의어로 여겨졌던 사실을 돌이켜본다면, 이같은 딜레마를 이해할 수 있다. 명확한 입장을 밝히지 못한 일본은 전적으로 아시아적이지는 않다고 강변하면서 동시에 아시아성(Asianness)의 축소판이라고 단언하는 등 우왕좌왕했다.

그러나 사실 후발산업사회는 모두 이와 유사한 경험을 했다. 외부로부터 촉발된 변화의 힘이 너무 커서, 이에 저항하고 자신의 자율성을 주장하려는 의지가 압도당하게 되면 자긍심을 상실하여 민족적 · 사회적 아이덴티티는 갈가리 찢기게 된다. 몇몇 일본 학자들은 일본이 처음 문호를 개방한 강압적 과정을 언급하면서 '강간증후군'이란 용어까지 사용하는데, 이는 나중에 승화되긴 했어도 여전히 그 충격이 남아 있다는 사실을 가리키는 것이다.[19] 만약 그렇다고 한다면, 아시아 지역의 모든 나라에서 이와 비슷한 과정이 일어났음에 틀림없고, 특히 직접식민통치를 경험한 나라에서는 훨

---

19) 岸田秀 · K. D. バトラー, 『黑船幻想』, 靑土社 1992, 30면 이하.

씬 더 격심하게 진행되었을 것이다. 이러한 강간증후군은 민족적 아이덴티티의 분열된 요소들이 결합과정을 거쳐 다시 응집할 수 있을 때에만 완전히 극복할 수 있을 것이다. 물론 민족적 독립과 경제성장이 이를 이루기 위한 조건을 창출하는 데 도움이 된다. 그러나 무엇보다도 과거와 객관적으로 대면할 수 있는 능력을 갖추는 것이 필요한데, 이는 쉬운 일이 아니다.

인접 아시아 지역과의 애매한 관계 때문에 일본의 경우 아이덴티티의 위기와 혼돈은 더욱 가중되었다. 19세기 일본에서 가장 영향력있는 교육자이자 지식인이었던 후꾸자와 유끼찌(福澤諭吉, 1834~01)는 1881년에 출판된 유명한 저서『탈아론(脫亞論)』에서 일본이 아시아와 절연해야 한다는, 대다수의 사람들이 느끼는 정서를 명료하게 표현했다. 후꾸자와 세대가 산업발전을 이루고 세계의 선진국과 대등한 지위에 이르기 위한 상징적인 항해를 시작한 이후 약 100년 만에 이같은 목표들은 달성되었다. 19세기의 이같은 의식적인 움직임은 17세기에 나타났던 암묵적인 절연행위(쇄국정책―옮긴이)를 이어받은 것이라는 와세다대학의 경제사가 카와까쯔 헤이따(川勝平太)의 가정이 맞다면, 일본이 아시아에서 떨어져나왔다는 논지는 더욱 설득력을 얻는다. 현재 일본과 아시아의 관계가 왜 그처럼 애매모호한가를 좀더 잘 이해하려면, 일본은 두 번이나 아시아와 절연했던 경험이 있고, 일본 근대사에서 아시아는 피해야 하거나 이끌어주어야 할 후진지역으로 인식돼왔다는 점을 알아야 한다. 이런 관점에서 본다면, 아시아로부터의 이탈과정에 있어 일본은 유럽만큼 역사가 깊은 것이다. 다시 말해, 일본은 단지 동양과 서양 사이에서 분열되어 있을 뿐 아니라, 나아가 유럽의 역사만큼이나 오랫동안 아시아의 서구(Asian West)로 지내온 것이다. 그러므로 아이덴티티를 둘러싼 현대 일본의 논쟁은 어떤 의미에서는 아시아의 문제로 되돌아가야 한다.

나아가 과연 아시아가 존재하느냐는 문제가 있다. 아시아라는 지리적 개념이 존재하는 것은 사실이다. 보스포루스 해협(흑해와 마르마라해 사이의 해협―옮긴이)에서 태평양까지, 시베리아에서 자바까지 걸쳐 있는 광범위한 거의 무정형의 지대를 아시아라고 부른다. 즉 아시아란 유럽의 명령이 통하지 않는, 따라서 유럽인의 빈약한 이해력으로 파악되지 않는 전지역을 총칭한다. 아시아란 기본적으로 외부로부터 부과된 아이덴티티이다. 즉, 아시아란 이 광범위한 지역 밖에 거주하는 사람들이 그 안의 거의 무한한 다양성에 대처하고자 그같이 서로 다른 것들을 일체화된 실체로 상정해버린 상상적인 개념으로서, 인종적·문화적 의미는 담고 있지 않은 공상적인 이데올로기적 구성물인 것이다. 그런데 역설적이게도 아시아라는 개념은 아시아에서 멀어질수록 강해지지만, 일단 아시아란 지역에 들어가서는 오히려 약화된다. 예컨대 방콕, 부산, 나고야의 주민들 중 스스로 항시 아시아인임을 느끼며 사는 사람은 거의 없다. 아시아적 가치, 아시아적 심리, 아시아적 음식문화 같은 것은 존재하지 않는다는 말이다. 오히려 동북아시아, 동아시아, 동남아시아, 남아시아, 서아시아 같은 용어들이 특정한 문화적·종교적·언어적 영향을 공유하는 각 지역들의 이해에 더 적절하며 따라서 단일 지역공동체 개념으로서 의미가 있는 반면, 이 다섯 지역을 모두 합해도 전체 아시아는 구성되지 않는다.

1880년대 일본의 아시아 이탈은 정치적인 철수라기보다는 지적인 거부의 문제였는데, 왜냐하면 곧이어 중국 일부 지역(1895)과 한국(1905)에 대한 일본제국주의 통치 구축의 첫단계가 시작되었기 때문이다. 또 이같은 거부는 아시아가 비록 후진지역이지만 일본이 그 아시아를 다시 일으켜세워 구원할 사명이 있다는 관념을 강화시키는 데 기여한 동양의 이상 또는 동양의 개명과 같은 모호한 감정적 수사로 표현되었다. 1930~40년대에 이르러 일본은 그 사명의 의미를 분명히했다. 즉 대동아공영권이라는 다인종 연방체제의 비전을 대안으로 내세우면서, 서구 제국주의 및 백인지배의 종식을 부르짖었던 것이다. 다시 말해, 일본은 아시아의 일원이긴 하지만 본질적으로 아시아 국가들보다 우월하다고 자찬하면서 아시아의 지도자로서의 특별함을 주장했다. 일본은 아시아에서의 콜럼버스 질서를 격렬하게 공격하였으나 당시 일본이 제시한 대안적 비전은 이렇게 모순에 차 있고 공허한 것이었다. 일본의 실패는 실제적인 의미에서는 인접 이웃나라의 주민들이 일체감을 갖고 기꺼이 동참할 수 있는 공동체의 이미지를 투사하는 데 실패한 것이다. 결국 일본제국주의가 창출한 질서는 1945년에 무너지고 말았다. 주목할 만한 점은 그후 일본 밖에서 당시의 특이한 일본적 질서가 사라진 것을 애석해하거나 그 부활을 원하는 목소리가 전혀 들리지 않으며, 일본 내에서조차 당시에 일본이 성립시킨 헤게모니적 제국주의 체제로서가 아니라 서구 식민제국을 분쇄해 민족독립을 촉진시킨 부차적인 결과 때문에 기억되고 있다는 사실이다.

전후 부흥기에 일본이 침략했던 아시아와의 화해는 냉전에 의해 막혀버렸는데, 냉전체제하에서 일본은 아시아**로부터** 자유진영을 보호하는 보루 역할을 맡았기 때문이다. 다른 국가들이 어느정도 이데올로기적이었던 데 비해, 일본은 대체로 경제에만 주력하고 어떠한 이념적인 메씨지에도 거의 반응하지 않는 자유진영 체제의 수동적인 일원이었다. 일본은 공식적으로는 미국에 의존하며 미군기지들의 사슬로 국토가 뒤덮인 비정상적인 나라였지만 그럼에도 불구하고 성장을 계속하여 엄청난 경제강국이라는 현실이 명확해지고 스스로 감당하기에 규모가 너무 커져버린 상태가 되었다. 냉전 종식과 더불어 소위 단일한 자유 자본주의 세계라는 허상이 와해되자 일본의 자본, 기술, 조직력, 에너지가 활력을 얻어가고 있었음에도 의미추구에는 힘이 실렸다. 즉 일본과 아시아의 의미가 다시금 문제시되었다. 이처럼 새로이 아이덴티티 문제에 관심을 갖는 이면에는 전통과 근대 간에, 서양과 일본 간에, 그리고 일본과 아시아 간에 화합을 이룰 수 있는 새로운 종합의 전체성에 대한 모색이 담겨 있다.

새로운 아시아와 새로운 아시아주의

지난 10년간 아시아에 관해 이전과는 완전히 다른 새로운 인식이 싹트기 시작했다. 이 새로운 인식에 따르면 아시아는 더이상 서구의 수동적 지배 대상이 아니라 주체적으로 선택하고 창조한 아이덴티티를 가진 역동적인 지역이다. 다만 그 아이덴티티는 아주 서서히 정의되고 있을 뿐이다. 동아시아의 경제적 부상, 냉전의 종식, 미국 경제력의 상대적 약화 (그리고 인권 기준이나, 특히 일본의 경우 광범위한 정치·경제 정책을 강요하려는 서구의 불쾌한 시도) 등이 함께 작용하여 반서구 감정의 분위기가 조성되었다. 싱가포르에서 콸라룸푸르로부터 뻬이징, 토오꾜오까지 서구의 경제·정치·문화적 간섭에 저항해야 할 필요성과, (적어도 일부 지역에서는) 현존하는 경제망에 기초하여 자율적인 아시아 질서의 터전이 될 수 있는 문화적 초석을 구축하기를 원하는 목소리가 들려올지도 모른다.

이런 발상에 대한 일본의 관심은 여전히 잠정적이지만, 미국과의 관계에서의 좌절과 실망이 일본의 관심을 부채질하고 있다. 미국이 부시 행정부하에서는 새로운 세계질서 구축이라는 수사를 내세우고 클린턴 행정부하에서는 일본과의 동반자 관계를 중시한다는 수사를 내세움에도 불구하고 일본인들은 미국이 무엇보다도 일본을 하나의 문제로 생각하고 있다는 점을 민감하게 의식하고 있다. 특히 90년대 초반, (미국에 신물이 난다는) '혐미(嫌美)' 분위기가 매우 고조된 듯하다. 예컨대 이시하라 신따로오(石原愼太郎)와 모리따 아끼오(盛田昭夫)가 공저한 『'노우'라고 말할 수 있는 일본』이란 책이 출판되었을 때는 미디어에서 대체로 너무 무책임하고 터무니없는 내용이라 비난하였으나, 호소까와 수상이 1994년 2월 워싱턴에서 열린 미일간의 회담에서 특정 제품의 시장점유율에 관한 클린턴 대통령의 요구에 실제로 "노우"라고 말함으로써 대화가 결렬되었을 때는 일본 국민들은 그런 입장을 대체로 지지하였고, 일부는 노골적으로 환호했으며, 불만을 표시한 사람은 아무도 없었다.[20] 1995년 미국이 일본에게 자동차와 자동차 부품을 더 구매하라고 주문하면서 무역분쟁이 일어났을 때, 일본인들은 지나가는 말로 미국이 마치 열두살 먹은 아이처럼 군다고 덧붙인 텔레비전 아나운서에게 매료되었다. 미군정 당시 맥아더 장군이 일본은 겨우 나이가 열두살밖에 먹지 않은 것 같다고 공공연하게 말했던 것을 뒤집은 것이다.[21]

---

20) 鈴木健二, 「新たなアジア主義の危うさ」, 『エコノミスト』 1994年 3月 15日, 44~47면.
21) 久米宏의 발언, 「ニュース・ステーション」, テレビ朝日, 1995年 5月 24日.

　이런 분위기를 보여주는 예는 여러가지가 있다. 이 점에 대해서 고위관료인 오구라 카즈오(小倉和夫)가 1993년에 쓴 글만큼 잘 설명한 자료도 없다. 이때 오구라는 외무성의 경제국장이었으며, 1994년에 베트남 대사로 임명되었다.[22] 오구라의 논점은 다음 세 가지로 이루어진다. 서구의 오리엔탈적 아시아관에 대한 비판, 서구문명의 파우스트적 특성과 과도한 물질주의에 관한 비판, 아시아적 가치에 기초하여 부상하고 있는 우수한 문명에 대한 가설이다. 오구라는 두 가지 아시아를 대비한다. 우선 부정적인 아시아란 보편적 가치는 전혀 갖고 있지 않고 유럽인들의 약탈 또는 쾌락의 장이 될 뿐인 지역을 기술하기 위해 유럽인들이 만들어낸 용어로서, 서구의 보편적 도덕 · 윤리 · 정치 체계를 강제로 이식당한 수동적 아시아이다. 반면 긍정적 아시아는 새롭게 부유해지고 있고 자신에 찬 주체성을 지닌 이 시대의 근대적 아시아를 말한다. 부정적 이미지의 아시아를 기술하면서 오구라는 에드워드 싸이드(Edward Said) 같은 비평가들이 제기한 서구의 오리엔탈리즘에 관한 비판과 유사한 입장을 취한다. 반면 긍정적 아시아에서는 비판에서 벗어나 처방을 제시하면서 전세계에 창궐하는 민족주의, 파우스트적인 무한정한 욕망의 추구, 과도한 이기적 주장, 환경과 인간 간의 조화 결여와 같은 인류가 직면한 문제들에 대한 해결책을 제시해주는 것은 새로우면서도 동시에 오래된 바로 이 아시아라고 주장한다. 그는 이러한 모든 악을 서구문명이 겪고 있는 깊은 침체의 증후로 보았다. 여기서 아시아의 전통정신의 부활이 요구되며, 한때 서구가 그리스, 로마, 페르시아, 터키의 문화와 문명을 흡수한 토대 위에서 하나의 보편체계를 창조했듯이 이제는 아시아가 유럽과 조우함으로써 새로운 보편주의를 창출하게 될 것이다.

　서구의 아시아관과 서구문명에 관한 오구라의 비판은 논쟁적이지도 독창적이지도 않다. 이 두 가지는 원래 서구에서 이미 제기되어 거의 알려진 내용들을 다시 천명한 것들이다. 인류의 미래가 현재보다 좀더 유연하고, 덜

---

22) 小倉和夫,「アジアの復權のために」,『中央公論』1993年 7月, 60~71면.

착취적이며, 좀더 지속 가능한 문명으로 나아갈 수 있느냐의 여부에 달려 있다는 일반적 입장에 대해서 논박할 사람은 거의 없을 것이다. 그러나 오구라의 세번째 가정은 매우 문제시될 만하다. 물론 오구라의 생각이 맞고 그의 말대로 현재 직면한 문제들에 대한 해결방안이 전통적인 동양문화 내에 담겨 있다고 보고 싶어하는 사람들이 많을 것이다. 그러나 오구라가 스케치한 아시아 문명이란 것 자체가 (중국적·유교적·불교적인 전통을 공유하는 동아시아와 동남아시아 국가들에 대체로 한정하여) 매우 산만한 현상이며, 그러한 아시아 문명이 정확히 인류가 직면한 문제들을 어떤 방식으로 해결한다는 것인지가 너무나 불분명하다. 특히 본질적으로 오구라 및 리콴유 싱가포르 수상 같은 이들이 이른바 동아시아의 문화적 특질——개인보다는 가족과 집단 우선시, 훈련, 근면, 질서, 협조——을 강조하는 것은 이미 존재하는 것들에 대한 설명이라기보다는 만들어지기를 바라는 종류의 공동체에 대한 상상적 투사라고 볼 수 있을 것이다. 그것들은 또한 서구에서 산업화 과정에 수반된 사회적 변화에 있어 유감스러운 측면들은 피하면서 자본주의를 산업발달과 자본축적의 동력으로만 한정하려는 바람을 보여준다.[23] 따라서 그들의 주장은 가치에 대한 이데올로기적인 진술로서는 그럴듯하지만, 과학적 타당성을 지닌 사실적인 기술과 혼동되어서는 안 된다.

　더욱이 오구라도 환영하는 듯한 경제성장의 달성이라는 결과를 가져온 자본주의는 서구 못지않게 아시아에서도 사회질서와 자연에 파괴적이었다. "견고하던 모든 것들이 녹아 사라진다"던 맑스의 말이 19세기의 독일이나 영국에서와 똑같이 이 시대의 중국과 말레이시아에서도 그대로 재현되고 있다. 마찬가지로 민주주의 실현 문제도 아시아나 다른 지역이나 대동소이하며, 오랜 기간 동안 이 지역의 특징이었던 권위주의가 서구 식민구조가 잔존하고 이를 현지 엘리뜨들이 교묘히 조작하기 때문이라는 가정 역시 적어도 의심의 여지는 있다.

---

23) 그의 사고의 일례로 Fareed Zakaria, "Culture Is Destiny——A Conversation with Lee Kuan Yew," *Foreign Affairs*, Vol. 73, No. 2, March~April 1994, 109~26면 참조.

오구라는 아시아를 구성하는 것들에 대한 자신의 느낌을 피력하려 애쓰면서, 라빈드라나스 타고르(Rabindranath Tagore), 오까꾸라 텐신(岡倉天心, 『茶の本』의 저자―옮긴이), 니또베 이나조오(新渡戶稻造, 일본의 5천엔권 지폐에 나오는 학자, 정치가. '식민지배의 궁극적 목표는 인류의 발선'이라고 주장―옮긴이), 쑨원(孫文), 그리고 동시대 인물인 싱가포르의 리콴유 수상과 말레이시아의 마하티르 벤 모하마드(Mahathir ben Mohamad) 수상 등 다양한 사상가들에게 의존한다. 두말할 나위 없이 이들이 아시아를 생각하는 방식에서 어떤 일치점을 찾기는 어렵다. 이를 알기 위해서는 이중 유일한 중국인으로 보통 이 시대 아시아주의의 정신적 선구자라고 여겨지는 인물인 쑨원만을 살펴보는 것으로 충분하다. 쑨원에게 아시아성이란 서구의 '헤게모니적 방식'과 대비되는 자신이 왕도(王道)라고 부르는 방식, 즉 인의와 도덕을 중시하는 어떤 것이다. 그가 말하는 아시아는 중국, 일본뿐 아니라 아라비아, 페르시아, 이집트, 아프가니스탄, 인도를 망라하지만 1924년 11월 일본의 코오베에서 한 대아시아주의에 관한 유명한 연설에서는 유럽제국 역시 왕도를 따를 수 있다고 언급하면서, 레닌의 러시아가 그런 모델에 속한다고 지적했다.[24] 그의 연설은 이 개념을 해석하는 데 있어 고도로 융통성 있고, 주의주의적(voluntaristic)이며, 본질적으로 이데올로기적인 방식을 따르는 좋은 예라고 할 수 있다. 그러나 그의 사상의 세부적인 내용보다는 그의 이름의 권위와 '대(大)아시아주의'라는 거창한 연설이 오늘날의 아시아주의에 더욱 중요하게 받아들여지는 것 같다.

쑨원은 뻬이징과 타이뻬이 양쪽에서 추앙받는 유일한 인물일 뿐 아니라, 오늘날 (그리고 예전의) 토오꾜오의 아시아주의자들 사이에서 인기를 누리는 인물이 되었다. 그러나 일본인들이 쑨원한테 매력을 느끼는 것은 그의 사상의 막연한 일반적 분위기 때문만이 아니라 중일관계를 해석하는 독특한 방식 때문이다. 1911년 신해혁명 후의 혼란기에 이 중화민국의 '아버지'는 다급한 나머지 중국 전역에 자신의 지배체제를 확립하도록 일본이 1

---

24) 1924년 11월 28일 코오베고등여학교에서 孫文의 강연, 「大アジア主義」, 今里禎 역, 伊地智善繼·山口一郎 편, 『孫文選集』, 東京, 社會思想社, 第3卷, 361~75면.

천만엔의 '차관'을 제공하여 도와준다면, 자신의 근거지인 남부에서 멀리 떨어져 통치력이 전혀 미치지 않고 있던 중국 북동지역(만주)에서 일본에게 행동의 자유를 허용하겠다는 제안을 했다.[25] 그같은 아시아주의와 민족주의의 조합이 오늘날 일본의 아시아주의자들에게 상당한 매력을 끌고 있고, 이들 중 일부는 신아시아적 미래의 토오꾜오-뻬이징 축의 상징으로 지금 실제로──만주에서 일본의 특별지위 확인이라는──쑨원의 약속이 실현되기를 기대한다.[26] 그들이 말하는 아시아 역시 어떤 면에서는 쑨원의 구상만큼이나 환상적인 구성물이다.

더욱이 1993년에 오구라가 쓴 글의 논지는 그의 다른 저작과는 분명히 일치하지 않는다. 가령 1992년에 쓴 논문에서 그는 일본이 산업국가들 가운데서는 유일하게 어떠한 지역통합 구도에도 속하지 않고 구미와 아시아 사이에 끼여서 지정학적으로 고립에 빠질 위험에 처해 있으며, 일본이 만일 장기적 동반관계를 맺을 만한 나라가 있다면 이 나라는 민주주의와 자유에 대한 기본 가치를 공유하고 똑같이 시장과 자유무역의 원칙을 준수하며 안보와 정치·경제적 이해관계에 공통점을 갖는 오스트레일리아일 것이라고 주장했다.[27] 1992년의 글에는 1993년 사고의 중추가 된 신아시아주의는 어디에도 분명히 나타나지 않는다. 오구라가 제대로 논의하지는 않았지만, 이 장 뒷부분에서 논의하듯이 두 나라의 근대사 사이에는 아시아와의 관계에 있어 매우 흥미로운 유사점이 발견된다. 그렇지만 오구라가 번갈아 제시한 일본의 미래 아이덴티티에 관한 아시아주의적 비전과 오스트레일리아 지향적 비전 사이에는 분명히 조화되지 않는 면이 있다. 그러나 오구라의 말은 토오꾜오-씨드니 축 실현을 기대하는 오스트레일리아 정계 및 재계 지도자들을 흥분시키기에 충분했다.

이밖에도 오구라가 논의하지 않은 문제들은 많다. 그는 확실히 건망증이

25) 최근에 발견된 이러한 언질과 관련된 문건에 관해서는, 「孫文が滿州租借を密約?」, 『讀賣新聞』 1995年 5月 22日 참조.
26) 宇野正美, 『1994年──日本は中國へ行く』, 東京學習研究社 1993, 267~68면.
27) 小倉和夫, 「地域統合と日本の選擇」, 『外交フォラム』 1992年 12月, 4~11면.

있는 것 같다. 시공간적으로 폭넓은 주제를 다루고 있음에도 불구하고, 그는 아시아의 정체성을 날조하려던 30년대와 40년대 일본의 파멸적인 시도는 무시한다. 물론 과거 일본의 그런 시도를 기억하는 아시아의 일부 인접 국가들은 90년대에 들어 일본이 다시 아시아주의를 수창하는 것에 대해 회의적인 반응을 보일 것임에 틀림없다. 본래 아시아주의의 가치 및 지향은 일본제국주의와, 반식민투쟁에 대한 지원 및 도움을 받을 의향으로 일본 쪽으로 기운 다른 나라의 정치지도자 및 선도적인 지식인들이 가장 적극적으로 표출하였다. 제국주의에 대항하기 위한 평등과 상호협조라는 아시아주의의 원래 이상은 그것이 현실화되기 시작할 때부터 크게 바뀌었고, 결국 대동아공영권은 괴기한 패러디에 머물고 말았으며, 일본이 구축한 질서는 유럽만큼이나 제국주의적이었다. 이전 세대 아시아주의 이상의 전도와 타락을 비롯한 이런 결과를 낳은 과정을 비판적으로 성찰하지 않고서는, 90년대에 새로운 상표를 달고 나온 아시아주의의 전망에 대해 회의를 갖지 않기란 어렵다. 그런데 아시아주의에 관한 일본의 최근 문헌들을 보면, 표면적으로는 나름대로 폭넓은 역사적 언급을 하는 것 같지만 자기비판적·역사적인 시각이 결여되어 있다는 점이 가장 큰 특징이다.

오구라의 글처럼, 동아시아의 정신사를 다룬 최근의 또다른 일본 논문도 근대 이전의 아시아 지역은 기후와 자연만큼이나 종교·문화·기술 면에서 큰 차이가 있었으며 유럽으로부터 멸시와 착취를 받는다는 공통의 아이덴티티를 인식하게 되면서부터 비로소 아시아가 되었다고 한다. 마쯔모또 켄이찌(松本健一)에 따르면 아시아란 지리적인 개념이 아니라 저항이라는 사고의 표현이다.[28] 장기간의 저항투쟁이 성공적으로 끝나면서 비로소 아시아는 세계사의 게임에서 독립된 주체로 등장하게 되었다는 것이다.[29] 마쯔모또는 이런 측면에서는 오구라와 같은 입장을 취하지만 일본과 중국이 19세기 서구 제국주의에 대항한 방식이 달랐다는 점을 훨씬 강조한다. 두 나라 모두 나름의 방식과 각각의 정체(國體, 코꾸따이/구오띠)를 강조하

28) 松本健一, 『近代アジア精神史の試み』, 中央公論社 1993, 192~99면.
29) 같은 책, 249면.

였으나, 일본만이 자신의 정체를 독특하고 초월적인 것으로 보는 명확히 변혁적인 의식을 구축할 수 있었다. 일본은 천황의 신성성과 초월적 존재를 강조함으로써 그렇게 할 수 있었다.[30] 이처럼 다른 아시아 국가들을 부정적으로 보는 독특한 아이덴티티 의식을 그가 지지하는 신아시아주의와 어떻게 조화시킬 수 있는가 하는 문제는 매우 중요한데도 이 점에 대해 마쯔모또는 전혀 언급이 없다. 실상 이 문제는 너무 뿌리깊은 것이라서 최근 아시아주의 문헌들은 거의 다 그런 논의에 다가서는 것조차 꺼리고 있다.

이와 유사한 정서가 1993년 출판되어 대단찮은 베스트쎌러가 된 오자와 이찌로오의 책에서도 표출되었다. 아마 20세기 말 일본 정계에서 가장 마끼아벨리적인 인물일 오자와가 인간을 자연의 일부로 보는 동양의 가치와 인류를 자연의 정복자이자 통제자라고 인식하는 서구적 가치를 대비하는 모습과, 오늘날 환경문제의 해답은 서양의 가치관에서 벗어나 동양적 가치로 나아가는 데 있다는 처방을 내리는 것은 일종의 아이러니이다. 오자와는 이러한 아시아적 가치는 유교가 아니라 선사시대 죠오몬(繩文) 시대 일본의 고대 삼림거주사회에서 가장 순수한 형태로 나타났다고 본다.[31] 그리하여 오자와는 아시아의 일원으로서의 일본과 나머지 아시아 지역과 구별되는 독특한 일본 사이에 존재한다는 고대 이래의 긴장을 요약하면서, 오늘날의 담론에서도 이런 긴장은 해소되지 않은 채 여전히 남아 있다고 지적한다. 그런데 이런 핵심적 문제에 관한 그의 논의가 1994년 출간된 영어번역판에서는 삭제되었다.[32]

오구라, 마쯔모또, 오자와의 주장들은 일관성이 없는 것은 아니지만 매우 절충적인데, 그렇다곤 해도 이들이 일본의 지식인들과 여태껏 친미 감정의 보루라고 간주돼온 대장성과 외무성 등 정부 부서의 관리들을 비롯한 관료들 사이에 폭넓게 퍼져 있는 정서를 표현하고 있다는 점에서는 일본 논평가들의 의견이 일치한다.[33] 그런데 정부 차원에서는 이런 문제들에 대한 합

---

30) 같은 책, 76면 이하.
31) 小澤一郎, 『日本改造計劃』, 講談社 1993, 175면.
32) *Building for a New Japan*, New York, Kōdansha International 1994.

의가 전혀 이루어지지 않고 있다. 일본이 지도적 역할을 맡는 아시아의 정치 · 경제그룹을 만들어보자는 말레이시아의 제의가 몇몇 재계 지도자들의 호응을 얻고 있으나 그 과정에는 정치적 의혹과 지대한 난관이 놓여 있다. 1994년 보고르(Bogor)에서 열린 APEC 정상회담에서, 말레이시아의 마하티르 벤 모하마드 수상과 같은 아시아주의자가 매우 격앙된 목소리를 낸데 반해 일본측은 실질적으로 아무런 발언도 하지 않았다는 점을 주목할수 있다.

적어도 지금까지는 일관된 아시아주의 정치도 없고, 아시아 지역 내 국가들간의 관계나 아시아 국가들과 미국의 관계에 대해 이렇다 얘기할 만한대안적 경제전략도 존재하지 않는다. 만일 세계무역 씨스템의 붕괴 같은예외상황에서라면 아시아 블록을 위한 경제의제가 형성될 수도 있을지 모른다. 물론 그런 상황에서 아시아적 정서가 독특한 아시아의 가치를 반영하는 질서, 또는 압도적인 경제력을 과시하는 일본이 과거 1940년대 대동아공영권에서 행사했던 것 같은 압도적인 정치 · 경제적 역할을 허용하지않는 질서를 어떻게 창출할 수 있을까를 생각하기란 어려운 일이다.

그러나 과연 아시아가 아시아주의자들이 바라는 일본측의 변화를 환영할는지는 여전히 의심스럽다. 21세기 초반에 아시아에서 중-일의 복합 패권이 형성되리라는 신아시아주의적 전망은 아시아 지역에서 그리 열정적으로 받아들여지고 있지 않다. 일본 내에서조차 이런 전망은 무비판적인 환영 못지않게 21세기의 중국중심적 세계질서하에서 일본이 종속적 역할을하는 길을 여는 것이라는 심각한 우려도 낳고 있다.[34] 더욱이 미국 시장은일본뿐 아니라 아시아 전체에 여전히 매우 중요하고, 아시아에서 안보를위한 미군 주둔을 종식시키고자 하는 열망은 전혀 보이지 않는다. 독특한동아시아 대중문화가 점점 현저해지고 있음에도 불구하고, 미국 문화의 가공품들, 즉 (1994년 클린턴 행정부의 국제안보 담당 국방 차관보에 임명

---

33) 鈴木健二, 앞의 책, 22면.
34) 猪口孝 · 中島嶺雄 · 小比木正夫(좌담회), 「アジアには輻湊する安保ネットワークがよく似合う」, 『エコノミスト』 1994年 3月 15日, 36면, 小比木正夫의 발언.

된) 하버드대학의 조셉 나이(Joseph Nye)가 말하는 미국의 부드러운 힘 (soft power)의 도구들의 매력이 감소하고 있다는 징후는 거의 보이지 않는다. 많은 사람들이 일본과 우호관계를 유지하기를 원하고 있음에도 불구하고, 일본이 만일 국제적으로 고립되면 아시아에서 신질서를 구축하는 데서 문제의 해결책을 구하지 않을까 하는 우려 섞인 전망을 한다.[35] 일본의 동기에 대해 늘 미심쩍게 보는 인접국가들의 태도가 한국의 한 경제학자의 논평에 잘 표현되어 있는데, 그에 따르면 일본은 유럽과 미국과의 관계에서 문제를 느낄 때면 언제나 인접국가들에 미친 과거와 현재의 영향의 본질에 대해서는 눈감고 이들을 주변적인 것으로 간주하면서도 아시아주의로 경도된다는 것이다.[36]

일본에서든 다른 아시아 국가에서든 오늘날의 세계에서 아시아주의(혹은 신아시아주의)는 전략보다는 전술적 성격이 강하고, 실체라기보다는 수사적인 언설로 사용된다.[37] 거의 100여년 동안 일본의 아시아에 대한 태도를 특징지었던 것은 부채의식과 경멸감과 이탈의지가 복합된 양상이었는데[38] 최근 일본에 대한 새로운 접근의 필요성을 강조하는 사람들은 일본의 이러한 태도에 대해 거의 비판하지 않는다. 아시아 주체성이나 아시아 일체성에 대한 발언들은 20세기 초반과 마찬가지로 오늘날도 이데올로기적이고 수사적이다. 동아시아 각국의 정부들이 서구의 정부들에 비해 어떤 면에서는 덜 간섭적이거나 덜 규제적이라는 발상에 대해 한국의 노련한 정치가인 김대중씨는 "아시아의 정부들은 서양의 정부들보다 훨씬 더 많이 개인과 가정의 일상생활 곳곳에 침투"하여 때때로 "오웰식의 극단적 사회공학"에까지 이르고 있으므로 말도 안되는 이야기라고 일축한다.[39] 『파 이

35) 같은 글, 36면의 小比木正夫.
36) 金泳鎬,「アジア市民社會目指し」,『朝日新聞』1994年 5月 6日.
37) 이러한 현상에 대한 통찰력있는 분석으로는 Eric Jones, "Asia's Fate: A Response to the Singapore School," The National Interest, Spring 1994, 18~28면 참조.
38) Inoguchi Takashi, "Japan and Pacific Asia: Reflections on the Fiftieth Anniversary of the End of World War Two," The Japan Foundation Newsletter, Vol. 22, No. 5, February 1995, 1~5면.

스턴 이코노믹 리뷰』의 편집장을 지낸 노련한 언론인 데렉 데이비스(Derek Davies)는 노쇠한 독재자가 자기 권력유지를 합리화하기 위해 신유교의 경구를 들먹이는 행위는 언어도단이자 유가들에 대한 모독이라고 말한다.[40] 모든 아이덴티티가 그러하듯이 아시아주의라는 것 역시 현실의 특성을 기술한 것이 아니라 이데올로기적 구성물이고, 보수적 근대화론자들이 바라는 집단주의, 규율, 근검, 헌신 등이 핵심가치를 이루는 사회를 만들기 위한 처방안이다. 그 수다스러움과 애매모호함이라는 면에서, 미국이 주창한 서구문명에 대한 냉전시대의 수사와 매우 흡사하다.[41]

아시아주의와 문명론

신아시아주의는 일종의 지적인 추세로 유행하고 있으나, 전전 일본의 아시아주의만큼 상당한 문제를 안고 있다. 특히 세계사 속에서 현시점의 특징을 기술하려는 가장 야심적인 최근의 (서구의) 시도가 암묵적으로 일본의 (신)아시아주의를 거부하고 있다는 사실은 매우 흥미롭다. 쌔뮤얼 헌팅턴(Samuel Huntington)은 세계가 몇개의 문명권으로 분열된다는 자신의 시나리오에서 아시아는 적어도 네 개의 문명권——유교문화권, 일본문화권, 이슬람문화권, 힌두문화권——의 발상지인데, 일본의 경우는 "그 자체가 독특함을 지닌 사회이자 하나의 문명권"[42]이라고 주장한다. 1994년에 일본에서 행한 강연에서 일본인 청중들에게 헌팅턴은 이러한 일본의 독특함을 자랑스럽게 받아들여야 한다고 말했다.[43] 그러나 헌팅턴은 왜 그래야

39) Kim Dae Jung, "Is Culture Destiny?" *Foreign Affairs*, Vol. 73, No. 6, November~ December 1994.
40) Derek Davies, "Neo-Confucian Ploys Just a Cynical Abuse of Power," *The Weekend Australian*, December 31, 1994~January 1, 1995.
41) Ivan Hall, "Japan's Asia Card," *The National Interest*, Winter 1994~95, 19~27면 중 20면.
42) Huntington, 앞의 글, 28면.
43) 「民主化の足場かためを固く」, 『朝日新聞』 1994年 4月 11日.

만 하는지에 대해서는 말이 없다. 아마도 자신을 초청한 일본인들에 대한 인사 치례였던 것 같은데, 아이러니컬하게도 헌팅턴의 이러한 견해는 '어떻게 하면 완전히 일본적이면서도 동시에 아시아가 될 수 있는가'라는 일본이 직면하고 있는 역사적 딜레마를 부각시켰다.

헌팅턴의 이 논문은 찬반양론의 상당한 논란을 불러일으켰는데, 이에 대한 가장 예리하고 어떤 면에서는 가장 통찰력있는 비판은 아직까지는 일본어로만 출판된 한 논문에 담겨 있다.[44]

헌팅턴에게 일본은 고정화·물화된 문화라는 의미에서 하나의 독특한 문명으로 보인 반면, 헌팅턴을 비판하는 입장인 코오베대학의 정치학자 이오끼베 마꼬또(五百旗頭眞)는 전혀 다른 이유 때문에 일본을 독특하게 보았다. 즉 다른 어떤 나라도 일본만큼 그처럼 장기간에 걸쳐 (치열하게) 다른 문화(또는 문명)들과 맞붙어 싸우지는 않았다는 것이다. 이오끼베는 일본이 이러한 문명들간의 경계선에서의 경험을 통하여 상이한 문화들간의 대립을 무화시키고 융화하여 이들을 조각조각 모아 하나의 잡종문명을 만들어냈다고 주장한다. 헌팅턴의 논쟁적이고 계시론적이기까지 한 논조는 이오끼베에게 바로 양차 세계대전 사이에 일본에서 행해졌던 논의를 상기시켰을 것이다. 이 논의에서 일본 정치인들과 지식인들은 전후(1차대전) 세계의 질서, 다시 말해 새로운 것으로 간주되며 결코 흔들리지 않는 서구 헤게모니가 보장되는 신질서에 대해 반기를 들었다. 당시 일본인들이 표명했던 것이 일본의 열등감과 취약함이었다면, 마찬가지로 헌팅턴 논문의 이면에는 미국의 쇠퇴, 좌절, 그리고 외부에서 희생양을 찾으려는 노력 등이 작용했을 가능성이 크다. 이오끼베가 특히 문명충돌론과 연관해서 떠올린 인물들은 외교관 출신이면서 수상을 역임했고 비운의 대동아공영권 구상의 창안자이면서 1918년에 '영미식 평화주의를 넘어서서'라는 제목의 글을 쓴 코노에 후미마로(近衛文麿)와, 천재적인 군인이자 문명충돌적·계시론적 전쟁의 불가피성을 믿는 확고한 신념의 소유자로 1931년 (그같은 충돌의

---

44) 五百旗頭眞, 「新世界無秩序論を超えて」, 『季刊アスティオン』, 第31號, 1994年 冬號, 16~33면.

기반을 닦기 위한 첫걸음으로 여겨지는) 만주사변을 기획한 인물인 이시하라 칸지(石原莞爾)와 같은 사람일 것이다. 이오끼베의 시각은, 일본이 현대 서구 대 비서구 관계의 장에서 화해와 치유의 역할을 감당할 수 있다면, 그것은 다름아닌 이 시절에 축적한 일본의 경험, 서구문화(문명)와의 무모한 대결에서 오랜 기간 패배해온 데서 생긴 상흔, 그리고 결국 그러한 과정에서 형성된 상호 경쟁적인 가치들간의 궁극적인 화해 때문일 것이라고 보는 것이다.

일본에서는 이처럼 새로운 잡종적 · 절충적 문명의 진화과정이 크게 진전되어왔기 때문에 헌팅턴의 논의가 지지는커녕 관심도 크게 불러일으키지 못했지만, 이오끼베가 두려워하는 것은 문명충돌에 관한 이야기가 일종의 자기충족적 예언이 되지나 않을까 하는 가능성이다. 역사를 통해서 보면 이 시대만큼 민주주의와 인권에 대한 보편적 지지가 있었던 (그리고 문명적 갈등으로의 퇴보를 걱정할 만한 근거가 거의 없었던) 적이 없으나, 서구적 가치가 곧 보편가치라고 미국이 과도하게 주장하게 되면 이러한 수용과정을 저해하고 말 수도 있다. 일본인들이 종종 거부한 것은, 그러한 가치 자체가 아니라 헌팅턴 같은 서구 이론가들의 날카로운 목소리와 독선적인 성급함이라고 그는 지적한다.

다른 말로 하자면, 일본을 색다르게 보는 시각에는 타당성이 있지만, 헌팅턴은 일본의 다름이 겉으로 나타나는 독특함에 있다기보다는, 좀더 깊은 차원, 즉 그간 여러 문명들을 융화시키는 데서 생겨났다는 사실을 미처 보지 못했을지도 모른다. 잡종은 원래 순종보다 더욱 아름답다. 일본은 문명간의 갈등과 모순이라는 것이, 절대적인 것이 아니라 오히려 과거지사가 되어가고 있다는 증거로 간주될 수 있다.

일본 대 아시아

전전에 일본의 아시아 구상이 왜 실패했는지를 성찰하는 과정에 들어서

면, 아시아주의의 일본식 명제의 핵심에 놓여 있는 모순과 맞닥뜨리게 된
다. 그것은 아시아 지역 내의 다른 나라들과 공유하는 아이덴티티와, 그 독
특하고 우월하며 유일무이한 성격의 상속자라는 의미에서의 일본주의 간
의 갈등이다. 후자는 19세기 후반에 성립되었는데, 후꾸자와가 1881년 그
의 유명한 저서에서 주장한, 아시아로부터의 이탈과정의 필연적인 짝패였
다. 이 두 아이덴티티는 한번도 통합된 적이 없었고 양자간의 긴장은 시대
에 따라 변화하였다. 의심할 여지 없이 선민의식의 신화와 이데올로기가
일본을 단합시켜 19세기 서구의 공세에 저항하게 했으나 그 대가로 일본은
인접 아시아 국가들로부터 고립되었고, 그후 지도자 역할을 하지 않고서는
아시아 국가들과 어떤 협력관계도 맺지 않는다는 식의 뿌리깊은 우월적 태
도가 일본사회에 자리잡았다. 이에 따라 아이덴티티 관념은 한편으로는 인
종과 혈통의 순수성 및 공통된 신앙으로 정해진 운명을 공유한다는 격세유
전적 선민의식과, 다른 한편으로는 근대성, 시민권, 과학, 민주주의, 국제
주의 같은 보편적·신앙고백적·주의주의적 개념 사이에서 동요하였다.

　일본의 국수주의와 우월의식의 흐름은 19세기 후반 아시아의 거부에 기
반을 두고 성립되어 일본성에 관한 모든 정통적 구성물의 침해할 수 없는
순수한 핵심이자 일본성의 진수 중의 진수가 구현된 천황제와 연결되었다.
그것은 마침내 1930년대에 와서 코꾸따이(國體)로 성문화되기에 이른다.[45]
물론 전후에는 코꾸따이라는 용어를 사용하지 않았지만 그 개념이 내포하
는 가정과 가치가 철저하게 분석되거나 비판된 적은 한번도 없다(아마도
부분적으로는 천황제를 온존시키기로 한 점령당국의 결정 때문일 것이다).
문화적 민족주의 사고의 복합체를 이노구찌 타까시(猪口孝)는 다음과 같
이 서술한다.

---

45) 졸고, "Kokusaika: Problems in Japan's Deep Structure" 참조. 이 글은 일본어로는 『國際
　　協力研究』, 第2卷 第1號, 1994年 6月, 71~90면. 한국어로는 『창작과비평』, 1994년 여
　　름, 122~49면에 게재되었고, 또한 영어로는 Donald Denoon, Mark Hudson, Gavan
　　McCormack, and Tessa Morris-Suzuki, eds., *Multicultural Japan: Palaeolithic to Post-
　　modern*, Cambridge: Cambridge University Press 1996에 실림.

메이지 이래 '섬나라근성'론, '도작일원(稻作一元)'론, '단일민족'론이 천황
제의 역동적인 융합 가운데서 고정된 요소가 되었다. 그런 이론들은 천황제
지배의 정통성을 강화하였을 뿐 아니라 경제발전의 기반이 되는 정치적 안
정과 사회 지속성을 유지하는 데도 기여했다. 근대국가 형성과정에서 지배
를 강화하기 위해 다양한 신화들이 만들어졌다. 이런 신화들은 그때까지 사
람들이 별로 인식하지 않았던 민족적 아이덴티티를 북돋우는 역할을 하지만
동시에 전쟁, 억압, 차별과 같은 폐해를 수반했다. 혼란과 계략으로 가득한
세계에서 안정과 번영을 유지하기 위해서 필요불가결한 기반을 닦는 데 없
어서는 안된다고 (전수상) 나까소네 야스히로가 강조한 것은 바로 이러한 아
이덴티티 의식이다.[46]

일본에서는 민족적 아이덴티티와 문화적 민족주의의 핵심이 신아시아주
의 주창에 적극적인 다른 나라들과는 달리 실제로 아시아에 대해 적대적인
것이다. 동남아시아 정치지도자들이 유교에 대해 가지는 열정에 대해 일본
은 거의 공감하지 않는데, 그 이유는 유교가 동남아시아에서는 신아시아적
아이덴티티를 구축하는 데 있어 어떤 식으로든지 중심이 되는 데 비해서
일본에서는 보통 동화되지 않은 외래 이데올로기라고 인식되고 있기 때문
이다. 일본 문화의 순수한 정수를 오염시키는 외래 악몽이라고 보는 18세
기 일본의 비판이 여전히 존속하고 있다. 아시아성과 일본성을 새로운 질
서 안에 어떻게 나타낼 것인가 하는 난제는 3,40년대와 마찬가지로 90년대
에도 해결되지 않은 채 남아 있는 것이다.[47]

---

46) 猪口孝, 『日本 —— 經濟大國の政治運營』, '東アジアの國家と社會' 第6卷. 東京大學
出版會 1993, 164면.
47) 주 45의 졸고 참조. 이러한 문제를 잘 소개한 자료로는, Ian Buruma, "A New Japanese
Nationalism," *New York Times Magazine*, April 12, 1987과 일본어로 된 Buruma와 梅原
猛 간의 계속된 의견교환 참조. 이것은 『中央公論』 1987年 8月, 10月에 수록. 또한
Conference of German Social Scientists on Japan, Loccum, Germany, November 7,
1992에 발표된 Peter Dale, "Tendenzen der Japanischen Kulturpolitik" 참조. 1993년 9월
오스트레일리아국립대학에서 개최된 일본의 아이덴티티에 관한 회의에서 국제일본문화
연구쎈터의 참가를 둘러싼 논란에 관해서는 졸고, "Kokusaika, Nichibunken, and
Australia-Bashing," in *Asian Studies Association of Australia Review*, April 1994, and

80년대 중반에 수상을 역임한 나까소네 야스히로는 국가를 결속시키고 과거와 접목시키는 신화를 명확히 설정하고 세계에 일본의 독특한 아이덴 티티를 선언하는 일은 매우 중요하다고 강조했는데, 이때 나까소네는 아시아라는 지역적 견지에서가 아니라 일본이라는 순전히 민족적 견지에서 사고하였던 것이다.[48] 당시 나까소네의 주장에 공감한 쿄오또를 거점으로 하는 학자그룹은 농경 시작 이전에 삼림에 거주하며 수렵채집 생활을 했던 죠오몬 시대까지 역사를 거슬러올라갔다. 그들은 죠오몬 사회에서, 후세의 일본열도 주민들의 심층에 있는 무의식적 심성에 뚜렷하고 영구적으로 각인되어 있는, 조화롭고 환경적으로 건전하며 정령숭배적인 공동체를 발견했던 것이다. 그같은 형태는 독특한 것으로서, 인접 아시아 대륙의 영향을 거의 또는 전혀 받지 않았다고 간주된다. 이것은 쇼오또꾸(聖德, 574~622) 태자기에 결정화되면서 천황제를 통해 매우 순수하게 전승되었으며 모든 일본인들의 의식 심층을 모양지었으며 와(和, 조화), 이에(家, 개인주의와 대조되는 개념), 아이다(間) 또는 아이다가라(間柄, '그것'이나 '거기'가 아니라 사이 혹은 공간), 돌출형보다는 수용형의 정서 패턴 등의 특징을 갖고 있다.[49] 80년대에는 동양을 그저 이국적인 것으로 인식하는 기존의 가치판단을 뒤집고자 시도하면서도, 전력을 다해 문화를 동양화시키려는 식의 흥미로운 광경이 나타났던 것이다.[50]

그런데 일본성 담론에서는 보편적인 것은 제쳐두고 그 속에서 아시아적이라고 인식될 만한 무엇인가를 찾아서 독자성의 가상공동체(imagined community, 베네딕트 앤더슨Benedict Anderson의 용어로서 '민족'을 의미함─옮긴

Richard McGregor, "Academics Embroiled in Japan Studies Row," *The Australian*, April 24, 1994 참조.

48) 이러한 문제를 간단명료하게 다룬 것으로는 山本晴義, 「日本學再興」, 『現代思想の焦點』, 勁草書房 1987, 98~124; 鯵坂眞, 「'新京都學派'の日本文化論」, 『文化評論』 1986年 5月, 97~114면 참조.

49) 만약 이런 생각으로 씌어진 많은 문헌 중 하나를 고른다면, 梅原猛, 『森の思想が人類を救る』, 小學館 1991이 될 것이다.

50) Roy Andrew Miller, *Japan's Modern Myth: The Language and Beyond*, New York: Weatherhill 1982, 209면.

이)라는 불가능한 일을 어떻게 꾀할 수 있는지에 대해서는 아무런 말이 없었다. 민중의 열망을 선취하여 동원하고 흡수하려 시도하는 가운데 위로부터 부과된 유기적이고 근본적으로 신화적 색채를 지닌 공식화된 구호——3,40년대의 민족간 화합과 공영으로부터 최근의 쿄오세이(共生)[51]에 이르기까지——는 내부적으로 조직화하고 동원하는 데는 그 기능을 충분히 발휘했으나 아시아의 지역적 아이덴티티를 명료하게 표출하는 데는 그리 성공하지 못했다.

일본의 독특함, 배타성, 우월성에 기초한 천황제와 코꾸따이 신화의 레퍼토리가 되살아나 다시 존중받고 최고위층에서 명료화됨에 따라, 일본에서 모든 연대는 재위중인 천황의 이름에 따라 명기해야 한다는 원칙을 법으로 정했다(그것이 바로 1979년 제정된 원호법元號法이다). 이로써 일본은 단일 민족국가이자 흑인, 푸에르토리코인, 멕시코인 등 다인종집단으로 구성된 미국과는 대조적으로 계약국가가 아니라 자연적 공동체라고 천명되었다.[52] 나까소네 전수상의 주장에 따르면 야마또(大和) 민족은 "적어도 2000년 동안 거주해왔고, (일본열도에서) 어떤 다른 인종과도 섞인 적이 없으므로"[53] 가장 순수하고 동질적인 종족이며, 좀더 손쉽게 "지능이 우수한(intelligent) 사회"[54]를 이룰 수 있는 기회를 가졌다는 것이다. 이런 주장은 결코 새로운 것은 아니지만 나까소네는 민족 아이덴티티를 명확히 확립하여 전후 정치를 청산하고 일본성의 독특한 본질을 국제적으로 천명하려는 운동을 가장 힘있고 명료하게 주장한 인물이었다.

나까소네가 주장한 문화적 독특함의 격세유전과 오구라 및 오자와의 아

---

51) 이러한 문제에 대한 좀더 자세한 논의는, 졸고 "The Emptiness of Affluence: Vitality, Embolism and Symbiosis in the Japanese Body Politic," in Clesse, Keehn, Inoguchi, and Stockwin, *The Vitality of Japan*.

52) 山本, 앞의 책, 100면에서 재인용.

53) 나까소네 야스히로의 1985년 7월 연설 참조. Higuchi Yōichi, "When Society Itself Is the Tyrant," *Japan Quarterly*, Vol. 35, No. 4, October~December 1988, 350~56면 중 351면에서 재인용.

54) 나까소네의 연설, William Wetherall, "Nakasone Promotes Pride and Prejudice," *Far Eastern Economic Review*, February 19, 1987, 86~87면에서 재인용.

시아주의에 나타나는 편의주의, 이 두 가지를 서로 이을 만한 교량이 아직
은 보이지 않는다. 이러한 문제가 남아 있는 한편, 대미관계에서는 좌절의
골이 깊어지고 있고, 문명의 본질에 관한 어떤 사려깊은 생각이 있든지 없
든지 그 좌절은 불분명한 방식으로 사태에 영향을 미칠 수 있다. 이를 한마
디로 표현한 어구가 있다. "미국과의 관계가 순탄치 않다면 아시아가 있지
않은가?"

대 안

오늘날 일본에는 신아시아주의라는 교향악의 지휘자를 자처하는 인물은
많지만, 어떤 악보를 연주할 것인가에 대해서는 의견이 합치되지 않고 있
으며, 음조와 장단을 두고도 논란이 계속되고 있다. 아시아 국가들과 (더
나은) 우호관계를 맺어야 하는 중요성에 대해서는 아무도 이의를 제기하지
않지만, 아시아주의야말로 곧 일본이 나아갈 길이라는 주장에 대해서는 거
부하는 이들이 많다.

일본 내에서 아이덴티티에 대해 가장 사려깊은 (그리고 근본적으로 인도
주의적인) 성찰은 단순한 도식을 피하고 아시아라는 관념뿐만 아니라 서구
적인 것과 일본적인 것, 나아가서 보편성의 관념까지도 비판적으로 갈래갈
래 파헤쳐 해체하려는 입장이다. 이처럼 가치 자체를 재조명하게 된 맥락
은 (UN대학의 전부학장이자 저명한 평화문제연구가인 무샤꼬오지 킨히데
武者小路公秀)가 지적하듯이 두 가지 추세가 양극화된 탈냉전기의 전지구
적 위기이다.

하나는 전지구적 보편가치를 통해 스스로를 정당화하는 중앙화 추세이고,
다른 하나는 좀더 탈중앙화로 나아가려는 분산화 추세로서, 여기서는 민주
적 경향과 독재적 경향이 서로 병존하여 움직인다.[55]

---

55) Mushakoji Kinhide, "Japan, the JapaNIES, and the Japanese in the Post-Cold War Asia-

전자 내에 포장된 보편주의적 가식에 대한 비판이 후자의 탈중심화된 대안적 처방 안에 있는 독재적 요소를 숨기도록 허용해서는 안된다. 아시아의 경우는 이런 사례가 자주 목도된다. 무샤꼬오지의 지적대로 아시아는 매우 무정형적인 개념으로 그 안에 유교적·합리적·관료적 위계체계로부터 (종종 잊혀지곤 하지만) 자주적인 도교적 반(反)문화까지도 다 포함한다. 도교적 반문화에서는 지역공동체가 각 지방에까지 미치는 황제의 권위에서 다소 벗어나 중심부의 집중화된 권위기구로부터 비교적 자유로운 민중적 가치와 전통에 뿌리내린 그들 고유의 공동체의 삶을 일군다.[56] 무샤꼬오지는 이러한 도교적 사고의 흐름에서 전통적인 중국의 지배에 의한 평화(Pax Sinica)의 유교적인 관료적 합리성에 대한 대안이 될 "자주와 생태적 공생을 강조하는 포스트모던적 대안이념"[57]을 발견한다. 무샤꼬오지는 도교의 전통에서 유래하는 무질서, 불안정, 탈중앙화의 창조적 혼돈상태를 반겨 포용한다는 점에서 현대 일본 지성계에서 거의 독보적인 인물이다.[58] 일본 지성계 주류는 개인과 자유와 사회적 저항을 강조하는 이러한 무샤꼬오지의 입장을 편치 않게 받아들일 것이다. 아시아를 해체하고 아시아 내에서 반유교적 요소에 관심을 쏟는 그의 노력은 쓸쓸한 울림으로 머물고 있긴 하지만, 아이덴티티에 관한 현대 일본의 논쟁에서 예언에 가까운 심오한 것이다.

그러나 무샤꼬오지가 최저음역의 한 파트를 맡고 있는 이러한 담론은 그 중간음역만 살펴보더라도 상당히 광범위한 내용을 담고 있다. 이러한 논의가 진행됨에 따라 일본이 아시아 이웃나라들과의 관계를 재조정하기 위한 대안처방들은 좀더 잘 정리되어갈 것이다. 이러한 재조정은 대부분 30년대

Pacific Region," *PRIME*(International Peace Research Institute, Meiji Gakuin University), No. 1, April 1994, 13~31면 중 23면.

56) Kinhide Mushakoji, "Post-modern Cultural Development in East Asia: Beyond the Japanese Version of Confucianism," in Eleonora Barbieri Masini and Yogesh Atal, eds., *The Futures of Asian Cultures*, Bangkok: UNESCO 1993, 57~80면 중 68면.

57) 같은 글, 26면.

58) 같은 글, 25면.

와 40년대에 행해진 일본 침략의 결과를 충분히 인식하고, 적절한 곳부터 피해자들에 대한 보상을 하는 것에서 출발해야 할 것이다. 중의원 의장이었던 도이 타까꼬는 이런 취지의 공식 입법 제안을 했다. 저명한 전직 외교관 스노베 료오조오(須之部量三, 주한대사 역임—옮긴이)는 일본이 인권과 민주주의 등 보편가치에 대한 신념을 표명하는 한편, 한국과 긴밀한 동반자 관계를 구축하고자 애쓰고, 동시에 유럽과 아시아의 일원이 되는 것(入亞入歐) 외에는 방안이 없다고까지 주장한다.[59] 외무성의 오구라 바로 다음 후임자는 아시아에서의 민족국가 건설과 경제성장을 뒷받침하는——근면, 노동윤리, 의무감 같은——몇몇 공통요인들을 인식하는 것은 적절하고 두말할 나위 없는 것이지만, 그 인식을 넘어 곧바로 '아시아는 하나다'라고 비약하게 되면 두 가지 위험이 생긴다고 한다. 아시아 내부의 방대한 다양성을 보지 못하는 것, 모든 것들을 '아시아 대 비아시아'라는 양분법으로 보려는 경향이 그것이다.[60] 그 역시 일본의 아시아적·세계적 지향을 인권 및 민주주의라는 보편주의적인 구도에서 규정할 필요성을 강조하면서, 그러한 보편적 가치들이 아시아에는 맞지 않는 유럽적 가치라고 말하는 사람들의 주장을 암암리에 반박한다.[61]

이노구찌는 또다른 논평에서 아시아주의 논쟁에 대한 비판적·대안적 접근을 간결하게 요약했는데, 그는 일본이 아시아에서 이탈하려는 데 있어서 이것 아니면 저것이라는 조잡한 양극론에서 빠져나와 아시아인들과 화합해야 한다고 주장한다. 역설적으로 들리겠으나 이노구찌의 의도는 지금은 아시아를 감싸안느냐 부인하느냐가 아니라, 아시아를 초극해야 할 시점이라는 것이다. 그의 처방은 아시아에 합류한다며 내세운 슬로건들의 공허함과 지역간의 관계와 지역 내에서의 관계를 동시에 구축하는 과제의 중요성을 인식하고 있다.[62] 역사학자인 이리에 아끼라(入江昭)도 이노구찌와 비

59) 須之部量三, 「'國德'をもって入亞入歐を」, 『外交フォーラム』, 第2號, 1992, 2~3면.
60) 池田維, 「アジア主義でないアジア外交を」, 『外交フォーラム』, 1994年 2月, 52~60면 중 52~53면.
61) 같은 글, 58면.
62) 주 34의 좌담회 녹취록 중 39면의 猪口孝.

슷한 지적을 하는데, 일본을 중심으로 삼지 않는 지역공동체의 진정한 포스트모던적 인식을 정립하기 위해서는 인류라는 개념을 배타적이기보다는 보편적·포괄적으로 설정하면서 (서구중심적) 근대국가의 한계를 넘어서 아시아라는 관념을 (중미와 남미까지 포괄하는) 태평양 시역까시 포함하노록 확장해야 한다는 것이다.[63]

이렇게 하려면 더욱더 역설적으로 들리는 다음과 같은 단계를 거쳐야 한다. 즉 실제적으로 일본성에서 벗어나야 한다는 것(脫日)이다. 이른바 일본성이란 혈통에 따른 독특한 인종적 정수로서 일본열도의 주민들에게 부과된 '고안된' 아이덴티티이며, 가장 순수한 형태는 천황가에 집약되어 있고, 일본인과 다른 민족 사이에 선을 긋고 그 어떤 민족보다 일본인이 우월하다고 전제한다.[64] 고대 일본열도는 여러 민족의 거주지였고, 지역 내의 교역과 문화교류의 복잡한 연계망의 요충지였다. 일본인이 특별하고 우월한 민족이라는 신화는 7세기에 한반도에 등장한 강력한 왕국들에 비해 일본이 취약하다는 의식을 상쇄하고, 일본 천황가가 한반도에서의 전쟁에서 패한 씨족에 기원을 두고 있다는 사실을 감추기 위해서 만들어진 것이다. 그후 에도시대 코꾸가꾸(國學)의 학자들은 천황지배의 합리화와 연계된 신화들을 하나의 일관된 교리로 확립하였고, 19세기 후반 메이지 국가는 그것을 이데올로기―제례―종교로서 여러 갈래로 수용했다. 이같이 일본에 부과된 아이덴티티는 암암리에 일본을 과장하여 내세우고 비일본적인 것을 혐오하는 국수주의적인 것이었다. 그것이 일본의 국가건설을 촉진하고 서구 제국주의에 성공적으로 저항하는 데 기여했음은 두말할 나위가 없으나 그에 따른 대가는 실로 컸다.

천황, 혹은 그보다는 천황제가 이처럼 오랜 세월에 걸쳐 생성된 일본성의 중핵을 이루고 있고, 무엇이든 그러한 천황과 결부된 것은 미신과 테러로

---

63) 入江昭, 「日本とアジア――百年の重み」, 『世界』 1995年 2月, 45~53면.
64) 이러한 주제에 대한 좀더 자세한 언급으로는 졸고, "Kokusaika: Impediments in Japan's Deep Structure," in Denoon, Hudson, McCormack, and Morris-Suzuki, *Multicultural Japan.*

보호되고 있다. 그러므로 일본이 아시아의 인접국들과 대등하게 서고, 아시아가 극복되는——또는 이노구찌의 제안대로 해체되는——식으로 국가적 아이덴티티를 재고하고 재조정하는 과정은 결코 용이한 일이 아닐 것이다.

남에서 본 아시아

아이덴티티와 아시아의 문제는 일본에만 있는 독특한 문제가 아니다. 이런 면에서 비교할 만한 국가는 일본과는 거의 비교대상이 되지 않는 나라, 바로 오스트레일리아이다. 일본처럼 오스트레일리아도 19세기에는 단일 종족, 인종우월주의, 원주민에 대한 차별, 국수주의, 아시아 거부정책을 폈다. 일본이 탈아(脫亞)를 외친 데 비해, 오스트레일리아는 백호(白濠)를 주장했고, 양국은 자국의 인종적 자질의 우수성을 강변하였다. 그런 두 나라가 최근 수십년간 어떻게 하면 아시아에 순로롭게 진입할 수 있을까, 혹은 적어도 아시아와 더 긴밀해질 수 있을까 하는 논의를 하고 있다.

지난 30여년 동안 오스트레일리아에서는 심대한 국가적인 방향전환이 진행되어 아이덴티티의 최심층에까지 영향을 미쳤다. 부분적으로 이런 과정에는 한때 모국이었던 영국이 쇠퇴하고 인접한 아시아 경제가 성장하면서 최근에는 수출의 약 60%가 서태평양 국가들을 대상으로 이루어지게 된 경제동향의 거대한 변화가 중요하게 작용하였다. 그러나 비경제적 요인들 또한 중요했다. 국가건설이라는 명분하에 원주민들에게 저지른 범죄행위를 인정하기 시작하면서 그 구제책으로 토지소유권 인정, 보상정책, 복지정책, 교육혜택 등의 조치를 시행하였다. 백호주의 정책 대신 비차별 이민정책과 흔히 다문화주의라고 알려져 있는 일련의 종합적인 정책을 채택한 것이다. 물론 이런 조치를 시행하는 데는 원주민들의 빈곤과 그들에 대한 차별의 지속, 간간이 공공영역에서 표출되는 인종차별 등의 문제가 있었으나, 국가적 아이덴티티는 근본적으로 검토되어 새로운 지향을 찾아가는 과정에 있다. 국기와 국가(國歌) 같은 국가의 상징 자체가 논의대상으로 떠오

르면서 몇년 전에는 새 국가(國歌)를 채택하였고, 앞으로 더 변화가 이루어
질 것으로 보이며, 국기를 바꾸려는 논의도 진행되고 있다. 2000년경쯤 오
스트레일리아가 다민족·다문화공화국이 될 무렵이면, 아이덴티티 재구축
과정은 정점에 이를 것 같다.

80년대 후반부터 일본에서의 추세와 나란히 오스트레일리아에서의 아이
덴티티에 대한 논의는 아시아와 어떤 관계를 맺을 것인가 하는 쟁점을 포
함하게 되었다. 오스트레일리아는 아시아의 일부라고 할 수 있는가, 아니
일부가 될 수 있는가, 혹은 되어야만 하는가? 이는 복잡한 문제이지만, 이
논쟁을 이어나가기 위한 가장 간단한 방법은 이노구찌와 이리에 등 여러
학자들이 제시한 방향으로 나아가는 것이라고 하겠다. 즉 아시아 국가들과
친밀하고 우호적이며 협력적 관계를 닦아나가고, 개방적·포괄적인 아시
아·태평양 지역의 아이덴티티를 찾기 위해 노력하는 것이다. 오스트레일
리아는 실제로 아시아 국가가 되려 하기보다는, 지역적 보편주의를 선명히
하고 자국의 유럽적인 민족적·문화적 유산과 아시아의 인종·문화적 특
이성을 모두 넘어서서, 탈유럽적이면서 동시에 탈아시아적이 되고자 애쓰
고 있다.

전 망

장기적으로 보면 약 500여년 전에 시작된 유럽의 세계패권이라는 역사
적 국면은 이제 종말을 고했다. 경제적인 면에서는 확실히 아시아의 시대
가 열리기 시작했다고 할 수 있지만, 가치나 아이덴티티 또는 문명의 측면
에서 아시아의 시대가 과연 무엇을 표방할 것인지는 거의 확실치 않다. 일
본에서 (아시아의 아이덴티티를 부인한 해인) 1881년 체제에 대한 논쟁은
적어도 (냉전기 보수정치 패권의) 1955년 체제에 관한 논쟁만큼 중요하다.
전전 일본의 아시아주의적 꿈이 딛고 서 있는 내적 모순이 공개적·비판적
으로 밝혀지기 전까지는 신아시아 시대에 일본이 참여한다는 사고방식은

회의적으로 보일 수밖에 없다. 최근 일본이 말하는 쿄오세이(공생) 관계는
지난 세대의 아시아주의의 이상이 그랬던 것처럼 너무 쉽게 과거 대동아공
영권하에 존재했던 것과 같은 종류의 공영으로 되돌아갈 수도 있다.[65]

이런 일이 생기는 것을 막기 위한 최선의 방어는 일본 속의 아시아란 문
제와 아시아 속의 일본이란 문제를 동시에 얼마나 잘 다루는가에 달려 있
다. 아시아 속의 일본이란 이데올로기는 주로 지적인 태도로만 국한되고,
아시아에서의 일본의 역할은 일본의 국익이라는 것에 편협하게 초점이 맞
춰져 있다. 그러나 아시아에서의 일본의 존재와 역할은 일본 내에 설정되
어 있는 아시아와의 관계 및 아시아적 아이덴티티를 반영하는 경향이 있
고, 과거 대동아공영권이란 이데올로기가 국내에서의 차별과 해외에서의
국수주의 및 침략을 수반했던 것처럼, 새로운 아시아 질서에 관한 그 어떠
한 미사여구도 일본 안에 형성되어 있는 질서라는 현실에 견주어보아야만
한다. 그런데 아시아인에 대한 차별이 지속되고 있음을 보여주는 사건들이
일본 곳곳에서 일어나고 있다. 일본에 거주하는 다음의 세 범주의 아시아
여성들을 보면 이 문제를 예시적으로 살필 수 있다.

일본이 점령한 아시아 전역에서 일어난 '위안부'제도(이 책 제6장 참조)하
의 여성학대가 전전과 전시 질서하에서 벌어진 민족차별, 국수주의, 성차
별을 보여주는 것이었다면, 현재 일본에도 어느 면에서 이와 유사한 아시
아 여성 착취구조가 형성되어왔다. 전시의 위안부수는 10만 내지 20만으로
추산되는데, 오늘날 일본에서 나이트클럽, 스낵바, 가라오께 라운지 등에
서 접대부로 이른바 '물장사'에 취업해 있는 인접 아시아 국가의 여성들은
적어도 10만에 달한다. 이들은 주로 취업시켜주겠다는 꼬임에 속아 불법
입국한 사람들이지만 곧바로 강간, 강제매춘, 성노예가 일상 다반사인 폭
력적 인신매매 조직의 사슬에 감금당하고 만다. 일본 저널리스트로서 오랜
기간 주요 일간지인 아사히신문의 동남아 특파원을 지낸 마쯔이 야요리(松
井やより)는 현재 일본에 이런 현대판 위안부가 약 4만명은 될 것이라고 추

---

65) 青木保,「アジアジレンマ」,『季刊アスティオン』, 第27號, 1993年 冬號, 16~40면 중 21면.

산한다. 이들의 대부분은 타이나 필리핀 출신이며 대만, 중국, 한국에서 온 여성들도 있다.[66] 마쯔이의 견해로는, 일본은 세계 최대 규모의 인신매매단이다. 일본은 유엔의 인신매매 및 매춘에 의한 착취금지조약(1949) 및 여성에 대한 모든 형태의 차별폐지소약(CEDAW, 1979)의 가맹국이지만 일본정부가 1993년까지도 전시 위안부를 단순한 매춘부로 취급해왔듯이, 일본의 사법부와 경찰은 조직적 착취와 학대 구조에 대해 외면하고 있다.[67]

두번째 아시아 여성집단은 일본의 오지 농촌마을에 사는 청년들의 결혼상대자로 들어온 여성들이다. 인구가 감소한 일본 농촌에서 배우자 찾기가 점점 어려워지자 동남아, 한국, 중국에서 신부를 공급하는 영세기업체가 1천개에 이르고 있고, 이 사업은 일본에서 보통 신랑측 가정이 결혼비용으로 지출하리라 추정되는 금액과 거의 맞먹는, 1인당 400만엔씩의 수익을 올리는 또 하나의 상품시장이 되었다.[68] 언어와 문화의 장벽을 넘어 성공적으로 결혼생활을 하는 커플도 있고, 그들이 맺어짐으로써 상호 협조하고 이해하는 국경을 넘는 가족 연계망이 생겨나 일본의 농촌이나 오지 마을에 아시아에 대한 새롭고도 직접적인 인식이 싹트는 계기가 마련되기도 하지만 사실 일반적인 통념은 아시아 여성이 일본인과 결혼하여 일본사회에 편입되는 조건으로 자신들의 아시아적 아이덴티티를 감추거나 버린다는 것이고, 그들 사이에서 태어난 아이들은 일본인일 따름이라는 것이다. 이들 아시아인 아내는 고립과 차별을 겪고 산다.

세번째 집단은 재일 한국인 여학생들이다. 그들은 한국과 직접적인 연결고리가 거의 또는 전혀 없는 이민 3세들이지만, 한국 전통 의상인 치마저고리를 입고 지내므로 금방 눈에 띈다(특히 조총련계 학교 재학생—옮긴이). 이러한 눈에 띄는 외양은 민족적·종족적 동질성을 강조하는 일본인의 자부심

---

66) 松井やより,「國際人身賣買とアジア女性の人權」,『世界』 1995年 2月, 113~20면. 松井는 1991~93년간의 아시아 여성들에 대한 살인, 자살, 폭력에 관한 27개 사례를 포함시켰다.

67) Takahashi Hiromichi, "The Shimodate Incident," *Ampo —— Japan-Asia Quarterly Review,* Vol. 25, No. 2, 1994, 2~6면

68) 中村尙司,『人びとのアジア』, 岩波新書 1994, 21~47면.

에 대한 일종의 모욕이 되어 그들은 주기적으로 민족적 박해의 대상이 되고, 심지어는 통학길에 칼을 휘두르는 괴한들의 습격을 받아 치마저고리가 찢기곤 한다.[69] 1994년 한 해만 해도, 1월부터 7월에 걸쳐 156건의 이러한 피해신고가 있었다.[70]

일본의 아시아주의자들은 이러한 사건에 대해 거의 아무런 언급도 하지 않는 경향이 있다. 아마도 이런 차별대우가 그들이 추구하고자 하는 의제와 아무런 연관이 없다고 생각할는지도 모르지만, 일본 내에서 이처럼 세 집단의 아시아 여성들의 문제가 여전히 지속되고 있다는 것은, 무엇보다도 먼저 일본사회 내부의 아시아화를 고려해야 하고 아시아에서 일본의 새로운 역할을 위한 의제를 면밀하게 검토함과 동시에 일본 내의 아시아인들의 인권보호라는 면에서 진전이 이루어져야 할 필요성을 제시하는 것이다.

그러나 최근 일본에서 아시아주의가 내보이는 튀는 발언과 때로는 반동적인 낭만주의 성향의 저변에서 일본의 아이덴티티를 좀 다른 방식으로 조정해가야 한다는 요구의 소리도 들린다. 이러한 방향 수정은 인종적·유전적 요소보다는 순수한 인간애와 시민권과 결부된 일본성의 의식을 창조함으로써 일본사회의 개방을 꾀하는 것과 전지구적 지향의 맥락과 전지구적 헌신의 기반에서 (후나바시 요오이찌의 표현대로) "전지구적 시민세력"[71]으로 아시아 내의 화해를 추구하는 것이 포함된다. 이러한 경로를 따르는 가운데 일본은 문명간의 (종말론적인 정도는 아니더라도) 무익한 대결에 가담하기보다는, 진정한 전지구적인 문명을 창조하는 데 일조하는 중개자로서의 역할을 할 것이다. 거의 500년간 유라시아 대륙을 갈라놓은 틈이 메워지고 거기서 일체성이 회복된다면, 이것이야말로 올바른 방향으로의 큰 걸음을 내딛는 것이라 할 수 있을 것이다.

---

69) 粒 編輯部, 「無知と差別——チマとチョゴリ事件」, 『粒』, 第14號, 1994年 10月 26日, 2~4면. 또한 Ben Hills, "The Ugly Secret of the Treatment Japan Metes Out to a Minority," Sydney Morning Herald, July 5, 1994.

70) 下嶋哲朗, 「チマ·チョゴリ切り裂き事件を追う」, 『世界』 1994年 11月, 185~96면 중 185면.

71) 船橋洋一, 『日本の對外構想』, 岩波書店 1993.

5

평화국가

권력의 딜레마

1946년 체제와 1955년 체제

금세기가 막바지에 접어든 시점에 일본은 과거를 되돌아보고 현재를 평가하며 미래를 내다보는 계기가 되는 일련의 기념식과 선택에 직면해 있다. 냉전이 끝나자 최초의 일본군대 해외파병(1992), 2차대전 종전 50주년(1995), 1946년 신헌법 공포 50주년 기념식(1996), 유엔 안보리의 상임이사국이 되어 '열강'의 지위로 부상할 수 있는 가능성 증대 등 주요 사건이 계속 뒤를 이었다. 양진영간의 대결구도에서 서방의 전초국가 역할을 해오다가 냉전 이후 갑자기 자유로워지자 일본은 자국민들의 염원에 따라 자기들 나름의 세계질서를 표명하리라고 기대되어왔다. 그러나 일본은 이런 의도를 부인하고 그에 대한 의지와 구상의 실패로 고충을 겪으며, 새로운 세계질서의 구축을 서구 강대국의 수중에 맡겨왔다. 한편 냉전기 동안 보수 자민당이 추구해온 헌법개정을 위한 대장정은 사회당의 반대로 저지되어왔는데, 역설적이게도 최근 자민당 지배가 종식되고 사회당 수상이 집권하면서 오히려 어떤 결실을 맺는 쪽으로 다가서고 있는 듯하다.

일본은 자국의 경제구조에 대한 외부의 비판에는 극도로 민감해서 때때로 이를 '일본 두들기기'로 비난하곤 하는 반면, 평화주의에 대한 헌법의 신념을 변화 또는 수정하라고 하는 외부의 간섭에는 너무나 너그럽다. 미국 국방부는 최근 수십년에 걸쳐 일본의 적정 군사비 지출한도는 GNP의 2~3%는 되어야 한다느니(1976), 일본은 대포냐 캐비아냐 하는 단순한 선택을 해야 하는 상황에 놓여 있다느니(1980), 그리고 1994년에는 (유엔 사무총장의 유사한 발언에 이어) 일본은 헌법을 개정하여 유엔의 평화유지 활동에 적극 동참해야 한다느니 하는 말을 계속해왔다.[1] 이는 일본의 내정에 간섭하는 발언임이 분명하다. 만일 일본인 정치가(또는 유엔 관리)가 미국에게 국방정책을 전격적으로 바꾸어야 한다든지, 헌법을 수정해야 한다든지 하는 식의 제안을 했다면 이에 대한 미국측의 분노는 엄청나리라고 예상된다. 아시아 전역의 정부, 미디어, 국방 관료들은 일본에게 평화주의 노선을 포기하도록 설득하는 데는 최선을 다하지만, 평화주의 원칙을 계속 유지해야 한다거나 또는 이를 새로운 세계질서의 기반이 되도록 더욱 확대해야 한다는 소리는 거의 들리지 않는다. 이 장에서는 일본이 아시아 지역과 세계를 위해 할 수 있는 가장 큰 공헌은 평화국가라는 다른 나라와의 '차이'를 고수하여 21세기 '평화의 세계'로 인도하는 것이라는 주장을 펴고자 한다.

냉전 종식 이후 일본 국내의 정치적 관심은 상대적으로 세속적이라고 볼 수 있는 문제들, 즉 만성적인 경제불황, 시장점유율을 둘러싼 워싱턴과의 협상, 선거제도 개혁, 정당개편에 집중되어 있었는데, 사실 거기에는 그보다 훨씬 심층적인 쟁점과 역동성이 존재하고 있다. 즉 20세기가 끝나가는 현시점에 일본은 18세기로 돌아가느냐, 21세기로 나아가느냐 하는 헌법적 선택을 해야 할 입장에 놓여 있는 것이다. 그것은 한편 국가보다 시민사회를 우선시하고, 다른 한편 19세기에 뿌리를 두고 있는 무장한 국가권력 및

---

1) Schlesinger 장관(1976), Brown 장관(1980), Perry 장관(1994. 5. 6), Boutros-Ghali도 1992년에 이같은 발언을 했으며, Perry와 Boutros-Ghali의 관계에 관해서는, 淺井基文, 「改憲志向の中の永野發言」, 『世界』 1994年 7月, 84~87면 중 86면.

절대주권 개념보다 평화주의와 글로벌리즘(globalism)을 더욱 우위에 두는 문제이다. 그 무렵 '1955년 체제'——종종 일본에서 오랫동안 보수패권을 보장해온 냉전적 정치구도를 가리키는 말로 쓰인다——가 끝났다는 말이 빈번히 들려왔다. 1955년 자민당이 창당되면서 시작된 보수정당 지배의 역사가 급기야 1993년에 와서 38년 만에 종식되었고, 같은 해 창당되어 제1야당으로 존재해온 일본사회당(나중에 사회민주당으로 개칭)이 오랜 야당생활을 마감하고 1993년 마침내 연립개혁정권의 일원이 되었으며, 1994년에는 사회당 당수가 연립정권의 수상이 되었다. 이로써 1955년 체제는 사라졌음이 분명해졌다. 그러나 더 깊은 심연의 위기가 차츰 겉으로 드러나고 있었다. 그것은 이른바 '1946년 체제'의 위기이다.

1946년은 전시체제 일부가 해체되고, 몇몇 군수뇌부에 대한 재판이 진행되면서 전후 일본국가의 핵심구조가 자리잡기 시작한 해이다. 신헌법이 구상·채택되었고, 전범 기소대상에서 면제된 천황은 신헌법체제의 중심임이 확인되었다(헌법 제1장 1~8조). 동시에 일본은 평화주의를 기본 이념으로 수용했다(제2장 9조). 당시 수치스런 '구질서'를 반대하는 데 가장 중심적인 역할을 한 일본공산당의 방향전환도 신헌법 패키지가 우여곡절 끝에 통과되는 걸 도왔다. 애초 주장하던 공화주의를 포기하고 천황중심국가를 수용하면서 미국의 연합군 총사령부에 협조하게 된, 이러한 공산당의 입장변화가 1946년 체제(미국이 후원한 상징천황제와 평화주의 국가라는 패키지)의 성립을 가능케 한 전제조건이었다.[2] 그리하여 쟁점은 종결되었고 일단 마무리된 이 문제가 다시 쟁점화된 적은 없었다.

1946년에 공포된 헌법은 국민주권을 표방하지만, 1889년의 제국헌법을 부인하지는 않는다. 신헌법 제1조에서 제8조까지는 천황의 지위를 다루고 있다. 전후 천황 역시 신헌법을 (과거 그의 조부가 의회에 제출한) 1889년

---

2) 1993년 11월 13일 中央大學에서 개최된 日本平和學會 1993년 총회에 제출된 和田春樹의 도발적 논문, 「五五年體制と平和の問題」 참조. 이 논문은 그후 수정을 거쳐 '前後革新總括と展望'이란 제목으로 『世界』(임시증간호), 「キ-ワ-ド: 戰後日本政治 五〇年」, 第594號, 1994年 4月, 225~30면에 수록.

헌법을 개정하는 형식으로 국회에 공식적으로 제출함으로써 체제의 연속성을 이어갈 수 있었다. 더욱이 신헌법 공포일인 1946년 11월 3일은 메이지 천황의 탄일이었다. 일본 황실이 1945년 이후에도 의심의 여지 없이 운 좋게 살아남았다는 사실을 생각하면 그러한 과정은 주목할 만하다.

전시 최고사령관이었던 천황에게 면죄부를 주어 전쟁책임을 더이상 묻지 않겠다는 결정은 은폐체제 구축의 첫걸음이었고 전쟁책임을 하급관리(보통 이들은 희생양으로 나타난다)에게 전가해 결국 책임 전부를 부인하려는 것이었다. 전범재판의 결과, 즉 처음 재판을 받은 이들은 1948년 12월에 사형이 집행되었으나, 나머지 사람들은 바로 그 다음날 석방되어 그후 일본의 최고위직에까지 급속히 올라간 것, 이것이 은폐체제 구축의 두번째 단계였다. 1952년 독립국 지위를 되찾은 일본이 전쟁범죄 문제를 제대로 처리하지 못한 것은 독일의 경우와 확연히 대비되는 부분으로서 이 과정의 세번째 단계이며, 일본이 택한 위의 두 단계에 따른 불가피한 결과였다. 일본 국민을 만족시키지 못하는 것은 말할 것도 없고, 한때 천황 지배의 족쇄 하에서 고통을 겪은 국가들의 민중의 요구도 충족시키지 못할 정도로, 전쟁책임 문제를 적절히 처리하지 못한 일본의 무능의 원인은 1946년의 해결 방식으로 거슬러올라간다. 즉, 천황과 그의 기구에 면죄부를 주고 헌법 제1장에 명시된 바와 같이 그를 새로운 헌법질서의 (상징적) 중심으로 자리잡게 하는 대가로 헌법 제2장에서는 평화주의를 표방하고 넘어갔기 때문이다. 히또쯔바시대학 법학 교수인 우라따 이찌로오(浦田一郎)는 만일 일본에게 전쟁책임 문제를 적절히 다루도록 허용하고 그렇게 촉구했다면, 일본은 천황제를 폐지하고 아마도 진정한 의미에서 '보통' 국가(여기서 보통국가란 군대를 보유할 수 있는 국가를 의미함—옮긴이)가 되어, 헌법 제9조와 같은 것은 필요치 않게 되었을 것이라 한다. 다시 말해, 천황제라는 기구를 그대로 유지하려다 보니 전쟁 재발을 피하려는 미국의 입장에서는 평화조항인 제9조가 필요했던 것이다.[3]

---

3) 浦田一郎, 「平和主義の理解の仕方」, 渡邊治 외 편, 『憲法改正批判』, 勞働旬法社 1994, 187~241면 중 190면.

천황이 담당하는 헌법상의 '상징적' 역할은 전례도 없고 명확하지도 않다. 천황이 신도(神道)의 최고 신관(神官)으로서 준종교적 역할을 계속 수행하고, 민족주의 담론의 핵심을 이루고 있는 역사적으로 형성된 천황제를 중심으로 성립된 일본인의 아이덴티티의 순수성과 우월성에 관한 민족적 신화와 미신이 유지됨에 따라 그 상징적 역할은 한층 더 복잡해졌다. 일본의 신성한 시조를 찬미하는 신화는 전전의 기원절(紀元節, 신이 일본을 만든 날을 경축하는 날)을 건국기념일이라고 이름만 살짝 바꿔 1966년에 부활되면서 다시 살아났고, 1979년에는 각 연도 명칭을 집권 천황의 재임연도에 맞춰서 써야 한다는 원호법(元號法)을 제정하였고, 이에 따라 1995년은 1989년 천황으로 즉위한 현재 천황의 재임 7년째가 되므로, 헤이세이(平成) 7년이 공식 연호가 된다.

국가의 종교적 행위에 대한 헌법의 금지조항도 황실의 장례, 즉위, 혼례와 같은 각종 경축의례에서 정치적 요소를 종교적 요소와 분리하는 궤변을 펴면서 교묘히 회피해버렸다. 특히 80년대 중반 이후 전몰장병을 기리는 야스꾸니(靖國) 신사에 참배한 수상과 정부관료들은 개인 자격으로 그렇게 한다고 주장한다.

현행 헌법이 추구하는 보편가치는 이처럼 일본혼이 폭넓게 주입되면서 희석되어갔다. 현행 헌법과 메이지 헌법이 상이한 전통에 기초한 것이긴 하지만, 그 밑에 깔린 에토스는 지속되고 있으며 인권을 국가이익에 종속시키는 메이지 헌법(1889~1946)의 속성이 계승되고 있음이 분명하다. 일본에서 인권은 사회적 관습과 인습의 상대주의적 틀 안에 놓여 있는데 한편으로는 여전히 도전받지 않는 엄청난 천황의 권위와, 다른 한편으로는 까다롭고 상세한 경찰과 관료의 규제 사이에 끼여 있다.

1955년 체제가 청산되어가면서 차츰 1946년 체제로 관심이 옮겨가리라 예상된다. 그렇게 되면, 1946년 체제가 정착하는 데 두 가지 중요한 요소가 작용했다는 점이 분명해질 것이다. 그것은 상징천황제와 평화국가이다. 사실상 1946년 체제 정착에 관한 논의는 1955년 체제 청산에 관한 논의보다 훨씬 민감할 뿐만 아니라 어려운 논의이다.

종전 50주년이 되면서, 전쟁 책임 및 배상 문제(이 책 제6장에서 자세하게 다룸)는 정치적 쟁점으로서 오히려 더 큰 중요성을 띠게 됐다. 천황제는 100년 전 혹은 그 이전에 세워졌을 당시와 전혀 다를 바 없이 금기와 테러로 안전하게 보호되어 있는 듯한데, 1946년 체제의 또 하나의 골격인 평화주의는 전후 수십년에 걸쳐 차츰 잠식되어왔으며 냉전 종식의 여파에 의해 거의 와해될 지경에 이르렀다. 이 시대의 가장 영향력있는 인물 중 한 사람인 오자와 이찌로오의 표현대로라면, 지금 일본은 보통국가가 되려고 하고 있다.

세계에서 일본이 차지하는 위치를 재규정하고 재고하려는 정치권의 일련의 시도 가운데 일본 자위대를 더이상 위헌으로 보지 않는다는 1994년 9월 일본사회민주당 임시전당대회에서의 결정만큼 이러한 흐름을 극명하게 조명한 사건도 없을 것이다. 일본인의 정치생활에서 확고하게 자리잡아온 요소 중 한가지가 이처럼 갑작스럽게 그리고 말도 안되게 바뀌고 만다면, 다른 것들 역시 타협의 여지가 있을 것임에 틀림없다. 이렇게 하여 헌법논쟁의 봇물이 터지기 시작했다. 과거 세대들은 자위대의 합헌성 문제와 자위대의 지위를 해명하기 위한 헌법개정의 필요성을 둘러싼 복잡한 논쟁에 골몰했으나 90년대 초반이 되자 그런 문제는 거의 내팽겨쳐졌다. 그 대신 헌법개정을 하지 않고서도 일본이 유엔 상임이사국 일원으로서 명실상부한 강대국 대열에 끼일 수 있는가 하는 문제로 초점이 옮겨가고 있다. 1955년 체제의 정치적 윤곽이 다시 그어지고, 거의 이념적 차이를 찾을 수 없는 여러 정당들이 난립하게 됨에 따라 앞으로는 1946년 체제와 관련된 좀더 심층적인 문제들에 더욱더 관심을 기울일 전망이다.

헌법상의 평화주의

헌법이란 정부의 권력을 규정하는 도구이다. 성문헌법이건 불문헌법이건 헌법은 국가기구 · 관료기구 · 군대 · 정부를 한편으로 하고, 다른 한편으로는 그 백성·시민·민중 혹은 시민사회 사이에 권한과 의무의 균형을 명시한다. 따라서 필연적으로 헌법은 그것이 구상될 당시의 시대상황을 반영한다. 이상적인 정부형태를 완벽히 표현할 수는 없고, 잠정적·가변적이지 않은 문제에 대한 정답이란 있을 수 없다. 그러나 지금 문제가 되고 있는 것은 어떤 개헌안이 현행 헌법을 성립시키기 위한 투쟁으로 쟁취한 자유를 확대하기보다는 오히려 제한하거나 말살하지 않을까 하는 우려를 자아내는 그러한 순간의 문제들이다. 일본에서의 헌법논쟁은 세 가지 쟁점을 포함하고 있는데 이는 헌법이론의 고전적 문제라 할 수 있는 것으로서, 첫째 주권의 소재, 둘째 권력의 분산, 셋째 시민과 국가의 권리와 의무의 규정 문제이다. 이외에도 일본 헌법은 네번째 쟁점을 안고 있는데, 매우 예외적으로 국가의 지향을 (평화주의라고) 천명한 바로 이 점이 논쟁의 초점이 되고 있어서 일본 헌법의 제9조를 전부 혹은 일부라도 삭제하자는 측과 자구 그대로 엄밀하게 해석하자는 측이 맞서고 있다.

근대 일본은 헌법을 두 개나 가진 셈이다. 첫째는 1889년의 제국헌법으로서 천황의 존귀한 절대권위를 강조하고, 일본인의 독특하고도 우월한 자질을 치켜세우며, 국민들이 천황에 대해 이행해야 할 의무를 강조한다. 둘째는 1946년 전후헌법으로서 주권재민을 천명하고 시민적 권리를 명확히 선언하며 공식적 권력분립을 확립하며 앞서 말한 평화주의 국가에 대한 신조를 강조한다. 전후헌법에서도 천황을 존속시키는데 주권자로서가 아니라 "일본국의 상징이자 국민통합의 상징이며, 그 지위는 일본 국민의 총의(總意)에 기초한다"(제1조)고 본다.

전후헌법이 만들어진 것은 1946년인데 당시는 이상주의와 전쟁반대 움직임이 득세한 독특한 역사적 국면이었고, 냉전이 시작되지 않아서 냉전수행을 위한 목표의 우선순위가 끼여들기 전이었다. 다음과 같은 내용의 헌법 제9조는 당시의 평화주의를 잘 표현하고 있다.

일본 국민은 정의와 질서를 기조로 한 국제평화를 진실로 희구하며, 국제분쟁의 해결수단으로 국권의 발동인 전쟁과 무력에 의한 위하(威嚇) 및 무력

행사를 영구히 방기한다.

　전항(前項)의 목적을 달성하기 위해 육해공군과 기타의 전력(戰力)은 일체 보유하지 않는다. 국가의 교전권은 이를 인정하지 않는다.

1791년 프랑스공화국이 채택한 헌법을 위시한 다른 나라 헌법들도 침략전쟁을 불법화해왔지만, 전후 일본 헌법은 더 나아가 전쟁 그 자체는 물론 전쟁을 수행할 수 있는 군사력의 보유마저 불법화하고 있다. 헌법 제9조는 계속 논쟁과 대중적 논의의 대상이 되고 법률적 도전을 받아왔으며, 1948년 꼬스따리까 헌법(헌법 제12조)만이 오직 이에 필적할 만하다. 다만 꼬스따리까 헌법은 군사력 보유 금지의 당연한 결과로서 국가의 중립성을 다짐하고 있다. 전후헌법에 서명한 잉크가 마르고 1947년 5월 헌법이 발효되자마자 미점령군은 헌법내용을 못마땅하게 여기게 되었고 뒤이어 역대 미국 행정부도 그것을 뒤엎으려 하지는 않았다 해도 어떻게든 빠져나갈 궁리를 해왔다.

　전후헌법이 제정되고 3년째 되는 해에 미국은 한국전쟁의 지원을 이유로 일본에게 지상군 30만을 동원해달라고 요구했다. 1953년 당시 미국 부통령이었던 리처드 닉슨은 토오꾜오를 방문하여 일본 헌법에 평화조항을 넣은 것은 미국의 일대 실수였다고 말했고,[4] 그 이래로 미국은 일본 군대의 창설·증강·강화를 위해 지속적으로 노력을 기울여왔다. 유력한 일본측 정치지도자들 역시 헌법 제9조의 규정은 받아들이기 어려울 정도로 일본의 주권을 침해하고 있다고 비판하면서 전후헌법에 반대했다. 흔히들, 전후헌법은 밖에서 강제 부과된 것이므로 전혀 일본에 맞지 않는다고 했다. 냉전과 한국전(1950~53)의 발발을 배경으로 하여 전후헌법의 평화조항은 점차 재해석되었고 1950년에 '경찰예비대'가 창설되었다(그것이 1954년에 자위대로 탈바꿈한 것이다). 90년대에 자위대는 세계 최강 병력의 하나로 성장하였으며, 세계 제2위 규모의 예산을 쓰는 군대가 되었다.

---

4) 渡邊治,『憲法はどう生きてきたか』岩波ブックレット 85, 1987, 15면.

다시 말해 제9조의 명백한 금지규정에도 불구하고 육·해·공군 병력이 창설된 것이다. 이같은 병력보유의 합헌성 여부는 당초부터 논란의 대상이 되었고, 이후에도 결코 논란이 끊이지 않았다. 자위대의 존재는 점진적으로 인성되었음에도 불구하고 일본정부는 엄청난 부정적 여론에 맞서 자위대 규모를 차근차근 확대해왔다.[5] 대중들도 점차 자위대의 존재를 그대로 인정하긴 했으나 일본인들은 여전히 헌법 제9조를 열정적으로 지지했으며, 계속되는 여론조사에서 이에 대한 강력한 지지를 보여왔다. 가령 1955년 이래 냉전기간 동안은 일본인 대다수가 헌법개정에 반대해왔고, 80년대에는 여론의 80%가 반대입장이었다.[6]

이처럼 일본의 풀뿌리정치에서는 헌법에 대한 지지가 뚜렷한 반면, 헌법에 대한 반대, 반드시 헌법 제9조에만 한정되지 않는 헌법의 여러 면모에 대한 반대는 냉전기간 전반에 걸쳐 보수정치의 주춧돌(1955년 이래 자민당 강령의 제1조)이 되어왔다. 이른바 '보수'세력들은 헌법의 급진적 개혁에 전념했고, 반대로 '급진' 또는 '진보' 세력은 헌법 수호를 위해 전력을 다했다. 사실 일본에서는 보수니 진보니 하는 이름조차 그 자체가 냉전의 산물이었다. 즉 보수란 헌법의 근본적 개혁을 찬성하는 측을 가리킨다(실제로 보수진영은 냉전하에서 미국 입장을 충실히 따르자는 집단과 독자적으로 민족주의적 노선을 걷자는 집단을 다 포함한다). 급진 또는 진보적 입장 역시 중도론자, 친중국파, 친'사회주의자'를 다 포괄하지만, 이들 모두는 호헌주의적인 태도를 취하고 있다.

일본정부는 헌법이 자위권을 부정하고 있다고 해석할 수는 없다는 입장을 취했다. 자위권이란 모든 국가가 반드시 갖는 것으로서 이런 자위권을 행사하는 데 필요한 병력을 '전력'(war potential)으로 볼 수는 없다는 입장이다. 전력은 자위를 위한 최소한의 필요를 넘어서는 군사력으로 정의되었지만,[7] 자위라는 개념 자체가 분명히 규정되지 않은 채 유동적인 상태였다.

---

5) 예를 들면 『朝日新聞』 1992年 5月 3日, 8면의 표 참조.
6) 『每日新聞』 1987年 4月 29日.
7) 1972년 11월 13일자에 발표된 정부의 통일된 시각에 따른 것이다. 浦田一郎, 앞의 글, 194

이와 유사하게, 미군의 지속적인 일본 주둔을 용인하는 1951년 미일안전보장조약의 발효 역시 전후헌법하에서 전혀 문제되지 않는 것으로 간주되었다. 이러한 사고는 국권(國權)이 헌법보다 우위이며 이에 선행하여 존재하므로 헌법은 국가의 기본적 헌장을 구체화하지 않았다는 가정을 기반으로 한 것이다. 이런 발상은 궤변은 아니라 할지라도 매우 미묘한 논리이며, 헌법이론상 정당화하기에 수상쩍은 논리이다.

1959년 3월 토오꾜오지방재판소의 다떼 아끼오(伊達秋雄) 재판장이 내린 판결은 유명하다. 그것은 미일안전보장조약이 위헌이며, 따라서 조약에 따른 주일미군 역시 위헌이라는 판결이다. 이에 따르면 일본은 어떠한 군사조약에서든 탈퇴해야 하며, 당시 막 창설된 자위대도 해산시켜야 할 것 같았다. 그러한 판결은 시대상황에 비추어 획기적인 것으로서, 국제적 냉전질서와 국내적 냉전질서에 대한 도전이었다. 그러나 이 판결을 검토한 최고재판소의 입장은 "확연한 위헌성이나 부당성이 보이지 않는 한" 정부행위의 합헌성 여부는 문제삼지 않겠다는 것이었고, 또한 헌법 제9조가 "전력" 보유 내지 그 사용을 금하고 있지만 주일미군 병력은 일본의 '전력'이 아니므로 그것을 금지할 수는 없다는 것이었다.[8] 뒤이어 나가누마(長沼) 사건에 대한 1976년의 판결에서, 법원은 한걸음 더 나아가 자위대의 합헌성 여부는 법적 판단을 요구하는 면도 있지만 기본적으로는 정치적 문제이므로 법원이 개입하지 않겠다고 밝혔다. 다시 말해 자위대의 합헌성에 대한 사법적 도전이 있었으나 자위대를 부인하거나 해체하는 데까지 이르지는 못하고 말았다. 그럼에도 불구하고 헌법문제를 전문으로 다루는 법률가들은 자위대가 합헌적이지 않다는 입장을 고수해왔다.[9] 마치 중세의 신학논쟁에 버금가는 미묘한 논의가 이러한 논쟁의 특징을 이루고 있다.

면 참조.

8) 이 사건의 개요에 관해서는, *Encyclopedia of Japan*, 講談社 1983, Vol. 7, 274~75면의 Alfred C. Oppler가 쓴 부분 참조.

9) 1991년 10월 조사에 따르면, 전문가의 78%이다. 『朝日新聞』 1992年 5月 3日, 8면. 또한 山內敏弘, 『平和憲法の理論』, 東京 1992와 「憲法學の焦點」, 『朝日新聞』 1994年 4月 15日 참조.

일단 헌법의 평화주의적 원칙과 현실 간에 간격이 생기자, 그 골은 점점 더 깊어졌고 벌어져갔다. 일본 사법부는 헌법 제81조에 따라 모든 법률, 명령, 조례, 처분 등의 합헌성을 가리는 권한이 있지만 위헌성 여부에 대한 판결을 요구받으면 일본의 권력분립은 입법부의 의사를 우선시한다는 식의 견해를 표명하였다.

그후 (미국과의 방위조약에 근거한) 일본 내 핵무기의 존재를 둘러싼 위헌문제가 제기될 경우에도 일본정부는 미군 함정에 어떤 무기가 탑재되어 있고, 미군기지에 어떤 무기가 보관되어 있는지를 묻지 않는다(또한 미국정부도 이에 구체적으로 답하지 않는다)는 말로 피해버렸다. 이리하여 일본은 궁극적으로 '전력'이라 볼 수밖에 없는 군대의 주둔을 줄곧 허용해온 것이며 냉전은 종식되었으나 일본정부가 감추려 애써온 문제, 그 합헌성 여부에 대해서 사법부가 단 한번도 시비를 가리도록 요청받은 적이 없는 문제는 아마 앞으로도 존속할 것이다.[10]

1954년에는 엄격하게 자위 역할만 하도록 되어 있던 자위대 규정도 차츰 수정되었다. 1981년부터는 자위대도 집단안보작전에 참여하기 시작하여 방위해역이 자국 영해에서 주변 1천 해리 수역까지 확대되었다. 미군 통수 하의 '자유진영'의 군사력 내에 일본군이 통합되는 과정은 미국이 수용할 수 있을 정도로 진행되었으나 1982년 일본이 어쨌든 군사동맹을 체결하였다는 인식 자체만으로도 스즈끼 정부를 실각시키기에 충분했다. 1983년 나까소네 수상은 일본이 자유진영을 수호하기 위한 불침항공모함(不沈航空母艦)이라고 공언했다. 1987년 역시 나까소네 수상에 의해 (1976년 내각이 공표했던) 군사비의 GNP 1% 억제선이 무너졌다. 80년대 후반부터 일본은 아시아 지역에서 타의 추종을 불허하는 군사강국이 되었으며, 그 군사력은 핵보유국인 영국이나 프랑스보다 훨씬 높은 일본의 방위비에 의해 유지되

---

10) 미국의 전(前)주일대사 에드윈 라이샤워Edwin Reischauer는 1981년 오랫동안 추측으로만 머물던 것을, 즉 미국 핵무기가 아무렇지도 않게 일본의 기항(寄港)기지로 운반되어 비축되었다는 사실을 공개적으로 폭로함으로써 논쟁에 불을 붙였다. 그리고 국방부 관리였던 다니엘 엘스버그Daniel Ellsberg는 그의 설명을 확인시켜주었다.

었다.[11] 1988~92년 일본은 세계 제2위의 무기수입국이었다. 강력한 동맹국에게는 (미국 무기의) 충실한 구매자 역할을 하는 것이 헌법원칙을 논하는 것보다 더 중요했을 것임에 틀림없다.[12]

평화유지와 UN

  냉전기간 동안 이러한 방식으로 전후헌법이란 피륙은 거의 찢어질 정도로 잡아당겨져왔으며, 헌법정신은 준수되는 분위기에서가 아니라 위반되는 가운데서 예우를 받게 되었다. 한 논평가는 이를 예전의 어떤 알콜중독자에 비유했는데, 그는 술을 완전히 끊었다고 해놓고는 지나친 음주만 삼가기로 했다고 하면서 다시 맥주를 마시기 시작하여 점차 위스키까지 입에 대기 시작했다는 것이다.[13] 1990~91년 페르시아만 지역에 위기가 발생하고 전쟁이 일어나자, 일본은 전례없는 새로운 국면을 맞이하게 되었다. 처음으로 일본은 냉전의 맥락에서 벗어난 분쟁에 대한 대응을 요청받게 된 것이다. 일본은 걸프전에서 미국이 이끄는 서방동맹세력에 합류하라는 집중적 압력을 받았으나 오로지 재정적으로만 후원하는 데 그쳤다. 그리하여 일본은 서방측 군비에 130억 달러라는 거금을 지원하고도 '무임승차' 외교정책을 편다는 비난을 면치 못했을 뿐만 아니라, 돈만 내지 말고 사람을 보내야(같이 피를 흘려야) 한다는 빗발치는 주문을 받았다. 일본 국민들은 이런 요구에는 거의 지지를 보내지 않았다. 그러나 일본의 국가이익을 해외에서도 구현할 수 있도록 자위대를 정규군으로 바꾸는, 즉 자위(self-defense)를 방위(defense)로 전환하는 방안을 오랫동안 모색해온 일본 내 일각에서는 그런 요구들을 환영했다. 1991년에 자위대 해외파병 문제가 쟁

---

11) 일본정부의 수치에 따르면 1993년 세계 6위이지만, NATO 기준에 의한다면 영국이나 프랑스보다 높은 세계 2위가 된다. 纐纈厚, 「國軍化する自衛隊」, 『週刊金曜日』 1994年 9月 30日, 5~9면.
12) 같은 곳.
13) 浦田一郎, 앞의 글, 195면.

점이 되자 헌법문제 전문가 중 5%만이 용인될 수 있는 일이라고 했다. 일반인 중에서도 59%가 자위대 해외파병은 전후 일본 헌법하에서는 문제가 있다고 응답했다.[14] 매파에 속하는 키시 노부스께(岸信介, 1959~60년 수상 역임)조차 1960년 4월 일본 전후헌법은 해외파병을 금하고 있다고 못박았다.[15] 결국 1992년 6월, 평화유지법이 통과되었을 때 여론조사에서 15%만이 이에 대해 지지를 표시했다(39%는 반대했고, 40%는 거스를 수 없는 미국의 압력이 있었을 것이므로 '불가피하다'고 본다는 애매한 답을 했다).[16] 무슨 운명적인 수용을 하는 듯한 분위기에서 법안이 채택된 것이다. 1954년 자위대 창설 이후 여러 번에 걸친 자위대 증강의 각 단계마다 그러했듯이, 자위대 해외파병을 허용하는 평화유지법 역시 바람직하지는 않으나 불가피하기에 어쩔수 없다는 식이었다. 헌법원칙에 대한 과거의 모든 침해와 마찬가지로, 일단 사태가 발생하자 여론이 차츰 이를 기정사실로 간주하게 되면서 서서히 지지도가 높아져갔다.[17] 드디어 1994년 5월에는 자위대가 유엔의 평화유지활동에 참여하는 데 대한 찬성이 48.4%에 달했고 반대는 겨우 30.6%에 머물렀다.[18]

1992년 캄보디아 평화유지활동에 참여한 것은 이름뿐인 참가였고 여러 유보조항과 조건이 붙는 매우 상징적인 것이었으나 그 상징적 무게는 컸다. 한편으로는 40년간 지속된 자위대 해외파병 금지가 일단 해제되자, 더 이상 금지는 부활할 수 없게 되었으며 해외파병에 붙는 조건들도 차츰 완화될 따름이었다. 아마 더 중요한 것은 지난 40년간 '자위는 국가 본연의 권리'라는 근거로 자위대의 존재를 합리화해왔던 것을 결국 포기했다는 점인데, 누구도 1992년 캄보디아에서 혹은 1993년 중반 모잠비크에 소규모이지만 병력을 파병한 후 아프리카에서 일본의 안보가 위협을 당하고 있다고

---

14) 『朝日新聞』1991年 11月 10日.

15) 浦田一郎, 앞의 글, 205면.

16) 『日本經濟新聞』1992年 6月 10日.

17) 『月刊 Asahi』여론조사 표 참조. 渡邊治, 「九〇年代改憲論の狙いとその特徵」, 渡邊治 외 편, 『憲法改正批判』, 勞動旬報社 1994, 169면.

18) Ako Washio, "Peacekeeping Debate Falls by the Wayside," *Japan Times*, May 24, 1994.

주장할 리는 없기 때문이다. 결국 이러한 원칙적 문제는 이른바 유엔의 숭고한 목적이라 인정되는 것을 지지하고 새로운 세계질서 구축에 기여해야 한다는 대중의 열망 속에 파묻히고 말았다.

90년대 초반 유엔의 여러 해외활동지역에 자위대를 파병하게 되면서부터 일본 군사력의 헌법적 정당성은 새로이 심각한 의혹의 대상으로 떠올랐다. 자위대의 활동은 유엔의 대의명분을 지원하는 제한된 행동이었고, 일본의 역할은 비군사적 활동으로만 한정되어 1994년 유엔의 소말리아 활동에는 참여하지 않았다.[19] 여전히 소위 유엔협력이라는 가치있는 목적은 자위대 해외파병에 대한 헌법상의 금지를 해제하는 수단이 되었으며, 마침내 헌법의 원리를 파괴해버리고 말았다. 일본정부의 주장은, 유엔에 협력할 수 있는 여러 수단이 있지만 그중에서도 세계공동체에 대한 책임을 완수할 수 있는 적절한 길은 지난 40년간 국토방위에만 정당화되어왔던 일본의 군사력을 해외에 파견하는 방법을 통해서라는 것이다. 캄보디아에서의 활동——도로건설 같은——은 또한 민간 토건업자가 할 수도 있는 일이며, 또 절실히 필요한 활동——지방에 산재되어 있는 지뢰제거와 같은——은 자위대 역량을 넘어서는 기술적 도전이 요구되는 것으로서 일본 기업부문의 기술적 자원이 적극적으로 투입되어야 할 작업이다. 소니와 미쯔비시 같은 기업이 캄보디아 지방의 지뢰제거 작업에 필요한 기술을 개발하여 활용하기로 한다면 그야말로 실제적인 국제적 공헌이 될 것이다.

걸프전 이후 일본이 여러 나라가 참여하는 평화유지활동에 기꺼이 협력한 것을 가지고 외국의 학자와 정치가들은 대체로 전례없는 성숙도와 개방성의 상징이라고 칭송하였다.[20] 1946년 일본 평화헌법의 근간이 된 원칙에 대한 국제적 지지가 90년대에 와서는 완전히 자취를 감추고 만 것이다. 실

---

19) "Bid for UN Seat to Carry 'No Fighting' Caveat," *The Nikkei Weekly*, September 12, 1994.

20) 1993년에 오스트레일리아 상원위원회가 일본 방위정책의 문제를 조사했을 때, 일본의 헌법문제를 제기하고 군사대국으로서의 꾸준한 부상을 반대한 사람은 유일하게 필자 하나뿐이었다. Senate Standing Committee on Foreign Affairs, Defense and Trade, *Japan's Defence and Security in the 1990s*, Canberra: Senate Printing Unit 1993 참조.

용주의 또는 현실주의가 이상주의나 평화주의보다 선호된 것이다. 일본이 세계에 더욱 적극적으로 동참하느냐의 여부를 군사적 기준으로 판가름해야 한다는 주장인데, 그렇다면 새로이 등장하는 세계질서라는 것도 전혀 새로운 것이 아니라는 뜻이 된다. 일본 헌법을 이른바 '유연하게' 해석히도록 일본을 부추기고, 그런 입장을 군사적 사안에 우선 적용한 것은 위험스런 전조가 형성되고 있는 것으로 볼 수 있다. 어떤 나라에서고 헌법적 원칙이 포기(또는 침해)되는 것은 언제나 불길하다. 일본의 경우에는 특히 그러했는데, 일본은 과거 한때 헌법적 구속이 전혀 없는 상태에서 군국주의에 빠져 전쟁을 일으켰던 나라이기 때문이다. 가장 유연한 헌법이란 곧 독재자의 전횡에 종속된 헌법이었다.

그러나 유엔 안보리 상임이사국 수를 늘려 일본에게 그 자격을 주자는 주장이 합당하게 들릴 만한 이유가 없는 것은 아니다. 상임이사국 지위를 달라는 일본측의 주장은 자국의 경제적 비중과 미국에 다음가는 유엔 분담금을 내고 있다는 사실에 기초하고 있으며, 또한 이는 승전 연합국(미국·영국·프랑스·러시아(구소련)·중국)에게 상임이사국 자리를 보장했던 전후 구도를 이제는 재고할 필요가 있다는 판단에 근거하고 있다. 유엔 창설 50주년은 그러한 구조적 개혁을 하기에 적합한 시기로 보일 법했으며, 일본정부는 1992년부터 자국의 상임이사국 진출을 주장하기 시작하였는데, 처음엔 유엔의 전면적 개혁의 일환으로 내세웠으나 그 이후부터는 어떤 조건도 달지 않고 있다.[21] 1994년 9월 당시 외무장관 코오노 요오헤이(河野洋平)는 유엔에 정식으로 신청서류를 제출하였다.[22] 그러나 일본이 핵보유 강대국들로 이루어진 집단의 일원이 된다는 점이 문제를 일으킬 것은 자명하다. 일본 헌법은 유엔헌장과는 완전히 다른데, 일본 헌법에는 유엔헌장(2조 4절)에서 명시하고 있는 '분쟁의 **강제적** 해결' 항목이 분명히 빠져 있다. 만일 일본이 상임이사국 일원이 된 뒤 갈등의 비군사적인 해결을 옹호하고 이를 열정적으로 추진하며 (그리고 폭력의 구조적 요인에 대한 장기

---

21) 佐々木芳隆, 「軍事貢獻なき常任理事國はあるか」, 『AERA』 1994年 9月 19日, 23~27면.
22) *The Nikkei Weekly*, October 3, 1994.

적 해결책을 추구하고) 강제적인 군사적 조치에 참여하지 않는다면 매우 바람직할 것이지만, 기존 상임이사국은 물론 일본정부 자신도 일본이 상임 이사국이 되면 그 길로 일본은 '보통' 강대국과 유사한 행동을 하기 위해 노력을 경주할 것이라는 가정하에서 움직여왔다. 일본이 유엔 안보리 상임 이사국이 되면, 유엔이나 다른 강대국들이 다같이 무장을 해제하는 방향으로 나아가는 것이 아니라, 오히려 일본이 기존의 '강대국' 유형을 따르게 될 가능성이 훨씬 높아 보인다. 얼마 전 아사히신문사에서 발행하는 주간 잡지 『아에라(AERA)』에 실린 한 만화가 이를 간명하게 표현하였다. 일본의 무라야마 수상이 의자 두 개를 앞에 두고 어디 앉을까 고심하는 모습이다. 하나는 푹신한 안락의자인데 미국 빌 클린턴 대통령이 권하는 자리지만 일본이 유엔 평화유지활동에 동참한다고 다짐을 하는 조건이다. 또 다른 의자는 유엔 사무총장 부트로스-갈리(Boutros-Ghali)가 앉으라고 내미는 아동용 의자이다.[23]

만약 유엔 인권협약이나 국제노동기구(ILO) 협약들의 비준이나 이행에서 일본의 성적이 좀더 좋다면, 일본이 유엔에서 자국의 입지를 넓히려는 열정도 좀더 너그럽게 이해될 수 있을 것이다. 그런데 일본은 주요 인권협약 25가지 중 오직 7가지만을 비준했고, ILO협약과 관련한 일본의 과거행적도 거의 이와 비슷한 수준이다.[24] 핵문제에 관한 유엔 논의에서조차 일본은 핵피해국으로서 어떤 특별한 역할을 수행했다는 증거가 없다. 평화주의 사상가이자 논평가인 히다까 로꾸로오(日高六郎)는 80년대 초 세계에서 유일한 핵무기 피해국인 일본이 핵무기 사용금지 결의에 반대입장을 취했다는 사실에 경악을 표시하였다. 90년대 탈냉전 시기에도 일본은 비핵지대 설치 제안에는 끈질기게 침묵을 지키고 초강대국들의 핵특권을 대체로 지지했다.[25] 이는 일본정부가 유엔헌장의 원칙을 준수하려는 의지보다는 안

---

23) No-Rio, 『AERA』 1994年 9月 19日, 25면.

24) United Nations, *Human Rights International Instruments*, Chart of Ratifications as of December 31, 1993, New York and Geneva, 1994. ILO 협약에 관해서는, 西川潤 · 暉峻淑子 · 中村達也(좌담회), 「擴大經濟から成熟經濟へ」, 『世界』(임시증간호) 1994年 4月, 第594號, 276면.

보리 상임이사국이 되면 누릴 수 있는 지위와 특권에 대한 열망에 의해 더 강하게 움직이고 있음을 말해준다.

개헌의 딜레마

독일과 이딸리아의 전후헌법은 수차례에 걸쳐 개정되었으나(독일의 기본법은 40차례, 이딸리아의 헌법은 7차례) 일본의 전후헌법은 수십년에 걸친 일본정부의 개헌 노력에도 불구하고 전혀 손대지 않은 채 남아 있다. 헌법 제99조는 모든 공무원은 헌법을 존중하고 옹호할 의무를 진다고 명시하고 있음에도 자민당과 정부관료들은 미국의 지원을 받아가며 개헌운동을 주도해왔다. 키시 노부스께는 오랫동안 자주헌법기성의원동맹(1995년 결성)과 독립헌법제정회의(1970년 결성) 의장을 겸임했다. 80년대 중반 수상직에 오른 나까소네 야스히로는 전후 일본 헌법이 "일본인들의 역사, 전통, 문화"를 전혀 반영하지 않은 "일본적"이지 않은 것이라고 비판했다. 1955년 약관의 정치인으로 나까소네는 처음으로 헌법개정안을 입안했는데, 80년대 와서는 개헌의 노래까지 작곡할 정도가 된 것이다.[26]

이나바 오사무(稻葉修)는 1975년 법무장관 재임시 국회에서 전후 일본 헌법은 결함이 많으므로 반드시 수정되어야 한다는 말을 했다. 이나바 오사무도 드러내놓고 개헌운동에 참가하였고, 그의 후임자도 1980년에 운동에 참여했다.[27]

그런데 실은 이른바 일본 보수주의 본류라는 집단은 자신들이 소속된 자

25) 日高六郎, 「'反核 ということ」, 『朝日新聞』 1982年 6月 7日과 「平和意識と'平和政策」, 『世界』 1994年 2月, 54~66면.

26) Gavan McCormack, "Beyond Economism: Japan in a State of Transition," in Gavan McCormack and Yoshio Sugimoto, eds., *Democracy in Contemporary Japan*, Armonk, New York: M.E. Sharpe 1986, 56~59면 참조(나까소네의 노래에 대해서는 奧平康弘, 『改憲論者の主張』, 岩波ブックレト 19, 1983, 17면 참조).

27) 小田原敦, 「憲法九條は孫悟空の'金輪' ——武力不行使が原則」, 『AERA』 1993年 5月 4日~11日, 66~67면.

민당 정강의 개헌조항에는 거의 관심이 없었고, 그러기에 헌법을 고치자는 생각에도 별 반응이 없었다. 키시나 나까소네 수상 같은 사람들은 헌법문제에 관한 한 매파에 속하지만, 다른 많은 보수파 사람들은 비둘기파였기 때문이다. 요시다 시게루(吉田茂, 1946~54년 동안 다섯 차례 수상 역임)로부터 미야자와 키이찌(宮澤喜一, 1991~93년 수상 역임)에 이르기까지 역대 수상들은 전후헌법에 밀착하여 최소한의 점진적인 양보만을 허용하면서 미국의 안보 및 군사 압력에 버티는 정책을 선호해왔다. 탈냉전 논의가 위세를 얻게 되자, 미야자와는 개헌에는 반대하면서 기존의 평화조항을 현실에 맞게 운용하는 방안을 강구하자는 주장을 담은 책을 펴냈다.[28] 어쨌든 헌법문제를 두고 정부와 일반 국민의 의견이 내내 서로 달랐던 것은 냉전기간 동안 벌어진 헌법논쟁 구도의 매우 특이한 양상이었다.

일본의 일반 국민들은 헌법을 누가 만들었는지에 상관없이 전후헌법과 그 평화주의적 정서를 대체로 받아들이고 있었고 사회주의자들도 헌법문제에 관해서만은 열정적으로 보수적인 입장이었다.[29] 나중에는 외부로부터 강요된 것이라는 비판을 받았지만, 헌법 제9조의 평화조항은 1946년 당시 여론조사에서 약 70%의 전폭적인 지지를 얻었다.[30] 헌법 제96조에 정식으로 헌법을 개정하기 위해서는 양원(중의원과 참의원—옮긴이)에서 각각 재적의원 2/3 이상의 찬성을 얻고 또한 국민투표에서 과반수의 찬성을 얻어야 한다고 되어 있으므로 점차 이런 조건을 만족시키기란 불가능하다고 인식하게 되었다. 그 대신 비공식적인 개헌과정, 다시 말해 해석에 의한 개헌이 매우 중요하게 여겨졌다. 평화주의라는 헌법의 장막 뒤편에서는 냉전과 미일관계의 심층으로부터 전혀 다른 우선순위 체계가 쏟아져들어왔다. 동서

---

28) 宮澤喜一, 『新護憲論宣言──二一世紀の日本と世界』, 朝日出版 1995.

29) 이 과정에 대한 자세한 연구로는, 古關彰一, 『新憲法の誕生』, 中央新書 1989. 영어본은 "Japanizing the Constitution," *Japan Quarterly*, Vol. XXXV, No. 3, July~September 1989, 234~40면. 그리고 伊藤成彦, 「九條擁護·一章改正の論理」, 『サンサーラ』 1993年 5月, 56~63면 참조.

30) 『毎日新聞』 1946年 5月 27日. Tsuneoka Setsuko, "Pacifism And Some Misconceptions about the Constitution of Japan," in Tsuneoka Setsuko et al., eds., *The Constitution of Japan*, Kawade shobō, 1993, 120~53면 중 126면에서 재인용.

대립이라는 냉전적 격앙 속에서 1945년의 이상주의가 퇴색하면서, 안전보장조약은 미국과 (미국만큼은 아니지만) 일본 엘리뜨들의 재고의 결과를 또렷이 반영했다. 1951년부터 일본은 실질적으로 두 개의 헌법 아래 있게 된 셈인데 1946년에 제정된 명목상의 평화주의 헌법과 1951년 미일안전보장조약(1955년 공고화된 정치체제의 기반이 된다)에서 기원한 (성문화되지는 않았지만) 사실상의 (군국주의) 헌법이 그것이다. 탈냉전 논의를 위한 도전은 이 모순을 해결할 몇가지 방법을 찾으려는 것이다.

간단히 말해, 헌법 제9조와 관련된 추상적인 헌법적 원리는 처음부터 정치적 편의주의에 굴복했던 것이다. 다른 부분들도 상황은 이와 비슷하다. 점진적인 마멸과정은 중심적인 두 영역에서 뚜렷했는데, 그 하나가 천황제와 신도(神道)의식의 영역이고, 다른 하나가 공민권의 영역이다. 이론적으로 말한다면, 헌법상 권력분립의 틀이 존재하므로 최고재판소가 중요한 길항세력이 될 법도 하지만, 장기간 보수일당지배하에서 최고재판소의 핵심 엘리뜨들은 모두 보수정당이 임명해왔고, (이미 앞서 논의한 대로) 헌법에 관련된 일에 대해서 최고재판소는 애써 비간섭적인 태도를 취해왔다. 법률가들은 추상적인 헌법적 권리에 대한 소송에 절망했고, 일부 논자들은 일본을 과연 법치국가라 할 수 있는가라는 의문까지 제기한다. 수정주의 학자인 카렐 반 월프렌(Karel van Wolferen)의 말대로, 일본이 근대 입헌주의 국가가 되려면 "진정한 혁명에 필적하는 권력의 재편"[31]이 필요하다고 하겠다.

권　리

평화와 방위의 문제가 가장 많은 주목을 받아왔지만 헌법상의 문제는 결코 이것에만 한정되지 않는다. 천황제적 절대주의의 암운을 철저히 걷어내

---

31) Karel van Wolferen, *The Enigma of Japanese Power*, London: Macmillan 1989, 433면.

지 못한 연합국과 전후 개혁의 실패는 주권 또는 천황의 지위에 관련된 문제 및 그와 동전의 양면관계에 있는 시민적 권리 또는 민권(民權) 문제를 전후 일본에 유산으로 남겼다. 기본권과 인권은 헌법상으로는 명백하게 보장되고 있으나 사실상 여전히 남아 있는 일본성이라는 전근대적 개념에 종속된 추상적 관념으로만 여겨져왔다. 자신은 신이 아니라 인간이라는 히로히또 천황의 1946년 선언에도 불구하고 그리고 기본적 인권은 "다년간에 걸친 인류의 자유획득 노력의 성과"(제77조)라는 헌법이념에도 불구하고 일본의 전후헌법은 천황에 관한 조항으로 시작하고 있다. 천황의 승계는 정치적 고려를 초월한 '천황가'의 가규(家規)에 따르며, 남녀평등에 대한 국제협약 준수 공약을 어긴 채 장자상속제를 지킨다. 사실상 전후헌법은 ('상징'이라 규정된) 천황제에 대한 비판이나 반대가 제기될 수 있는 공간을 열어두지 못했다.

일본의 공화주의는 그 어떤 법적 제재를 받지는 않지만 '위험한 사상'으로 취급되었던 전전과 마찬가지로 여전히 배척받고 있으며, 만약 표현의 자유의 권리를 행사해 공화주의가 (상징적) 천황제보다 성숙한 민주주의 정치체제에 더 적합한 국가조직 형태라는 견해를 공언하는 시민이 있다면, 그는 용감하거나 무모하거나 둘 중의 하나일 것이다. 1946년 체제는 뚜렷이 강화되었고 반대입장을 무력화시켜왔으며, 그런 면에서 대단한 성공을 거두었다고 할 수 있다. 최근 열띠게 진행된 헌법논쟁도 이 문제에 대해서는 건드리지도 못했다.

외부로부터 강요된 전후체제와는 현저하게 대비되어 일본적인 것의 정수로 규정되는 천황제 절대주의에 대한 매혹과 그와 연관된 충성과 봉사라는 봉건적 관념은 여전히 강하게 남아 있다. 전후 수상 가운데 가장 중요한 세 명의 인물 키시, 타나까, 나까소네는 다들 한 번 이상씩 1889년의 교육칙어의 가치관이 교육의 기본 원리로 부활한다면, 다시 말해 교육이 학생들에게 헌법상의 권리의식을 불어넣기보다는 코꾸따이(國體)와 주권과 국가원수에 관한 일본적 개념을 명확히 주입한다면, 일본 교육은 아마도 훨씬 더 나아졌으리라 믿는다는 말을 한 적이 있다.[32] 나아가 일본에는 교과서 검열

제도가 여전히 시행되고 있다. 저명한 역사학자인 이에나가 사부로오가 자신이 쓴 역사교과서에 대한 문부성의 검열에 반대하여 (1965년 이래) 벌여온 오랜 법정투쟁은 성공하지 못했다. 최고재판소는 1993년 3월 교과서 검정은 표현의 자유를 보장하는 헌법에 위배되지 않는다고 판결을 내렸다.[33] 사상·양심·신교(信敎)의 자유, 검열로부터의 자유, 학문의 자유(헌법 19조, 20조, 21조, 23조)는 민주주의 체제의 골격이지만, 모두 어느정도는 문제를 안고 있다.[34] 표현의 자유에 대한 규제가 위헌이라 판정된 적은 한번도 없다. 헌법상의 언론의 자유는 일반적인 견해와 다른 의견을 표하는 사람들의 권리를 보호하는 데 사실상 거의 도움이 되지 않는다. 예컨대 (1988년 12월) 전쟁책임의 일부는 분명히 천황에게 있다는, 간명하지만 매우 예외적인 발언을 했다는 이유로 나가사끼 시장은 우익들에게 무자비하게 괴롭힘을 당했으며, 결국 암살 위협을 받기도 하였다.[35] 마찬가지로 전(前)자위대원의 미망인이자 기독교인인 나까야 야스꼬(中谷康子)는 순직한 남편을 국가가 신도(神道)의 신(神)으로 호국신사(護國神社)에 봉안하려 하는데 반대하여 법정투쟁을 벌였으나 끝내 지고 말았다.[36] 또한 사회주의 성향이 강하고, 따라서 헌법에 관해 보수적 입장을 취하는 일본교직원조합 같은 단체들은 연례 대회를 치를 때마다 시설사용을 허가해줄 도시를 찾기 어려울 정도로 우익의 집요한 방해공작에 시달린다.

헌법 제14조, 제15조는 "인종, 신조, 성별, 사회적 신분 또는 문지(門地, 문벌)로 인한" 정치적·경제적·사회적 관계에서의 어떠한 차별도 금지하

---

32) Okudaira Yasuhiro, "Some Consideration on the Constitution of Japan," *Occasional Papers in Law and Society*, No. 3, Institute of Social Science, University of Tokyo, December 1987, 32~34면. Yamazumi Masami, "Educational Democracy versus State Control," in McCormack and Sugimoto, *Democracy in Contemporary Japan*, 90~113면.

33) Irene Kunii, "Japanese Judiciary Backs School Books Censorship," *The Age*, March 17, 1993.

34) Okudaira, 앞의 글, 19면.

35) Norma Field, *In the Realm of a Dying Emperor*, New York: Vintage 1993, 177~266면.

36) 같은 책, 107~74면.

고 있다. 헌법의 영문판에 따르면, 헌법 전체의 보편적 정신을 지키기 위해 이러한 기본권이 "모든 사람"(all people)에게 적용되어야 한다고 적혀 있다. 그러나 일본어판 헌법을 보면, 이런 조항은 거의 희석되어 "모든 사람"이 "국민"이라고 적혀 있다.[37] 일본 원주민집단(아이누족), 여성, 재일외국인(특히 한국인), 부라꾸민(部落民, 천민) 등에게는 현실적으로 이런 조항들이 아무런 의미가 없다. 예를 들어, 원주민들은 고향의 강에서 낚시를 할 권리 같은 비교적 사소한 권리주장조차 받아들여지지 않으며, 하물며 고향의 토지에 대한 권리 같은 건 말할 것도 없다. 가령 아이누족이 사는 지방의 관청은 아이누족을 협상상대로 인정하지 않는다. 그렇기 때문에 아이누족은 오스트레일리아에서 1993년 12월에 원주민의 토지소유권을 인정한 것(마보Mabo 법안)과 1995년에 뉴질랜드 수상이 토착민 마오리족을 억압하고 그들의 토지를 강탈한 과거행위를 공식적으로 사과한 것에 대해 비상한 관심을 보였다. 그러나 일본의 미디어는 이런 뉴스를 미미하게 다룰 뿐이었다. 아이누족을 비롯한 일본의 토착 원주민들을 강제이주시키고 억압하고 차별해온 기나긴 역사에 대해 일본정부가 공식 사과를 하거나 보상조치를 하리란 전망은 90년대 중반에도 거의 불가능한 먼 미래의 일로 보인다. 1994년에 와서야 비로소 아이누족은 사회민주당 소속 의원으로서 국회 참의원에 처음으로 대표를 한 명 내보낼 수 있었을 뿐이다.

헌법 제28조는 노동자들의 단결권, 단체교섭권, 단체행동권을 허용하고 있으나 전후 초반기의 전투적 노조운동은 노동조합의 권리가 승승장구하는 기업 성장의 목표에 희생되었을 때 헌법상의 어떠한 보호조항에도 호소할 수 없었다. 1973년에는 최고재판소가 공공부문 종사 노동자들의 일체의 파업금지가 위헌이 아니라고 판정하였다.[38] 자백에 근거한 유죄판결 금지를 규정한 제38조를 비롯, 제31조부터 제38조까지의 형법 관련 공민권 규정에도 불구하고 형사사건의 경우 헌법상의 권리는 시종 무시된 채 많은

---

37) 애초의 안에는 "一切の自然人"이라는 일본어를 직역한 어구였으나 최종적으로는 "すべて國民"(전체 국민)으로 바뀌었다. 古關, 앞의 책 참조.

38) 같은 책, 16면.

유죄(그리고 사형)판결이 근거없이 이루어졌다가, 30년도 더 지난 80년대에 와서야 그중에서 불과 몇몇 사례만이 번복되었다.[39] 또한 제92조에서 제95조까지 지방자치를 명시하고 있지만, 19세기의 봉건제적 중앙집권주의 전통이 20세기의 일본국가에서 재건되어 강화되고 있다. 1993년 호소까와 모리히로가 수상이 되었을 때, 그가 얻은 인기의 대부분은 지방분권정치를 해서 지역을 활성화하겠다고 한 공약에서 비롯된 것인데, 그의 이러한 공약은 공허한 바람으로 머물고 말았다.

최고재판소가 정부행위를 위헌으로 규정한 적은 딱 한 번 있었다. 즉 1976년 이후 현행 선거제도가 도시 거주민의 대표성을 왜곡한다는 점에서 위헌이라는 판결을 내린 것이다. 그러나 최고재판소는 그 판결을 실행에 옮기는 데는 주저해왔는데, 헌법상 권력분립에서 국회가 "국가권력의 최고 기관"(헌법 제41조)인데, 만일 최고재판소의 판결에 따라 선거결과를 무효화하게 되면 '상상을 초월한' 정치적 혼란이 야기될지도 모른다는 이유에서였다.

개헌안들

냉전기

냉전기에는 일본의 입장이 비교적 분명했다. 집권 자민당은 전후헌법이 외부에서 강제된 것이라며 개헌을 당강령으로 내세웠으나 정치현실상 개헌이 불가능하다는 점이 드러나자 그에 대한 집착은 다소 약화되었다. 자민당은 미국과의 안전보장조약과 자위대를 모두 옹호하는 입장이었다. 다른 한편 사회주의와 공산주의 정당들은 현행 헌법을 지지했고, 헌법 제9조에 따라 일본이 비무장 중립의 모습을 갖춰야 한다고 주장했다.

자민당이 구체적으로 특별히 지지한 것은 하나도 없지만, 그간 다양한 개

---

39) Gavan McCormack, "Crime, Confession and Control in Contemporary Japan," in McCormack and Sugimoto, *Democracy in Contemporary Japan*, 186~94면.

264

헌안들이 발표되었다. 모든 개헌안들은 1889년 헌법의 가치관으로 복귀하려는 경향을 공유하고 있다는 점에서 기본적으로 반동적이라 할 수 있다. 1984년에 발표된 나까가와 야쯔히로(中川八洋) 개헌안이 그중 전형적인 것으로서 영향력을 미쳤다.[40] 그것은 주권재민을 폐기하고 국민주권 중시를 무시하고, 천황의 존엄성을 손상시키는 모든 행위에 대한 불경죄를 부활하며, 헌법 제9조의 전쟁부인 조항을 삭제하고, 천황을 자위대 통수권자로 하며, 인권조항을 공공질서 및 국가안보의 필요에 따르는 조건부적인 것으로 규정하고, 국가의 기본 질서 및 원칙에 반대하는 정치집단의 존립권을 부인함으로써 전전의 코꾸따이(국체) 사상을 회복시킨다는 것이다. 게다가 국가의 방위 요청이 있을 시 반드시 복무해야 할 국민의 의무를 규정하고 있다(그리하여 징집제도의 가능성을 열어두고 있다). 이같은 내용은 전후 기간 내내 개헌론자들이 공통적으로 내세운 주장이었다. 개헌주의자들의 특징은 1946년 헌법에 분개하고, 그 이전에 존속했던 체제의 핵심 요소들을 부활시킬 것을 갈망한다는 것이다.

탈냉전기

90년대 들어와 헌법논쟁은 근본적인 변화를 겪는다. 갑작스런 냉전 종식, 미국과의 동맹관계의 역할 축소, 정치체계의 제도화된 부패에 대한 일반적 혐오, 가까워오는 1946년 헌법 제정 50주년 등 이 모든 요소들이 어우러져 헌법논쟁을 재개시켰음은 물론 개정논의의 기준도 바뀌었다. 전쟁의 기억——패전, 궁핍, 기아——은 전후 수십년이 지나면서 안정과 번영을 구가하게 되자 차츰 희미해져갔다는 사실도 중요하게 작용했다. 전쟁체험 세대가 점차 사라졌다. 재무장과 전쟁의 그림자를 드리우는 개헌과 비무장 중립의 당당한 자세를 고수하자는 호헌으로 나뉘어온 수십년간의 열기가 탈냉전세계에서 잠잠해졌다. 거대기업집단들이 처음으로 공개적인 지지를 표명했다.[41] 1993년 3~4월에 행해진 주요 일간지와 전파매체의 여론조사

---

40) 中川八洋, 『新·日本國憲法草案』, 山手書房 1984.

들을 살펴보면, 한 조사에서 최초로 개헌 지지가 반대보다 (약간) 더 높게 나타나 있다.[42] 정당 가운데는 공산당만이 90년대에도 조건없이 호헌을 지지하고 있다(역설적으로 공산당은 1946년 논쟁에서 헌법 제9조에 반대했다). 그외에는 모두가 헌법을 자구상의 의미와는 확연히 다르게 재해석하고 그 어떤 애매함도 일소하도록 평화나 안보에 관한 '기본법' 형태의 입법으로 보완하거나, 아니면 전면적으로 개정해야 한다고 주장하였다.

우파 진영의 입장변화가 특히 극적이다. 개헌은 더이상 시계바늘을 거꾸로 돌려 도덕적 훈계나 전통으로 행동을 세세하게 규제하는 천황제 일본의 안정된 질서가 존재하리라 여겨지는 시대로 돌아가기를 바라는 사람들만의 슬로건이 아니게 된 것이다. 다시 말해, 개헌론자들도 이제 앞을 내다보고 아주 천천히 모습을 드러내고 있는 새로운 세계에서 일본이 해야 할 역할에 대처할 수 있는 방안을 찾기 시작했다. 헌법문제를 둘러싼 금기들도 차츰 풀렸다. 종래의 좌우대립이라는 축을 넘어서서, 다같이 현황과 헌법 9조 찬반논쟁의 불모성에 대해 불만을 품고 있고 국제사회에 공헌할 적극적 방법의 탐색이 필요하다는 데 공감하는 양측간에 담화가 재규정되었다.

헌법과 관련한 입장의 스펙트럼은 매우 복잡하다. 그래도 좌우 노선으로 표현하는 것이 가장 도식적이긴 하지만, 탈냉전 이후 개헌론자나 호헌론자나 모두 그 대열 내부에서 분화가 일어난 결과 좌우 구분 자체가 모호해졌다. 우선 우익을 살펴보면, 우익도 전술에 따라 두 집단으로 나뉘었다. 한 집단은, 헌법 제9조를 삭제 또는 수정하여 일본이 국익을 수호하거나 추진할 수 있는 '보통' 군대를 가진 '보통' 국가가 될 수 있어야 한다고 주장한다. 반면 다른 집단은 비슷한 목표를 추구하지만 그런 목적을 달성하기 위해

---

41) 渡邊治, 앞의 글, 18~73면 중 41, 55~56면. 또한 森英樹, 「國際貢獻論と國聯」, 같은 책, 244~98면 참조.

42) 요미우리신문이 1993년 3월에 행한 여론조사에서 호헌 찬성자는 1991년 51.1%에서 1993년 33%로 감소한 반면, 개헌 지지자들은 1991년 33.3%에서 1993년 50.4%로 증가했다. 1994년에 개헌 지지자는 44.2%로 감소했으나 1995년 조사에서는 50.4%로 다시 증가했다 (中野邦觀, 「憲法と世代意識」, 『This is 讀賣』 1995年 6月, 146~51면 중 147면. 外岡秀俊, 「岩波對讀賣──メディアが仕掛ける憲法論爭の新時代」, 『AERA』 1993年 5月 4日~11日, 21면 참조).

〈표 5.1〉 헌법에 대한 견해

1. 냉전	
우파	좌파
헌법반대론	헌법옹호론
자민당	사회당 · 공산당
자위대＋미일안보조약	비무장 중립

2. 탈냉전	
우파	좌파
(1) 개헌론	(1) 호헌론
요미우리 집단	공산당, 사회주의자와 지식인 일부
자위대＋미일안보조약	비무장 중립
(2) 창조적 재해석론	(2) 창조적 재해석론 ⓐ
오자와 이찌로오	사회당
자위대＋미일안보조약	자위대＋미일안보조약
	(3) 창조적 재해석론 ⓑ
	이와나미 집단(평화기본법)
	아사히 집단(국제협력법)
	최소 방위병력

반드시 개헌이 필요한 것은 아니라고 본다. 개헌이냐 호헌이냐가 더이상 좌우를 구분하지 않게 되고, 좌우파 양쪽 진영 내부를 분화시키는 문제가 된 것이다.

우파

호헌론자(또는 해석개헌론자) 이 집단은 1946년 헌법은 외부에서 (미점령군에 의해) 강제로 주어진 것이라며 혐오감을 갖는 사람들을 포함하고 있지만, 개헌이 반드시 필요한 것은 아니라고 결론짓는다. 일본이 보통군대를 보유하는 것을 허용하는 방향으로 현행 헌법을 해석할 방도만 있다면, 일본은 보통군대를 보유한 보통국가가 될 수 있다는 생각이다. 이들도 헌법 제9조의 평화주의에 대한 신념은 계속 고수한다는 입장이나 이것은 본질적으로 외양만 그렇게 꾸민다는 것이고, 그 이면에는 평화주의의 표방으로 포장된 보통국가를 만들기를 꿈꾸고 있다. 이런 입장에 가장 근접하는 대표적 인물은 오자와 이찌로오이다.

자민당 간사장을 지냈고 키네마루 신의 측근이었던 오자와는 1993년 자민당을 탈당해서 신생당(新生黨, 나중에는 다른 탈당세력과 합하여 신진당 新進黨으로 변모) 창당에 주역을 맡았다. 이런 오자와가 해석개헌운동의 중심인물이다. 전후 보수주의의 맥락에서 오자와는 특히 진취적이고 미래지향적인 헌법해석을 제시할 수 있었던 선구적 인물이었다. 그의 이러한 해석은 전통적으로 좌파적인 국제주의적 이상주의를 차용해 강대국 일본의 비전과 연결지음으로써 민족주의적 정서에 큰 반향을 불러일으켰다. 사실 오자와는 70년대에는 타나까 카꾸에이 파벌에서 "정치는 힘, 힘은 수(數), 수는 돈"[43]이라는 개혁 이전 일본 정치의 기본 공식을 배웠던 인물이므로, 이런 그가 탈자민당 개혁정치의 핵심 정치인으로 부상했다는 것은 매우 역설적이다. 오자와는 일본 금권정치와 이권정치가 절정에 달했던 80년대 후반과 90년대 초반에 실력자로 부상했지만 그 자신은 이권조직에 의해 움직이는 정치가가 아님을 증명하였다. 그의 비전은 정치구조의 전면적 개혁으로, 그것을 추진하는 데 있어 유별나게 적극적이고 개입주의적인 스타일을 개발했으며, 그러면서 동시에 그는 수상이라는 (상대적으로 덜 중요하면서) 공격받기 쉬운 명목뿐인 권력의 자리에 노출되는 것은 조심스럽게 피해왔다. 자민당 일당지배가 구사회당이 무력화된 채 통합된 양당 보수체계로, 그리고 중선거구제가 소선거구제로 변모한 격동의 이면에서 오자와가 총지휘를 했다는 것은 잘 알려진 사실이다. 고질적인 정치부패와 국제적 고립, 정부의 무능력으로 치닫는 정치적 약체화에 대해 대중들이 느끼는 염증에 대처하고 그것을 다른 방향으로 유도해가는 그의 노련한 역량은 높이 평가되어야 한다. 고질적인 부패문제의 해결은 차치하고라도 개혁이 결국 공고한 관료권력을 약화시킬 것인지, 혹은 토오꾜오에서 지방으

---

43) 國弘正雄, 「自稱'改革派'의正體みたり」, 『世界』 1993年 8月, 62~67면.

로 권한이양을 추진해나갈 것인지는 여전히 불확실하다.

오자와에 따르면 일본은 오로지 경제목표에만 치중한 나머지 그가 쓴 구절을 그대로 옮겨보면, 폐가 하나밖에 없는 괴이한 모습을 한 '편폐(片肺) 국가'[44]가 되고 말았는데, 이제야말로 일본이 보통국가가 되어서 유엔 안보리 상임이사국 자리를 요구해야 할 때라는 것이다. 유엔 평화유지활동 문제가 논란이 될 무렵, 오자와는 국제사회에서 일본의 역할에 관한 자민당의 특별조사회의 장을 맡고 있었는데, 이 모임은 "일본은 국제사회에 명예롭게 기여하는 것이 바람직하다"는 헌법 전문 내용을 헌법 제9조의 자구보다 우선시해야 한다는 논리를 폈다.[45] 이어서 오자와는 유엔 상비군에 일본이 참가한다 하더라도 헌법상 어려움이 없다고 주장했다.[46] 다시 말해 헌법 제9조는 유엔의 인가 없는 해외파병을 금했을 뿐이지 병력의 보유 또는 유엔 임무 수행을 위한 병력 배치를 금한 것은 아니라는 것이다. 이처럼 해석개헌의 변경(邊境)은 수년에 걸쳐 지속적으로 확장되어왔으나, 이처럼 과감하고 급진적인 방식이나 접근은 여태껏 없었다.

헌법논의를 정확히 새로운 세계질서는 아니라 해도 더 나은 (설사 더 나은지는 확실치 않지만) 세계 건설을 위한 일본의 기여 문제와 연관지음으로써, 오자와는 일본의 뇌수를 건드리고 있다. 요컨대 헌법 제9조에 대한 집착은 이기적이고 무원칙한 '일국평화주의'에 이르렀고, 일본이 부와 안정을 누릴 수 있었던 것은 어느정도는 냉전기간 동안 미국의 안보에 무임승차한 덕분이며 일본이 세계 각국과 매우 밀접한 경제적 관계를 맺게 된 이상 세계 평화와 질서에 대해 좀더 큰 책임을 져야 한다는 비판은 설득력이 있었다. 40여년 동안 헌법 제9조 개정 요구는 명백히 민족주의적 의제의 일부였으나 일본이 세계시민의 역할을 수행하도록 해석개헌을 하자는 제안을 하면서부터는 오자와는 실질적으로 똑같은 의제를 이전과는 완전히 다

---

44) 小澤一郎, 『日本改造計劃』, 講談社 1993, 105면.
45) 渡邊治, 「'九條' 突破へ强引な前文解釋」, 『朝日新聞』 1992年 3月 19日(夕刊). 또한 *Liberal Star*, March 15, 1993에 실린 小澤委員會 기록의 발췌도 참조.
46) 小澤, 앞의 책.

른 방식으로, 즉 새로운 세계질서에 대한 이상주의적이고 진취적이고 국제
주의적인 기여의 일환으로 제시할 수 있게 된 것이다. 이렇게 해서 50년대
와 60년대의 반동적인 정치의제가 점차 70년대와 80년대에는 현실정치 의
제로서는 상정되지 않다가, 90년대에 와서는 개혁정치의 일부가 된 것이
다.

그러나 헌법 조문과 현실 간의 간격은 무시할 만한 것이며 해석개헌은 지
속될 것이라는 오자와의 믿음에도 문제는 있다. 오자와의 의제는 새로운
형태로 정립된 좀더 개방적이며 국제주의적인 지향을 가진 민족주의인데,
의심할 여지 없이 그것은 일본의 민족주의적 전통 내에 있는 것이고, 여전
히 헌법에 있는 조문들을 그대로 준수해야 할 헌장으로 여기기보다는 어떻
게든 극복해야 할 문제로만 취급하고 있다.

개헌론: 요미우리 집단 이 공공연한 개헌론자들은 현행 헌법에 대한 혐
오를 이어받아, 50년 전 일본이 패배하여 점령당한 상황에서 외부로부터
강제로 이식당한 현행 헌법을 대신할 일본적인 헌법 초안을 만들자고 호소
한다. 이들은 정당하고 합헌적으로 병력을 보유하고 배치할 수 있는 보통
국가로서의 일본의 성격을 되찾자는 쪽으로 변화를 주장한다.

우파 또는 보수 전선이 탈냉전 이후 헌법에 대한 사고방식을 바꾼 것은
매우 획기적이다. 냉전기간 내내 유지해왔던 1889년 (메이지) 헌법의 특질
을 복원하자는 발상은 포기한 것처럼 보인다. 안보리 상임이사국이 된 강
대국 일본의 비전은 민족주의자들을 상당히 매혹시켰으나 이런 구상은 전
통적인 좌파진영에서 많은 요소를 빌려온 국제주의적이며 평화지향적인
비둘기파의 입장과 연결된다. 이 집단이 내놓은 주요 헌법개정안과 세부내
용들이 『요미우리신문』 지상에 발표되면서 '요미우리' 헌법개정시안으로
알려진 듯하다.[47]

1천만부로 세계 최대의 발행부수를 자랑하는 『요미우리신문』은 1994년

---

47) 猪木正道 외 편, 「'憲法問題調査會'의 第1次提言」(1992年 12月), 『憲法問題を考える』,
讀賣新聞社 1993.

11월 3일 이례적으로 8면을 증보해 상세한 논거를 덧붙인 헌법개정시안 전문과 개정해야 할 현행 헌법 전문을 수록했다.[48] 거기에는 (늦어도 20세기 말까지) 헌법 제9조는 반드시 수정되어야 하며, 일본도 이제는 (자위대를 통상적인 군대로 전환하여) 정상적인 병력을 가져야 하고, 안보에 관한 기본법이 제정되어야 한다고 제안되어 있었다. 그러나 이 개헌안은 헌법 제9조 문제를 매우 조심스러운 태도로 다루었다. 예컨대 "국제분쟁의 해결수단으로 전쟁과 무력에 의한 위하(威嚇) 및 무력행사를" 방기한다는 현행 헌법 제9조의 첫째 문단은 그대로 두고 "육해공군 등을 보유하지 않는다"는 두번째 문단을 삭제하며 대신에 "무차별적인 대량살상무기"를 금하고, 징집을 불법화하며, "자위를 위한 조직"의 설립을 허용하는 구절을 넣자는 것이다. 그리고 국제협력을 명시하는 장을 새로 만들어서 "군사분쟁, 자연재해, 환경파괴, 특정 지역에서의 경제적 결핍과 지역적 무질서로 인한 인류재난"을 지구상에서 근절하기를 바란다는 열망을 담고, 일본이 자위대를 "평화 유지 및 촉진과 함께 인도적 지원활동"을 위해 파병할 수 있도록 하자는 것이다. 다른 조항으로 기존의 인권조항을 한층 상세화하고, 사생활과 환경권에 관한 조항을 첨가하며, 국회와 수상의 역할을 강화하는 것들이다. 천황의 지위는 실질적으로 변하지 않은 채 유지시키고, 다만 천황의 지위를 규정하는 조항을 국민주권을 명시하는 조항 다음 자리에 두자는 것이다.

개헌안 서문에서, 개정시안의 목적은 "헌법의 기본원리(예컨대 평화주의)를 유지하고 더한층 발전시킨다"[49]는 것이라고 밝혔다. 이는 일본에서 탈냉전기 정치의 의제들이 평화주의와 이상주의적 좌파에 의해 세워졌음을 인정하는 주목할 만한 예이다. 이후 1995년 첫날 『요미우리신문』 사설이 미래 세대들에게 부끄럽지 않은 헌법을 만들어 물려주어야 한다면서 미국의 영향에 대해 계속 유감을 표명했음에도 불구하고, 한 주요 우익 미디

---

48) 『讀賣新聞』 1994年 11月 3日과 월간지 『This is 讀賣』 1994年 12月, 그리고 영역된 소책자로서는 *A Proposal for the Revision of the Text of the Constitution of Japan*, Yomiuri shimbun 1994 참조.

49) 「國民的論議を卷き起こそう」(특집), 『This is 讀賣』 1994年 12月, 42면.

어집단의 평화주의를 지지하였다는 사실은 평화주의와 국제주의가 사회
전반에 걸쳐 얼마나 깊이 뿌리내리고 있는가를 보여주는 가장 명료한 증거
로 간주되었다.[50]

　요미우리 헌법개정시인은 그 내용이 지극히 온건하고 1946년 헌법의 주
요 내용을 고수하는 것이어서 그것을 읽은 많은 사람들이 놀랐고, 만족한
사람들은 거의 없었으며, 근본적인 개헌만이 필요하다고 믿어온 사람들은
분노를 터뜨렸다. 자위대 보유를 정당화하기 위해 헌법 제9조를 개정하자
는 주장에는 현재 구도, 즉 1945년부터 95년까지 지속되어온 일본의 방위
구도가 현행 헌법 아래에서 문제가 있다는 인식이 함축되어 있다고 몇몇
사람들은 지적했다. 이와 동시에 일부 논평가들은, 영국에서도 헌법구도를
획기적으로 바꾸려는 시도로서 입헌군주제를 종식시키는 방안, 영연방
(United Kingdom)을 현재 그 구성단위 지역별로 해체하는 방안 등을 신중
히 고려하고 있다고 신랄하게 지적했다.[51] 이에 비해 요미우리 개헌안은 철
학적 일관성을 결여한 듯 보인다. 예컨대 요미우리안은 토오꾜오에 집중되
어 있는 정치권력을 지방으로 분산시키는 과제에 대해서는 전혀 언급이 없
고, 전체적으로 매우 보수적이고 미래에 대한 비전이 없는 것 같다. 일부
우익은 요미우리안이 일본인들을 줏대없게 만드는 처방이라고까지 보았
다.[52] 한편 다른 사람들은 무라야마 수상하에서 사회당이 방향전환을 함으
로써 자위대의 합헌성 여부를 두고 그간 보여왔던 정치적 견해차이를 일견
해소한 듯하자마자, 요미우리가 이같은 개헌 캠페인을 상당한 비중으로 다
루었다는 점에 대해서 놀라움을 금치 못했다. 1994년 우익측이 목청을 높
여 국민주권, 평화, 인권, 환경보호 등을 역설했다는 사실은 그동안 헌법개
정을 둘러싼 논의가 키시를 비롯한 전시의 주요 인물들이 "자주헌법의 제
정"을 자민당의 정강으로 내세우며 50년대 개헌논의를 시작한 이래로 얼마
나 먼 도정을 걸어왔는가를 잘 보여주는 것이다.

---

50) 「二一世紀 へ, 今何をなすべきか」, 『讀賣新聞』 1994年 1月 1日.

51) *The Economist*, October 22, 1994.

52) 『週刊新潮』 1994年 11月 17日.

272

하여튼 요미우리안의 특색이 무엇이든간에 그것은 매우 민감한 사안과 관련된 금기를 파기하는 역할을 했다. 특히 국민주권을 고수하고 상징천황제에 관한 조항을 두번째로 돌리자는 주장은 전후 초기부터 일본 독자 노선에 따라 천황을 복원시켜 국가를 재건할 수 있도록 전후헌법을 개정해야 한다고 강변해온 전통주의자 또는 (극단적인) 민족주의자 진영과 분명한 결별을 시도하는 듯하다. 그러나 90년대에 와서는 이런 식의 강경한 견해를 피력하는 사람이 있다는 소리는 거의 들리지 않는다.

1995년 요미우리 집단은 이전의 견해를 더욱 상세하게 다룬 자료를 펴냈다. 이 후속자료는 긴급사태시(1995년 코오베대지진과 같은 해 벌어진 토오꾜오 지하철의 사린가스 공격 등)에 대처하기 위해 수상과 내각의 힘을 강화하는 수단을 찾는 데 집중했고 국방, 테러, 자연재해 등과 관련된 어떤 위기상황이 발생할 때 신속히 대응할 수 있도록 총합안전보장기본법을 제정하고, (수상 산하에) 총합안전보장회의를 두도록 촉구했다.[53] 또한 요미우리안은 집단안보체제에 일본이 참여하는 것은 정당하다는 주장을 펴면서, 미일안전보장조약을 완전한 쌍무적 안전보장조약이 되도록 확대하여 경우에 따라 미국 안보를 위해 일본도 병력을 파병할 수 있도록 하자고 호소했다.

일본 밖에서는 일본의 헌법논쟁이 어떻게 진행되는지에 대해 그리 큰 관심을 기울이지 않았다. 그러나 개헌을 지지하는 저명한 학자인 카렐 반 월프렌은 일본의 언론에 기고하여, 1994년 요미우리 개헌시안에 전폭적인 지지를 보냈다. 그는 요미우리 개헌안이 권력분배라는 핵심적인 문제와 관련한 긴급한 논의의 포문을 열었다고 격찬하였다. 이러한 논의는 관료의 권력을 회수하여 민주적으로 선출된 대표에게 넘기기 시작하는 데 필수적이라는 것이다. 그는 현행 헌법이 "공상적 이상주의에 치우쳐 현실성을 결여"한 것이라 단언하고, 책임감을 잃고 표류하는 일본의 위기를 해결하는 데 새로운 헌법이 절실히 필요하다고 하였다.[54]

---

53) 讀賣憲法問題硏究會,「總合安全保障──政策大綱を提言する」,『This is 讀賣』 1995年 6月, 104~28면.

좌 파

(헌법문제에서 본질적으로 보수적인 입장을 취하는 사람들을 표현하는데 그리 적절한 용어는 아니지만) 좌파는 냉전 이후 한때 결집한 적이 있었으나 두 그룹으로 나누어져 있다. 전통주의자 즉 헌법을 자구대로 해석하는 완강한 호헌론자와 창조적 수정론자들이 그들이다. 이 두 집단은 모두 새로운 세계상황에 대처할 적극적인 방안을 추구하며 헌법 제9조의 평화주의를 유지하는 것이 중요하다는 데 동의하지만 구체적 방안과 자위대와 미일안보조약 문제에 대해서는 의견이 다르다. 자구대로 해석하자는 '직해(直解)'파는 일방적인 일본측의 무장해제를 주장하며 전력보유 불가 원칙의 엄수를 요구하는 반면, 창헌(創憲)파는 헌법 제9조의 정신을 지키기 위해서는 정치적·제도적 개혁이 수반되는 게 중요하며, 특히 이른바 평화기본법이 통과되어야 한다고 주장한다.

완강한 호헌론자 정당들 가운데 헌법을 자구 그대로 해석해야 한다는 입장을 취하는 곳은 현재 일본공산당뿐이다. 그러나 공산당과는 관련이 없으나 자위대의 위헌성과 관련해 헌법 제9조를 자구대로 엄격하게 해석하고 더불어 일본이 세계 최초의 평화국가에 걸맞은 적극적 외교정책을 구사할 수 있는 긍정적이며 전향적인 의제를 설정할 것을 촉구하기 위해 애써온 사회당(뒤에 사회민주당)과 느슨하게 연계된 많은 개인들과 집단들이 존재한다. 조건없이 무장해제하고 국가안보를 유엔과 국제사회에 위탁하자는 것이 여전히 이들 세계의 핵심강령이었다. 그러나 상황이 변화함에 따라 비무장 중립이라는 요구를 그 변화된 상황에 맞추기 위해, 이들은 헌법 제9조 내용의 국제화를 주장하고 아시아 지역에 있는 모든 국가의 헌법에 이러한 내용을 포함시킬 것을 촉구한다.[55]

이들 세력은 일본이 평화국가로서의 독자성을 고수해야 하며, 세계무대

---

54) "A Letter to Japanese Citizens," Part 52, 『Sapio』 1994年 12月 8日, 38~39면.

55) 1991년 12월 '平和憲法を世界に擴げる會' 결성에 관해서는 伊藤成彦, 「軍隊で平化は築けるか」, 『エコノミスト』 1993年 4月 20日, 48~51면 참조.

에서 적절한 경제 · 정치 · 외교적 역할을 수행함으로써 그 독자성을 내실 있게 하고, '일국평화주의'가 '전세계를 위한 평화주의'로 확대되도록 열의 를 다해야 한다고 주장한다. 이러한 주장의 실현방안 가운데 한가지는 전 력보유 불가라는 헌법상의 요건을 실현하기 위해 5년간의 이행기를 두고 단계적인 군축 및 자위대 해산을 실시해야 하며 동시에 매년 군사비를 20% 씩 삭감하여 그 돈을 난민지원과 인도적 원조, 유엔의 의료 및 선거 지원 팀을 후원하거나, 지구 남반부의 빈민구제 및 개발 프로그램에 쓰도록 하 자고 말한다.[56] 미국과의 군사동맹도 재협상되어야 한다고 한다. 물론 이같 은 비전을 집행하려면 비용이 만만치 않게 들 것이다. 저명한 정치분석가 인 타까바따께 미찌또시(高畠通敏)는 일본 GNP의 약 3%에 해당하는 비용 을 들여 에이즈나 재생에너지, 그밖에 다양한 국제적 기여방안에 관한 기 초연구 중심지가 되게 하자는 비전을 제시한다.[57] 이같은 '호헌'론은 여전 히 강력한 대중적 지지를 받고 있으나, 1994년 사회민주당이 기존 입장을 포기하면서 크게 흔들렸다.

사회당(혹은 사회민주당)에게 있어 헌법수호와 자민당의 개헌지향 저지 는 오랫동안 핵심적 아이덴티티가 되어왔다. 그러나 이같은 아이덴티티는 계속 약화되었고, 또한 여론조사를 통해 대다수 국민이 헌법 제9조의 유지 를 원하면서 자위대의 합헌성도 인정하는, 논리적으로 매우 양립하기 힘든 입장을 취하고 있다는 게 알려짐에 따라 당내 의견도 분열되었다. 국방에 관한 국민들의 모순된 입장과 미일안전보장조약의 계속되는 긴박한 상황 에 대응하여 사회당원들은 서서히 자신들의 기본 입장을 바꾸었다. 1984년 당시 사회당 위원장인 이시바시 마사시(石橋政嗣)는 자위대를 "위헌적이 지만 합법적"으로 인식하게 하는 매우 뒤틀리고 궤변적인 공식을 제안했 다.[58] 그 이후부터 헌법적 쟁점을 둘러싼 당내의 합의는 더욱 붕괴되었다.

---

56) 伊藤成彦와의 사적인 대화, 1993年 11月.

57) 高畠通敏,『世界』(임시증간호) 1994年 4月, 第594號, 244면.

58) 福島愼吾,「自衛隊'違憲合法'に走る石橋社會黨の眞意」,『朝日ジャーナル』1984年 2 月 10日, 14~18면.

1993년 이후 사회당은 정권에 참여하여 오자와 이찌로오 및 전 자민당 골수분자들과 함께 일하게 되면서 헌법문제에서의 타협적 태도를 강화했다. 특히 1993년 중반 당수였던 야마하나 사다오(山花貞夫)는, 안전보장법을 통과시켜 현행 헌법을 보완하고 자위대의 합헌성을 분명히하자는, 이른바 창헌론을 적극적으로 지지하는 대열에 섰다.[59) 결국 40여년간의 보수(냉전)패권이 형성한 현상태를 유지하고자 하는 염원이 당을 그토록 오래 지탱해온 원래의 평화주의를 압도했던 것이다. 다수의 일반 당원들은 입장이 확고했지만, 그후 사회당 자체는 분열되었다.

1994년 9월 사회당의 역사에 극적인 순간이 왔다. 연례 전당대회에서 표결에 의해 기본 원칙이 바뀜으로써, 자위대는 합법적인 것으로서 국가의 자기 방어를 위한 최소 요건으로 인정되고(유엔 임무에 따른 해외파병에 대한 반대는 제쳐두고) 미국과의 안보조약에 따른 동맹관계를 지지하고, 핵개발을 유보하는 입장을 철회했으며, 오랫동안 논란이 되어왔던 '키미가요'와 '히노마루'를 국가(國歌)와 국기로 인정했다(그리고 학교와 공공기관에서의 국가제창 및 국기게양 의식을 촉구했다).[60) 창당 때부터 사회당의 아이덴티티는 이 모든 것들에 대한 격렬한 반대에 바탕을 두어왔다. 사회당의 새로운 정강이 자위대의 규모를 축소시키고 침략을 위한 공격적 무기의 소유를 금하는 안전보장기본법을 채택한다는 애매모호한 구절을 포함하고 있긴 하지만, 냉전하에서 온존해온 현상태를 이처럼 추인한다는 것은 미래에 대한 모든 약속을 묵살한다는 의미가 된다.[61) 사회당의 이러한 변화는 명백히 일대 충격이었다. 아마도 정치 지평에서 이보다 더 현격한 탈바꿈은 거의 찾아보기 어려울 것이다.

역사적인 측면에서 일본에서는 이같은 정치적 돌변을 전향(轉向)이라고

59) 『月刊社會黨』 1993年 6月. 古川純, 「改憲論の動向と '自衛權論の陷穽」, 『月刊フォーラム』 1993年 11月, 34~42면 중 39면.

60) 각종 미디어 보도 참조. 영어로 된 자료로는 "The End of Socialism," *The Economist*, July 30, 1994; "Right Turn," *Far Eastern Economic Review*, September 15, 1994.

61) Katō Hidenaka, "New Socialist Platform Denounced as Unrealistic," *The Nikkei Weekly*, September 5, 1994.

부르는데, 이 말이 사용된 매우 유명한 사례로는 1931년 이후 공산당원들이 프롤레타리아혁명의 신념을 포기하고 일본국가의 대의명분으로 돌아선 사건과 그 이후 1939~40년 지식인들과 정당들이 군국주의에 대한 반대를 철회하고 당시 수상 코노에 후미마로(近衛文麿)하의 신질서에 합류한 것이 있다. 사회당의 변신을 이 사례들에 견주는 사람들은 매우 불길한 징후를 감지하고 있다.[62] 베테랑 정치비평가인 타까바따께 미찌또시는 1993년에, 진행중인 정치개혁이 와해되어가는 일본 정치의 유착체제에 대한 진단이나 처방을 제시하지 못하고 있고 '정치정화'니 '깨끗한 정치'니 구체제의 '구조적 피로'니 '강력한 지도력' 회복의 필요성같이 그들이 자주 쓰는 용어들은 30년대 정당들이 붕괴되고 신질서에 포섭되었던 파시즘 등장 전야에 난무했던 말들과 너무나 유사하다는 암울한 지적을 했다.[63] 일부 논평가들은 '일본식 파시즘'의 새로운 국면의 서곡이라고 일갈하기도 했다.[64]

그후 얼마 안되어 1995년 5월, 사회당이 새로운 정치질서 모색의 일환으로 자진 해체하겠다는 결정을 내렸을 때, 그 쇼크는 불가피하다는 느낌 때문에 완화되었다. 명확한 새로운 비전 없이 핵심적 입장을 마구 포기하는 정당이라면 이미 정치적으로 사멸한 거나 다름없다. 보수 노선과 자유주의 노선에 따라 새롭게 정치적 제휴를 하겠다는 얘기가 있었지만 선거구 본위의 이권정치가 계속 원칙에 충실한 정치를 압도하는 가운데 사회주의자들이 여지껏 지지하다가 포기한 원칙들을 대신할 만한 어떠한 대안 비전을 제시하는 징후는 거의 나타나지 않고 있다.

창헌론 사회당이 이처럼 헌법의 이상주의와 일종의 자위의 필요성에 대한 실용주의적 수용을 조화시키는 문제에서 무력화된 듯 보였다면, 사회당과 밀접하게 연결된 지식인집단은 힘을 모아 어떤 해결책을 찾기에 부심했

---

62) 예를 들면 山川曉夫, 「今日の改憲攻撃と三千語宣言運動」, いいだもも・星野安三郞・山內敏弘・山川曉夫, 『憲法讀本』, 社會評論社 1993, 20~32면 중 29면.

63) 高畠通敏, 「政界再編は 改革に あらず」, 『世界』 1993年 8月, 23면.

64) 金子勝, 「自民黨の政權奪回に手を貸した社會黨」, 『週刊金曜日』 1994年 7月 8日, 6면.

다. 이들은 이와나미쇼뗑(岩波書店)에서 발행하는 월간지 『세까이(世界)』
에 자신들의 주장을 발표했기 때문에 '이와나미 집단'으로 불린다. 이들 제
안의 핵심은 평화기본법 제정인데, 이 법은 현행 교육기본법(1947), 농업
기본법(1961)처럼 헌법원리의 수행을 위한 세세한 방식을 규정하고 헌법
제9조의 평화헌장으로서의 특질에 생명을 불어넣음으로써 보완하려는 것
이다.[65] 이들은 헌법에 대한 논의를 상상력을 동원해 재조명함으로써 우익
의 요미우리 집단과 오자와가 한 역할과 비슷한 임무를 좌익 쪽에서 수행
했다고 할 수 있겠다.

이 집단의 생각에 따르면 현행 헌법은 수정 없이 그대로 존속되어야 하지
만, 자위대의 지위를 명확히하고 그 기능을 둘로 나누어 합법화하는 평화
기본법으로 보완해야 한다는 것이다. 자위대의 두 기능이란, 첫째는 일본
국토에서만 방위역량을 발휘하는 국토경비대의 역할이고(1000해리 수역에
대한 방위 주장을 단념하고 자위대법 제3조 78절에 있는 국내 정치사건 관
여권도 제외), 둘째는 유엔 봉사 차원의 명백한 국제구휼활동이다. 이들은
평화국가로서 일본에 적합한 여러 정책들을 채택한다면 헌법 제9조는 더욱
내실화될 것이라고 주장한다. 그 여러 정책들이란 아시아 지역 및 세계 군
비축소에 기여하는 정책 및 화해정책, 즉 일단 과거의 전쟁이 입힌 상처에
대해 사과하고, 그에 따른 피해를 보상하고 나서 평화와 협력의 연계망을
구축하는 정책이다(미국과의 현행 군사동맹에서 차츰 벗어나 그러한 모든
군사동맹을 지역의 집단방위조약으로 대체해나가는 것을 포함한다). 요미
우리 집단은 자위대를 전통적인 정규군으로 바꾸자는 주장을 하였는데, 이
와나미 집단은 자위대를 합법화하되 근본적으로 변화시키자는 제안을 한
것이다. 이와나미 집단그룹은 평화군축성(省)을 설치하는 데 우선순위를
두고 때가 되면 일본의 안보를 위탁할 국제경찰대의 창설을 위해 노력할

---

65) 古關彰一 외, 「共同提言―― '平和基本法'を作ろう」, 『世界』 1993年 4月, 52~67면. 이
논문과 古關들의 다른 논문(주 67에 인용된)이 영역되어 *Peace and Regional Security in
the Asia-Pacific: A Japanese Proposal*, edited and introduced by Gavan McCormack,
Working Paper No. 158, Peace Research Center, Research School of Pacific Studies,
Australian National University 1995에 실렸다.

것을 주장했다. 이와나미 입장의 근거에는 원칙과 실용주의가 접합되어 있는데, 이 점은 전후 일본의 평화주의의 이상주의적이고 비현실적인 경향과, 무비판적인 사회주의 블록으로의 경도, 오랜 냉전기간 동안의 방위문제에 대한 소극적 대처에 대한 이 집단의 역사적인 비판에서도 여실히 나타난다.[66] 이와나미 집단이 이러한 주장을 하자 논쟁은 가열되었다.

1994년 말, 이와나미 집단에 속하는 학자 9명이 두번째 제안을 발표했다. 이 발표문에서 이들은 아시아·태평양 지역의 안전보장이라는 큰 문제를 들고 나와, 21세기를 어떻게 구상할 것인가에 대한 대담하고 상상력있고 급진적인 일련의 아이디어를 제시했다.[67] 앞서 요미우리 집단이 단지 기존 자위대가 헌법적 정당성을 지녔다는 것은 논란의 여지가 없다고 선언하였다면, 이와나미 집단은 헌법상으로 정당한 것은 최소 방위력인데, 이것은 자민당정권이 자위대의 존재를 정당화하기 위해 내세운 "자위를 위한 최소한의 실력" 개념과는 근본적으로 다르다는 것이다. 이것은 해안보안청과 경찰에 해당하는 특정 부대(이들의 무장부대는 헌법상 한번도 논란이 된 적이 없다)만을 합법화하며, 사실상 그간 일본 자위대는 가공할 만한 군사력으로 발전하였는데, 이런 것은 정당화되지 못한다. 즉 이와나미 집단이 구상하는 병력은 정규군이라기보다는 민병대와 같은 것이다. 그것은 민주주의와 개방성 원칙에 근거하여 국가 그 자체보다는 국민의 삶과 재산을 보호하는 임무를 수행하는 군대인 것이다. 냉전하에서 자위대는 미국 주도의 아시아 지역 군사력의 예비대 역할을 해왔는데 이런 자위대를 점차 변모시키기 위해서는 완전히 새로운 아시아 지역 안보의 틀을 협상해야 한다. 보통 인종·문화·종교·경제 문제로부터 터져나오는 탈냉전 시대 분쟁의 맥락에서 일본의 국제적 책임을 생각해보면 전통적인 군부대들은 점점 적절치 않게 되었고 군사적·비군사적인 목적을 위해 군대를 활용할 경우 분쟁이 해결되기보다는 오히려 악화될 가능성이 있는 것이다. 요컨대 일본은 다른 나라의 방위력과는 조직적으로 확연히 구분되는 무엇인가를

---

66) 和田의 두 논문 「五五年體制と平和の問題」와 「前後革新總括と展望」 참조.
67) 古關彰一 외, 「アジア太平洋地域安保を構想する」, 『世界』 1994年 12月, 22~40면.

정립해나가기 위해 진력하지 않으면 안된다는 것이다.

일본에서 두번째로 많은 발행부수를 자랑하는 『아사히신문』은 1995년 5월 3일 헌법의 날, 이와나미 집단의 이같은 처방의 핵심적 시각을 채택하여 몇가지 측면에서 상세히 설명했다. 이렇게 하여 일본에서 가장 크다는 미디어그룹들이 국가적인 헌법논쟁에서 서로 반대입장에 서게 되었다.[68] 『아사히신문』은 일본이 세계공동체에 비군사적인 공헌만을 하겠다고 주장한 것을 근거로 하여 이른바 양심적인 병역거부자의 위치에 설 것을 제안했다. 그리고 2010년을 목표로 국가의 방위 및 국제관계 정책을 급격히 바꾸는 프로그램을 제시하였다. 따라서 헌법 자체는 손대지 말고 그대로 두고 (이와나미 집단의 평화기본법에 상응하는) 국제협력법을 만들어 보완해야 하며, 대외원조계획의 전제와 정책들은 수상의 직접적인 관할하에 철저하게 재검토되어야 하고, 모든 정보는 공개되며, 원조계획의 집행상황에 대해서는 정기적으로 국회에서 논의해야 한다는 것이다. 일본은 가장 가난한 나라들을 돕고 군사화, 인구폭발, 지구의 환경오염과 같은 전지구적 문제에 대해 의견을 제시하는 특별한 지향을 가져야 한다. 냉전하에서의 방위동맹 관계들을 정정하고, 주일 미군사력을 차츰 감축하여 나아가서는 완전히 철군시켜야 하며, 또한 자위대도 전격적으로 감축하여(육상자위대의 경우 50% 축소) 국지적 침략으로부터 일본열도를 방어하는 임무만을 수행하는 국토방위대로 전환할 것을 제안한다. 기술, 의료, 구조, 통신, 시민경찰대로 구성된 별도의 평화지원대를 만들어 국제구호활동에 참여하도록 하면서, 일본 무장병력 요원의 해외파병은 금지한다는 것이다. 아사히안의 요지는 이와나미안과 매우 가까우며, 만일 아사히사가 앞으로 수년 동안 이 제안을 진전시키기 위해 많은 자원을 쏟아붓는다면, 이 논점들을 상세하게 검토할 수 있을 것임에 틀림없다.

이러한 제안들에는 탈냉전 시대의 세계 신질서 구축에 일본이 새롭고 창의적인 방법으로 가담해야 한다는 요구가 강하게 담겨 있다. 이러한 제안

---

68) 「國際協力と憲法」, 『朝日新聞』 1995年 5月 3日(같은 날 *Asahi Evening News*의 영문 참조).

서들은 바로 지금이야말로 일본이 이웃 아시아 국가들과 화해를 구하고 영
구적 평화를 모색해야 할 시점이라는 전망에 기반을 두고 있는데, 그러기
위해서는 우선 전쟁책임과 배상문제에 대해 성실하고 호의적으로 임하고,
다음으로 1952년 미군점령 종결기에 정착된 냉전기 안보체계의 기초를 면
밀히 재고하도록 한다. 이런 제안들은 냉전체제의 주요 골격을 형성해온
미일동맹, 미군기지, 그리고 이와 관련된 훈련 및 작전과 같이 오랫동안 거
론되지 않았던 문제들을 제기한다. 이 제안들에 따르면 이 모든 것들은 재
협상되어야 하고, 차츰 군사적 내용이 제거되어야 하며, 국가간 평등에 기
초한 새로운 지역안보체제로 흡수되어야 한다. 새로운 세계에서는 군(軍)
의 중요성이 차츰 줄어들고 분쟁의 평화적 해결에 더욱 관심이 고조되리라
보는 그들의 지향과, 아시아 지역을 우선시하는 사고, 그리고 대미관계를
급진적으로 재고하려는 자세, 이 모든 요소들이 이런 제안들을 냉전 종식
이후 일본에서 가장 흥미롭고 미래지향적인 제안으로 부상시켰다.

끝으로 다음 두 가지 요건이 반드시 첨가되어야 한다. 헌법논쟁은 방위와
안보에 대한 관심 및 헌법 제9조에만 주로 초점을 맞추었다. 따라서 인권,
사생활, 환경 등의 쟁점은 이차적 관심으로 밀려났고 이 장 서두에서 1946
년 체제라 언급한 것의 기본적인 가정들은 여전히 앞으로 정리되어야 하는
채로 남아 있다. 그러므로 천황의 역할 등을 비롯한 미군 점령 초기에 일본
에 부과된 헌법 조문의 기본 가정들이 자유로이 거론되고 논의될 때까지는
헌법논쟁이 마무리되었다고 보기는 어렵다.

전 망

새로운 일본의 정치구도에서는 이같은 논란의 결과가 어떻게 나타날지
예측하기란 불가능하다. 자민당 패권이 무너진 이후 일본의 정치영역에서
이루어진 헌법논쟁의 학문적·도덕적 윤곽들이 드러나면서, 실용적 현실
주의 노선의 오자와-요미우리 연합세력이, 현재 두 갈래로 나뉜 이상주의

적 헌법수호론자들의 힘을 능가하는 듯하다. 게다가 아시아 지역의 각국 정부들은 일본의 현실주의가 무엇인지 직감적으로 이해하는데다가, 대체로 공식적 발언(즉 이러저러한 자민당 파벌의 목소리)만을 듣고 있기 때문에 토오꾜오에서 평화주의가 결정적으로 붕괴되고 있는 징후가 나타나는 것을 몹시 우려할는지도 모른다. 그러나 일본 밖에서는 일본의 평화주의 또는 호헌론을 지지하는 결집된 목소리가 들리지 않는다는 사실은 주목할 만하다. 물론 일본 외부에서 강력한 비판이 나오고는 있지만 이것들은 대부분 수정주의자들의 목소리로서, 일본인들이 자기들을 다르게 봐주길 바라는 데 대해 공감하지 않는다.

　21세기의 세계질서가 떠오르는 것을 목도하며, 일본은 지난 40여년간 진행되어온 해석개헌을 통해 헌법 제9조의 형해화된 문제를 어떻게든 거론해야 한다. 이같은 해석개헌으로 인해 제9조의 외관과 현실 간에는 크나큰 간격이 벌어졌다. 일본 대중들의 평화주의가 역대 일본정부에 대해 독특한 제어작용을 수행해왔고, 헌법논쟁의 구도를 변형시켜 5,60년대의 보수적 민족주의자와 재무장주의자들이 90년대에 전격적으로 입장을 수정하게 만든 것은 사실이다. 그러나 순수한 호헌론적 입장——비무장 중립, 자위대의 해체, 미일안전보장조약의 종결——을 실현하는 것은 아무리 헌법적으로 타당하다 해도, 그렇게 되면 지난 40년간 쌓아올린 것을 무너뜨리게 된다는 단순한 이유 때문에 사회적·정치적 혼란을 불러일으킬 것이다. 그러므로 추상적 원리 면에서는 순수 호헌론에 동의하는 사람들 중 상당수가 그것의 실현이 불가피하게 몰고 올 결과의 실제적 의미를 생각해보고 뒤로 물러선 듯하다. 이와나미 집단이 평화기본법을 요구하고 뒤이어 아사히 집단이 자위대 규모의 대폭 축소와 국제협력법의 입안을 요구한 것은 모두 평화국가의 틀을 다시 짜 일본의 주도권을 확보하려는 시도이지만, 이런 면에서 오자와와 마찬가지로 다른 개헌론자들 역시 사실상 일종의 해석개헌을 주장하고 있다는 점을 부인하기는 힘들다. 이같은 상황을 만들어낸 지난 40여년은 우리 시대에 심각한 문제를 유산으로 남겼다.

　미래에 대한 전망은 불투명하다. 그간 헌법 제9조를 수호하자는 순수파는 본질적으로 보수적인 정치강령을 실현하기 위해서 현존 일본국가를 대폭 수정하고자 했으므로 불가피하게 그들의 입장은 매우 급진적으로 보이게 되었다. 이와나미와 아사히 집단의 제안에서는, 국가주권보다 아시아 지역과 전지구적 안전보장에 기초한 더 나은 세계의 건설을 이상으로 추구하고자 하는 일반인들의 열망을 새로이 명료화하고 국가 단위의 군대가 설 여지를 없앴다. 그러나, 헌법을 바꾸는 데는 결연히 저항하면서도 점점 더 많은 사람들이 어느정도의 방위병력의 존재는 인정하자는 쪽으로 기우는 현실을 인식해 그러한 이상주의를 누그러뜨리게 되었다. 반면 오자와-요미우리 집단의 민족주의적 지향은 세기말 일본이 모든 면에서 (핵무기는 보유하지 않더라도) 강대국이 되리라 전망하며, 이런 전망이 호소력이 있다는 것은 의심할 여지 없는 사실이나 이들이 전후 일본의 이상주의적 평화주의의 동력을 자신들의 운동에 이용할 수 있을지의 여부는 두고 보아야 할 것이다.

헌법논쟁은 일본인들이 스스로에 대해 어떻게 생각하고 세계에 어떻게 비치기를 바라는가를 보여주는 중요한 창(窓)의 역할을 한다. 그것은 근본적으로 아이덴티티에 관한 문제다. 갈등해결을 무력 외의 수단에 의존한다는 것을 명백히한 면에서 다른 나라와 구별되는 독특한 헌법상의 평화국가를 명료화하는 데 대한 관심과, 이러한 남다른 가치에 기초하여 새로운 세계질서를 창출하려는 관심이 서서히 약화되고 있다는 점은 이상주의의 상실을 보여주는 우울한 증거이다. 보통의 지위를 되찾는 것이 겸허, 절제, 소박함과 어우러진다면 전혀 나쁠 것이 없지만 오자와(그리고 그밖의 사람들)가 목적으로 하는 보통국가 일본은 평범한 강대국의 하나로서 다른 강대국과 거의 전혀 다름없는 나라이며, 결국 1945년 이후 오랫동안 부과되었던 금기사항들을 배제하고 더이상 편폐(片肺) 평화국가가 아니라 군사적 강제력을 완비한 유엔 안보리 상임이사국인 것이다.

이런 방향으로의 변화를 과연 자신들이 원하는 것인가, 그리고 그러한 목적 달성을 위해 현행 헌법을 개정 또는 재해석할 용의가 있는가에 관한 결정은 일본 국민들에게 달려 있다. 한마디로, 새로운 천년대에 제시하고자 하는 것이 무엇인지를 결정하는 이는 일본 국민들 자신인 것이다. 이러한 쟁점들은 아시아 지역 전체에 (그리고 아시아 지역을 넘어서서) 지대한 중요성이 있다. 지금이야말로 이러한 쟁점들을 일본 외부에서 더 잘 인식하고 또한 일본이 보통의 강대국이 되기를 바라는 측이 받는 지지외 약간만이라도 일본의 평화운동에 보내야 할 시기인 것이다.

제3부

기 억

6

기억하기와 망각하기

'그 전쟁' 그리고 1945~95

도 입

이 책의 다른 장들은 냉전이 전후 일본의 국제적 위치를 어떻게 변형시켰으며 그로 인해 일본 국내의 세력균형에 어떤 영향을 미쳤는가를 논의하고 있다. 그러나 전후와 냉전에 앞서 우선 '그 전쟁'이 있었다. 전쟁이라고 말할 때 그것이 어느 전쟁을 지칭하는지 의심하는 사람은 아무도 없다. 그 전쟁의 그림자는 20세기 후반의 일본사회에까지 길게 드리워져 있지만, 아직도 새날의 빛 속으로 사라져갈 기미는 보이지 않고 있다. 타이나 중국 등지에서 잔혹행위 희생자들의 집단매장지와 '렌진로(煉人爐)'가 발견되고, 일본 국내에서도 신원이 불분명한 유골더미가 발견되는 등 새로운 끔찍한 사실이 계속 드러나고 있다. 전시중 일본군이 비축해놓았던 화학무기가 아직까지 중국에서 인명을 빼앗거나 부상을 입히고 있다. 새로운 아시아 질서라는 거창한 다문화적 비전 속에서 태어났다가 1945년 당시 몰락한 일본제국의 폐허 속에서 중국에 버려졌던 아이들이 이제 중년이 되어 잃어버린 가족을 찾아, 그리고 자신들의 아이덴티티를 이해하기 위해 처절한 감정을 느끼며 일본으로 몰려들고 있다. 아시아 전역에 걸쳐 살고 있는 수많은 고문과 학대 피해자들은 반세기 전의 잔혹행위 후유증에 시달리고 있다. 50년 전에 붕괴한 일본제국의 구석구석에서 희생자들이 일어나 불만을 토로하고 사죄와 보상을 요구하고 있다. 그 전쟁을 어떻게 기억해야 하는지, 나아가 그 전쟁을 뭐라고 불러야 하는지에 대한 질문이 이제는 그 전쟁 체험 자체에서 점점 멀어져가는 세대를 계속 괴롭히고 있는 것이다.[1]

전쟁문제의 청산이 90년대에 정치적으로 긴급사안이 된다는 것 자체가 놀라운 사실이다. 냉전질서에 뒤이어 새로운 세계질서가 탄생하려 하고 있고 일본이 유엔 안전보장이사회의 상임이사국 지위를 주장하는 상황에서 구질서 희생자들로부터 당혹스러운 요구들이 제기되고 있는 것이다. 이제는 모두 노년기에 접어든 능욕당한 여성들, 버려진 아이들, 잊혀진 구식민지 백성들이 일본이란 국가를 계승한 사람들에게 책임을 추궁하고 있다. 대만, 한국, 필리핀에서의 군부독재정권의 붕괴와 중국, 베트남에서의 공산정권의 변화는 이들 사회에서도 '시민사회'의 특징적인 공간이 출현하기 시작했으며, 다양한 목소리가 표출되기 시작했음을 의미한다. 그러나 일본에서는 전쟁에 대한 발언 때문에 사임하는 정치가들이 여전히 줄을 잇고 있으며, 관료들은 어떤 보상도 하지 않으면서 인접국 국민들의 분노와 고통과 한을 달래기 위하여 정부의 공식 입장을 전달할 적절한 표현의 뉘앙스를 찾아 고심하고 있다. 일본 법정에는 사죄와 보상을 요구하는 소송이 급증하고 있으며 국회는 책임과 보상이라는 쟁점을 법적으로 해결할 수 있는 묘책을 모색하고 있다. 다른 한편, 독일 대통령은 과거 나찌의 행위에 대해 인접국가들에 사죄하느라 많은 시간을 보냈고, 미국정부는 2차대전중 강제수용된 일본계 주민들에게 사죄와 보상을 하였으며, 1893년 봉기를 진압하는 과정에서 미국이 저지른 행위에 대해 하와이 원주민들에게도 사죄하였다. 교황은 체코 국민들에게 17세기 종교전쟁중 가톨릭교도들이 저지

---

1) 적절한 용어는 '그 전쟁'일 뿐이라고 주장하는 두 보수적인 역사가의 최근 논의에 관해서는, 伊藤隆·佐藤誠三郎,「あの戰爭とは何だったのか」,『中央公論』1995年 1月, 26~43면 참조.

른 폭력에 대해 사죄했으며, 뉴질랜드 수상은 19세기 영국인들의 정착과정 중에 원주민인 마오리족이 겪은 폭력과 강제이주에 대해 사죄(보상)하였다. 그러나 일본에서는 50년이란 시간이 너무 길기도 하고 동시에 너무 짧기도 한 기간이 었다.

사죄와 변명

1993년 38년에 걸친 자민당 장기집권의 붕괴는 오랫동안 묻혀져 반쯤 잊혀졌던 문제들을 다시 불거져나오게 만들었다. 정치권력에 대한 보수파의 독점이 붕괴되고 개혁세력으로 이루어진 연합정부가 등장하자 오랫동안 곪았던 문제들에 어떤 돌파구가 마련될까, 혹시나 이 문제들이 해결되지나 않을까 하는 기대가 높아졌다. 그러나 실제로는, 적어도 단기적으로는 혼란이 가중되었으며, 전쟁에 관한 한 '모든 문제들은 이미 해결되었으므로 다시 언급할 필요가 없다'는 관료들의 주장은 흔들림이 없었다.

자민당정권 붕괴 이후 초대 수상을 맡은 호소까와 모리히로는 취임 후인 1993년 8월 10일 기자회견에서 파격적으로 일본의 '침략전쟁'에 대해 언급하였다. 8월 25일 취임식 연설에서 호소까와는 "일본의 침략행위와 식민통치가 수많은 사람들에게 참을 수 없는 고통을 준 것"에 대해 깊이 반성한다고 표명했고, 수상으로서 최초의 해외 방문지인 서울에서는 한국에 대한 일본의 식민지배를 언급하며 "침략자로서 깊이 반성"하면서 "진지한 사죄"를 하였다. 그 이전의 일본 수상 중에도 사죄를 한 경우는 있었으나, 일본이 침략자였다거나 아시아에서 식민세력으로서 역할을 했다는 점을 인정한 적은 없었다. 따라서 이 새로운 태도가 구체적으로 어떤 결과를 가져올 것인가에 대해 즉각적으로 관심이 집중되었다. 그러나 호소까와는 그의 정부에 비해 훨씬 앞서간 견해를 피력하고 있었고, 신경이 곤두선 관료들은 서둘러 실제 정책상으로는 아무런 변화도 없을 것이라고 주장하였다. 호소까와의 첫번째 발언에서 침략**전쟁**이란 말이 그 이후 침략**행위**로 바뀐 것 자

체가 관료와 정치가들의 압력에 굴복한 것을 나타내는 것이며, 비록 그의
발언 때문에 보상 관련 소송이 마구 쏟아진 것은 사실이나 수상 자신도 보
상에 관련된 모든 문제는 이미 협정에 의해 해결되었다는 주장을 굳건히
견지하였다. 책임과 보상 문제를 해결하기는커녕 그는 단지 그 문제를 다
시 제기하기만 했던 것이다.[2]

1994년 출범한 자민당정권 이후 두번째 내각인 하따 쯔또무(羽田孜) 정
부에서는 법무성장관인 나가노 시게또(永野茂門)가 미해결된 주요 모순을
봉인하는 발언을 하였다. 그는 한 신문과의 회견에서 30년대와 40년대에
일본이 일으킨 전쟁은 "그 전쟁의 의도가 식민지 지배하의 민족들을 해방
시키고 대동아공영권을 건설하려던 것인만큼" 침략전쟁으로 여겨선 안된
다는 말과, 1937년 난징(南京)대학살이란 "날조된 것"이며 이 점은 그 사건
이 있었다는 시점 직후에 그 자신이 난징에 갔었기 때문에 개인적인 경험
으로도 증명할 수 있다는 것, 그리고 소위 위안부란 것은 '군대의 공창'에
지나지 않았다는 말을 하였다.[3] 이 '나가노 발언'은 특히 일본 바깥에서 큰
반향을 불러일으켰다. 이후 인터뷰의 전문(全文)이 공개되면서 분명해진
것처럼 그는 실제로는 일본군에 의한 살인과 약탈, 강간을 인정하기는 했
으나, 그런 것들이 아시아의 해방을 위해 필요했던 정전(正戰, 정당하고 합
법적인 전쟁)을 수행하는 과정에서 일어났으며 어느 경우가 됐든 그 규모
라는 것이 '학살'이라고 부를 만한 것은 아니었다고 주장하였다── 잔혹행
위 혹은 범죄행위일지는 모르나 '학살'은 아니라는 것이었다.[4] 나가노는 이
발언을 하고 난 이틀 뒤 비굴한 (그러나 별로 설득력없는) 사과를 하고 법
무성장관 자리에서 물러났다.

그러나 이 에피쏘드에서 놀라운 점은 그런 발언을 했다는 사실보다는 나
가노란 인물이 애당초 개혁내각의 법무성장관에 임명되었다는 것이다.

2) 吉田裕,「歷史意識は變化したか」,『世界』1994年 9月, 22~33면 중 24면.
3) 일본의 각종 언론보도들, 1994년 5월 5일.
4) 인터뷰의 전체 내용은 1994년 5월 22일자『サンデー每日』. 이에 대한 논의에 대해서는 佐
瀬昌盛,「永野發言と國際感覺」,『諸君』1994年 7月, 162~70면 참조.

1941년에 육군사관학교를 졸업한 그는 전쟁중 청년장교로 중국에서 복무했고, 이후 1980년 전역할 때까지 일본 자위대에서 오랜 경력을 쌓으며 육상 자위대 막료장(幕僚長)까지 진급했으며, 1986년 자민당 후보로 국회에 들어왔다. 1994년 그가 각료에 임명되었다는 사실은 50년이 지난 후에도 유지되는 전시 일본과 전후 일본 사이의 연속성을 잘 반영하는 것이었다. 난징학살이 있었던 1937년에 그는 15세 학생이었다. 따라서 그 사건 직후의 난징 상황에 대한 그 자신의 기억이라는 것은 학살이 자행된 지 4년 후인 1941년 그가 청년장교의 신분으로 난징을 방문했을 때를 말하는 것임이 드러난다. 당시 그는 애당초 그 잔혹행위에 책임이 있는 바로 그 조직, 일본제국육군의 일원이었다.[5] 전시와 전후를 통해 그의 군경험과 탁월한 전략적 능력은 높은 평가를 받아 그는 90년대 초반 자민당에서 탈당해 개혁이란 기치 아래 재조직된 정치가 집단 속에서 아무런 문제 없이 핵심적인 위치를 차지하였던 것이다. 그는 또한 오자와 이찌로오가 회장을 맡고 있는 일본전략연구쎈터의 이사장이기도 하였다. 군에서 경력을 쌓은 사람, 일본제국육군 시절의 업적과 그 안에서의 자신의 역할에 대해 아직도 자부심을 간직하고 있는 사람, 헌법개정과 징병제를 공개적으로 옹호한다고 알려져 있는 사람인 나가노를 법무성장관에 임명한다는 것이 애당초 하따 수상에게는 결코 이상하게 여겨지지 않았으며, 하따 수상은 나가노 발언을 처음 들었을 당시만 해도 그것이 해임이나 사퇴를 요할 만큼 심각한 것이라고는 생각하지 않았다. 그로서는 예기치 못했던 국제여론 때문에 마음을 바꾸게 된 것이었다.[6]

더군다나 나가노는 1994년 당시 법무성장관이었음에도, 최근 수년 동안 출판된 난징에 대한 일련의 자료들을 명백히 외면하고 있었다. 그중에는 나찌 독일정부의 난징 주재 외교관들이 본국 정부에 보고한 학살에 대한 상세한 기록도 있고, 구일본군 병사들의 수기도 포함되어 있다.[7] 1994년

---

5) 이 점은 군사관련 사학자인 秦郁彦가 『每日新聞』 1994년 5월 8일자 기사에서 지적한 것이다(本多勝一, 「永野茂門法相に感謝する」, 『週刊金曜日』 1994년 5월 20日에서 재인용).
6) 國弘正雄, 「羽田首相の恐るべき國際感覺」, 『週刊金曜日』 1994년 5월 20日, 6~7면.

시점에서는 비록 전체 사망자수에 대한 정확한 기록은 없으나 당시 대규모 잔혹행위가 실제로 있었다는 사실은 더이상 의심할 수 없는 상황이었다. 1946년 토오꾜오재판 당시 제시되었고 중국당국이 오랫동안 주장해온 30만이란 숫자는 엄밀하게 정확한 것이라 할 수는 없다. 보수적 성향의 군사학자인 하따 이꾸히꼬(秦郁彦)는 희생자가 4만명이었다고 제시한다.[8] 신민족주의자 정치가라 할 수 있는 이시하라 신따로오는 2만에서 3만을 얘기하고 있다(그는 1990년에 있었던 『플레이보이』지와의 한 인터뷰에서 나가노가 1993년에 사용했던 똑같은 낱말 '날조'란 용어를 사용하면서 살인이 있었다는 점 자체를 완전히 부정한 적이 있다).[9] 그러나 난징 주변 수백 군데에서 자행된 여러 개별적인 살육——그중 일부는 수만명 단위임——을 고려한다면 전범재판에서 제시된 숫자도 실제에는 훨씬 못 미칠 수 있다.[10] 정확한 숫자가 얼마가 되었든간에 분명한 것은 1937년 12월의 수일 동안 천황의 이름으로 일본군이 끔찍한 행위를 자행했다는 것이며, 이것을 1994년 일본의 법무성장관이 날조라고 주장한다는 것은 그 전쟁의 성격과 관련해 토오꾜오에서는 아직도 혼돈이 지속되고 있음을 잘 입증해주는 것이다.

패전, 전후의 사회적 재편과정, 그리고 '그 전쟁'의 성격이나 일본군의 행적을 보여주는 그간의 수많은 증거에도 불구하고 옛 제국육군에 대한 나가노의 자부심은 전혀 흔들림없이 남아 있었으며, 일반적으로 토오꾜오재판으로 더 잘 알려져 있는 극동국제군사재판에서 결정된 처벌이란 것도 전혀

---

7) 후자의 경우에 속하는 것으로는 小野賢二, 「南京大虐殺の光景」, 『週刊金曜日』 1993年 12月 10日, 8~13면; 宮本將吾, 「陳中日記」, 같은 책, 14~21면. 난징과 이를 둘러싼 정치에 대한 최근의 논의로는 Ian Buruma, *The Wages of Guilt: Memories of War in Germany and Japan*, London: Jonathan Cape 1994, 112~35면 참조.

8) 秦郁彦, 『南京事件』, 中公新書 1988.

9) 『文藝春秋』 1991年 1月 참조. 또한 石原愼太郎, 「南京大虐殺の虛構——歷史の改ざんを排す」, 『諸君』 1994年 7月, 156~61면과 1994年 6월 5일자 『每日新聞』에 실린 卓南生과의 토론 등 참조.

10) 本多勝一, 앞의 글, 9면(주 7에 언급된 小野賢二의 연구를 인용). 또한 1994년 8월 5일자 『週刊金曜日』, 21~31면에 실려 있는 이후에 씌어진 난징에 관한 本多의 글 참조.

정당성을 인정하지 않았다. 사실 나가노만 예외적으로 그러한 견해를 피력하고 있는 것은 아니다. 90년대가 되자 그와 비슷한 퇴역군인들은 거의 남지 않게 되었지만 정·관계의 지도층 인사들 사이에서 그러한 견해는 어느 정도 당연한 것으로 여겨졌으며, 특히 자민당 수뇌부들 사이에서는 나가노와 같은 견해는 보편적인 것이었다.[11]

나가노의 발언이 있은 뒤 불과 몇달 후인 1994년 8월 무라야마 토미이찌 내각의 환경청장관인 사꾸라이 신(櫻井新)은 한 기자회견에서 일본은 어떤 침략적 의도를 가지고 전쟁을 했던 것은 아니라고 말하고, 아시아가 유럽의 식민통치에서 해방된 것이나 대부분의 나라가 독립을 얻은 것은 일본 덕분이라고 주장하였다. 사꾸라이 역시 즉각 사퇴를 권유받았다.[12] 그리고 나서 같은 해 10월 통산성장관 하시모또 류우따로오는 국회에서 일본이 미국, 영국, 네덜란드를 상대로 싸운 전쟁을 침략전쟁으로 간주해야 하는가가 의심스럽다는 말과 함께 일본은 오로지 미국과 다른 서구 국가에 대항해 싸우려 했을 뿐 아시아 국가들과 싸울 의도는 없었다고 주장하였다.[13]

독일과 일본

이러한 일련의 발언과 취소, 그리고 철회가 반복되는 가운데 '그 전쟁'을 역사화하고 제대로 이해하고 그리하여 극복하는 문제가 아직 해결되지 않고 있음이 명백해졌다. 많은 논평가들은 이 점에 있어 독일과 일본의 현격한 차이를 지적해왔다.[14] 독일의 경우 1945년 이후에 출생한 사람들 중 3/4 이상이 2차대전의 종결을 '해방'으로 여기고 있음을 여론조사가 보여준

---

11) 『朝日新聞』, 1994年 5月 7日(상기한 1994년 8월 5일자 『週刊金曜日』에 실린 本多의 글에서 재인용).
12) 1994년 8월의 여러 신문보도들.
13) 「橋本發言どう考える」, 『朝日新聞』 1994年 11月 16日.
14) Buruma, 앞의 책.

294

다.[15] 유럽에도 역시 '궁극적 해결'(히틀러의 유태인 집단학살을 통한 유태인 문제 '해결'—옮긴이)을 부인하고 아우슈비츠 수용소의 집단학살을 허구라고 주장하는 사람들이 존재하는 것은 사실이나, 이들은 주변적인 위치에 있으며, 50년 전의 전쟁중에 행한 범법행위에 대한 재판이 계속되고 있다. 이러한 상황은 공공연히 비슷한 견해를 표명하고 또한 테러를 자행한 사람들이 명예로운 자리를 차지하고 있는 아시아의 상황과는 극적으로 대조된다. 유태인 대학살과 그것을 위해 만들어졌던 유태인수용소를 허구라고 보는 유럽의 주요 인물들은 일본의 상황에 대해 거의 관심을 기울이지 않는 데 비해 토오꾜오의 신민족주의자들은 이들의 주장에 지지·공감을 표하며 그들의 말을 인용하고 있다.[16] 영향력있는『파 이스턴 이코노믹 리뷰』지는 1994년 8월, 독일과는 대조적으로 일본에서는 2차대전 동안 저지른 자국의 행위에 대해서 최소한의 국가적 합의마저 형성하지 못하고 있다고 평하였다.[17] 오스트레일리아에서는『더 에이지』(The Age),『씨드니 모닝 헤럴드』(Sydney Morning Herald)의 토오꾜오 특파원인 벤 힐즈(Ben Hills)가 독일과 일본의 차이를 다음과 같이 쓰고 있다.

그러나 2천만명 이상이 사망한 전쟁에 대해 마찬가지로 책임이 있는 나라가, 히틀러의 '궁극적 해결'류의 잔혹행위를 저지른 군대를 가졌던 나라가 50여년이 지난 지금까지 줄곧 부정과 불신을 표명하며 환상의 세계 속에 살고 있다고 상상해보라. 아돌프 히틀러가 결코 죽지 않은 채 이제 원숙한 노후를 보내고 있으며, 비록 절대적인 권력은 상실했지만 여전히 국민들로부터 숭배를 받고 있는 나라를 상상해보라. 학생들이 여전히 아침마다 줄을 서서 나찌의 국장(國章, 卍자)에 경례를 하고 히틀러 유겐트(히틀러 청년단)의 단가(團歌)를 노래하는 나라를 상상해보라. 정부의 장관들이 정기적으로 아우

15) Steve Cranshaw, "Germany Steels Itself to Deal with War Guilt," The Age (from The Independent), January 16, 1995.

16) 石原愼太郞(Richard McGregor와의 인터뷰), The Australian, May 27, 1994

17) Charles Smith, "War and Remembrance," Far Eastern Economic Review, August 25, 1994, 22~27면.

슈비츠란 존재하지 않았으며 폴란드, 체코슬로바키아, 네덜란드, 프랑스에 대한 침공이 사실은 이 나라들을 '해방시킬 목적으로 행해진 것이라고 주장하는 나라를 상상해보라.[18]

　신나찌주의가 다시 출현하고 있음을 보여주는 사회적 징후들이 나타나고 있으나 정부와 국가의 이름으로 채택된 독일의 공식적 입장은 줄곧 분명한 태도를 견지하였다. 1970년 빌리 브란트(Willy Brandt)가 2차대전중 대량학살이 자행된 바르샤바 유태인 거주지의 유적 앞에서, 분명 자발적인 것으로 생각되는 태도로 엎드려 사죄한 것부터 1988년에 거행된 크리스탈나흐트 사건 50주년 추모식에 이르기까지 말이다. 1979년에 통과된 특별법은 50년 전 혹은 그 이전에 행해진 나찌 범법행위에 대해 시효소멸에 의한 그 어떠한 책임면제도 불가능하게 만들었다. 나찌 과거에 대한 책임을 이해하고 한치의 물러섬없이 그 앞에 서려 했던 노력을 무엇보다도 잘 보여주는 것은 1985년 종전 40주년 기념식에서 연방대통령인 리하르트 폰 바이쯔제커가 행한 획기적인 연방하원 연설이다. 그는 이 연설에서 1945년 5월 8일을 "국가사회주의 체제의 비인간성과 독재로부터…해방된 날"로 칭하면서, 민간인이라는 일반적 범주로 포괄되는 사람들에게 행해진 범죄(유태인 대학살과 관련된 수많은 범죄들을 포함하여)뿐만 아니라 특수한 범주의 사람들, 예컨대 집시, 동성애자, 정신질환자, 종교적 · 정치적 신념 때문에 죽어간 사람들, 레지스탕스 대원들, 그리고 특별히 "아마 가장 큰 피해"를 입었을 "모든 인종의 여성들"에 대해 행해진 범죄를 일일이 열거하였다.[19] 1994년 빠리의 샹젤리제 거리행진에 독일군 부대가 참가했던 것은 전쟁의 상처가 천천히 아물어가고 있음을 말해주는 것이며, 서울이나 뻬이징에서 그와 비슷한 일이 벌어지리라고는 상상할 수도 없는 동아시아의 상황과 좋은 대조를 보이는 것이다. 유럽에서 행해진 종전 50주년 기념식에 충만하

---

18) Ben Hills, "Why Japan Must Face Its Past," *The Age*, October 4, 1994.
19) 1945년 5월 8일 서독 하원에서 있었던 리하르트 폰 바이쯔제커 대통령의 기념식 연설중에서(캔버라 소재 독일연방공화국 대사관 영문자료).

였던 추도와 화해와 기억의 공유라고 하는 정신은 아시아에서는 결코 찾아볼 수 없는 것이었다.

일본과 독일은 전쟁중 동맹국이었고 똑같이 연합국이 설치한 법정에서 전범재판을 받는 등 비슷한 점이 있지만, 양국 사이의 차이점 역시 두드러진다. 독일에서는 히틀러에 대한 명백한 반대가 있었는데, 이 반대는 단지 좌파 쪽에만 국한된 것이 아니었으며 교회와 구귀족층에 속하는 우파 인사들, 그리고 심지어는 군대 내부에서도 있었다(일부 고급장교들은 히틀러 암살을 시도하기도 하였다). 또한 종전과 함께 시행된 개혁을 통해 독일은 근본적인 변화를 겪어서 이제 유럽전승일을 독일 해방의 날로 보는 견해가 일반적이다. 반면 일본의 경우 사람들의 기억 속에 생생히 남아 있는 것이란 토오꾜오을 비롯한 여러 주요 도시에 대한 공습과 뒤이은 히로시마와 나가사끼의 원폭투하 등 전쟁 종결 무렵의 참상이다. 결과적으로 침략자였다는 느낌보다 전쟁의 희생자라는 느낌이 강하다. 전쟁의 목적에 대한 반대도 미미했으며, 일본국가는 천황제, 관료조직, 그리고 (거의 예외없이) 정치적 리더십에 있어 전시와 전후 간에 기본적인 연속성을 유지하였다. 일본 법정에서는 국가나 개인의 전시행동의 범죄성이 인정된 경우가 없었다. 독일군과 일본군의 최고사령관 중, 한 사람은 자신의 베를린 벙커에서 비참하게 죽어감으로써 처벌과 처형을 모면했던 반면에, 또다른 한 사람은 계속 생존하여 어떤 신문이나 기소도 당하지 않고(군사법정의 재판관들은 그에게 불리하게 작용할 수 있는 어떤 증거자료의 제출도 저지하라는 지시를 받았다), 결국은 44년이 지난 뒤에 자신의 침상에서 편안히 숨을 거두었다. 그의 장례식은 세계 각지에서 전례없이 많은 명사들이 몰려든 가운데 성대하게 거행되었다. 전후 미국과 그들의 일본인 하수인들은 천황제 주변에 종교성은 없지만 여전히 방어적인 후광을 재구축하고자 하였다. 전쟁을 침략적인 것으로 서술하고 '731부대'와 같은 세균전 부대나 난징대학살이 존재했음을 말할 수 있는 권리를 확보하고자 학자들이 법정에서 지리하고도 소모적인 싸움을 벌이는 동안 천황에 대해 적절한 경어를 사용하지 않고 직접 언급하는 것은 언제라도 괴롭힘이나 폭력, 심지어는 암살까지도

감수해야 하는 상황이었다.

스가모감옥(토오꾜오재판의 전범을 수용하던 곳—옮긴이)에 투옥되었던 것이 부끄러움이 아니라 자부심으로 여겨진다거나, A급 전범들 사이의 인맥이 결국 전후 국가발전에서 핵심적인 역할을 했다는 것은 전후 일본의 혼란스러운 도덕적 분위기를 잘 말해주는 것이다. 1차 재판 대상에서 제외되어 2차 재판을 받기로 되어 있었던 운좋은 A급 전범들은 주위의 상황이 바뀌어가고 있음을 안도감 속에서 지켜보고 있었다. 이들은 전쟁중 상처 하나 받지 않고 살아남았을 뿐만 아니라 냉전구도로 인한 연합군 정책의 방향선회의 혜택을 누릴 수 있었던 것이다. 결국 2차 재판은 취소되었으며 이들은 1948년 12월, 그러니까 그들보다 운이 나빴던 동료들이 처형된 다음날 석방되었다. 이들이 무슨 일을 저질렀든간에 다른 일본인들은 이들을 무례하게 대하지 않았다. 이들이 감옥 안에서 맺은 연줄은 차후 굉장한 가치가 있는 것으로 드러났다. 인근 대륙에서 거두어들인 전리품이 보수·반공의 정치조직과 정당을 구축하는 초기 단계에 정치자금으로 유용하게 쓰였다고 많은 이들이 믿고 있었으며, 1957년에는 스가모 동창생 중의 하나인 키시 노부스께가 수상에 오르게 된다. 키시는 그의 회고록에서 자신은 처음부터 토오꾜오재판을 순전히 "정치보복"을 위해 진행된 "완전히 웃기는 짓"으로 치부하였음을 분명히 밝히고 있다.[20] 그는 "일본인들에게서 척추를 제거하려는" 미국 계획의 일환으로서 미국 후원하에 만들어진 신헌법을 끔찍이 싫어했으며, 스가모감옥에서 나온 뒤 3년 반의 수상 재임기간을 포함해 전생애를 신헌법에 대한 반대 캠페인에 바쳤다.[21] 그는 끝까지 그 '성전' (sacred war)의 대의를 믿었으며, 그가 느끼는 유일한 책임감이란 일본이 그 전쟁에서 패했다는 사실뿐이었다.[22]

---

20) 三浦俊章, 「岸信介獄中日記」, 『AERA』 1995年 1月 23日, 13~15면. (이 글은 새로 발견된 키시의 스가모감옥 일기를 광범위하게 이용하여 키시의 새로운 정치적 면모를 소개하고 있다. 原彬久, 『岸信介——權勢の政治家』, 岩波書店 1995 참조.)

21) 藤原彰, 「政治家に求められる『歴史觀』」, 『週刊金曜日』 1994年 5月 20日, 4~6면 중 4면에서 재인용(『岸信介の回想』, 文藝春秋社 1981과 『岸信介の回想錄』, 廣濟堂, 1983).

22) 三浦, 앞의 글, 14면.

이러한 상황이 유럽에서 일어났다고 가정한다면, 전쟁중 키시가 했던 것과 가장 비슷한 역할을 담당했던 알베르트 슈페어(Albert Speer, 독일의 건축가로서 전쟁 말기 국방부장관을 맡았으며, 히틀러의 총애를 받으면서 대형 건축물의 설계를 담당했다—옮긴이)가 전혀 참회하지 않고 짧은 수감생활을 마친 다음 서독의 최고위직에 오른 경우일 것이다. 일본의 경우 이와같이 전시와 전후의 지속성이 유지되었던 관계로 키시와 같은 전쟁 당시의 핵심인물들의 생각이 전쟁이 끝난 뒤에도 오랫동안 그대로 유지되었고 자민당의 장기집권 동안 기회만 있으면 표면화되었다. 이는 키시 자신의 오랜 정치생활 동안 불거져나온 발언과 행동에서뿐만 아니라 다른 각료들의 발언에서도 드러나는 것으로, 예컨대 1986년 당시 문부성장관이었던 후지오 마사유끼(藤尾正行)가 1910년 한일합방은 양국 대표 사이의 완전히 적법한 공동합의에 의해서 이루어진 것이었다(따라서 '식민주의적'이라고 말할 수 없다)고 한 것이라든지, 아니면 '백인종'에 의한 아시아의 식민화에 대항하기로 결심한 유일한 나라인 일본을 침략적인 의도를 가졌었다고 비난해서는 안된다는 1987년 당시 국토청장관이었던 오꾸노 세이스께(奧野誠亮)의 발언, 혹은 앞서 말한 나가노나 사꾸라이, 그리고 하시모또의 발언으로 연결되는 것이었다.[23] 쇼오와(昭和) 천황 히로히또의 경우도 전후의 오랜 재임기간 동안 전쟁에 대한 개인적인 도덕적 책임감 같은 것은 조금도 비친 적이 없었으며, 전쟁책임에 대한 직접적인 질문에 직면했던 유일한 경우조차 다음과 같은 괴상한 회피로 대답을 대신했다. "본인은 당신이 언급한 문제와 관련해 문학분야에 특별히 조예가 깊지 못한 연유로 잘 이해하지 못하겠으며, 따라서 그 문제에 대해 대답을 할 수 없습니다."[24]

문부성 역시 오랫동안 그 전쟁은 침략전쟁이 아니었고 난징대학살이나 731부대의 잔혹행위, 그리고 노예처럼 동원된 수많은 종군위안부 같은 것은 역사적으로 증명되지 않은 것이며, 일본은 유럽 국가와는 달리 식민종

---

23) 藤尾와 奧野의 발언에 대해서는 內海愛子 외, 「戰爭植民地支配反省의 國會決議를」, 『世界』 1995年 3月, 160~67면 참조.
24) 1975년 10월 31일, 高橋纊편, 『昭和天皇發言錄』, 小學館 1989, 225~26면.

주국이었던 적이 결코 없었으며, 히로시마와 나가사끼에 원폭이 투하되는 등 일본은 전쟁의 희생자였다는 견해를 고집스럽게 주장해왔다. 그 결과 한 세대의 어린이들이 그 전쟁의 실재에 대해 거의 알지 못한 채 성장했으며, 그들 중 다수는 전쟁이 있었다면 일본이 거기서 승리했을 거라고 믿기까지 한다. 역사교과서에 일본의 침략에 대해 서술할 수 있는 자유를 보장받으려는 소송은 법정에서 30여년을 끌어오고 있다.

80년대 들어 일본과 독일 모두 역사의 조정이란 면에서 특별한 국면을 맞이하게 되는데 이는 독일의 경우 1933년, 일본의 경우 (독일보다는 명확하지 않았지만) 1931년 시작되어 양자 모두에게 1945년의 치명적인 결과를 초래하며 막을 내린 폭력적인 파멸의 과거사에 대한 기억들이 희미해짐에 따라 일어난 것이었다. (서)독일의 경우 소위 역사가 논쟁(Historikerstreit)이란 것이 1985부터 수년간 거세게 진행되었는데, 이는 부분적으로는 바이쯔제커의 연설이 촉발한 것이었고 좀더 넓은 맥락에서는 나찌 시대를 역사화하거나 상대화시켜 그 시대에 일종의 봉인을 하려는 욕구에서 나온 것이었다. 에른스트 놀테(Ernst Nolte) 혹은 미하엘 슈튀르머(Michael Stürmer) 같은 보수적인 민족주의적 역사가들은 나찌의 범죄가 스딸린의 범죄행위, 그리고 (적어도 일부 사람들에게는) 베트남에서의 미국의 범죄행위 등과 같은 선상에서 평가되도록 일종의 비교학적 틀을 만들어 나찌의 행위가 독특하게 '독일적인' 범죄였다는 함의를 넘어서려고 했다.[25] 이런 움직임 근저에 있는 분위기는 새롭고 풍요로우며 일반적으로 죄의식에서 벗어나 있는 세대에 어울리는 독일다움, 혹은 독일의 아이덴티티를 회복하고자 하는 욕구를 반영한 것으로 보인다. 물론 히틀러의 유태인 전멸 시도에 대해서는 얘기가 다르지만, 이 논쟁에 참가한 일부 사람들에게 히틀러의 정치, 특히 그의 반공산주의는 "이해할 만한 것, 그리고 어느정도는 정당화될 수 있는 것"이었고, 연합군측의 대응은 어떤 도덕적 원칙을 따랐다는 의미도 있지만 사실은 이에 못지않게 독일과 경쟁관계에 있던 주변 유럽 열강들의

---

25) R. J. B. Bosworth, *Explaining Auschwitz and Hiroshima: History Writing and the Second World War, 1945~1990*, London and New York: Routledge 1993.

(반게르만적인) 장기목표를 체현한 것이기도 하다는 것이었다. 그러나 다른 사람들, 예컨대 철학자 위르겐 하버마스(Jürgen Habermas)처럼 유태인 대학살은 절대적으로 독특하고 전례가 없는 종류의 국가범죄이며 이들 수정주의자들은 "독일 민족주의로 채색된 나토(NATO, 북대서양조약기구는 반공산주의를 목표로 조직된 것이다—옮긴이) 철학"[26]을 팔아먹고 있을 뿐이라고 주장하는 사람들도 있다. 그러나 나찌 범죄의 규모라든가 독특성에 대해서는 양측간에 심각한 의견의 불일치가 있었지만 나찌즘의 범죄성과 독일 역사에서 나찌 시대가 차지했던 부분을 역사화시켜야 할 필요성에 대해서는 견해가 일치했다.

일본에서도 과거의 어둠을 과감히 넘어서려는 비슷한 욕구가 있었고 현재의 경제력에 걸맞은 긍정적인 아이덴티티를 찾으려는 비슷한 탐색이 진행되었지만, 논쟁의 형태나 내용에서는 커다란 차이가 있다. 한 논평가는 양국간의 차이에 대해, 일본은 슈튀르머와 같은 보수계 민족주의자들로 가득 차 있는 반면 하버마스와 같은 급진론자의 목소리는 하나도 없다고 평하였는데 이는 지나친 과장이 아니다.[27] 정말이지 그 차이란 엄청난 것이다. 독일의 경우 수정주의란 시계바늘을 뒤로 돌려, 조심스럽고 제한된 방식이긴 하나, 나찌의 (또는 독일의) 시도를 재평가하려는 시도를 지칭하는 것이다. 반면 일본의 경우 전쟁의 정당성은 (고위직 정부관리들의 반복된 발언에서 보이듯이) 체제 내에서 거의 도전받지 않았으며, 여기서 수정주의란 그 전쟁을 침략적·제국주의적·폭력적인 것으로 봄으로써 강력히 비호되는 역사관을 극복하려는 시도를 말한다. 일본의 보수적 민족주의자들로 구성된 기득권세력은 수정주의자들의 견해를 계속해서 거부해왔으며 그 전쟁의 명분을 옹호하는 데 있어, 식민주의라든가 침략이라는 표현을 거부하는 데 있어, 토오꾜오재판(그리고 이와 관련된 역사관)의 판결을 부

---

26) Walter Schwarz, "A History That Won't Go Away," *The Guardian Weekly*, January 8, 1989.

27) 望田幸男, 「ナチズムを總決算する──西ドイツ現代史論爭」, 『朝日ジャーナル』 1987年 11月 6日, 87~90면.

정하는 데 있어, 난징대학살을 부정하는 데 있어, 그리고 전사자들을 기리는 국가의식을 부활시킬 것을 요구하는 데 있어 명확한 입장을 견지해왔다. 독일에서 역사가 논쟁이 가열되고 있는 동안에 일본에서는 나까소네 수상이 '전후 총결산'을 주장하고 있었고, 국가 최고위층에서 후지오, 오꾸노, 나가노의 발언이 나오고 있었다.[28] 이런 식으로 전쟁문제를 확고하게 과거사로 돌림으로써 세계무대에서 일본의 사죄행위의 공식적인 종료를 선언하려는 시도와는 별도로 나까소네는 또한 미래를 대비한 긍정적인 국가적·민족적 이미지를 건설하고 이를 공식적으로 유포하려는 활동을 지지하기도 하였다.

일본의 과거를 상대화하고 역사화하려는 노력은 이중적인 의미에서 복잡한 것이다. 보수적인 민족주의자들은 난징사건의 경우 사실고증에 의해 역사학적으로 그 진상을 밝혀야 한다고 주장하면서도 일본 아이덴티티의 핵심에 천황이라는 불가사의한 존재가 있는 까닭에 그에 대한 역사학적 탐색을 거부한다. 반면 수정주의자들은 독특한, 그리고 거의 초역사적인 '그 전쟁'의 참혹상을 주장하면서도 보수주의자들의 (천황에 중심을 둔) 일본의 본질에 대한 주장을 상대화하려 한다. 따라서 그 전쟁에 대한 논쟁은 일본의 아이덴티티에 대한 논쟁으로 옮겨가게 되는데 그 경우 온갖 터부와 테러 등의 제약이 개입하여 천황의 역할에 대한 논의를 막게 된다.

이처럼 핵심적인 질문에 대한 논쟁을 저해하는 제약들이 작용하고 있다는 것은 나가사끼 시장인 모또시마 히또시(本島等)의 경우에서 극적으로 드러난다. 1988년 12월 7일 지방의회에서 있었던 한 질의에 대한 대답으로 모또시마는 전쟁에 대한 일부 책임은 물론 천황(당시 죽음을 기다리며 병상에 누워 있었다)이 져야 할 것이라고 말하였다.[29] 이것은 별로 특별하지

---

28) Gavan McCormack, "Beyond Economism: Japan in a State of Transition," in Gavan McCormack and Yoshio Sugimoto, eds., *Democracy in Contemporary Japan*, Armonk, New York: M. E. Sharpe 1986, 39~64면 참조.

29) 자세한 것에 관해서는 Norma Field, *In the Realm of a Dying Emperor*, New York: Vintage 1991(한글본은 박이엽 옮김, 『죽어가는 천황의 나라에서』, 창작과비평사 1995), 178면 이하와 Buruma, 앞의 책, 249~61면 참조.

않은 온건한 발언이었으나 이 발언 때문에 그에게는 엄청난 비방과 협박이
쏟아졌다. 그 발언이 있고 나서 일주일 후 우익의 사설군사조직원 (약 70여
명이) 25대의 트럭에 나눠타고 몰려와 그의 집무실을 포위하고 고성으로
군가를 부르며 욕설을 퍼부었다. 며칠 뒤에는 85대의 트럭과 62개의 극우
민족주의 단체 소속 260명으로 늘어났으며 협박은 모또시마 개인에 국한되
지 않고 그의 가족과 아이들한테도 쏟아졌다.[30] 1990년 1월 18일에는 한 우
익 극단주의자가 그를 등뒤에서 저격하여 폐에 구멍을 내는 등 거의 생명
을 앗아갈 뻔하였다. 모또시마의 온건한 발언에 대한 이러한 광포한 반응
은 부분적으로는 천황이 오랫동안 와병중이었고 그의 사망이 예견됨에 따
라 쌓여온 당시의 히스테리와 관련된 것이며, 부분적으로는 그러한 견해가
한 보수적인 지방정치인의 입에서 나왔다는 사실에 대한 놀라움과 관련된
것이었다. 이 사건은 전쟁책임에 대한 근본적인 문제를 합리적인 논의의
장으로 끌어내는 것이 여전히 얼마나 어려운 일인가를 극적으로 보여준 것
이었다.

　일본의 이런 현상에 대한 한가지 설명은 정신분석학적인 것으로, 예컨대
호소까와의 전쟁에 대한 회한이나 나가노의 결백주장과 같이 (일본 정치가들
의―옮긴이) 발언이 계속해서 번복되는 것은 일본의 내적 자아와 외적 자아
사이에 존재하는 깊은 분열의 증거라는 것이다. 이 견해에 의하면 현대 일
본의 정신분열증은 전통적인 '내적 자아'가 서양에 대한 자신의 무능력을
인정할 수밖에 없었던 19세기 중반의 강요된 개항과 함께 시작되었다는 것
이다. 그후 근대화·서구화된 '외적 자아'와 진정한 일본의 '내적 자아' 사
이의 분열은 심화되어 억압받은 내면의 자아가 점점 더 비현실적으로 되고
망상에 몰입하게 됨에 따라 근대적·서구적인 국체(國體)를 거부하고 신경
질적으로 황국주의적 역사관을 고집하게 되었다는 것이다. 이 두 분열된
자아의 통합은 태평양전쟁이라는 폭발적인 해방과정에 의해서 잠시 달성
되었을 뿐이다. 패전 후 더욱 철저한 서구화 과정이 재개되면서 분열은 심

---

30) 丸山弘貴,「脅かされる地方議會の言論」,『世界』1989年 2月, 15~18면.

화되었다. 이 양자 사이에서의 동요야말로 전후의 특징으로서 이는 단지 상기한 발언들을 통해 드러났을 뿐만 아니라 때로는 '내면'의 우위를 회복하고자 하는 미시마 유끼오(三島由紀夫)의 어설프면서도 극적인 시도처럼 폭발적인 형태를 띠기도 하였다. 이러한 견해에 의하면 호소까와 같은 정치지도자들이 일본의 내적 자아가 아직도 애착을 보이고 있는 그 전쟁을 부정하고자 시도하는 것은 참을 수 없는 모욕이며, 나가노 등의 반응은 그것이 현실과 아무리 동떨어진 것이라 하더라도 억압되고 부정된 내적 자아의 어쩔 수 없는 폭발인 것이다. 치유과정은 양자 사이에 대화가 시작되고 양자가 상대방의 부분적인 진실성을 인정할 때에야 이루어질 수 있으며 통합된 전체가 다시 회복될 것이다.[31]

따라서 난징은 그 전쟁에서 엄청나게 중요한 사건이었음에도 불구하고 일순의 순간일 뿐이었다. 만약 난징사건이 특정한 전략이나 명령에 의해 발생한 것이 아니고 전장에서 혹은 그 주변에서의 열기 속에서 불필요하고도 유감스러운 살상이 벌어진 하나의 고립적인 현상으로 간주될 수 있다면 이 사건은 그 전쟁 전반에 대한 평가에 별다른 영향을 끼치지 않을 것이다. 희생자수를 억지로 줄이면서까지 대학살이란 용어를 피하려는 이상한 노력은 그 전쟁의 핵심적인 상징인 난징사건을 둘러싸고 벌어진 양적·질적 논쟁의 일부인 것이다. 나가노와 그의 동료들이 난징학살을 그토록 완강하게 부정하는 것은 이들이 그 전쟁 전반에 대해 견지하고 있는 특정한 해석 때문인 것이다. 1946년 스가모감옥에 갇혀 있던 키시와 마찬가지로 이들도 그 전쟁을 불행하게도 일본이 패한 성전(聖戰)으로 보고 있는 것이다.

그러나 아무리 싫다 하더라도 분명한 사실은 난징사건은 1941년에서 45년 사이에 싱가포르와 말레이반도, 만주국, 중국, 동남아시아, 태평양 등지의 수많은 도시와 마을에서 계속 반복되었다는 점이다. 이런 이유로 "하나의 고립적인 불행한 사건"[32]이라는 해석은 말이 되지 않는다. 대신 난징사

---

31) 岸田秀, 「永野發言은 內的自己의 爆發」, 1994년 5월 16일자 『朝日新聞』과의 인터뷰에서. 岸田의 이론에 대한 짧은 논의는 이 책의 제4장에도 나와 있다.

건은 그 전쟁의 조직, 또는 세포 자체를 그대로 노출시킨 하나의 전형적인 에피쏘드로 봐야 한다. 그 속성, 그 DNA는 시간적으로나 공간적으로나 일관된 것이었으며, 이는 일본의 대의는 성스럽고 고귀한 것이라는 확신, 일본의 승리라는 목표는 너무나 절대적인 선(善)이어서 그것을 달성하기 위한 어떤 수단도 정당화될 수 있다는 확신에 근거한 것이었다.

전쟁책임: 범죄와 은폐

1945년 이후 한번도 직접적으로 부정된 적은 없지만 '그 전쟁'은 그저 사람들의 기억에서 슬며시 빠져나갔다. 처음에는 하루하루의 생존문제가, 그다음 (60년대와 70년대에는) 고도성장과 소득배가에 대한 집착이, 또 (80년대에는) 풍요와 소비에 대한 몰두가 전쟁의 기억을 희석시키는 데 도움을 주었다. 경제지상주의와 자기이익의 추구는 전시국가에 대한 총체적 종속이라는 황폐 뒤에 찾아온 오랜 평화를 이끈 주요 동기였다. 재판은 패전에 따른 불가피한 결과로 여겨졌으나 재판을 받는 사람들에 대해서는 증오보다 동정이 우세했다. 기소장의 핵심적인 내용 ── 세계에 대한 전쟁을 일으키려는 일본의 음모가 1928년부터 시작되었다는 ── 은 결코 진지하게 받아들여진 적이 없었다(그리고 오래지 않아 서구 역사가들도 이런 내용을 인정하지 않게 된다).[33] 연합국들에 의한 토오꾜오재판의 판결과 형량은 정의감을 불러일으키거나 일본인들이 납득할 수 있게 전쟁의 원인을 밝히는 데 실패했을 뿐만 아니라 재판은 승자의 정의를 관철시키기 위한 불가피한 사태였다는 것이 일반적 인식이었다. 마찬가지로 아시아 각지에서 열린 B급, C급 재판도 심각하게 결함이 많았고, 비록 반드시 승자의 이해관계에 맞추거나 보복의도에 따라 적극적으로 왜곡된 것은 아니었지만, 종종

---

32) 藤原彰, 「虐殺は組織的だった」, 『週刊金曜日』 1994年 8月 5日, 12면.

33) 예컨대 Richard Minear, *Victor's Justice: The Tokyo War Crimes Trial*, Princeton, New Jersey 1971 참조.

피고인들의 권리에 대해 주의를 기울이지 않거나 일본인들의 행위의 사회적·문화적 배경에 대한 무지 속에서 진행되었다.[34] 요컨대 책임을 분명히 하겠다는 공적인 시도들은 처음부터 신뢰성을 결여한 것이었다.

토오꾜오재판의 진행절차는 연합국 진영 핵심세력의 관점을 반영하는 것이었다. 그 재판은 오로지 패전국만이 죄가 있다는 가정에 근거해 진행되었으며, 진주만 공격이나 서양인 포로에 대한 처우 같은 사안에 우선권을 부여하였다. 어떤 재판에서도 일본의 식민지 지배에 관한 기록을 고려한 적은 없었다. 이것은 아마도 강한 식민지적 이해관계를 갖고 있는 열강들이 일본을 재판하고 있었다는 점을 고려하면 크게 놀랄 일이 아닌지도 모른다. 토오꾜오재판에서 재판관의 70%는 그 전쟁으로 인한 피해와 고통의 단지 10% 정도만을 겪었던 서구열강이 차지하고 있었으며, 아시아 지역에서는 단지 중화민국, 인도, 필리핀 세 나라만이 참여하였다.[35] 유태인을 포함한 독일 시민에 대한 범죄가 기소의 중심내용이었던 뉘른베르크 재판과는 천양지차로 전시 일본의 신민이었던 한국인과 대만인들에 대한 일본인들의 범죄는 고려되지 않았다. 일본인들이 다른 나라 사람들뿐만이 아니라 다른 일본인들에 대해서도 처벌받아야 마땅한 범죄를 저질렀을 수도 있다는 생각이 등장하기 시작한 것은 전쟁이 끝나고 40여년이나 지나서였다.[36]

중일전쟁과 아시아-태평양 전쟁 사이의 구분은 '그 전쟁'이란 통칭에 의해 흐려졌으며 토오꾜오재판에서도 규명되거나 추구되지 않았다. 그 전쟁은 둘 다 식민주의적이고——동아시아 지역에서 헤게모니를 장악하려는 일본의 의도 때문에 초래된 지나사변(支那事變)의 연장이자 확대로서——동

---

34) Gavan McCormack and Hank Nelson, eds., *The Burma-Thailand Railway: Memory and History*, Sydney: Allen and Unwin, and Chiang Mai: Silkworm Books 1993.

35) 荒井信一, 「戰爭責任とは何か」, 『世界』 1994年 2月, 187~201면 중 191면(大沼保昭의 분석을 재인용).

36) アジア民衆法廷準備會 편, 『時效なき戰爭責任——裁かれる天皇と日本』, 綠風出版 1990. 일본의 전쟁책임을 고찰하기 위하여 1995년 토오꾜오에서 개최될 예정이었던 '아시아민중법정'의 예비모임은 1994년 9월 토오꾜오에서 열렸다.

시에 제국주의적인 것으로서 동남아시아 지역의 자원을 차지하려는 제국
주의적 경쟁에 의해 초래된 것이었다. 1960년 타께우찌 요시미(竹內好)는
전쟁책임 문제의 초점을 일본 식민주의에 대한 질문으로 옮기면서 동시에
그 전쟁의 제국주의적 측면에 대해서는 일본만 비난받을 수는 없다는 주장
을 처음으로 강력히 펼친 주요 역사가였다.[37] 타께우찌가 일본의 식민지배
의 부정적인 측면에 주목하고자 이 양자를 구별했던 반면, 하야시 후사오
(林房雄)는 당시에 지배적인 의견인 그 전쟁의 정당성과 이념을 재확인하
고자 하는 긍정적인 의도로 그런 구분을 하였다. 1963년 출간된 그의 『대동
아전쟁 긍정론』은 1931~45년의 전쟁을 아시아에 대한 서구의 제국주의적
확장을 막으려는 일본의 100여년에 걸친 투쟁이란 장기적인 역사적 맥락에
서 고찰한 것이다. 그에게 있어 일본은 아시아의 챔피언인 것이다. 이런 질
문들에 대한 오늘날 역사가들간의 논쟁에서는 별로 새로운 것이 없지만 하
야시가 펼친 견해, 즉 아시아에서의 일본이란 문제를 일반적으로 (타께우
찌의 주장처럼) 일본형 식민주의로서가 아니라 서구에 대항해 일본이 벌인
오랜 성전이라고 하는 틀 속에서 보는 견해에 정치적 무게가 더 많이 실리
고 있다는 것은 주목할 만하다. 패전 후 48년이 지난 시점에서 호소까와가
일본 수상으로서는 처음으로 일본의 전쟁이 침략적이고 식민주의적이었다
고 주장하였을 때 정·관계의 경악은 당연히 심대한 것이었고, 잠시 후 나
온 나가노의 발언은 그에 대한 불가피한 대응이었는지도 모른다. 일본에서
그 전쟁의 성격에 대해 어떠한 합의를 끌어내기에는 50년도 충분치 않았
다.

간단히 말해 당시 그 전쟁이 상징하던 이데올로기적 조건들이 전후의 대
중적인 의식에서도 거의 도전받지 않은 채 지속되고 있는 것이다. 키시나
나가노, 사꾸라이처럼 많은 사람들은 여전히 그 전쟁이 대륙과 중국에서
진행되던 단계(특히 만주에서 벌어진 상황)에서는 목적이 순수했다고 믿고
있으며, 하시모또처럼 다수의, 아마도 대부분의 사람들은 진주만 공격 이

---

37) 竹內好, 「近代の超克」, 『近代日本思想史講座』, 第7卷, 筑摩書房 1959와 「戰爭責任に
ついて」, 『現代の發見』, 第3卷, 春秋社 1960 참조.

후 전쟁의 제2국면에서 미국 및 유럽 국가들과의 싸움에 대한 책임은 공동
으로 나누어가져야 한다고 생각한다. 이들은 그 전쟁이 특별히 잔인하거나
무법적인 방식으로 추진되었다고 생각하지 않는다. 특히 그 전쟁의 태평양
국면에 대해서는 양측 모두 책임이 있다는 믿음과 연합국측의 일본에 대한
무역봉쇄 및 협상거부는 그 전쟁에 대해 어떤 다른 대안도 남겨두지 않았
다는 생각이 일반적이다.[38] 1993년 83세의 급진주의적 철학자인 쿠노 오사
무(久野收)가 피력한 견해, 즉 태평양전쟁에서 일본이 "대략 세 가지 측면
에서는 옳았을지도 모른다"는 견해는 아마도 널리 공유되는 것 같다.[39] 정
치학자 이노구찌 타까시는 절반 이상의 일본인들이 일본이 아시아에 대한
침략에는 죄가 있지만 서구에 대해서는 그렇지 않다는 하시모또의 발언에
동의할 것이고, 유럽인과 미국인들은 이미 잊고 용서한 범죄에 대해 세계
가 여전히 일본에 종신형을 주장하는 것에 대해 화를 내고 있다고 지적하
고 있다.[40] 그는 200년이 지난 시점에서도 프랑스혁명에 대한 판단을 내리
기에는 너무 이르다는 평을 한 저우언라이(周恩來, 이노구찌는 마오쩌뚱이
라고 잘못 지적하고 있지만)를 인용하면서, 이 문제들은 역사의 척도에 의
해 무게를 가늠하기에는 아직 너무 이르다고 덧붙인다.

전쟁책임 문제에 대한 더이상의 논의 가능성을 막아버린 것, (예컨대 731
부대와 같은) 현재 일반적으로 가장 중대한 것으로 여겨지는 범죄들을 교
묘하게 은폐하고 천황제의 전쟁책임을 면제해주기로 패배한 적과 공모한
연합국의 초기 결정[41]은 모두 일본 지도층의 협조를 확보하기 위해 행해졌

---

38) 『朝日新聞』 1994年 5月 25日에 게재된 존경받는 자민당의 정치원로인 後藤田正晴의
「永野發言'なぜ繰り返される」 참조.
39) 久野收, 「憲法, 國家, 市民——日本の現代」, 『週刊金曜日』 1994年 1月 28日, 10~19
면.
40) 猪口孝, 1994년 11월 16일자 『朝日新聞』과의 인터뷰에서(猪口는 개인적으로, 현대 일본
인들이 여전히 그러한 민족차별적 관점을 유지하고 있다고 통탄했다).
41) 1992년 8월 15일에 방영된 NHK 다큐멘터리 「東京裁判への道——何がなぜ裁かれなか。
たか」 참조. 또한 Herbert P. Bix, "The Showa Emperor's 'Monologue' and the Problem
of War Responsibility," *Journal of Japanese Studies*, No. 18, Summer 1993, 295~363과
"Japan's Delayed Surrender," *Diplomatic History*, Vol. 19, No. 2, Spring 1995, 197~225

던 것으로서, 냉전이 초래한 초기의 결정에 속한다. 이처럼 핵심부에서 은폐가 행해졌다는 사실은 전쟁책임이 모호해진데다가 고위층에서 하위층으로 전가되었음(일본말로는 어깨바꾸기 *かたがわり*, 즉 짐을 다른 어깨로 바꾸어메는 것)을 의미하는 것으로, 이는 연합국측(거의 전적으로 미국측)과 일본의 지도층 간에 교묘하게 공조된 결정의 결과였다.

전쟁책임과 전쟁보상 문제를 둘러싼 현재의 혼란은 이러한 초기 결정에서 비롯된 것이며, 1990년 이후 냉전체제 붕괴는 이렇게 미해결된 문제를 50여년 전 제쳐두었을 때보다 훨씬 더 긴급한 과제로 부각시켰다. 중요한 특징은 전쟁에서 핵심인물이었거나 그런 역할을 했을 가능성이 있는 인물들의 책임을 은폐했다는 사실이며, 전쟁책임을 은폐·전가하고 다른 사람을 희생양으로 삼은 과정에 대한 책임은 연합국(미국측)과 일본 양측 모두에게 있다는 점이다. '사후의 공모'에 관한 책임문제에 대한 법적 원칙에 따르면 1945년 8월 이후의 일본의 전쟁범죄에 대한 책임은 양측 모두에 있는 것이 된다. 거의 이해되고 있지는 않지만 절대적으로 중요한 이 원칙에 의거해서 미국인들(그리고 일반적으로 서구인들)은 예컨대 종군위안부 같은 범죄에 대해 **공동책임**이 있는 것이다. 일본인들 자신은 여전히 그 전쟁과 전쟁중 범죄의 책임 소재에 대해서 공적으로, 즉 입법적 또는 사법적 제도를 통해 명확한 입장을 취해야 한다.

공식적인 역사와 공적인 역사

1995년 종전 50주년 기념식에 이르는 몇달 동안에 어떻게 그리고 무엇을 기억할 것인가 하는 문제는 단지 패전국에만 국한된 문제가 아니라는 것이 명백하게 드러났다. 연합군에 가담했던 국가들도 모두 자국이 행한 전시행동들, 예를 들어 함부르크나 드레스덴 같은 독일 도시에 대한 영국의 공습,

---

면도 중요한 자료이다.

나찌와 협력했음을 보여준 프랑스 기록, 그리고 무엇보다도 가장 고통스러운 것으로 1945년 3월 소이탄 공습으로 토오꾜오를 파괴하고 같은 해 8월 핵폭탄으로 히로시마와 나가사끼를 파괴한 미국의 결정 같은 것들을 고뇌에 차서 재고해보고 있었다. 종전 이후 진행된 여러 전쟁 관련 재판은 모두 전쟁범죄란 오직 적국만이 저지른 것이라는 가정 위에서 진행되었으며, 승리를 거둔 연합국측의 지도자들도 나찌와 함께 피고석에 설 수 있다는 생각은 떠오르지도 않았다. 50년 혹은 그보다 더 전에 극한 상황에서 취해진 중대한 결정을 객관적으로 바라보고 그에 대한 이해를 공식적 역사(official history)라는 선전(宣傳)의 수준에서 공적인 역사(public history)의 가치를 지닌 보편적인 진실로 바꾸려 하는 것은 단지 어느 한쪽에 국한된 문제만은 아닌 것이다.

  워싱턴에 있는 스미소니언 국립항공우주박물관의 전시회 개최 계획은 미국인들이 가진 상반되는 두 가지 국민적 기억들간에 격렬한 싸움이 벌어진 계기가 되었다.[42] 1993년 봄부터 '교차로: 2차대전의 종결, 원자폭탄, 그리고 냉전의 시작'이라는 잠정적인 제목하에 히로시마와 나가사끼의 원폭투하를 집중 조명하는 특별전시회를 열어 1995년을 기념하고자 하는 계획이 점차적으로 추진되고 있었다. 이 전시회에는 1945년 8월 6일 '리틀보이' (Little Boy)라는 원자탄을 투하한 B-29폭격기 에놀라게이(Enola Gay)호를 복원하여 전시할 예정이었으며, 이와 더불어 일련의 패널들이 원자탄 사용의 전략적·도덕적 성격, 그리고 이후 도래하게 될 핵시대에 대해 문제를 제기할 예정이었다.[43] 당시 버섯구름 속에 갇힌 사람들의 경험을 생생하게

---

42) 스미소니언은 관람객수가 세계에서 가장 많은 박물관으로 연중 방문객수가 800만이 넘는다.

43) *Bulletin of Concerned Asian Scholars*의 특별호(나중에 Vol. 27, No. 2, April~June 1995로 출간), 3~15면에 실린 "The Bomb as Public History and Transnational Memory" 사본을 제공해준 로라 헤인(Laura Hein)에게 매우 감사한다. 스미소니언 이슈와 관련된 나의 논의는 이 글과 袖井林二郎의 「原爆投下の歷史と政治」, 『世界』 1995년 2月, 131~41면에 근거한 것이다. Ken Ringle의 보고서, "Two Views of History Collide over Smithsonian A-Bomb Exhibit," *Washington Post*, September 26, 1994 또한 유용한 자료였다.

보여줄 히로시마와 나가사끼에서 빌려온 자료들이 포함될 예정이었으며, 이것들은 일본의 항복을 받아내기 위해 꼭 그 폭탄이 필요했었는지, 또는 핵무기 개발에 들어간 막대한 비용을 정당화하기 위해, 과학적 호기심을 만족시키기 위해, 혹은 소련을 위협하기 위해 (그리하여 동시에 냉전의 첫번째 행위로서) 어느정도나 투하되었어야 했는지를 검토하게 될 것이었다.

그러나 준비단계의 계획에 대한 뉴스가 나가자 항의 캠페인이 시작되었고 이는 점차 거대한 세력을 형성해갔다. 이 캠페인은 전미공군협회 (National Air Force Association)와 미국재향군인회(American League, 회원 약 3백만명)의 지지를 받고 있었으며 1994년 11월에는 이 계획에 비판적인 '257조 결의안'(Resolution 257)이 상원에서 만장일치로 통과되었다. 이 결의안은 그 전시회가 변경되어 개최된다 해도 "수정주의적이고, 균형을 잃은 혐오스러운 것"이 될 것이라고 규정하고, 원자폭탄은 일본인과 미국인 모두의 생명을 구하고 "2차대전을 자비로운 종결로 이르도록 하는데" 필요한 도구였다고 주장하였다. 그들에게는 미공군이 전쟁범죄를 범했을 가능성이라든지 히로시마와 나가사끼의 시민들이 아무런 죄도 없는 희생자였을 수도 있다는 생각은 참을 수 없는 것이었다. 그들은 또한 일본 전쟁기구의 사악함과 범죄성, 그리고 연합군이 일본열도에 상륙작전을 펴서 섬에서 섬으로 전투를 벌여나가야 했을 경우에는 아마도 싸움이 장기화되고 연합군이나 일본 양쪽 모두 대규모 사상자가 발생했을 거라는 가능성을 더 강조해야 한다고 생각하였다.

히로시마와 나가사끼의 원폭투하에 대한 일본 내의 인식은 복잡하다. 대부분의 사람들은 그것을 아우슈비츠에 비견할 수 있을 정도의 범죄로 보고 있다는 것이 아마도 맞을 것이다.[44) 나가사끼의 존경받는 시장 모또시마 히또시는 이 두 사건이 인류에 대해 행해진 20세기 최대 범죄라고 분명히 말한다.[45) 뛰어난 역사가인 오오에 시노부(大江志乃夫)는 2차대전의 가장 핵

---

44) 袖井林二郎,「病んだ記憶を治癒する'開かれた歷史'の視點」,『毎日新聞』1995年 2月 7 日.

45) Sebastian Moffett, "Let Nagasaki, Hiroshima Be the Last——Mayors," Reuter, March 15,

심적인 범죄로 히로시마와 나가사끼의 파괴, 731부대, 아우슈비츠 세 가지를 꼽는다. 그리고 이것들은 각기 핵전쟁, 세균전쟁, 화학전쟁이라는 형태로 전쟁행위의 새로운 차원을 표상하는 것이었으며, 이중 두 가지는 종전 후의 정치적·법적 처리과정에서 처벌이 면제되었다고 그는 덧붙인다.[46] 그러나 동시에 히로시마와 나가사끼 원폭투하에 대해 257조 결의안에 나타난 것과 같은 견해도 일본 내에서 깊은 뿌리를 가지고 있는 것으로, 이 견해는 (원폭에 의한―옮긴이) 파괴 직후 다름아닌 천황 히로히또가 처음 선언한 것이다. 이로써 히로히또는 미국이 그 무기를 사용한 것을 용서한, 그리고 핵무기가 새로운 대규모 살상무기가 아니라 고결한 철퇴였음을 암시한 첫번째 사람이 된 셈이다. 오오에는 히로히또가 그 두 도시의 파괴 소식을 접하고 안도했다 해도 당연한 일이라고 주장한다. 왜냐하면 그것은 히로히또로 하여금 (그 자신의 천황제가 근거하고 있는) 국체를 보전하면서 전쟁을 끝낼 수 있게끔 구실을 주었기 때문이란 것이다. 그리고 사실 핵무기보다는 소련이 그 국체의 존속에 훨씬 심각한 위협이 되었다.[47] 히로시마와 나가사끼의 파괴를 단순히, 일본이 굴복할 수밖에 없었던 불가항력처럼 이야기했고 히로히또는 이러한 용서행위에 대한 보상으로 그 자신도 얼마 후 면죄받았다. 일본의 주요 세균전 부대가 면죄를 받았듯이.

스미소니언 전시계획에 분노한 비판가들은 따라서 핵무기 사용은 범죄행위였다고 주장하는 일본의 많은 시민단체와 히로시마 및 나가사끼 주민들과는 대립하고, 히로히또 천황과 공식적인 일본 입장과는 연대한 셈이다. 1945년 이래 히로시마와 나가사끼 참사를 공식적으로 묻어버린 '성스런 진실'에 대해 의문을 제기하고자 한 시도가 미국 내의 재향군인단체나 정치계에서 불러일으킨 분노는 일본에서 나가노나 오꾸노 같은 사람들이 표현한

1995.

46) 大江志乃夫,「ヒロシマ・ナガサキを免罪した昭和天皇の責任」,『週刊金曜日』 1995年 4月 28日, 38~41면.

47) 오오에는 8월 17일 일본 육·해군인들에게 내린 천황의 칙어는 8월 14일의 공식적 연설과 내용이 다른데 여기서는 소련의 위협으로부터 국체를 보전하는 것을 미국, 영국, 중국에 항복하는 진짜 이유로 제시되고 있다고 지적한다.

분노와 매우 상통하는 것이다. 양쪽의 독선적이고 분노에 찬 사람들, 자신들만의 기준에 의해 선하고 도덕적인 사람들은 자신들이 진실이라고 보는 것에 대해 제기되는 어떤 질문도 허용하지 않을 태세를 갖추고 있다. 미국 내의 분쟁이 심화되자 원래의 계획안이 점차 수정되어 핵폭발이 초래한 피해를 담은 사진은 62장에서 38장으로 줄어들었고 이중 6장(원래 계획에서는 21장)만이 희생자들의 얼굴을 담게 되었다. 히로시마와 나가사끼에서 빌려오기로 한 유품도 27점에서 8점으로 줄었으며, 타버린 도시락과 같은 비참한 유품이나, 어린이와 연관된 물품, 혹은 (나가사끼의) 녹아버린 묵주와 성모마리아상 같은 것들은 제외되었다. 폭탄이 무엇을 남겼는가에 관한 전시도 애당초 방사선에 의한 질병과 사망에 대한 상세한 연구보고와 이로 인해 개시된 핵시대의 도래에 대한 검토를 하기로 되어 있었으나 계획을 축소하여 전쟁을 궁극적으로 끝내는 데 있어 폭탄이 행한 역할만을 보여주게 되었다. 많은 학자들이 이런 수정과정은 일본 문부성이 교과서 '검열'을 통해 일본의 전쟁역사 부분을 소독해버린 것에 비견될 만한 '청소하기'에 해당한다고 주장하면서 항의하였다.[48] 그러나 머지않아 동박물관의 관장 마틴 해윗(Martin Harwit)이 사임하고 전시회는 대폭 축소되어 이 문제에 대한 어떤 언급이나 해석도 없이 그저 간단한 사진액자를 걸고 비디오 필름 하나를 보여주고 에놀라게이호 기체 쪽 앞부분 반쪽만을 전시하는 것으로 끝나버렸다.[49]

이 불운한 일본의 두 도시에 폭탄이 투하되지 않았더라면 어떤 일이 일어났을지에 대해서는 누구도 확실히 알 수 없다. 윌리엄 데이비드 레이히(William David Leahy) 제독은 1945년 6월 18일자 일기에 그해 가을에 일본 본토에 대한 공격이 단행된다면 6만 3천여명의 연합군 사상자(사망과 부상)가 예상된다고 적고 있는 반면, 트루먼 대통령은 나중에 그 폭탄이 무려 22만 9천명의 생명을 구했다고 주장하였고, 스미소니언 사건을 둘러싼 분노에 찬 항의 속에서 그 수는 거의 100만명으로 늘어났다.[50] 무고한 일반

48) 이런 항의서한들의 발췌로는 袖井, 「原爆投下의 歷史와 政治」와 Hein, 앞의 글 참조.
49) Hugh Davies, "Enola Gay Row Ends in Resignation," *Daily Telegraph*, May 3, 1995.

시민에 대한 무차별적인 폭력을 의미하게 된 소위 전략적 폭격(strategic bombing)의 발전에 있어 유럽의 파시스트나 일본의 군국주의자 모두 어느 정도 역할을 했지만 결과적으로 미국은 이 모든 선례를 뛰어넘어버렸던 것이다. 토오꾜오를 비롯한 도시들에 대한 소이탄 공습으로 이들 도시들은 불바다가 되었고 이로 인해 토오꾜오에서만 약 10만여명이 "구워지고 삶아지고 타서 죽음에 이르렀는데"[51] 이는 드레스덴과 함부르크의 사망자를 합친 것보다 많은 수이며 런던 공습으로 인한 사망자수의 두 배에 이른다.[52] 1994~95년의 일련의 공방 속에서 거의 제기되지 않은 질문은 오랜 철학적 딜레마에 관한 것이다. 즉 '선한' 목적이 '악한' 수단을 정당화할 수 있는가? 달리 말하면 일본의 항복을 받아내기 위해 그리고 전쟁이 일본 본토의 전선에서 장기화됐을 경우 발생할 수 있었던 연합군측과 일본측의 대량살상을 피하기 위해 일본의 일반 시민들을 고의적으로 목표로 삼은 것이 과연 정당한 것이었을까? 좀더 적나라하게 질문하자면, 만일 100여명(혹은 1천명)의 어린이들과 100명(혹은 1천명)의 노인들을 죽이는 것이 일본정부로 하여금 항복하게끔 설득할 것처럼 보였다고 한다면, 연합군측이 마치 헤롯왕(예수가 탄생할 무렵 유대의 왕. 베들레헴에서 유대인의 왕이 탄생했다는 이야기를 듣고 그 일대에 사는 두살 이하의 사내아이를 모조리 죽여버리라는 명령을 내렸다—옮긴이)처럼 그 임무를 수행할 특수부대를 파견한 것이 정당화될 수 있었을까? 이런 범주에 속해서 실제로 죽음을 당한 사람의 수는 훨씬 많았으며 공격을 계획한 사람들이 공격의 결과 죽음을 당하리라고 예측하고 있었던 사람의 수는 물론 이것보다 훨씬 많았다. 나가사끼의 시장 모또시마 히또

---

50) 袖井林二郎, 「パブリック·ヒストリーとは何か」, 『世界』 1995年 4月, 38~44면 참조.

51) 공습을 지휘했던 커티스 르메이(Curtis LeMay) 장군의 말은 Ben Hills, "Tokyo's Hell on Earth," *The Sydney Morning Herald*, March 10, 1995에서 재인용. 상세한 것은 E. Bartlett Kerr, *Flames over Tokyo: The US Army Air Force's Incendiary Campaign against Japan, 1944~45*, New York: D. I. Fine 1991 참조.

52) 前田哲男, 『戰略爆擊の思想』, 朝日新聞社 1988. 또한 マーク·セルデン, 「東京大空襲から廣島へ」, 『週刊金曜日』, 1995年 5月 12日, 42~45면 참조. 이 글의 영어본은 "Before the Bomb: 'The Good War', Air Power and the Logic of Mass Destruction," *Contention: Debates in Society, Culture, and Science*, Vol. 4, No. 4, Fall 1995.

시는 다음과 같이 말한다. "병사들의 죽음을 막는다는 목적이 죄없는 일반 시민 수만명의 희생을 정당화하는가?"[53]

　1945년 중반 '그 전쟁'이 진행되던 맥락에서 이 문제는 해결 불가능할 정도로 너무 어려운 문제였는지도 모른다. 그리고 그것은 현재에도 마찬가지인지 모른다. 그러나 분명한 점은 엄청난 도덕적 혼란이 1차대전과 2차대전 사이에 전세계에 만연한 결과 모든 국가들이 목적이 수단을 정당화한다는 실용주의적인 견해를 취하고 있었다는 점이다. 따라서 중국 내에서의 모든 저항을 어떤 수단을 써서라도 분쇄하겠다는 일본의 결심은, 1945년 여름 일본의 저항을 분쇄하기 위해 어떤 수단이라도 사용하겠다는 미국의 결심과 도덕적인 차원에서 구분하기가, 비록 불가능하지는 않지만 매우 어렵다. 더군다나 50년이 지난 후에도 논쟁을 억누르고 자신들만이 '공식적인' 진실(official version of truth)을 알고 있다는 고집 속에서 비극적인 유사성이 지속되고 있는 것이다. 일본의 731부대의 범죄와 아시아 여성들의 매춘강요 문제에 관한 연합군측의 공모에 대해서는 앞서 언급한 바 있으나 이 문제와 관련해서는 더욱 심각하다. 일본이 전시중 범죄행위를 인정하기를 공식적으로 주저하는 데에는 전쟁에 가담했던 어느 한쪽만 죄를 지은 것은 아니라는 확신이 크게 작용하고 있는데, 이는 부정할 수 없는 진실이다. 1995년 초 무라야마 수상이 식민지 지배와 침략전쟁에 대한 공식적인 반성과 사죄를 표명하는 결의안을 국회에서 통과시키고자 했을 때 그가 직면한 주요 어려움은 일본이 저지른 짓이 다른 (서구) 나라들이 저지른 짓보다 더할 것도 덜할 것도 없었다는 전반적인 확신과 따라서 일본만이 예외적이거나 혹은 아주 특별나게 악한 범주로 분류되어 나찌 독일과 같은 취급을 받는 것에 대한 반대였다.

---

53) Teresa Watanabe, "Japanese Mayors Call A-bomb Attack a Crime," *Los Angeles Times*, March 16, 1995.

보상: 독일과 일본

20세기를 기준으로 볼 때 금세기 중반 일본의 팽창정책과 선쟁이 야기한 참상과 고통, 파괴, 혼란은 그 규모에서 독일이 저지른 짓과 비교할 만한 수준이지만 20세기가 저물어가는 시점에서 자신들의 역사와 어떻게 대면하고 있는가라는 점에서는 독일과 놀랍게 대조적이다. 전쟁 관련 보상의 경우 독일과 일본 간의 차이는 엄청나다. 1991년까지 독일정부는 배상금, 보상금, 연금의 형태로 총 864억 마르크(6조 9천억엔)를 지불했으며, 2030년까지 336억 마르크(2조 7천억엔)가 더 지불될 것으로 독일 재무부는 추산하고 있다. 총액은 약 10조엔 가량 되는 셈이다. 이러한 돈을 독일 연방정부와 주정부, 민간기업들이 이스라엘 국가에서 1만 3천여 동독의 '레지스탕스 영웅'에 이르기까지 매우 넓은 범위에 걸쳐 이스라엘과 유럽의 공공기관 및 민간기업에 지불하고 있다.[54] 다이믈러-벤쯔사나 폴크스바겐 같은 독일 주요 기업의 공식적인 역사는 전쟁포로들의 노동력을 이용했던 사실을 전부 인정하고 있다.[55] 이에 비해 일본은 겨우 2500억엔을 지불해왔는데 이는 독일의 1/40에 해당하는 금액이며, 일본의 재향군인과 그 가족들에게 한 해 동안 지급되는 연금과 수당에도 못 미치는 액수이다.[56]

돈은 중요한 것이긴 하지만 이차적인 것이며, 일본과 독일의 가장 큰 차이는 보상금액의 차이가 아니다. 중요한 것은 태도, 혹은 동아시아에서 말하는 성의(誠意)의 차이이다.── 저우언라이가 언젠가 숙녀의 옷에 차를 엎질렀을 경우에나 적절한 사과의 표현이라고 한 것과 같은 종류의 ── 신중하게 선택된 유감의 표현들은 그동안 일어난 폭력과 극적인 대조를 보인다. 일본이 침략자(난징, 싱가포르, 그리고 다른 수많은 도시들)가 아니라

54) 『朝日新聞』 1993年 11月 13日.
55) *Japan Times*, June 5, 1994.
56) 「ドイツが沸いつづけるナチス犠牲者への補償金」, 『AERA』 1992年 5月 5～12日, 36～37면.

전쟁의 희생자(히로시마와 나가사끼)로서의 경험을 일관되게 강조하는 것은 독일이 공개적으로 참회하는 입장을 취하는 것과 대조가 된다. 젊은이들에게 가르치는 역사에서 어두운 부분을 감추거나, 특히 난징대학살과 하얼삔을 비롯한 지역에서 행해진 731부대의 만행, 그리고 여성들에게 가해진 수많은 잔혹행위를 부정하려 끊임없이 애쓰는 것은 일본의 이웃들에게 불신과 의심을 불러일으키고 있다. 역사적인 기록을 정직하게 받아들이지 않는 한, 그리고 부모세대가 저지른 범죄 때문에 무고한 희생을 당한 사람들에게 현재의 일본국가가 도덕적인 책임감을 느끼지 않는 한 재정적인 보상 자체는 공허하다고 생각된다.

모든 보상문제는 이미 해결되었다고 일본정부가 주장하는 데에는 특별한 법적인 근거가 있다. 1951년 쌘프란씨스코강화조약에 서명한 48개국은 제14조 a항에서 일본은 일본이 초래한 손상과 고통에 대해 보상할 의무가 있다고 선언했다가, 제14조 b항에서는 일본 경제의 취약성을 고려하여 그런 권리를 포기한다고 부언하였던 것이다.[57] 단지 필리핀과 (남)베트남만이 자신들의 권리를 유보해서 1956년과 60년에 배상금 협정이 체결되었다. 필리핀에 대해서는 물자와 용역의 형태로 5억 5천만 달러를, 차관의 형태로 2억 5천만 달러를 지급하기로 하고, 베트남에는 3천 9백만 달러(그리고 몇가지의 차관)를 지급하기로 결정되었다. 쌘프란씨스코강화조약에 참가하지 않았던 버마(미얀마)와 그 조약을 비준하지 않았던 인도네시아도 각각 1954년과 58년에 일본과 비슷한 협정을 체결하여, 전자의 경우 2억 5천만 달러와 상용차관 형태로 8천만 달러를, 후자의 경우 2억 2300만 달러에 해당하는 물자와 용역, 그리고 4억 달러의 차관을 제공받았다.[58] 일본과 배상에 관한 공식적인 협정을 체결한 국가는 이들 네 나라뿐이다.

일본은 이 네 나라 외의 다른 4개국과 맺은 네 개의 개별적인 협정들을

---

57) 이 조약의 원문은 內海愛子·越田稜·田中宏·飛田雄一 편, 『ハンドブック──戰後補償』(이후 『ハンドブック』으로 약칭), 梨の木舍 1992년에서 인용(자료 3).

58) Jon Halliday and Gavan McCormack, *Japanese Imperialism Today: Co-Prosperity in Greater East Asia*, Harmondsworth: Penguin 1973, 21~22면 참조.

종종 함께 묶어서 사실상의 배상이 모두 이루어진 것처럼 제시하기도 한다. 이들 4개국은 한국, 싱가포르, 말레이시아, 미크로네시아이다. 1965년에 일본과 한국의 관계가 결국 정상화되었을 때 비록 배상이란 용어를 사용하지 않았으나, 3억 달러의 즉각적 무상원소와 2억 달러의 차관, 그리고 민간부문에 3억 달러의 차관이 "모든 재산권 및 청구권에 대한 완전하고도 최종적인 해결"로서 합의되었다. 마찬가지로 1967년과 68년에 싱가포르와 말레이시아와도 비슷한 협정이 체결되어 이 두 나라는 각각 8백만 달러(29억엔)를 '핏값'으로 받았다. 비록 배상액수와 같은 액수이긴 하나 이 돈은 실제로 희생을 치른 사람들과는 무관하게 선박이라든지 선박제조 설비 등의 형태로 해당 정부당국에 지불되었다.[59] 1969년 미크로네시아와 맺은 협정에서는 일본과 미국 모두가 각기 5백만 달러의 물자와 용역을 지불하기로 하였다.[60] 손실이 343억 달러에 달한다고 평가되므로 이 돈은 분명 배상금이라기보다는 위로금의 성격을 띠었던 것으로 실제 요구액의 극히 일부분에 불과하였다.[61]

모든 협정의 특징은 협정이 관련국가간에 맺어졌기 때문에 피해를 입은 개인이나 단체가 개입할 여지가 거의 없거나 전무했으며, 지불형태——대개 보상과 배상의 내용인 다양한 물자와 용역을 공급하는 데 드는 비용은 직접 일본 기업체들에 지불하는 방식——역시 일본의 재계가 동남아시아에 복귀하는 것을 돕는 효과를 가져왔다. 비판가들은 이런 상업적인 의도가 실제의 보상이나 배상 의도보다 우선시되었다고 여긴다. 가장 많이 고통을 당한 지역들, 특히 중국은 전혀 보상을 받지 못했다. 위에 언급된 어느 경우도 제대로 된 배상 혹은 보상 협정이라고 볼 수 없음에도 불구하고, 일본정부는 어쨌든 이것을 이후의 모든 배상요구들을 거절하는 근거로 제시해오고 있다.

이 모든 질문과 관련된 두 가지 핵심문제가 위안부 문제와 전시중 강제노

---

59)『ハンドブック』, 자료 25.
60) 荒川俊兒,「ミクロネシア」,『週刊金曜日』1994年 8月 12日, 22면.
61)『ハンドブック』, 154~57면.

동 문제이다. 이들 문제는 법정에서도 점차 핵심 이슈로 등장하고 있다.

종군위안부

소위 종군위안부 여성 문제는 폭넓게 보도되어온 사안으로 여기서는 간단하게 요약만 하고자 한다.[62] 성적 써비스 시설이 처음으로 설치된 것은 1932년 상해사변 때 중국에 주둔해 있던 일본 점령군을 위안하고 대대적으로 저질러진 강간 때문에 야기된 점령군과 지역주민 사이의 긴장을 해소하기 위해서였다. 이는 점차로 공영권 전체를 포괄하는 거대조직으로 확장되었다. 한국, 중국, 대만, 필리핀, 인도네시아, 말레이시아, 베트남, 동인도제도(여기서는 네덜란드 여성도 동원되었다) 등지의 도시와 농촌, 그리고 심지어는 일본 국내에서까지 여성들을 강제로 혹은 거짓말로 유인해 데려왔다. 어떤 경우는 13살짜리 어린아이인 경우도 있었다. 총숫자는 알려지지 않고 있으나, 대강 10만에서 20만에 이르는 것으로 추정된다. 여성 1인당 35명의 군인이라는 원칙이 각지의 전선으로 얼마나 많은 위안부들을 파견할지 계산하는 데 적용되었던 것으로 보인다.[63] 한국은 엄격한 유교사회이기 때문에 젊은 미혼여성들이 대개 처녀이고 따라서 각종 성병의 위험을 최소화시킬 수 있으리라 생각되어 한국인 여성을 선호했으며, 아마 이들이 전체의 80%를 점하고 있었다. 그러나 인도네시아 일부 지역(당시는 네덜란드령 동인도)에서는 현지의 강제징모대가 여성들을 동원했으며, 일본정부의 1922년도 자료를 보면 남술라웨시(South Sulawesi)의 27개 위안소에서 일하고 있던 282명의 여성들 거의 전부가 현지 인도네시아 여성들이었

---

62) 간편한 요약으로는 金富子, 「從軍慰安婦」, 『ハンドブック』, 34~35면을 참조할 수 있다.
63) 鈴木裕子는 1941년 관동군특별대연습으로 알려진 대규모 기동훈련에 즈음하여 만소국경 지역에 배치된 70만명의 장병들에게 성적 써비스를 제공하기 위해 2만명의 여성들을 보냈다고 인용하고 있다. 그녀에 따르면 다른 지역의 사례에 대한 최근의 연구도 비슷한 비율을 나타내고 있다고 한다. 鈴木裕子, 『朝鮮人從軍慰安婦』, 岩波ブックレット 229, 1992, 31면.

다.[64]

이들의 인간성, 또 어떤 의미에서는 이들이 여성이라는 사실 자체도 이들에게 요구된 일에서 하등 고려가 되지 않았다. 이들은 공급되고 사용되는 (그리고 경우에 따라서는 폐기되는) 물건 취급을 받았으며 일반적으로 이름이 아닌 번호로 불리었는데, 이 관행은 731부대에서 실험이나 고문을 당하도록 되어 있었던 사람들을 지칭하던 마루타(통나무)란 용어처럼 인간성의 박탈을 상징적으로 나타내는 것이었다. 저항은 폭력으로 다스려졌고, 위안부들은 어느 곳이든 불려다니며 하루에 10명에서 50명에 이르는 병사들을 상대했는데 이 과정은 어떤 총탄이나 총검 이상으로 이들을 파괴했다. 전쟁이 끝나자 이 여성들은 버려지거나 살해되었으며,[65] 이들 모두를 살해하려는 계획이 있었다고 생각할 만한 이유들도 존재한다. 관련자료와 생존자들의 증언에 대한 면밀한 연구만이 이런 것들을 확실히 밝혀줄 수 있을 것이다.[66]

전쟁이 끝난 후 일본 정부당국자들을 기소한 범죄내용에서 이 문제에 대한 언급이란 전혀 찾을 수 없었다. 이는 이러한 사실 자체가 알려지지 않았기 때문이 아니었다. 위안소의 네트워크는 엄청난 규모였고 종전과 더불어 그 조직의 해체와 관련여성들의 송환은 커다란 업무였다. 그보다는 당시 연합군의 범죄기준으로는 여성들에 대한 범죄가 그리 중요한 위치를 차지하지 못했다는 것이 가장 타당한 이유일 것이다.

1991년 12월 각지의 전장에서 일본 육군의 성노예 노릇을 했던 35명의 한국 여성들이 사죄와 배상(1인당 2천만엔)을 요구하며 일본 법정에서 행동을 개시했다. 1993년 9월 이번에는 필리핀 여성들로 구성된 두번째 모임이 유사한 행동을 시작했으며 다른 나라의 여성단체들도 비슷한 준비를 하고 있었다. 1991년 12월까지만 해도 일본정부의 일관된 입장은 이 문제를

---

64) 木村哲夫, 「インドネシア」, 『週刊金曜日』 1994年 8月 12日, 26면.

65) 이런 종류의 학살의 한 예로 트루크섬에서 있었던 사건에 대해서는 金富子, 앞의 글, 34면 참조.

66) 구술증거에 관해서는 鈴木, 앞의 책, 54면 참조. 이런 구술증거는 대개 여성 자원자로 구성된 팀에 의해 계속적으로 수집되고 있는 중이다.

전혀 모른다고 부정하거나 날조된 사실이라고 주장하는 것이었다. 그러던 것이 이제는 비록 매춘사업이 존재하긴 했으나 그것은 모두 민간업자들이 운영했던 것으로 정부의 관리나 통제는 전혀 없었다고 주장하였다. 이런 변명이 무너지자 일본정부의 입장은 또다시 바뀌어서 그 여성들은 강제로 끌려왔던 것은 아니었다고 주장하게 된다. 일본정부는 이런 각각의 쟁점을 매우 주저하다가 결국 인정하였고, 그 공식적인 인정이란 것도 독자적인 연구자들이 정부가 책임이 있다는 사실을 반박할 여지 없이 증명하는 기록들을 발견하고 공개한 뒤에야, 그리고 그 여성들을 끌어모으고 이송시키는 일에 관여했던 사람들이 자신들의 역할에 대해 입을 열기 시작한 뒤에야 행해졌다.[67] 1991년 12월 서울을 공식 방문중이던 미야자와 수상은 공식적인 사죄를 하였다. 1992년 7월 수상은 일본정부의 진지한 사죄와 유감을 표명하면서도 개인적인 보상을 하는 일은 없을 것이라는 입장을 재확인하였다. 일본정부가 직접적·공식적인 책임이란 문제에 대해 입장을 굽힌 것은 1993년 8월이 되어서였다. 그러나 그때만 해도 모든 문제는 1951년의 쌘프란씨스코강화조약과 1965년 한일국교정상화조약 같은 양국간 조약을 통해 해결되었으므로, 보상금은 지급되지 않을 것이란 입장은 그대로 견지되었다. 그러나 1965년 당시 이 문제는 고려되지도 않았고, 일본정부가 이 노예제도의 존재와 여성의 인신매매가 있었다는 사실을 인정한 것은 1991년이며, 1993년에야 이 문제에 대한 공식적인 책임을 인정했다는 등의 명백한 사실을 지적하는 반론에 직면하게 된 토오꾜오의 정치가들과 관료들은 1994년경이 되자 이 문제를 민간기금을 조성해서 해결하는 식으로 풀고자 애쓰게 되었다. (한국정부는 이 여성들이 당한 일에 대해 어떤 책임도 없다는 것이 명백하지만 이미 이 여성들에게 연금을 지급하고 있었다.)

이들 여성단체들이 요구한 것은 그 성격이 금전적이기보다는 지극히 도

---

67) George Hicks, "Comfort Women Haunt Japan," *Far Eastern Economic Review*, February 18, 1993. 또한 같은 저자의 *The Comfort Women: The Sex Slaves of the Imperial Japanese Forces*, St. Leonards: Allen and Unwin 1995(한글본은 전경자·성은애 옮김, 『위안부』, 창작과비평사 1995)도 참조.

덕적인 것이었다는 점을 주목해볼 만하다. 이들의 요구 중 가장 주요한 것은 공식 자료에 기초해 모든 진실을 밝힐 것(진상규명)과 책임자 처벌(90년대의 상황에서는 상징적일 수밖에 없겠지만)이었다. 이들은 진실을 은폐하려고 징부가 공모한다는 것은 도덕적인 파멸을 의미한다고 생각하며, 공식적인 은폐 노력은 48년이나 지속되어온 반면, 공개를 위한 노력이 시작된 지는 겨우 2년밖에 안됐고 아직도 실증과정을 거쳐야 한다는 점을 잘 알고 있었다.

　종합해보건대 위안부 여성들의 이야기는 일본의 성전(聖戰)이란 것의 실상이 무엇이었는지를 확인시켜주는 냉혹한 증거라 하겠다. 이는 가히 역사적인 중요성을 갖는 사건이었다. 아마도 이것은 인류역사상, 국가가 후원한 최대 규모의 성폭력일 것이다. 이는 일본 육군의 군속들이 주도면밀하게 조직했고 또 상세히 기록되어 있으나, 알고는 있으되 알지 않기로 선택한 그 다음 세대의 관료들(더불어 정계 및 관계의 상급자들)에 의해 마찬가지로 신중하게 은폐되어서, 일본이나 연합국측이나 위안부 여성들을 사용한 것을 범죄로 간주하지 않았던 것이다. 20세기 후반의 관점에서 볼 때 이 문제는 점차로 일급 범죄로 대두되고 있으며, 이 범죄에 대해 눈을 감고 있었거나 혹은 이를 교묘하게 은폐하고자 한 자들의 죄는 이러한 범죄를 저지른 자들의 죄에 상응하는 것이다. 여성들을 팔아넘기고 착취하는 행위를 조직적으로 범한 일본당국과 연합국 당국 간의 공모는 그동안 거의 주목을 받아오지 못한 위안부 문제의 중요한 한 측면이다. 1945년의 연합국의 공모는 그후 몇년간 계속되어 이번에는 점령군 병사들에게 (일본군과―옮긴이) 정확히 똑같은 성적 써비스를 제공하기 위해 대부분 일본인으로 구성된 또다른 세대의 젊은 여성들을 동원하는 데 있어서 일본정부의 협조를 누릴 수 있었다. 1945년 8월 18일, 즉 일본이 항복한 지 사흘 뒤 관할 경찰당국의 관심은 내무성의 지시에 따라 점령군 기지에 위안시설을 제공하고 필요한 여성들을 동원하는 일에 집중되고 있었다. 이 과정에서는 게이샤, 합법 혹은 불법 매춘부들, 웨이트리스, 호스티스를 비롯한 "관습상 여러가지 성적인 봉사를 제공하는"[68] 여성들을 선호하였다.

따라서 일본에서 40여년 이상 공공연히 알려져 있던 범죄——그 이유는 다름아닌 위안부 여성들이 상대했던 수백만명의 일본 병사들이 종전과 더불어 일본 각지의 도시와 마을로 귀환했기 때문이었다——가 80년대 말까지도 비교적 잘 알려지지 않은 책에서만 기록되어온 셈이다. 정부 대변인은 반박의 여지가 없는 기록문서가 제시된 1991년까지 이 사실을 지속적으로 부인해왔으며, 그런 다음에도 일본제국군대와는 무관한 민간업자들이 수행한 사업이었다는 식으로 표현하였다. 직접적인 책임이 의심의 여지 없이 입증된 것은 1993년이 되어서이며, 이는 전세계의 양심을 천천히 움직이기 시작하고 있다. 마지못해서이기는 하지만 일본정부가 인정하지 않을 수 없게 만든 것은 문서증거뿐만 아니라 증인의 출현에 의한 것이기도 하다. 피해당사자들인 여성들은 점차 자신들의 수치심을 극복하고 누구의 죄인지를 분명히할 것을 요구하기 시작하였고, 구일본군 군속과 민간인들도 증언을 하기 위해 나서기 시작했다. 탈냉전 후 아시아 여러 지역에서 보이는 시민사회의 성숙은 인권과 남녀평등에 대해 새로운 비중을 부여했으며, 이는 50년 전의 전쟁으로 초래된, 그러나 오랫동안 해결되지 않고 있던 문제의 저변을 노출시켰다. 이는 또한 유교적 사회질서의 우월성을 주장하는 사람들이 대답해야만 하는 도덕적인 질문을 제기하는 것이다. '새로운' 아시아에서의 지도력을 확보하고자 하는 새로운 세대의 정치가들은 우선 자신들의 부친들로부터 물려받은 과거사를 해결해야만 한다는 것을 깨달았다.

강제노동과 하나오까광산사건

전쟁중 일본군을 위한 부역에 아시아와 서태평양 전역에서 사람들이 대규모로 동원되었다. 약 100만명에 이르는 한국인과 중국인 노동자들이 일본의 광산과 군수공장으로 징용되었다. 동남아시아에서도 수많은 사람들

---

68) 鈴木, 앞의 책, 53면.

이 징용되어 적어도 200만명이 자바섬의 각종 프로젝트에 동원되었으며, 또다른 20여만명이 버마와 타이를 연결하는 철도 건설에 징발되었다.[69] 살던 마을에서 끌려나온 중국인은 뉴기니나 솔로몬제도로 보내졌고, 싱가포르에서 잡힌 인도인은 타이나 버마로, 태평양의 섬에 살던 사람들은 새로운 질서의 수립을 돕기 위해 오지로 보내졌으며, 한국인들은 사할린에서 남태평양에 이르기까지 어디로든 보내졌다. 이들 모두는 종전이 되자 그대로 버려지고 방치되었다. 전쟁이 끝난 이후 관련회사나 일본정부를 상대로 한 보상요구는 모두 거부되었다. 정부의 견해는 노동력을 동원한 것은 1938년의 총동원법에 따른 국가의 합법적인 행위였다는 것인데, 이는 나찌에 대한 뉘른베르크 재판에서 (그리고 그후의 아돌프 아이히만Adolf Eichmann에 대한 재판 등에서도) 피고측이 '합법'이라고 주장하였던 것과 마찬가지의 논리로서, 이는 당시 재판부에 의해 당연히 배척되었었다. 아래 내용은 전시중 대규모 강제노동이라는 현상 가운데 한가지 사례에 불과하다.

카시마건설은 일본 건설업계의 거인 중 하나이다. 건설업계의 다른 기업들과 마찬가지로 이 기업도 전시중 정부로 하여금 중국인 노동력 수입체계를 도입하도록 부추기는 데 열심이었고 이는 1942년 11월 토오죠오(東條) 내각에 의해 채택되었다. 1944년 2월부터 4만명의 중국인 노동자가 수입되어서 카시마를 비롯한 여러 건설·광산 업체들은 정규노동자를 이들로 교체했다. 아끼따현에 있는 카시마의 하나오까(花岡)광산은 약 1천명의 중국인 노동자를 수용하고 있었다. 1945년 7월 1일 이들은 끔찍한 노동조건과 고문, 형편없는 음식에 항의하여 봉기하였다. 첫번째 충돌에서 다섯 명이 사망했다. 도망간 사람들은 곧 체포되었고 이중 418명이 죽음을 당했는데, 그중 113명은 고문을 받다 죽었다.[70] 생존한 지도자들은 재판에 회부되어 9

---

69) Nakahara Michiko, "Asian Labourers along the Burma-Thailand Railroad," *Waseda Journal of Asian Studies*, Vol. 15, 1993, 88~107면: Murai Yoshinori, "Asian Forced Labour(rōmusha) on the Burma-Thailand Railway," in McCormack and Nelson, 앞의 책, 1993, 59~67면.

70) 두 명의 경찰관과 네 명의 회사직원이 나중에 연합국의 전범재판 과정에서 고문과 살인에

324

월 11일(일본이 항복한 지 약 한 달 뒤) 전시중 폭동을 일으켜 국가의 안위를 해친 죄가 인정되어 종신형에 처해졌다.[71] 종전 후 일본의 10대 건설회사(카시마뿐만 아니라 하자마, 타이세이, 쿠마가이를 포함하여)는 일본의 각 부처기관으로부터 그들이 입은 손해(아직 지불완료가 되지 않은 사업이나 혹은 폭동과 일본의 패전으로 인한 작업 지연)에 대해 일련의 '보상금'을 받았다.[72] 전후 민주화된 일본에서 카시마사의 대표 카시마 모리노스께는 참의원에 당선되었으며, 박애주의자로서 또한 저명한 학자로서, 그리고 일본 외교사에 대해 많은 저작을 남긴 저술가로 활동하였다. 1965년 그는 중국이 모든 보상요구를 포기하는 것이 양국간 외교관계 재개의 전제조건이 될 것이라고 주장하는 사람들의 선두에 속해 있었다.[73]

130년에 달하는 이 기업의 공식 역사를 기술한 두 권으로 된 책에는 이 회사가 전시중에 행한 일들, 예를 들어 제국군대의 최후의 지하사령부로 사용될 나가노현의 마쯔시로(松代)대본영 건설이나 동남아시아의 버마-타이간 철도 건설 등과 관련하여 군에서 받은 감사장들이 자랑스럽게 기록되어 있으나 하나오까폭동에 대한 언급은 전혀 없다. 마쯔시로대본영을 건설하는 데는 한국인 강제노동자들이, 버마-타이간 철도 건설에는 동남아시아에서 온 강제노동자들뿐만 아니라 오스트레일리아인, 영국인, 기타 다른 전쟁포로들이 동원되었다.

1989년 중국인 생존자와 가족대표들이 이 회사를 상대로 소송을 제기하여 공개사과, 희생자를 기리는 적절한 추모행사, 1천여명에 달하는 희생자들에 대해 1인당 500만엔씩의 보상금 지급을 요구하였다. 1994년 2월 카시마의 전(前)부사장 키요야마 신지(清山信二)는 종합건설회사(제네콘) 비

대해 재판에 회부되어 유죄판결을 받았으나 모두 수감되지 않고 풀려났다("Kajima Refuses to Pay Wartime Forced Laborers," *Japan Times*, October 27, 1994). 또한 福田昭典,「花岡事件」,『ハンドブック』, 114~117면; Buruma, 앞의 책, 275~91면 참조.

71) Buruma, 앞의 책, 275~291면.

72) 松澤哲成,「政府, 企業, 軍, 總ぐるみの中國人强制連行」, 中國人强制連行を考える會 편,『花岡鑛——道路の底から』, 第4卷, 1~17면 중 15~16면.

73) 福田, 앞의 글, 117면.

리와 관련해 기소되어 수감된 지 4개월이 지난 후 자신의 심정을 2차대전 후 시베리아에 억류된 일본인 병사들과 징집되어 동남아시아로 파견되었다 죽음을 맞이한 일본 학도병들의 심정에 비유하였다. 즉 자신 역시 무고한 희생자일 뿐이라는 것이었다. 1990년 7월 회사 명의로 간단한 사과가 있었으나 다른 요구사항은 전적으로 거부되었다. 카시마사는 위령비 건립 비용의 일부를 기부할 의사는 있으나, 전쟁 당시는 단지 국가의 정책을 따랐을 뿐이라고 계속 주장하고 있다.[74]

중국인들과 한국인들에 대한 착취와 부당한 처우에 관한 한 하나오까는 결코 특별한 사례가 아니다. 류렌런(劉連仁)의 이야기는 어떤 면에서는 더욱 놀랍다. 류는 1944년 산뚱(山東)성의 한 마을에서 총칼로 위협당해 홋까이도오에 있는 쇼오와탄광으로 보내졌다. 폭동을 일으켰던 하나오까광산의 노동자들과 달리 그는 인근의 산으로 도망쳤다. 그는 1945년 7월, 즉 종전 약 한달 전에 도망쳤으나, 너무나 두려운 나머지 계속 숨어살면서 풀과 나무열매로 연명하며 가끔씩 해안가로 해초를 따러 내려가곤 하였다. 그는 사람보다는 차라리 곰이 덜 무서웠으며, 1958년 한 토끼 사냥꾼에 의해 발견되기까지 전쟁이 끝난 사실을 몰랐다.[75] 그가 나타났을 때는 전쟁은 이미 끝나 있었고, 뿐만 아니라 토오죠오 내각에서 상공노동장관으로 강제노동 정책을 책임지고 있었던 키시 노부스께가 수상이 되어 있었다. 키시 정부가 혹시 밀입국자가 아닌지 류에 대해 조사하라는 명령을 내렸을 때 류는 유명한 저항선언을 발표하고 중국으로 되돌아갔다. 90년대 초 그는 여전히 일본정부를 상대로 소송을 제기해놓고 아직 그 대답을 기다리고 있는 중이다.[76]

제1장에서 분석한 바대로 종전 후 일본 건설업계의 발전은 전시중의 포로들과 거의 노예나 다름없었던 강제노동자들의 노동에 근거한 것이었다.

---

74) 增子義久, 「花岡事件——鹿島は決着はかれ」, 『朝日新聞』 1994年 4月 13日: Richard McGregor, "Japanese Corporation Rejects Chinese WWII Compo Claim," *The Australian*, October 26, 1994.

75) 增子義久 · 秋野禎木, 「逃げた山三十三年目の旅」, 『朝日新聞』 1991年 10月 29日.

76) 福田昭典 · 林るみ, 「各地の强制連行」, 『ハンドブック』, 118~21면.

이 노동자들에게는 한번도 보상금이 지급된 적이 없지만 이 기업들에는 패전으로 노동력을 잃게 되자 보상금이 지급되었다. 따라서 그 회사들로서는 거의 피해를 입지 않았고 이중의 이익을 본 셈이지만 지속적으로 책임을 회피해오고 있다.

마쯔시로 지하대본영

히로시마와 나가사끼에 원자폭탄이 투하되지 않았어도 일본이 1945년에 항복을 했을까? 아마도 분명한 대답은 할 수 없을 것이다. 아니다라는 대답이 나온다 하여도 그것이 두 도시를 파괴한 것을 정당화할 수는 없을 것이다. 그러나 당시 일본 지배층 내의 움직임에 대해 더 많이 알게 될수록 위의 가정은 점점 더 성립할 수 없는 것처럼 보인다. 태평양에서 일본이 패배할 경우 일본 본토에 대한 미국의 직접적인 공습이 불가피해짐에 따라(이는 실제로는 1944년 11월에 시작되었다), 수많은 일본인들이 침략해오는 세력에 대해 그에 상응하는 손실을 입히고 영광스러운 죽음을 맞이하겠다는 최후의 항전이란 생각이 주목을 받게 되었다. 천황의 이름 아래 모여 최후의 고귀한 항전, 즉 옥쇄(玉碎)가 단행될 판이었다. 1944년 11월에는 천황을 모셔오고 전쟁 지휘·행정·통신 기능을 이전시킬 의도로 나가노현에서 대규모 굴착작업을 시작하였다. 마이즈루(舞鶴), 조오(象), 미나가미(皆神)라는 세 개의 산 밑으로 약 20km에 이르는 지역 안에 거대한 터널을 만들었다. 그것은 인근의 도시 (및 철도역) 이름인 마쯔시로를 따서 마쯔시로대본영으로 알려졌다.[77] 공사의 주요 책임은 카시마건설과 니시마쯔건설이 담당했으며 노동력의 대부분은 한국인 강제노동자들이 담당했다. 이 일에 동원된 노동자수는 정확히 알려지지 않고 있으나 그들을 수용하기 위한 바라크가 150채가 넘었던 걸로 봐서 아마 약 7천여명쯤 되었던 것으로 보

---

77) 가장 상세한 설명으로는 日垣隆, 『松代大本營の隱された巨大地下壕』, 講談社現代新書, 第1209號, 1994.

인다.

물론 당시에도 전쟁이 막바지로 치달음에 따라 일본이 주요 시설들을 점차 지하로 옮기고 있다는 사실은 알려져 있었으나, 이 사업의 규모는 나중에야 서서히 밝혀졌다. 종전 후 30년이 지나 건설성은 이곳에 대한 조사를 실시하였고 아직 3394곳에 터널이 남아 있다는 것을 밝혀냈다. 이밖에도 그동안 많은 터널들을 파괴했을 터였다.[78] 마쯔시로는 단지 어마어마한 대규모 시설들 중 가장 대규모이며 가장 중요한 곳이었을 뿐이다. 1992년까지도 새로운 터널이 계속 발견되고 있다. 나라 인근에서는 길이 2km에 달하는 미로 형태의 터널이 발견되었으며, 방위청 자료실의 서류들은 549개소에서 굴착작업이 이루어졌다고 기록하고 있는데 이들의 대부분은 아직 다시 발견되어야 할 것이다.[79] 마쯔시로 터널의 정확한 길이는 알려져 있지 않으나 분명 10km는 넘을 것이다. 이곳에서의 노동조건은 매우 열악하고 위험했으며, 감시는 가혹하고, 음식이나 의약품 공급은 형편없이 불량했다. 수많은 노동자들이 죽어갔는데 생존자들의 증언에 의하면 종종 하루에 다섯에서 여섯 명이 죽기도 했다는 것이다. 이 건설사업은 1945년 8월에 바로 사용할 수 있는 상태로 완공될 예정이었는데, 여기에는 천황과 그의 측근들, 대본영, 정부, 관료조직, 전국적인 보도기관을 수용할 시설을 갖추기로 되어 있었다.

이처럼 산속으로 후퇴해[80] (미국인들이 올림픽작전이라 불렀던) 임박한 본토에서의 결전을 벌일 최종 준비가 진행중이었고, 여성과 노인들까지 죽창을 들고 나가 싸우라는 동원을 하고 있던 차에 히로시마와 나가사끼에 폭탄이 투하되었고, (국체를 보존한다는 조건하에) 포츠담선언을 받아들이기로 한 결정이 천황의 그 유명한 8월 10일 개입에 의해 내려진 것이다.[81]

---

78) 兵庫朝鮮關係研究會 편, 『地下工場と朝鮮人强制連行』, 明石書店 1990, 11면.
79) 「大規模な地下要塞發見」, 「軍地下施設は全國で五四九か所」, 『朝日新聞』, 1992年 2月 23日.
80) 나라의 터널식 시설로 옮길 것을 주장하는 해군과 마쯔시로를 주장하는 육군 사이의 갈등을 조정하기 위해 천황이 7월 31일에 직접 개입했어야 했다(日垣, 앞의 책, 87면).
81) 같은 책, 88~89면.

천황의 마음을 사로잡은 한 가지 생각은 천황가의 3종의 신기——성스러운 거울과 칼과 곡옥——를 나가노까지 안전하게 옮겨갈 수 있을지 보장할 수 없다는 것이었다.[82] 포츠담선언 발표(1945년 7월 26일)로부터 히로시마 원자폭탄 투하(8월 6일)에 이르는 기간에도 천황의 마음은 온통 "천황가의 보물의 안위"[83]에 쏠려 있었으며, 그가 결국 항복결정을 승인했을 때에도 이는 자신의 지위의 보전을 전제로 한 것이었다. 아마도 항복결정에 영향을 주었을 또 하나의 요인은 그가 항복을 하더라도 자신의 개인적인 안전에 있어서만큼은 별로 두려워할 게 없다고 느끼게 된 점인지도 모른다. 왜냐하면 그동안 연합군의 공습은 토오꾜오에 있는 황궁을 조심스럽게 피해서 이루어졌지만 나가노 산속에서의 최후의 항전은 궁극적으로 두려운 결과를 초래할 것이기 때문이었다.

마쯔시로대본영 건설과정과 다른 대규모 건설사업, 예컨대 1942년 11월에서 1943년 10월에 이르는 기간에 서양인 전쟁포로와 동남아시아 노동자들이 동원된 버마-타이간 철도 건설은 놀라울 정도로 유사하다. 감시는 가혹하고, 노동자들은 소모품에 불과한 존재였으며, 목표는 절대적이었다. 그리고 양자 모두 최종적인 결과물은 전혀 사용되지 않았거나(마쯔시로), 혹은 6만 5천명에 달하는 일본 병사들을 죽음의 임팔전투(Imphal campaign)로 보내기 위한 수송에 잠시 사용되었을 뿐이었다(버마-타이간 철도).[84] 마쯔시로대본영의 일부는 종전 후 국립지진연구소로 사용되어 결국은 적어도 선의의 용도로 쓰이게 된다. 그러나 이 사업은 단순히 전쟁이 장기화되어 1945년 8월 이후에도 오랫동안 일본 본토에서 파멸적인 전쟁이 지속될 수도 있었다는 것을 시사하는 지표로만 여겨서는 안된다. 그것은 일본이 이웃나라인 한국에 대해 지고 있는 복잡한 빚을 보여주는 것이다. 금전적인 보상은 아마도 당연할 터이고, 마쯔시로와 같은 대규모 계획의 진실을 밝히고 적절한 추모를 행할 것을 요구하는 것은 공정하고 합리적이

---

82) 같은 책, 87면에 인용된 『木戸日記』. 또한 Bix, "Japan's Delayed Surrender," 207면 참조.
83) 같은 글, 207면.
84) McCormack and Nelson, 앞의 책.

다. 마쯔시로를 연구하는 사학자인 히가끼가 말하듯이 일본과 한국 간에 시민지 관계가 있었기 때문에 일본이 마쯔시로뿐만 아니라 많은 도로와 다리, 터널, 공항, 항구, 광산, 공장, 댐, 그리고 국회의사당까지 포함해 많은 건축물을 건설할 수 있었다는 것은 상당 정도 사실이다. 이런 것들이 합쳐져 일본의 전후복구와 고도성장을 가능케 하였다.[85] 종전 이후 이 두 나라 간의 완전한 신뢰와 협조를 막아온 것은 개인적인 보상요구에 대한 일본측의 주저뿐만 아니라 이러한 관계 자체에 대한 부인이었다.

신쥬꾸유해사건

정직하고도 책임감있게 진실에 대처하겠다는 호소까와 수상을 비롯한 여러 사람들의 약속을 과연 일본 정부당국이 성실히 이행할 것인가 의문을 느끼게 하는 유사한 사례는 신쥬꾸유해사건의 처리과정에서도 드러난다. 1991년 7월 토오꾜오 신쥬꾸에 국립예방위생연구소 신축건물을 건설하던 중 상당량의 유골이 발견되었다.[86] 그것은 분명히 사람의 유골이었으나, 전체 골격을 갖추고 있는 것이 아니라 35개의 두개골과 그밖의 뼈들로만 이루어져 있었다. 발견장소는 전시에는 1928년에 설립된 육군군의학교가 위치했던 자리로 근대 이래 줄곧 국유지였던 곳이다. 그 유골들은 방역연구실 부지 근처에서 발견되었는데, 이 연구실은 731부대(이 부대의 지휘관인 육군중장 이시이 시로오石井四郎의 이름을 따서 '이시이부대'라고도 했고 중국의 하얼삔 외곽에 본부가 있었다)와 중국 및 동남아시아 지역에 주둔하고 있었던 다른 관련부대를 관할하던 기구였다. 이 부대에 의해 수천명

---

85) 日垣, 앞의 책, 236면.
86) 다음의 설명은 이 유골의 진실을 캐기 위해 가장 많은 노력을 기울인 연구가인 쯔네이시 케이이찌(常石敬一)의 연구작업과 쯔네이시 교수와의 토론에 근거한 것이다. 예컨대 그의 최근 논문인 「現代の課題としての七三一部隊」, 『月刊七三一展』, 1994와 영어로 된 미출간 논문 "Accusing Bones: The Ishii Germ Warfare Unit and the Japanese Concept of World War Two," December 8, 1991 참조.

의 중국인, 러시아인, 한국인과 서양인 포로들이 죽음을 당했는데, 냉동시키거나 여러가지 병균을 의도적으로 투입하는 등의 끔찍한 생체실험 재료로 사용된 후에 살해되는 경우도 종종 있었다. 이시이부대로 넘겨진 포로들을 부르는 마루타(통나무)란 이름은 이들의 인간성을 빼앗고 이들에게 잔혹한 행위를 할 수 있게 하는 칭호였다. 옛 병원 자리에서 유골이 발견되자 혹시 이것이 이 부대와 어떤 관련성이 있는 것이 아니겠는가 하는 의혹이 자연스레 일어났다.

731부대의 범죄는 이들의 연구에서 나온 비밀스런 연구결과물을 확보하고 보존하려는 의도로 연합군이 내린 명령에 의해 1945년 이래 줄곧 은폐되어왔다. 소련의 하바로프스끄 법정이 이 부대의 상급장교 몇명을 재판에 회부하여 특히 이들의 세균전 준비작업을 상세히 조사하고자 했을 때 미국은 그 증거들을 날조된 것으로 치부해버렸다. 그러나 그 이후 정보공개법에 따라 미국국립문서보관소에서 드러난 증거와 당시 그 부대 소속원들의 직접적인 증언에 의해 그 실상이 확인되었다. 80년대 초반에 이르면 이 부대에 대한 진지한 연구들이 신문과 잡지, 학술서나 대중저작물, 기록영화 등을 통해 이루어지게 된다. 1981년에는 문부성마저도, 이전에 일본 병력의 중국으로의 이동을 서술하는 데 있어 '침략'이란 표현 대신 '진출'이란 표현을 쓰고자 했던 시도를 포기해야 했던 것처럼 731부대의 존재를 인정할 수밖에 없었다. 그러나 문부성은 이런 정보들이 역사교과서에서는 불분명하게 또는 극히 조금만 다루어지도록 하기 위해 그야말로 한구절 한구절에 신경을 쓰며 여전히 안간힘을 쓰고 있다. 90년대 초반까지도 생체실험을 했었다는 증거라든가 중국 및 소련에 대해 실제로 세균전을 시도했었다는 사실, 그리고 그 부대의 연구에 관여한 사람들 가운데는 단지 이시이와 같은 미친 과학자뿐만 아니라 제국대학 의학부의 명망있는 교수들도 있었다는 사실을 보여주는 증거들에 대해서는 여전히 완강하게 부인하고 있다. 731부대 연구의 권위자인 쯔네이시 케이이찌(常石敬一)가 옳다면, 그가 말하는 소위 '이시이 인맥'(전쟁중 이시이의 작업을 후원하고 지지했던 광범위한 의료-과학자 조직을 하얼삔이나 중국 및 동남아시아 다른 도시에서 실제로 이 작업을 수행했던 사람들과 구분하기 위해 사용하는 명칭)은 종전 후에도 승승장구했고, 따라서 전쟁책임에 관한 심대하고도 민감한 질문들은 이 분야의 핵심 전문가들이 직면해야 할 문제로 여전히 남아 있는 셈이다.[87]

1991년 후생성은 신쥬꾸구(區)가 요청한 전면적인 조사를 거부하고 대신 그 유골을 조속히 폐기할 것을 명령하였다. 대중의 항의가 이를 지연시켰고, 신쥬꾸의 요청에 의해 결국 한 사립대학 부속병원에서 조사가 이루어졌다. 1992년 4월에 결과가 보고되었는데 그에 따르면 유골들은 다양한 인종의 유골이 섞인 것으로 약 100여명의 사람들의 것으로 추정되고, 폭력의 흔적(총탄 자국)이나 외과적 실험의 흔적(두개골 절개)을 보이고 있다고 발표하였다. 후생성은 여전히 그 어떤 조사(유골의 신원확인을 위한 유전자 검사나 문헌자료 추적 혹은 기타 다른 추적)도 거부하였으며 그 유골들을 폐기하도록 계속 요구하였다. 1994년 후반이 되면 중앙당국이든 지방당국이든 그 유해를 폐기하자는 데 동의하게 된다. 이러한 태도는 이웃국가와 진정한 화해를 모색하고 전쟁에 대한 진실규명에 성실히 임하겠다는 소망을 표명했던 정부지도자들의 태도와 들어맞지 않는 것이고, 오히려 유죄를 입증할 만한 증거들을 인멸하려는 의도를 보여주고 있다.[88]

비록 이 부대의 범죄는 2차대전, 이시이 및 그의 동료들이 헌신한 명분, 그리고 냉전체제(냉전으로 인해 미국은 그 죄상을 은폐하고 주동자들을 보호하는 데 공모하게 됨) 모두와 관련된 것이었지만 냉전체제의 종결도 이 문제에 대한 접근방식에는 어떠한 영향도 끼치지 못한 것으로 보인다. 731부대에 의해 살해된 수천명의 인권에 대해서 지금 무언가 많은 것을 하기엔 이미 너무 늦었지만 유족들의 권리는 존중해야 하며, 그 당시 무슨 일이 행해졌었고 누가 그것을 명령 혹은 허락하는 데 관여했는가 하는 역사적 진실을 알고자 하는 공중의 권리 역시 매우 중요한 것이다. 일본이 과연 전쟁에서 연유하는 문제들의 해결을 진정으로 바라고 있는가에 관한 논의는

---

87) 常石敬一, 『醫學と戰爭 —— 日本とドイツ』, お茶の水書房 1994 참조.
88) 大島孝一, 「戰後補償と戰爭責任」, 『月刊フォーラム』 1993年 12月, 12~19면 중 18면.

공식적인 국가행사에서 수상들이 하는 이야기뿐만 아니라 신쥬꾸유해사건과 같은 일견 작고 소소한 문제를 처리해나가는 방식도 유심히 살펴보아야 할 것이다.

잔류고아

좀 다른 이야기지만 마찬가지로 심각한 전쟁의 유산으로 아직 일본이 해결하지 않은 것이 소위 '잔류고아' 문제이다. 이들은 1932년에서 45년까지 일본이 지배했던 중국 북동부 만주국에 거주하던 일본인 정착민의 아이들이다. 전쟁이 끝났을 때 만주국에는 60만명의 군인과 150만명이 넘는 민간인 등, 모두 200만명 이상의 일본인이 있었다. 민간인 중에는 정부관리나 경찰, 의사, 기술자, 과학자, 사무직원뿐만 아니라 개척지 스타일의 요새화된 농장에 살고 있던 25만명이 넘는 '정착민'도 포함되어 있었다. 약 127만명이 결국 일본으로 탈출하였고, 25만명이 추위와 배고픔 혹은 이런저런 폭력적인 마찰로 죽어갔으며, 나머지는 소련군에 체포되어 시베리아로 보내졌다.[89] 이런 대재앙과 도피, 기근, 공포, 경우에 따라서는 집단자살의 와중에서 많은 아이들이 부모와 헤어지거나 버려지거나 혹은 돼지 한마리, 콩 한자루 값에 팔려가거나 혹은 그저 고아가 됐다가 중국인 가정에서 양육되기도 하였다.

전쟁이 끝난 후 30년 동안 일본은 이들을 공식적으로 무시했다. 70년대에 들어와 중국과의 외교관계가 재개되자 이런 상태는 더이상 유지될 수 없게 되었다. 80년대와 90년대에도 많은 사람들이 오랫동안 잃어버렸던 가족을 찾아 줄지어 일본으로 들어오고 있다. 신문과 텔레비전은 이들의 사진, 혈액형, 신체적 특징 혹은 알고 있는 형제들의 세세한 사항들, 50여년 전에 갓난아이를 싸고 있던 낡은 담요조각을 찍은 애처로운 사진이라든가,

---

89) 상세한 사항에 관해서는 Gavan McCormack, "Manchukuo: Constructing the Past," *East Asian History*, No. 2, 1991, 105~24면.

이들이 기억하고 있는 몇마디 일본말이나 이름 혹은 아이가 길가에서, 기차역에서, 혹은 일본인 포로수용소 밖에서 중국인 양부모에게 넘겨지던 광경에 대한 이야기 등을 보도하였다. 1994년까지 총 4600여 가족 —— 약 1만 5천명 —— 이 일본에 돌아와 정착하였다.[90]

이미 중년이 된 중국인이자 일본인인 이들의 가련하고도 비극적인 이야기는 이 전쟁이 초래한 개인적인 비극을 환기시켜주는 가슴 아픈 사례이며 해결해야 할 또다른 문제를 제시한다. 1994년 11월 열번째 잔류고아단이 일본을 방문했지만 그중 가족을 찾는 데 성공하는 사람수는 점차 줄어들고 있다.[91] 무엇보다도 이들 대부분에게 그동안의 간격은 극복하기에 너무 큰 것으로 보인다.[92] 90년대 들어 일본정부는 오랫동안 버려졌던 일본인들의 권리를 인정해줘서 이들이 친족을 찾건 아니건간에 돌아올 수 있도록 했지만 여전히 문제는 많이 남아 있다. 이 귀환자들은 일본어를 하지 못하며 이미 중년이 되었기 때문에 배우는 것도 그리 빠르지 못할 것이다. 이들의 생계 역시 보장되어야 할 것이다. 대부분은 현재 부양해야 할 중국인 가족을 거느리고 있는데 일본정부는 고아 당사자와 그 배우자 한 명 그리고 스무살 미만의 자식에 대해서만 귀환비용을 지불한다. 다른 가족들에 대한 이민장벽은 엄청나다.

이들이야말로 30년대와 40년대의 실패한 국제화의 직접적이고 비극적인 후예들이다. 이들의 경험은 당시의 슬로건이 얼마나 공허한 것이었나를 보여주는 슬픈 증거이며, 핏줄이나 출신을 상관하지 않고 이 버려진 아이들을 자기 자식으로 받아들이고 돌보아온 많은 보통 중국인들의 순수한 인간성을 보여주는 감동적인 증거이다. 90년대의 일본 국가와 사회가 이들에

---

90) 小野高道, 「中國殘留日本人の歸國ラッシュ」, 『朝日新聞』 1994年 11月 22日. 아마도 수천명이 아직도 남아 있을 것으로 추정된다. 1991년의 한 추정에 따르면 2천~4천명에 달하는 일본인 어린이와 비슷한 수의 여성들(중국인과 결혼한)이 여전히 중국에 남아 있을 것이라 한다(「棄民」, 『朝日新聞』 1991年 11月 7日).
91) 井出孫六, 「滿蒙の權益と開拓團の悲劇」, 『岩波ブックレット・シリーズ日本近代史』, 第9卷, 1993, 53면.
92) 『朝日新聞』 1994年 11月 16日.

대해 보이는 반응은 90년대의 국제화의 내용이 얼마나 달라졌는가를 보여 주는 척도가 될 것이다. 잔류고아와 가족을 받아들이는 데 있어 지금까지 보여온 느리고도 내키지 않는 듯한, 그리고 부분적인 노력은 30년대의 이념과 90년대의 이념 사이에 강한 연결고리가 지속되고 있음을 암시한다. 중국인 양부모들은 현재 늙었고 종종 경제적 생산능력을 거의 모두 상실한 채 자식들에게 의존하고 있는 상태인 경우도 있다. 일본정부는 이들을 맞아들이거나 보살필 의사를 전혀 표시하지 않고 있으며 이들이 소위 신세계 질서가 파괴된 폐허 속에서 일본인 아이들을 키워온 것에 대해 감사하는 기색이 거의 없다. 일본정부가 잔류고아 문제를 개방과 국제화를 위한 일종의 실험사례로 생각하고 해결하고자 하는 기색이란 거의 보이지 않는다. 1994년 11월『아사히신문』이 지적했듯이 버려진 일본인 문제는 아직 해결되지 않고 있는 전후 보상이라는 더 큰 문제의 한 부분인지 모른다.[93]

1990년을 전후해 이런 모든 해결되지 않은 전쟁의 유산에서 기인하는 복잡한 도덕적인 질문들이 법적 소송의 대상으로서 일본의 법정에서 그리고 (종군위안부의 경우는) 국제사법기구 등에서 법적인 검토를 받기 시작하고 있다.

한 국

종전 후 토오꾜오와 다른 곳에서 열린 전범재판에서 한국인이 배상청구 소송을 제기해 일본의 전쟁책임을 묻거나 식민지 지배 사실을 문제삼은 일은 어떤 형태로든 거의 일어나지 않았다. 일본군으로 징집되어 1945년까지 일본인으로서 전투에 참가하거나 복무했던 한국인은 일본제국의 붕괴와 함께 일본 국적을 상실했으며, 결과적으로 한국인(그리고 대만인)은 일본의 재향군인들이 받는 여러가지 연금이나 복지 혜택에서 제외되었다. 식민

---

93) 小野, 앞의 글.

지배에 대한 책임은 1993년 호소까와 수상이 인정할 때까지 공식적으로 인정된 적이 없었다. 북한과의 관계정상화 문제를 아직 해결하지 못한 외교팀은 이제 북한의 배상청구와 관련된 복잡한 문제와 씨름하고 있으며, 남한과 관련된 쟁점들은 현재 일본이 봉착하고 있는 가장 큰 문제들이다. 종군위안부가 됐건 강제노동자가 됐건 가장 많은 소송을 제기한 사람들은 한국인이며, 일본군으로 징집된 과거의 군인들이나 전쟁을 위한 각종 부역에 동원된 민간노동자와 관련된 소송문제도 걸려 있다. 정말이지 일본어와 일본식 이름, 종교를 강요하고 한국인의 아이덴티티를 구성하던 모든 중요한 요소를 억압하는 동화정책은 일종의 민족말살전략이라고 할 수 있으며, 대규모의 폭력과 세뇌를 통해 독특한 문화와 민족적 아이덴티티를 제거하려는 시도였다고 볼 수 있다. 한 세대의 젊은 여성들의 재생산능력을 혹독하게 능욕한 것은 이러한 전략의 핵심부분이라 하겠다.[94]

1939년과 45년 사이에 약 72만 5천명의 한국인 일반 노동자와 14만 5천명의 군징용노동자가 동원되어 한국 국내와 일본, 중국, 사할린, 동남아시아, 남태평양의 광산·건설현장·공장에 투입되었다. 그밖에도 정확한 숫자를 알 수 없는 많은 노동자들이 전쟁 마지막 해에 터널, 비행장 혹은 다른 시설의 긴급 공사현장에 징발되었으며, 공장이나 군대의 매춘굴에 끌려간 (혹은 '자원하도록 격려받은') 여성과 소녀들의 수에 대해서도 기록이 남아 있지 않다.[95] 줄잡아 100만명에서 150만명의 한국인이 징발되었던 것으로 보인다. 한 민족을 뿌리째 뽑고자 하는 이런 대규모 징발의 일환으로서 일본의 조선총독부는 15만명의 한국인을 광산이나 비행장 혹은 다른 군사시설 건설을 위해 사할린으로 보냈다. 1991년 이전에는 일본정부가 그들의 명단 같은 관련정보를 찾기 위한 노력을 하지도 않았고 그런 정보를 한국과 공유하지도 않았기 때문에 이들의 정확한 숫자는 알려지지 않고 있다.[96] 전쟁이 끝났을 때 사할린에 있던 많은 사람들이 살해되었는데 전면적

94) 金一勉, 『天皇の軍隊と朝鮮人慰安婦』, 三一書房 1976.
95) 「强制連行」, 『朝日新聞』 1991年 11月 22日.
96) 臼杵敬子 외, 『ハンドブック』, 32면.

인 학살계획이 있었던 것으로 추정되고 있다.[97] 일본의 항복 후 사할린은
소련으로 반환되었다. 일본인과 북한으로의 귀환을 받아들인 한인들은 귀
환되었다. 그러나 약 4만 2천명의 남한 출신 한인은 한국이 소련과 외교관
계가 없고 일본이 그들의 비참한 상태를 그저 무시함에 따라 사할린에 버
려졌다. 달리 말해 1945년까지 한국인들은 일본이 내건 명분을 위해 봉사
하도록 징발되고 마치 일본인인 것처럼 취급받았는데 갑자기 일본이 이들
로부터 손을 떼버린 것이다. 남한으로의 귀환은 냉전 종식 후 1988년에 서
서히 시작되었는데, 1994년까지도 사할린에는 전쟁중에 끌려갔다가 남겨
진 한국인 7천명이 그들의 자손 3만명과 살고 있었던 것으로 추정된다.[98]
1990년 8월 이들 버려진 한국인 중 21명이 집단적으로 보상(1인당 1천만
엔)을 요구하는 소송을 제기하였다. 일본정부는 1988년 매월 사할린과 서
울 사이를 오가는 전세비행기 요금을 지불하기 시작하였고, 1994년 후반기
에는 남한으로의 귀환자들에게 숙사를 지어주거나 다른 식으로 주거 마련
을 돕는 등 책임을 인정하는 쪽으로 좀더 나아갔다.[99] 그러나 보상문제는
아직 해결되지 않고 있다.

　1991년 12월과 1992년 2월 현재 남한에 거주하는 사람들로 일본제국군
대의 군인이었던 3만 5천명과 군에 징용되었던 1100명이 미지급 임금과 보
상을 청구하며 토오꾜오지방재판소에 소송을 제기하였다. 1944년 히로시
마의 미쯔비시중공업 공장에 징용되었다가 원폭피해를 입은 다른 한국인
들도 미지급 임금과 강제노동자로서의 자신들의 고통에 대한 보상으로서
40억엔을 청구하는 행동을 개시하였다. 이들은 1968년 이래 미쯔비시와의
싸움을 계속해오고 있으나 아직 성공하지 못하고 있다.[100] 1991년 11월 일

---

97) 林えいだい, 『證言──樺太(サハリン)朝鮮人虐殺事件』, 風媒社 1991. 또한 『ハンドブ
　　ック』, 48면 참조.

98) Yonhap, "Coming Home to Die: The Plight of Koreans," *Korea News-Review*, January
　　2, 1993, 9면.

99) "Housing to Be Funded for Korean Returnees from Sakhalin," Kyodo News Service,
　　December 15, 1994.

100) 「三菱徵用被爆者問題」, 『ハンドブック』, 66～71면.

본제국군대에 징용되었다가 전쟁이 끝난 후 재판에 회부되어 전범 선고를 받았던 6명의 한국인과 그 죄목으로 처형당한 다른 한사람의 가족이 역시 토오꾜오지방재판소에 소송을 제기하였다. 이들은 일본의 전쟁책임(일본 천황의 책임까지 포함하여)을 자신들이 짊어지도록 만든 것은 부당하다고 주장하며, 일본정부가 자국 군인들에게 지급하는 원호기금 대상에서 자신들을 제외한 것에 항의하고 사죄와 보상(1억 3천만엔)을 요구하였다.[101] 일본 회사들이 체불한 임금에 대한 보상이라든지, 귀환선 우끼시마마루(浮島丸)의 (원인불명의) 침몰로 인한 희생자 문제 등 다른 여러 소송이 아직 진행중이다. 우끼시마마루는 1945년 8월 24일 550명의 한국인을 태우고 마이즈루에서 한국으로 항해중이었는데, 많은 사람들은 그 배를 고의로 침몰시킨 것이 아닌가 하는 의심을 품고 있다.

대 만

대만 역시 1945년까지 일본제국의 일부였다. 1938년의 총동원법 이후 많은 대만인들이 군인으로 징집되거나 다른 군 관련시설에 징용되었다. 이렇게 여러 전쟁터로 보내진 20만 7183명의 사람들 중 약 3만 3천명이 죽었다.[102] 이들 대부분이 군사우편국에 저금을 하고 있었는데 설상가상으로 이것도 1945년 일본의 붕괴와 함께 사라져버렸다.[103] 그러나 전쟁이 패전으로 끝남에 따라 대만인은 더이상 일본인이 아니라는 근거로 이후 들어선

101) Taguchi Hiroshi, "Korean 'Emperor's Soldiers' Who Were Made into War Criminals," *Japan Review*, 1993, No. 2, 20~23면. 'BC'급 전범들에 대한 일반적인 사항에 대해서는 山本健一, 「韓國·朝鮮人BC級戰犯」, 『ハンドブック』, 52~53면; 內海愛子, 「聯合國捕虜と朝鮮人軍屬」, 『靑丘學術論集』, 韓國文化硏究振興財團 1995, 第6卷, 123~96면.
102) 伊藤孝司, 「台灣」, 『週刊金曜日』 1994年 8月 12日, 18~19면.
103) 전쟁이 끝난 후 일본 '시민'들은 이 계좌의 손실에 대해서 보상을 받았다. 그러나 외국인의 손해보상 청구는 쌘프란씨스코강화조약 이후의 여러가지 국제조약에 의해서 모두 해결되었다는 것이 일본정부의 견해였다.

일본정부는 이들과 그 가족에 대한 원조나 보상을 거부하였다. 1988년 전쟁중 부상을 입은 대만인에게 (혹은 사망자나 부상당한 재향군인의 가족에게) '위로금'이라는 명목으로 200만엔씩 지급하라는 법안이 일본 국회에서 통과되었다. (*Japan Times*가 지적했듯이) "일본제국군대에서 봉사한 대만인들은 전쟁중에는 일본 신민으로 취급되어 일본 군인들과 똑같은 위험에 노출되고 똑같이 부상당했"[104]음에도 불구하고 이 금액과 일본인 재향군인 한 명이 당시까지 받았을 각종 혜택의 총액인 3천 2백만엔 사이의 차이는 엄청난 것이다. 1991년 10월 대만 출신 일본제국군인과 그 유가족으로 구성된 단체가 전쟁중 미지급 임금과 군사우편국에 적립했던 저금의 환수를 요구하는 소송을 제기하였다. 1994년 11월 이 단체는 미지급 임금에 대해 일본측이 제시한 200억엔의 지급 제의를 당치도 않다면서 거절해버렸고, 같은 해 12월 일본정부는 대만이 일본의 식민지였던 시절부터 대만인들에게 진 모든 빚의 청산조로 350억엔 지불을 제안하였다. 이 제안 역시 거부되었는데, 대만의 입법원(立法院) 부원장이자 이 문제에 대한 대만측의 협상책임자인 왕진핑(王金平)은 실제 일본이 지불해야 할 금액을 계산해보면 제안한 금액의 60배인 약 2조엔에 달한다고 추산하였다.[105]

중 국

중국에서는 오랜 기간 전쟁이 지속되는 바람에 파괴의 규모가 가장 컸다. 서구열강과 전쟁을 하는 동안 일본은 주력부대를 중국에 주둔시키고 있었고 1945년경에 이 주둔군은 100만명을 넘어서기도 했다. 그러나 일본의 공식적인 입장은 1931~45년에 일어난 사건을 전쟁으로 인정하지 않았으며 현재도 인정하지 않고 있다. 그것은 단순히 '지나사변'이라는 것이다. 그 기간 동안 중국인 사상자수는 2천만에 이르렀으며 무수히 많은 혼란과 파괴

---

104) "War, Colonialism and Compassion"(사설), *Japan Times*, April 30, 1992.
105) Reuter, Taipei, December 21, 1994.

가 일어났다. 난징이나 하얼삔(731부대 주둔지)은 아주 특별한 형태의 잔혹행위를 상징하는 두 이름이지만, 당시 중국인들 특히 전쟁을 경험하고 거기서 고통을 당한 사람들에게는 그밖의 수많은 다른 이름들도 마찬가지로 참상을 환기시켜주는 것들이다. 일본에서는 전쟁의 공포가 특히 난징이란 단어에 함축되어 있는 듯한 막연한 느낌 같은 것이 퍼져 있지만, 그 사건에 지나치게 집중하고 그것을 중심으로 논의를 진행하는 것은 마치 난징이 그 전쟁 전반을 특징짓는 사건이 아니라 하나의 특별하고 짧은 사건이었던 것 같은 인상을 유포시켜왔다. 이보다 더 진실에서 벗어난 것은 없으나, (중국과의 전쟁에 대한 지금까지의 명칭인) 지나사변에 대한 기록은 희미하게밖에 알려지지 않았고, 많은 상세한 사항들이 계속해서 늦은 속도로나마 역사적·대중적인 의식 속으로 스며들고 있다. 물론 위안부 여성과 강제노동자의 상당수가 중국인이었으며 잔류고아가 남겨진 땅이 중국이지만, 1931~45년에 벌어진 오랜 전쟁의 실상은 아직도 대부분이 오해된 채로 남아 있다. 일본에서는 자국이 그 전쟁의 희생자라는 이미지가 침략자라는 사실보다 훨씬 더 깊게 일반인의 기억 속에 새겨져 있으며, 목적의 순수함과 애초에 가졌던 이상의 고귀함은 기억되고 있는 반면 그 이상의 이름 아래 행해진 공포와 잔혹행위는 망각되었다.

일본은 1931년 이후 만주국에 천황이 지배하는 낙원(王道樂土)을 건설하려던 과정에서 자국의 농민 정착자들을 위한 마을을 만들기 위해 엄청난 면적의 땅을 몰수했으며, 지속적으로 군대를 동원해 저항세력을 무자비하게 '토벌'했고, 주민들을 요새화된 마을로 이주시켜 저항을 고립화시키는 대규모 사회공작사업을 벌였으며, 수백만명에 이르는 사람을 광산, 건설현장, 기타 다른 군용사업에 징발하여 노예노동을 시켰다.[106] 1932년 9월 푸순(撫順) 인근의 핑딩산(平頂山) 마을에서 학살된 2500명 주민들의 무덤을 비롯해[107] 광산과 건설현장의 노예노동자들의 무덤에 이르기까지 일본인에 의해 희생된 사람들의 대규모 무덤(완런컹 萬人坑)이 곳곳에 산재해

106) McCormack, "Manchukuo: Constructing the Past," 105~24면.
107) 大賀和夫, 『日本人は中國で何をしたのか』, 葦書房 1989, 76~97면.

있다. 이런 무덤 중에는 창춘(長春) 근처의 펑만(豊滿)댐 건설중 희생된 1만 7천여명의 시신이 묻혀 있는 곳도 있다. 또다른 무덤에는 1935년 5월 닷새에 거쳐 살해된 지린(吉林)성의 라오허꺼우(媒峪口) 마을 천여명의 주민들(이에 대해서는 1994년이 되어서야 상세한 기록이 작성되었다)의 시신이 묻혀 있다.[108]

1937년부터는 싸움이 만주국에서 중국의 다른 지역으로 확대되었다. 특히 북쪽에서는 일본의 의지를 관철하고 중국 팔로군의 저항을 뿌리뽑으려는 소위 삼광(三光)작전(전부 죽이고殺光, 전부 태우고燒光, 전부 약탈하라搶光)으로 알려진 테러전략과 이보다는 덜 알려졌으나 아마도 더욱 끔찍한 무인구(無人區) 전략이라 알려진 전략이 채택되었다. 일본인들은 드넓은 농촌지역에서 주민들을 이주시키고 이들의 집을 불태우고, 이들을 요새화된 마을에 집단적으로 수용한 다음 마을 주위에 무단발포지역을 설치함으로써 게릴라들에 대한 지원을 차단하고자 하였다.[109] 이 기간중의 폭력과 격변은 실로 엄청난 것으로 리허(熱河)성의 공식 역사는 12년 반이나 되는 전쟁기간 동안 이 지역의 인구가 급격히 감소했음을 기록하고 있다.[110]

전시중 저질러진 범죄 가운데 현재 잊혀졌거나 무시되고 있는 것이 일본군의 마약거래와 화학 및 세균 무기의 개발과 사용이다. 1932년부터 45년까지 하얼삔과 난징, 토오꾜오에 설치된 비밀기지에서 일본은 페스트에서 탄저열에 이르는 각종 질병을 발생시키고 퍼뜨리기 위한 세균전 기술의 개발과 연구를 체계적이고 대규모로 진행시켰다. 포로들이 생체실험에 이용

108) McCormack, "Manchukuo: Constructing the Past" 및 그곳에 인용된 자료들. 또한 本多勝一, 『中國の日本軍』, 創樹社 1972, 58~92면. 학살에 관한 가장 최근의 글로는 Zhongguo Tongxin—Kyodo(中國通信—共同), "Details of Massacre," *Japan Times*, September 16, 1994.

109) 姫田光義·陳平, 『もうひとつの三光作戰』, 青木書店 1989. 이 신중한 연구의 결론에 의하면 1941년까지 화북지방의 4천km²에 달하는 '불안한 지역' 내의 1천여 마을에서 적어도 5,6만채의 가옥이 불태워졌고, 1500km²의 무인구(無人區)가 만들어졌다(상세한 지도는 134면과 146~47면에 나와 있다). 1945년까지 전체 '무인구'는 대략 5만km²에 달했다(148면).

110) 같은 책, 174면.

되었으며 더이상 필요가 없어지면 버려졌다. 이렇게 해서 전쟁이 끝날 때까지 하얼삔에서는 적어도 4천명이 죽어갔다.[111] 일본은 또한 중국에서 있었던 몇번의 전투에서 사용한 바 있었던 이페릿이나 루이싸이트 같은 독가스, 청산 등의 유독성 불법무기를 중국에서 대규모로 세조·저징해놓고 있었는데, 전쟁이 끝나자 그대로 내버려두고 철수하였다. 중국당국은 그후 중국의 북동지방에 흩어져 있는 약 200만개의 화학무기 탄두와 1천톤 가량의 유독 화학물질을 찾아내었다. 지린성의 뚠화(敦化) 같은 곳에는 수만개의 무기가 묻혀 있었는데, 이것들의 용기가 서서히 부식되어감에 따라 수천명의 사람들이 목숨을 잃고 다른 수많은 사람들이 부상을 입는 등 중국에 심각한 공중보건 문제를 초래하였다. 이것이 미칠 수 있는 유전적·환경적인 피해에 대해서는 거의 논의되지도 않고 있다.[112] 버려진 화학무기들을 적절히 중화하거나 폐기하라는 중국측의 반복된 요구를 무시해오던 일본은 또다시 반응을 보이지 않을 경우 1993년의 유엔화학무기금지협정(United Nations Convention on the Prohibition of Chemical Weapons)에의 가입이 허가되지 않을 것임을 깨닫게 되자, 1995년 초 마침내 일본의 폭탄처리반이 중국으로 파견되어 50년 전에 일으킨 혼란을 정리하기 시작하였다.[113]

토오꾜오재판에서는 화학전과 세균전 관련 범죄의 증거가 (자국의 목적을 위해 그 기술을 얻으려고 열심이었고, 그 결과 화학전과 세균전 관련 범죄에 대해 공동책임이 있는) 미국측에 의해 의도적으로 은폐되었던 반면, 중국에서의 마약거래는 일본 군부가 거의 완벽하게 관련증거를 파기했기 때문에 더욱 오랫동안 은폐되어왔다. 80년대에 들어서야, 그것도 주로 우

---

111) Peter Williams and David Wallace, *Unit 731*, London: Grafton Books 1990; 常石敬一, 『醫學者たちの組織犯罪』, 朝日新聞社 1994.

112) 1992년의 유엔 군축회의에 제출된 중국의 탄원서에 대해서는 「舊日本軍が放置した化學兵器」, 『朝日新聞』, 1992年 2月 28日; 粟屋憲太郎, 「舊日本軍の毒ガス大量遺棄」, 『ハンドブック』, 122~23면.

113) Ben Hills, "Japan Seeks Dumped Poison Gas," *Sydney Morning Herald*, January 17, 1995.

연에 의해서, 일본군이 중국에서 대규모로 아편 재배 및 거래를 장려한 사실을 보여주는 자료가 나타나기 시작하였다. 일본 통치하에서 (중국에서) 합법적이었던 아편의 재배, 운송, 판매, 이용은 굉장히 이윤이 많이 남는 장사였다. 어떤 경우에는 광산노동자들의 임금을 아편으로 지급하기도 하였으며, 일본 점령기간중 매년 약 315톤에 이르는 모르핀을 여순항에 있는 공장에서 정제하였다.[114] 여기서 나오는 이익금은 비밀군자금의 중요한 원천이었으며, 중국인들의 저항의지를 약화시키려는 의도로 마약중독을 은근히 조장하기도 하였다. 아편산업은 하이난(海南)섬까지 확산되었지만 그 중심지는 리허성이었다. 또한 아편을 이란에서 비밀리에 수입하기도 하였다. 에구찌 케이이찌(江口圭一)와 같은 학자들은 그 규모가 '중일아편전쟁'이란 용어를 쓸 만큼 컸다고 설득력있게 주장하고 있다.[115]

최근 일본에는 희생자로서의 일본의 심리——토오꾜오, 나고야, 오오사까의 무고한 일반 시민들에 대한 연합군측의 고성능 폭탄 및 소이탄 폭격과 히로시마와 나가사끼에 대한 원폭투하——의 핵심을 반박하는 연구가 나왔는데, 이는 일반 시민들에 대한 대규모 공습은 전쟁사(戰爭史)에서 일본이 시작한 것이었다는 사실을 지적하고 있다. 즉 일본의 도시들에 대한 공격은 중국과의 오랜 전쟁 동안 일본이 중국의 여러 도시를, 특히 전시중 국민당 정부의 수도였던 충칭(中慶)을 초토화시킬 때 행한 무차별 공습의 연장일 뿐인 것이다.[116] 에스빠냐내전 동안에 이루어진 파시스트의 1937년 게르니카 폭격은 흔히 2차대전중과 그후 유럽에서 '전략적 폭격'이라고 알려진 특정 도시에 대한 공중폭격의 첫번째 사례로 여겨지고 있다. 그러나 군사평론가인 마에다 테쯔오(前田哲男)는 이 전략적 폭격의 발달사에서 일본이 지금까지 알려지지 않았던 '잃어버린 연결고리'였다는 사실을 상기시켜준다. 그것은 1931년의 진저우(錦州)와 1932년의 상하이에 대한 폭격,

---

114) 같은 글, 166~68면. 또한 岡田芳政 외 편, 『續 現代史資料(一二) · 阿片問題』, みすず 書房 1986; 江口圭一, 『日中阿片戰爭』, 岩波書店 1988 참조.
115) 江口圭一 편, 『日中阿片戰爭』, 岩波ブックレット 215, 1991.
116) 前田哲男, 『戰略爆擊の思想——ゲルニカ—重慶—廣島』, 朝日新聞社 1988.

그리고 1937년의 난징, 우한(武漢), 상하이, 꽝뚱(廣東)에 대한 일본의 공습이었다. 그 뒤에도 충칭에 대한 엄청나게 집중적인 폭격이 있었는데 이는 (게르니카의 경우처럼) 하루에 일어난 것이 아니라 1939년 5월에 시작되어 무려 3년간 계속되었다. 218차례 이상 폭격이 이루어져서 이로 인한 직접 사망자가 약 1만 2천명에 달했고, 공포에 질린 시민들은 장기간 지하에 마련된 거주지에서 마치 혈거인처럼 살 수밖에 없었다.[117] 일본 육군과 해군은 파괴와 공포를 극대화하고 저항의지를 무력화시키기 위해 고성능 폭탄과 소이탄(네이팜탄의 전신)을 섞어서 충칭에 퍼부었다. 1941년 여름 이미 철저히 파괴되어 거의 평지처럼 되어버린 이 도시를 공격하기 위해 150시간이나 지속된 공습에 일본군은 1천대 이상의 비행기를 동원했으며, 이 엄청난 공습으로 인해 도시는 무참히 황폐화되고 말았다.[118]

무방비상태인 민간인을 대상으로 이런 고도의 집중적인 공격을 의도적으로 퍼붓는 행위는 1945년 이미 일본이 중국에서 행한 전례를 매우 잘 알고 있었던 연합군 지휘부가 바로 그 전술을 일본에 적용한 것에 불과하였다. 마에다가 지적하듯이, 히틀러조차 일본군 지휘부가 채택했던 그와 같은 무차별 공격을 영국의 도시들에 감행하는 것을 처음에는 주저하였다고 한다.[119] 도시를 불태워버리기 위해 고안된 소이탄의 사용을 포함해 전략적 폭격의 발달과정에 대한 일본의 기여는 그다지 널리 알려져 있지 않다. 그것은 충칭에서 시작되어 토오꾜오로, 그리고 한국전쟁중 한국의 많은 도시로, 베트남으로, 그리고 가장 최근에는 이란-이라크 전쟁으로 이어지는 것이며, 냉전기간 동안 철의 장막 양쪽의 도시들을 겨냥하고 있었던 대륙간 탄도미사일도 똑같은 발상에 기반을 둔 것이었다. 충칭대학살은 1945년을 무고한 일본 시민들에 대한 전례없이 잔인하고도 무자비한 연합군의 폭격이 있었던 때로 간주하는 견해와 잘 들어맞지 않는다.

---

117) 게르니카 공습에서는 1654명이 사망한 것으로 추정되고 있다. 반면 1939년 5월 3일과 4일의 충칭 공습에서는 약 5400명이 사망하였다(前田, 같은 책, 141, 167면).
118) 같은 책, 302, 314면.
119) 같은 책, 432면.

중국에서 일어난 엄청난 파괴에 비해 보상요구액 규모는 미미한 것이었다. 중국에서의 기억은 긴 역사를 갖고 있는데, 1894~95년에 있었던 상대적으로 소규모 전쟁(청일전쟁―옮긴이)에서의 패배를 이유로 일본이 중국정부로부터 강요해 받아낸 은화 2억 3천만 위안(당시 청조 연간 예산의 세 배에 해당하는 금액)의 지불금도 잊지 않고 있다.[120]

일본은 1972년이 되어서야 중국과 외교관계를 재개했으며 당시 양국의 공동성명안에서 중국정부는 (대만, 즉 중화민국이 1952년에 했던 것처럼) 전쟁배상에 대한 모든 권리를 포기한다고 되어 있다. 그러나 1991년 이래 개인적인 보상요구가 시작되어서 1992년 뻬이징에서 열린 전국인민대표자대회에서는 중국의 민간인들이 겪은 전쟁중 손실에 대한 배상으로 1800억 달러를 요구하는 안이 상정되었다. 이 운동의 대변인인 퉁쩡(童增)에 의하면 중국정부가 포기한 것은 (그가 1200억 달러로 추산하는) 국가에 대한 배상뿐이라는 것이다. 강제노동을 당한 사람, 위안부 여성, 생체실험의 희생자, 공습 희생자를 포함한 민간인들의 손실과 부상에 대한 민간의 보상요구권은 정부의 권리 포기에 영향을 받지 않는 것으로, 약 1800억 달러(약 19조엔)에 이르는 것으로 추정되었다. 비록 이 운동은 중국 정부와 정당의 압력을 받기도 하고 그 안이 투표에 회부되지도 못했지만 널리 유포되어 상당한 지지를 받았던 것으로 보도되었다.[121] 1995년 4월 비인간적이고 불법적인 행위에 대한 보상을 요구하는 중국인 민간인 단체에 의한 첫번째 소송이 중국민간대일배상청구위원회에 의해 토오꾜오의 재판소에 제기되었다.

중국에서 시민사회가 강화되고 민간단체가 자신들의 이해를 추구하고 조직화할 수 있는 자유를 확보해감에 따라 다양한 부류의 전쟁 희생자들, 특히 난징, 하얼삔, 충칭 희생자들의 새로운 요구는 계속될 수밖에 없을 것이다. 일본의 관료나 정치가들이 중국에서 민간 보상요구의 물꼬가 트이게

120) 田中宏,「中國」,『週刊金曜日』1994年 8月 12日, 16~17면.
121)「問われる戰後補償」,『朝日新聞』1993年 11月 14日; 新見隆,「民間被害―― '全人代'に出された建議書」,『ハンドブック』, 134~35면.

될 때의 결과를 우려하는 것은 이해할 만하고, 일본측으로서는 그 문제를 중국정부가 한두 가지의 협상을 얻어내기 위해 가끔 협상 테이블 위에 올리는 홍정거리 수준으로 취급하기를 선호하겠지만, 그러한 모든 권리주장이 정부측의 한마디 발언으로 침묵될 수 있다고 생각하는 일본의 공식적인 입장이라는 것은 존중은 고사하고 이해할 수조차 없는 일이다. 일본이 국제무대에서 채택해온 인권과 민주주의, 국가에 대한 시민사회 우위 원칙에 대한 약속은 이러한 권리 주장의 정당성을 일본측이 얼마나 성실하게 인식할 것인가에 따라 검증될 것이다.

홍 콩

홍콩 시민들이 제기한 청구소송의 핵심내용은 1941년 12월에서 1945년 8월까지의 일본의 점령기간중 초래된 재산상의 손실, 특히 모든 홍콩달러를 일본의 군표(일본의 패전으로 휴지가 되어버림)로 전환하라는 강제명령으로 인한 손실과 관련된 것이다. 1993년 8월, 17명으로 구성된 한 단체가 이런 강요에 의해 발생한 7억 6천만엔에 상당하는 손실을 보상해줄 것을 요구하는 소송을 제기하였다. 이런 움직임과 함께 자민당정권 이후에 들어서는 정부들은 이런 문제에 관한 의무를 준수할 것이라는 호소까와 발언으로 기대감이 상승하자 홍콩에서는 위조군표가 나돌기 시작하고 군표의 교환가치가 갑자기 세 배로 오르는 현상도 나타났다.[122)]

동남아시아

1941년 말 일본군은 싱가포르와 말레이반도를 점령하자 곧이어 특히 화

---

122) 遠藤正武,「細川發言で彈みつく」,『AERA』1993年 11月 1日, 36~37면.

교사회로부터 있을지도 모를 저항의 가능성을 뿌리뽑기 위해 폭력적인 숙청을 단행하였다. 싱가포르에서는 약 4,5만명이 학살되었으며——전후 재판에서 일본측 변호사가 인정한 숫자는 5천이었다——수만명에 이르는 사람들이 말레이반도에서 더 살해되었고, 일본 점령기간 내내 간헐적인 폭력이 계속되었다.[123] 질병과 과로, 가혹행위로 인한 사상자수가 특히 많았던 버마-타이간 철도 건설 현장을 포함한 여러 곳에 수많은 남성들이 징발되어 노동자로 투입되었다.[124] 필리핀에서는 장기화된 폭력적인 전쟁으로 약 110만명의 사망자(게릴라 용의자를 대규모로 검거하는 과정에서 죽은 많은 사람들을 포함해서)가 발생했다. 많은 사람들이 여러 종류의 신체적·금전적 손실을 입었으며 그 총액은 1945년 후반에 약 10억 달러에 이르렀던 것으로 추정된다.[125] 이러한 점령으로 인한 손해배상 요구는 전후 약식으로 미미하게 처리되었다. 그나마 필리핀에 배상금을 지급한 것도 전쟁부채 청산이라기보다는 제2차 일본 침략의 물결로 간주된다.

그러나 90년대 초 동남아시아 전역에 걸쳐 배상 및 보상 요구가 서서히 힘을 얻고 있다. 버마-타이간 철도 건설에 투입되었던 300명의 생존자단체는 미지급 임금에 대해 1인당 2만 달러씩의 배상을 요구하고 있다. 싱가포르 학살의 생존자들도 배상청구를 준비하고 있다.[126] 1991년 10월 전시중 일본군에서 군인으로 복무했던 약 2만 3천명(전체 5만명 중에서)을 대표하는 한 단체는 미지급 임금에 대해 약 6억 5천만 달러에 상당하는 보상을 청구하였다.[127] 그러나 그밖의 사람들의 경우에는 아직도 분위기가 그리 우호적이지만은 않다. 전통적인 이슬람사회에서는 아직도 여성이 과거 종군위

---

123) 許雲樵·蔡史君 편, 田中宏·福永平和 역, 『日本軍占領下のシンガポール──華人虐殺事件の證明』, 靑木書店 1986; 林博史, 「マレーシア, シンガポール」, 『週刊金曜日』 1994年 8月 12日, 27면.
124) 中原道子, 「日本軍に踏み躙られたマレーシア」, 『週刊金曜日』 1994年 8月 5日, 32~39면.
125) 竹見智惠子, 「フィリッピン」, 『週刊金曜日』 1994年 8月 12日, 28~29면.
126) 遠藤正武, 「ずっと癒されなかった傷」, 『AERA』 1993年 11月 1日, 38~39면.
127) 같은 책, 40~41면; "Former Japanese Soldiers to Seek Compensation When Emperor Visits," *Japan Times*, September 23, 1991.

안부로서 성적인 학대를 당했다고 주장하는 것을 막는 금기가 강하다. 또한 이 지역의 모든 정부는 현재의 경제적 관계를 무엇보다 중요하게 생각하기 때문에 민간이나 시민사회의 이해를 전달하는 언론매체의 힘이 아직 약하다. (이런 점은 위안부 여성과 강제노동자들의 요구를 가장 강력히게 지지해온 인도네시아 잡지인 『템포』Tempo가 1994년 정부의 명령에 의해 폐간된 예에서 잘 드러난다.) 점점 나이를 먹어가는 전쟁 희생자들이 보상을 추구하는 데 부딪히는 어려움은 1993년 9월 호소까와 수상의 동남아시아 방문 동안 잘 드러났다. 일본정부는 말레이시아 주재 일본대사관을 통해 로비를 하여 위안부 여성들에 대한 어떤 공식적인 지지도 하지 않을 것을 부탁했으며,[128] 수상 마하티르는 자신이 제안한 '동아시아경제회의'(EAEC)에 대한 일본의 지지를 확보하고 싶은 나머지 일본에게 전쟁문제는 과거지사로 돌리자고 하는 한편 말레이시아 정부는 일본에 대한 보상요구를 지원하지 않을 것이라고 선언하였다.[129]

태평양 여러 섬들

일본은 멜라네시아 지역 주민들의 보상요구를 1969년의 미크로네시아 협정으로 모든 문제가 전부 해결되었다는 이유를 들어 거부해오고 있다. 그러나 이 협정이 맺어질 당시 희생자 당사자들의 의견은 전혀 고려되지 않았으며, 침략이 있었다는 사실이라든지 그에 대한 책임 등과 관련해 아무런 언급이 없었다. 결과적으로 전쟁문제는 아직도 해결되지 않았다는 것이 널리 퍼진 시각이다. 벨라우(Belau)의 경우 90년대 초반부터 토오꾜오 측의 보상을 요구하는 국회와 민간 차원의 조직이 활동을 가속화하고 있으며, 마셜제도공화국 의회의 각 위원회도 1945년 초 여러 지역에서 있었던 일본군의 현지 주민 학살에 대한 조사를 시작하였는데, 이 결과에 따라 새

---

128) 中原道子, 「マハティール發言の眞意」, 『週刊金曜日』 1993年 9月 23日, 10~12면.
129) 陸培春, 「認識せよ日本の戰爭責任」, 『週刊金曜日』 1993年 9月 23日, 13~15면.

로운 소송이 제기될 것으로 보인다.[130] 가장 작은 규모로는 알류샨열도의 산호섬 아투(Attu)에 살던 몇몇 주민들이 제기한 소송이 있다. 이들은 1942년 중반 일본이 알류샨열도를 점령한 뒤 전원 일본으로 강제이주당했다가 1946년 초반이 되어서야 돌아올 수 있었다(그런데 이 섬이 미국에게 전략적으로 중요했던 까닭에 이들은 원래 자신들이 살던 섬으로는 돌아올 수 없었다).[131]

1994년 나우루(Nauru)섬은 일본과 배상문제와 관련하여 공개적인 논의를 요청할 것이라고 발표하였다. 한 보고서는 전쟁중 이 섬 주민의 약 40%가 죽었다고 추정하는데, 그들 대부분은 트루크(Truk)섬으로 끌려가 비행장 건설을 비롯한 각종 공사에서 강제노동을 강요당했다. 1991년에 독립국이 된 마셜제도의 정부는 미국 행정부가 배상청구를 그때까지 금지했다는 주장을 펴면서 배상요구 조치를 고려중인 것으로 보도되었다. 일본의 파푸아뉴기니 점령기간 동안 살해되거나 강간당한 희생자들에 대한 보상을 요구하는 비슷한 움직임도 보도되었다.[132]

서양인 전쟁포로들

비록 1951년 쌘프란씨스코강화조약에 서명한 나라들은 공식적으로 보상에 대한 모든 권리를 포기하였지만, 희생자 개개인들은 자국 정부가 보상에 대한 자신들의 권한을 소멸시킬 수는 없다고 주장한다. 이들은 유엔 인권위원회가 표명한 "희생자들은 그런 가해행위를 한 사람들이 속한 국가로부터 배상과 명예회복과 보상을 요구할 권리를 갖는다"[133]는 견해를 인용

---

130) 松井覺進, 「マーシャル群島」, 『週刊金曜日』 1994年 8月 12日, 23면.
131) 高木健一, 「アリューシャン列島」, 같은 책, 31면.
132) Naomi Hirakawa, "War Victims Grow Louder, More Numerous," *Japan Times,* August 27, 1994.
133) 같은 글.

한다. 14만명에 이르렀던 서양인 전쟁포로들의 참상은 잘 기록되어 있는데, 그중에서도 개번 도우즈(Gavan Daws)의 "한 전쟁포로가 밝히는 삶의 진실"은 가장 생생하고 감동적인 묘사라고 할 수 있다. 도우즈 책의 다음 구절은 그러한 기록들을 단적으로 요약하고 있다.

일본인들은 전쟁포로수용소에서 대량학살을 직접 감행하지는 않았다. 그들은 흰둥이 포로들을 가스실로 몰아넣지도 않았으며 시체를 오븐에 넣어 태우지도 않았다. 그러나 그들은 포로들을 지속적으로 대량죽음으로 몰아갔다. 그들은 포로들을 쓰러질 때까지 때리고, 쓰러진 다음에는 피를 흘릴 때까지 구타했다. 그들은 의학적 치료도 거부했다. 그들은 포로들을 굶겼다. … 그들은 포로를 의학용 실험을 위해 희생시켰다. … 만일 전쟁이 한 해만 더 지속되었더라면 전쟁포로 중 생존자는 한명도 없었을 것이다.[134]

많은 전쟁포로와 민간인 수용자들은 1956년과 61년에 동남아시아에서 몰수된 일본의 자산으로 약간의 '위로금'을 지급받았으나 그 금액은 미미해서 1인당 약 75달러에 지나지 않았고, 이것은 어떤 식으로든 보상이라 간주되지 않았다. 뒤이어 일본국가와 민간 기업체를 상대로 소송이 제기되었지만 양쪽 모두 책임을 부정해왔다. 일본 기업들은 전쟁포로가 동원되었던 전시의 노동력 수급체계는 합법적이고 온당한 것이었다고 주장하거나 전시중 기업과 현재의 기업 사이에는 (같은 이름으로 운영되는 경우라도) 어떤 연계성도 없다고 주장한다. 1993년 1만 2천명의 회원을 가진 일본노동수용소 생존자영국협회는 2억 달러의 보상을 요구하고 미쯔비시나 닛산 같은 (전시중 노예노동을 사용해 이득을 본) 일본 기업을 상대로 법적 행동을 벌여나갈 것이라고 위협하였고,[135] 1995년 1월에는 과거 일본의 노동자수용소에 수감되었던 연합군측 군인 및 민간인 2만 1천명을 대표하는 단체가 전

---

134) Gavan Daws, *Prisoners of the Japanese,* New York: William Morrow 1994, 18면.
135) Richard McGregor, "PM Dismisses UK War Payout Claims," *The Australian,* September 16, 1993.

쟁포로에 대한 잔혹행위를 금지하는 국제법 위반을 이유로 소송을 제기하였다. 또다른 요구로는 1990년 유엔 인권위원회에 의한 것으로 퀸즐랜드 구전쟁포로배상위원회 소속의 6600명의 원고 각자에게 2만 5천 달러를 지급하라고 요구했던 것인데, 이는 나중에 과거 전쟁포로였던 사람들을 공동으로 기리는 기구, 특히 열대병 전문 국제의료연구소를 건립하기 위하여 오스트레일리아 달러로 5억 달러의 기금을 요구하는 것으로 바뀌었다.[136)

윌타 및 다른 사람들

전쟁 당시 일본제국 주변에서 살아가던 여러 원주민들이 겪은 참상은 세상에 알려지는 데 가장 오랜 시간이 걸렸다. 이들이 전쟁중의 처우에 대해 자신들의 권리를 인정해줄 것과 보상금을 지급할 것을 요구하는 목소리를 내는 데는 종전 후 거의 50여년이 걸렸다. 윌타(Uilta), 니브크(Nivkh), 울찌(Ul'chi) 등 사할린섬 지역에 살던 여러 주민 운명은 특히 비참했다. 사할린섬 남부는 러일전쟁의 결과 일본이 1905년부터 45년까지 지배하고 있었다. 일본 식민통치자들은 이들에게 일본식 이름으로 바꾸고 일본어를 사용하도록 강요하였으며, 전시총동원령 아래 많은 젊은이들을 정찰병, 스파이, 노동자, 군인으로 징집하였다. 전쟁이 끝나고 일본의 지배가 종결되자 이들이 일본으로 '귀환'할 권리는 전면 부인되었으며, 일부는 체포되어 일본의 스파이란 죄목으로 시베리아수용소에 10년씩이나 억류되기도 하였다. 종전 후 소련 영토가 되어버린 땅에 남겨진 사람들과 시베리아수용소에 있다가 생전 처음 가보는 일본으로 보내진 사람들 사이에 접촉이 가능해진 것은 냉전체제가 무너진 이후의 일이었다. 설상가상으로 당시 일본으로 보내진 사람들은 '일본인'임이 인정되지 않았기 때문에 어떠한 연금이나

136) Queensland Ex-POW Reparations Committee, *Nippon Very Sorry——Many Men Must Die*, Boolarong, Queensland, 1990; Jane Milburn, "Japanese War Fund May Establish Townsville Tropical Disease Centre," *Campus Review*, September 23~29, 1993.

수당도 받을 수 없었다. 이들은 사과와, 현재 어느 나라의 영토 내에 있건 간에 자기 가족의 묘지를 방문할 수 있는 권리, 그리고 생존자와 그들 가족에 대한 연금을 비롯한 여타 혜택 등 총 2억엔의 보상을 요구하였다.[137]

어떻게 할 것인가?

법정에서는 일본정부에 대한 소환장이 쌓이고 이웃나라 수도에서는 시위와 항의가 끊이지 않는 가운데 일본정부도 나름대로의 대안을 연구해왔다. 일반 여론은 점점 이들의 요구에 대해 동정적으로 바뀌는 것 같다. 1986~87년의 여론조사는 일본인 중 85% 정도가 일본의 전쟁을 피해자로서의 경험으로 여기고 단지 10%만이 가해자로 생각하고 있음을 보여주는 반면에,[138] 1993년 말에는 약 60%의 사람들이 그 전쟁이 침략전쟁이었음에 동의하고 50% 이상이 어떤 식으로든 보상을 해야 한다고 생각하고 있었다.[139] 또다른 조사는 보상문제에 대해 51%가 동의하고 단지 37%만이 모든 보상문제는 이미 해결되었다는 정부의 공식적인 입장을 고수하고 있음을 보여준다.[140]

그러나 개인 희생자들에 대한 직접적인 보상은 모든 보상문제가 1951년의 쌘프란씨스코강화조약과 그 이후의 양국간 협약들에 의해 종결된 것으로 간주됨에 따라 줄곧 부정되어왔다. 이 입장은 이러한 원칙을 완화할 경우 초래될 재정적 부담을 감당할 수 없을 것이라는 관료들의 주장을 반영

---

137) 「國に補償要求へ」, 『北海タイムス』 1994年 11月 10日, 그리고 1994년 11월을 통해 홋까이도오 지역의 다양한 일간지에 게재된 글들. 이 모임의 일원인 김윤신(キムユンシン)이 1995년 3월 마루야마 수상에게 보낸 편지 사본은 田中了, 「サハリンの先住民族」, 『週刊金曜日』 1995年 5月 12日 참조.

138) 江口圭一・中村政則, 「いま, 昭和史を考える」, 『世界』 1989年 2月, 42~60면 중 59면 참조(『朝日』의 조사를 인용).

139) 1993년 9월의 『毎日新聞』의 여론조사로, 吉田豊, 「歷史意識は變化している」, 『世界』 1994年 9月, 22~33면 중 23면에서 재인용.

140) 『朝日新聞』, 1993年 11月 13日.

하는 것이다. 보상 대신에 1994년 9월 '평화, 우정, 교류 이니셔티브'하에 다른 아시아 나라들과의 청소년 교류 증진, 직업훈련 프로그램의 운용, 전쟁에 관한 역사학적 연구 프로젝트에 대한 공동참여 등을 위해 10년에 걸쳐 1천억엔(10억 달러)의 기금을 조성할 것이라는 발표가 있었다.[141] 그러나 보상문제는 더이상 언급되지 않을 것이다. 비록 '폭넓은 대중의 참여', 즉 시민들의 기부를 통해 민간부문의 기금이 조성될 것이고 여기에서 '위문금'(위안부 여성의 경우 약 2만 달러 정도에 이르는)이 지불될 수는 있어도 희생자들을 위해 정부가 직접 지불하는 것은 아무것도 없을 것이었다.[142]

이런 방법으로 누군가를 만족시킬 수 있을 것이라고 생각하기는 힘들며, 따라서 이 문제는 종전 50주년이 지나서도 오랫동안 계속될 것이 분명하다. 서울에 본부가 있는 한국정신대문제대책협의회의 최초 반응은 이 방안을 "과거 종군위안부였던 여성들에 대한 법적 책임을 회피하려는 일본정부의 시도"[143]로 해석하는 것이었다. 계속해서 이 단체는 관련 기록 및 정보를 공개하고, 공식적인 사죄를 하고, 희생자들에게 적절한 보상금을 직접 지급하고, 범죄혐의가 있는 사람들을 처벌할 것을 주장하였다. 국제법률가위원회(International Commission of Jurists) 역시 1994년 한 보고서를 통해 일본정부가 전쟁범죄에 대해 책임이 있으며 여성과 어린이의 매매를 금지하는 1922년의 국제법을 위반했음을 밝혔다. 이 보고서는 이 문제를 국제사법재판소에 회부할 것을 제안하고 국제사회가 일본으로 하여금 주거와 의료 및 재정보조를 포함하여 "이 여성들의 명예를 회복하고 이들에게 완전한 배상을 하도록 충분한 조치를" 취하고, 우선 이 여성들 각자에게 잠정조치로 400만엔(4만 달러)씩 지급하도록 압력을 가할 것을 호소하였다.[144] 이 보고서는 또한 연합국측에 대해서도 이들이 범죄사실을 모두 알

141) Susan Wyndham, "Japan's Offer Little Comfort to Sex Slaves," *The Australian*, September 3~4, 1994.
142) 8월 31일 토오꾜오에서 있었던 연설에서 마루야마 수상.
143) Hirakawa, "War Victims Grow Louder."
144) "'Despite Treaties, Japan Owes Comfort Women,' Group Says," *Japan Times*,

고 있었음에도 불구하고 범죄자를 재판에 회부하고 희생자들에 대한 보상을 얻어내기 위해 아무런 조처도 하지 않았음을 비판하였다.

1994년 일본정부가 아직 해결되지 않은 수많은 전쟁 관련 문제들에 대한 최종적인 해결책으로 제시한 10억 달러란 돈이 상대적으로 얼마만한 액수인가를 알아보기 위해서는 일본이 걸프전 당시 지불한 액수가 130억 달러였고, 일본 내 미군 병력과 시설 유지비로 해마다 약 30억 달러를 지불하며, 일본인 원폭 피해자에게 지급한 현재까지의 보상금 총액이 약 13억 달러에 달하고, 일본인 재향군인과 그 가족에 대한 연금과 각종 수당으로 매년 수십억 달러(1994년의 경우 170억 달러)가 지급된다는 사실을 상기해볼 수 있을 것이다. 고통이라고 해봤자 위안부 여성이나 다른 희생자들에 비하면 비교도 되지 않는 북미지역에서 수용소 생활을 한 11만명의 일본계 미국 및 캐나다 시민조차 1990년 미국과 캐나다 정부로부터 1인당 2만 달러씩 보상금을 받았다. 미국 의회는 "나이에 관계없이 미국땅에서 단 하루라도 억류된 적이 있는 모든 일본인들"에게 지불하기 위해서 12억 5천만 달러를 마련하였다.[145) 또한 이들 각자에게 대통령이 서명한 사과의 친서(親書)를 전달했다.[146)

아직 해결을 보지 못하고 있는 희생자들에 대한 보상문제는 일본에 대해 제기되는 도덕적 · 역사적 · 정치적 · 법적인 주장들이 맞물려 있는 영역이다. 전쟁이 끝난 후 50년이 지난 시점에도 토오꾜오에서는 이 모든 문제에 어떻게 대처해야 하느냐를 두고, 심지어는 그 전쟁을 어떻게 부를 것인가에 대해서도 혼란이 거듭되고 있다. 그럼에도 불구하고 몇가지 핵심적인 점은 언급할 수 있을 것이다. 적어도 일부 일본인들이 지녔던 초기의 순수한 의도에도 불구하고 그것은 정의롭거나 선한 전쟁이 아니었으며, 식민주의적이고 제국주의적인 전쟁으로서 전쟁의 기본 규칙을 위반하며 수행되

November 23, 1994. 1993년 대한민국 정부는 1인당 대략 500만원(약 7500달러)의 보상금을 지불했고, 식비, 연료비, 의료보험비 등을 위한 월수당을 지급하기 시작하였다.

145) Gavan Daws, 앞의 책, 390면.

146) 조지 부시의 서한에 관해서는 『ハンドブック』(자료 44).

354

었고 아시아의 많은 지역에 엄청난 공포를 강요한 것이었다. 이 지역 전역에서 현재 소송이 물밀듯이 제기되고 있는 것은 기본적으로 두 가지 이유에서이다. 첫번째는 오직 국가의 권리만을 인정하고, 냉전하에서 서구에 대한 일본의 협력을 보장하기 위해서 희생자의 권리보다는 일본의 경제회복에 우선순위가 주어졌던 전후 처리과정이 만족스럽지 못했던 점이고, 두번째 이유는 사회질서가 서서히 잡혀감에 따라 인권과, 그리고 국가로부터 폭력적이고 잔인하며 무시무시한 대우를 받은 데 대한 보상을 개인적으로 요구할 수 있는 권리가 점차 인정되게 된 점이다. 일본만이 그러한 주장에 직면해 있고 직면해야 한다는 것은 결코 아니다. 예를 들어 시간이 지나면서 베트남 사회가 변화를 겪음에 따라 마찬가지로 기본적인 인권이 인정되는 단계에 도달하면 미국정부를 상대로, 그리고 60년대와 70년대에 베트남에 군대를 파병했던 나라들을 상대로 일련의 보상요구가 제기되리란 예상을 할 수 있다. 히로시마와 나가사끼의 시민을 비롯하여 1945년 전략적 폭격의 대상이 됐던 일본 도시의 주민들이 미국정부를 상대로 보상 요구를 할 수 있는 도덕적·법적인 근거는 진실로 정확히 동일한 것이다. 마찬가지로 전시중 부인되었던 인권과 잔인한 학대——예를 들어 사할린에 버려졌던 한국인과 마찬가지로 많은 오끼나와 주민이나 중국에 버려졌던 일본인 아이들에게도 해당된다——에 대해서 일본 시민들이 일본정부를 상대로 낸 보상청구도 법정에서 인정받아야만 할 사안일 것이다.

달리 말하면 2차대전 직후 채택된 인권에 대한 유엔의 각종 협약의 법적인 내용이 아주 천천히 실현되고 있는 중이라 하겠다. 각 나라들이 이 협약을 존중하도록 하기 위한 가장 확실한 방법은 그것을 지키지 않을 경우 처벌받는다는 것을 보여주는 것이다. 쌘프란씨스코를 비롯 여러 곳에서 체결된 국가간의 협정에 의해 30년대와 40년대에 일본 국가권력으로부터 잔혹한 처우를 받은 수많은 개인들의 보상청구권을 소멸된 것으로 간주하는 생각은 개인보다 국가를 우선시하는 20세기 국가주의의 독특한 가치체계를 반영하는 것이다. 이런 가치관은 현재 세기말 시점에 있어 점점 폐기되고 있으며 개인의 기본권에 우선순위를 두는 가치관으로 대체되고 있다. 국가로부터 잔인한 대우를 받고 기본적인 인권이 침해된 개인에게 국가는 보상을 해야 할 의무를 갖고 있다는 보편적인 원칙은 아직 법적인 선례를 통해 확고하게 구축되어야 할 단계이며, 토오꾜오의 재판소 앞에 지금 산더미처럼 쌓인 소송사건들은 이러한 시도를 위한 좋은 계기를 제공한다. 이것과 긴밀하게 연결된, 아니 어쩌면 더욱 근본적인 이슈는 국가의 행위를 공적으로 검토할 수 있게끔 공개해야 한다는 원칙, 즉 진상규명의 원칙이며, 일본의 전시중 행위에 대한 많은 소송제기자들이 요구하는 것도 바로 이 점이다.

금전적인 측면도 중요하겠지만 현재 일본이 직면하고 있는 문제의 핵심은 돈이 아니라 윤리, 도덕, 그리고 국제법이다. 일본의 이웃들이 지난 50여년 동안 일본에 대해 요구해왔던 것은 돈이 아니라 심정의 변화를 보여주는 증거이다. 인접국가들이 요구하는 것이 태도 면에서의 진실성이라는 사실은, 일본이 너무나 돈문제에만 몰두하고 있어서 소위 '아시아적인 것'으로 간주되는 윤리의식이나 덕성을 상실해버렸다는 공통된 인식을 반영하는 것이다. 소위 아시아주의를 옹호하는 사람들은 일본판 아시아주의라는 추상적인 원칙의 이름하에 엄청난 고통을 당해야 했던 아시아인의 고통과 고생 앞에서는 침묵하고 있다. 구체적으로 제기되는 아시아인의 목소리는 무시하고 말뿐인 추상적이고 일반적인 원칙을 선호한다는 점에서 현재 진행중인 일본의 아시아주의 언술의 상당 부분은 60여년 전의 그것과 닮아 있다.

위안부 여성이나 다른 사람들에게 지불될 보상금이 실제로 정부에서 나오건 민간기금에서 나오건간에 중요한 것은 법정에서 위에 언급한 원칙들이 분명히 제시되고 국가의 책임이 인정되거나 선언되어야 한다는 점이다.[147] 역사교과서 검열과 관련해 이에나가 사부로오 교수가 1965년에 제

---

147) 현재 1.2조에서 1.3조엔에 달하는 일본의 해외개발원조(ODA) 예산의 50% 정도를 보상금으로 전환하라는 제안이 있다. 이 금액은 10년 후 5, 6조엔에 달하게 되므로 아마 모든 보상청구를 해결하는 데는 충분하지 않을지 모르나 분명 상당한 기금이 될 것이란 주장이다(Murai Yoshinori, "The ODA Bid-rigging Scandal," *Ampo——Japan-Asian Quarterly Review*, Vol. 25, No. 4, 1994, 2~4면).

기한 소송이 아직도 계속되고 있을 정도로(1997년 8월에 가까스로 최고재판소에서 판결이 나왔다—옮긴이) 일본 법정의 지독히 늦은 일처리과정을 고려해볼 때, 책임에 대한 명확한 언급에 기초하여 보상 관련 소송을 포괄적으로 해결할 수 있는 법률 제정을 시도하는 것이 더 나은 해결책일지도 모르겠다.

당시 일본사회당 당수이자 나중에 중의원 의장을 지낸 도이 타까꼬가 1990년에 한 제안, 즉 전쟁중 침략행위에 대해 일본의 책임을 인정하는 공식 성명을 종전 50주년에 맞추어 국회에서 채택하자는(그리하여 일본 안에서 그리고 일본과 이웃국가들 사이에 공동의 미래를 설계할 수 있게끔 역사적·도덕적인 공감대를 형성하자는) 제안이 상정되자 비비꼬인 협상과 정치드라마가 뒤따랐다. 결의안은 마침내 1995년 6월이 되어서야 채택되었다. 그러나 그 내용이란 공허한 것으로 야당뿐만 아니라 집권연정세력의 일부마저 투표에 참가하지 않았으며, 결의안의 표현도 식민지 지배와 침략에 대해서 깊은 유감을 전달한다고는 하나 사죄하는 것과는 거리가 멀고 보상한다는 내용에는 더더구나 못 미치는 것이었다. 그 결의안의 운명은 그것이 의회에 상정될 때까지도 어떻게 될지 불확실한 상태였으며, 6월 9일의 통과는 오히려 분열의 깊이와 원래 의도했던 진정한 합의가 이루어질 수 없음을 드러내 보이는 것이었다. 연정세력은 200명 이상의 회원을 가진 자주헌법규제의원연맹과 일본유족회(회원이 200만명 이상) 및 신사본청(神社本廳) 등의 강력한 반대에 부딪혔는데 이들 단체들은 모두 제2차대전 종결 50주년 국민위원회의 우산 아래 서로 연결된 조직이었다.

이들 캠페인은 1995년 5월 29일 토오꾜오에서 열린 대중집회로 정점을 이루었는데 이는 '아시아 공생의 제전'이라는 슬로건 아래 "전몰자를 추도하고 아시아 국가들의 독립에 기여한 일본을 기리기 위한" 것이었다. 그 전쟁이 아시아를 상대로 한 것이 아니라 아시아를 위해 싸운 것임을 보이기라도 하듯이 주요 아시아 국가의 수뇌들을 모두 초대하였다. 일부 국가는 토오꾜오에 있는 자국의 외교사절을 통해 대표를 보내긴 했으나 초대된 당사자 중 누구도 참석하지 않았다. 한국은 분노에 차서 이 초대를 하나의 모욕으로 간주하고 거부했으며 중국, 싱가포르, 필리핀, 말레이시아도 모두

1943년 11월 5일 대동아회의의 둘쨋날. 일본, 만주국, 타이, 필리핀, 버마, 중국(왕징웨이 정권) 대표들. 토오꾜오 국회의사당 앞에서(朝日新聞社 제공).

1995년 5월 29일 토오꾜오무도관에서 열린 '아시아 공생의 제전'(朝日新聞社 제공).

거절했다.[148] 여기 참가한 사람들은 과거 1943년에 대동아공영권의 여러 꼭두각시들이 모였던 비슷한 성격의 토오꾜오 집회를 알고 있었음이 분명하다. 이 집회를 조직한 사람들과 이웃 아시아 여러 나라 국민들의 일반적인 정서 사이에 존재하는 역사적 이해의 거리는 너무나 엄청난 것이어서 이 집회는 단지 하나의 비극적인 어릿광대 짓일 수밖에 없었다. 50여년이 지났음에도 불구하고 일본의 자칭 아시아주의자들이 자신들과 아시아 지역 사이의 거리를 메우는 데 실패했음을 드러내준다는 점에서 비극적이고, 이 고도로 조율된 행사가 갖는 공허함과 허장성세에 가득 찬 어색함 등을 볼 때는 우스꽝스러운 짓이다.

비록 이 행사는 아시아 지역 어느 곳으로부터도 지지를 받지 못하고 사그라들고 말았지만 일본 내의 대변인은 이에 전혀 개의치 않는 듯하다. 이들은 (일본유족회 회장이기도 했던) 하시모또 류우따로오, 전각료이자 그 자신이 전쟁중 헌병대 장교였던 오꾸노 세이스께,[149] 부친이 A급 전범으로 1948년에 처형된 이따가끼 타다시(板垣正) 등의 거물급 정치가들도 끌어들였다. 국회에 상정된 결의안에 반대하는 진정서에는 약 500만명 가량의 사람들이 서명을 하였다. 국회 결의안을 둘러싸고 일어난 이 씁쓰레한 소동은 일본이 이웃나라들에게 신뢰를 가지고 받아들여지기엔 앞으로도 계속해서 어려움이 많을 것임을 보여주는 것이었다. 이유는 분명하다. 수십년 동안 일본은 정치지도자나 천황이 이웃국가를 방문할 때 발표하는 성명서에 넣을 적당한 문구 하나하나를 찾아 고심해왔던 것이다. 시카고대학의 역사학자인 노마 필드(Norma Field)가 언급하듯이,

이런 식으로 문구를 다듬는 것은 다름아닌 재주부리기, 즉 성의와는 반대되는 일이다. 단어 하나하나가 철저히 계산되어 선택되며, 주도면밀한 심의과

---

148) 「戰後五〇年決議愼重派が'共生の祭典'」, 『朝日新聞』 1995年 5月 30日.
149) 오꾸노가 그의 정치적 신념에 대해 영국의 학자 로널드 도어(Ronald Dore)와 행한 솔직한 토론에 관해서는, 「私は何故不戰決議に反對するのか」, 『世界』 1995年 5月, 192~203면 참조.

정은 단어 하나하나에 특정의 가치를 부여하는 것 같다. 이런 식의 언어의 조율을 통해 얻고자 하는 것은——적어도 지금까지는——금전적인 지불이란 형태의 손실을, 바라건대 영원히, 사전에 방지하고자 하는 것이다.[150]

리콴유가 지적하듯이 종전 후 50년이 지난 지금까지도 "일본에서는 독일에서 있었던 것과 같은 전쟁중 일본의 역할에 대해서 공개적인 논쟁이 일어난 적이 없었다."[151]

그리하여 중국, 한국, 동남아시아, 그리고 일본 국내의 법정과, 국회와 언론에서 전쟁책임의 문제——50년 동안이나 회피되거나 해결된 것으로 간주되어 도외시되었던——가 20세기 후반에 하나의 중요한 공공의 쟁점으로 다시 대두한 것이다. 20세기 후반의 혹은 21세기 초의 새로운 세계질서에 대한 일본의 참여는 일본이 30년대와 40년대를 통해 만들고자 했으나 실패한 질서로부터 파생된 이런 커다란 문제들을 인식하고 해결해가는 능력 여하에 달려 있다. 구군인들과 신민족주의자들은 '그 전쟁'이 아시아를 서구 제국주의로부터 해방시키려 한 투쟁이었으며, (유감스럽긴 하나 민간인 사상자를 낸 것까지도) 일반적으로 용인되는 전쟁의 원칙에 따라 치른 것으로서, 나아가 군사적으로는 패배하였지만 일본은 아시아 민족주의와 경제성장에 대해 심리적으로나 물질적으로 극히 중요한 자극을 주었다는 점에서는 성공했다는 나가노의 입장을 고수하고자 하지만, 그런 입장이란 세기말이 다가옴에 따라 점점 더 설자리를 잃고 있다.

과거사와 대면하는 데 어려움을 겪고 있다는 점에서, 침략적인 혹은 제국주의적인 전쟁 경험이 있다는 점에서, 혹은 그 전쟁을 치르는 과정에서 전쟁의 법규를 위반하는 범죄를 저질렀거나 인권을 침해하는 범죄행위를 했다는 점에서 일본만이 유일한 경우는 아니다. 그러나 다른 모든 나라와 마

---

150) Norma Field, "War and Apology: Japan, Asia and the Fiftieth"(미간행 논문). 이 논문의 사본을 보내준 노마 필드에게 사의를 표한다. 이 글은 *Positions: East Asia, Cultures, Critique*, Vol. 5, No. 1, Spring 1997에 실렸다.

151) Michael Richardson, "Japan Must Apologize for War, Say Neighbors," *The Australian*, June 5, 1995에서 재인용.

찬가지로 일본은 그런 범법행위가 흔히 발생했다는 사실을 근거로 회피하거나 축소할 수 없는 책임문제를 안고 있으며, 일본 헌법에 명기된——평화국가가 되려는——높은 이상을 실현하기 위해서라도 과거 군국주의의 현실과 대면하는 데, 그리고 그로 인해 초래된 상처를 언급하는 데 정직하고 성실하게 행동할 의무가 있다.

결 어

세기말에 선 일본

결 어

세기말에 선 일본

1994년 11월 이 책을 쓰기 위한 연구와 구상을 하면서 나가사끼현의 네덜란드풍 리조트 후이스 텐 보시에서 운하 곁을 산책하고 있었는데, 기후여자상업고등학교에 다닌다는 몇명의 여학생들이 다가와 나에게 말을 걸었다. 보아하니 이들은 영어회화 연습을 할 수 있는 외국인을 찾고 있었던 것 같고, 동시에 아마도 선생님의 권유에 따라 자기 자신과 자신의 나라에 대한 몇가지 기본적인 메씨지를 전달하고자 노력하고 있었던 것 같았다. 이들이 내 손에 쥐여준 정성껏 마련된 '평화 메씨지' 카드는 다음과 같이 자신들의 손으로 표현한 간단하지만 감동적인 생각을 담고 있었다.

모든 사람이 행복하기를 원하기 때문에 나는 전쟁을 거부한다.
나는 평화를 사랑한다. 전쟁을 멈추고 평화로운 세계를 만들자.
일본은 평화로운 나라다. 그러나 지금도 세계 어딘가엔 내가 알지 못하는 작은 전쟁들이 진행중이다.
모두 손에 손을 잡고 세계를 평화롭게 만들자.

비슷한 내용으로 개인이 서명한 다른 메씨지도 몇개 더 있었으며 '작고 작은 이 세상'(It's a small world, 디즈니월드 노래―옮긴이)이라는 노래에 맞추어 만들어진 시도 하나 있었다.

이제 반대로 나 자신의 메씨지를 달라는 주문을 받은 나는 오랫동안 고심했다. 외국인과의 만남/영어회화 연습/평화발언으로 이어지는 한편의 미니드라마는 그간 일본에서의 생활경험 속에서 다른 장소에서도 수없이 만날 수 있었던 종류의 것이었다. 내가 일본어로 대응하는 것은 이들을 실망시키고 이런 만남의 규칙을 위반하는 것이 되므로 우리는 줄곧 영어로 대화하였다. 그러나 오랫동안 내 마음속에 머물고 있던 것으로 내가 말하고 싶었던 것은 '세계의 평화와 정의를 위해서 다같이 좀더 적게 소비하고 제로성장 경제로 바꾸도록 애쓰자'라든지 '세계평화를 위해 우리는 일본이나 다른 강대국들의 끝없는 욕구를 어떻게 제한할 수 있을까' 등의 것이었다. 실제 내가 쓰고 있었던 책은 어떤 면에서는 그들이 원하는 메씨지를 담고 있었던 것이었으나 그것은 그때 그곳에서 그들에게 줄 수 있는 것은 아니었다. 가을 날씨는 완벽했고, 오오무라만의 해변을 따라 만들어진 17세기 네덜란드의 정경은 귀에 거슬리는 뜻밖의 메씨지를 주기에는 너무나 어울리지 않을 정도로 한가로운 것이었다. 따라서 나는 그들이 기대하고 있던 종류의, 평화에 대한 희망에 공감한다는 식의 진부한 글귀를 써서 건네주었다. 그때 나에게 질문을 던졌던 어린 학생들이 이 책을 읽게 될 기회는 별로 없겠지만 나는 그들에게 평화에 대한 사랑과 전쟁에 대한 증오는 정말이지 도덕성과 사회적 책임의 기초를 이룬다는 것, 그렇지만 동시에 기초가 될 뿐 그 이상은 아니라는 생각을 전달하고 싶다.

이보다 몇해 전에 나는 한 평론을 쓰면서 일본의 정치경제를 묘사하기 위해 '3C'라는 용어를 만든 적이 있는데 이는 다름아닌 건설(construction), 소비(consumption), 관리 또는 통제(control)를 말한다.[1] 당시로서는 어느 정도 우연적이며 수사학적인 표현이었지만 그때 이후 이 표현은 점점 더

---

1) Gavan McCormack, "Pacific Dreamtime and Japan's New Millenialism," *Australian Outlook*, Vol. 43, No.2, August 1989, 64~73면.

잘 들어맞게 된 것 같다. 이 책에서 이미 건설과 소비에 대해서는 충분히 논의되었다고 생각하나 관리나 통제란 면과 관련해서는 별로 언급되지 않았다. 여기서 내가 말하고자 하는 것은 게슈타포나 헌병대에 의한 것과 같은 체계적이고 엄격한 억압을 의미하는 종류의 통제가 아니라 광고회사라든지 텔레비전, 혹은 거대 슈퍼마켓 등이 그 핵심 역할을 하는 부드러우면서도 분산된 형태의 관리를 의미한다. 이런 종류의 관리가 갖는 중요성은 경제성장의 속도가 둔화되지 않도록 이들이 행하는 사회적 역할에 있다. 이 기구들은 상품과 용역에 대한 수요를 자극하기 위해 다양한 프로그램 ──소프트웨어──을 고안해낸다. 말하자면 이것들은 인간의 욕구를 찾아내어 그것을 조작하고 이를 특정의 상품에 대한 취향으로 전환시키고, 성장과 이윤을 지속시킬 시장을 형성할 정도로 그 욕구들을 자극한다. 욕구, 소비, 쓰레기라는 끝없는 순환 속에서 욕구는 끝없이 창조되고, 동질화되고, 충족되고, 재정의되고, 재창조된다. 기본적인 원칙은 수요가 결코 완전히 충족되어서는 안된다는 것이다. 이런 의미에서 현대사회에서의 선택은 정말로 다양하나 그것을 이루는 매개변수는 대개 고안된 것으로서 각 개인이 할 수 있는 일이란 화장품이건 정당이건간에 종종 서로 다른 브랜드 사이에서 선택을 하는 것에 지나지 않는다. 이런 부드러운 통제의 망은 결코 일본에만 독특한 것은 아니지만, 일본사회는 가장 정교하고 강한 질서로 짜여 있는 상업적 자극과 선동으로 충만해 있다. 이런 상업적 자극이 갖는 힘은 사람들이 그것을 의식하는 정도에 반비례한다. 내가 아마 군국주의와 상업주의, 군대와 광고업자 간의 유사성을 끌어내려고 시도했더라면 기후현에서 온 평화를 사랑하는 그 소녀들은 분명 나를 미친 사람으로 생각했을 것이다. 그러나 이런 유사성은 생각해봐야 하는 것이다.

일본에서는 세기말의 도래를 특별한 고통과 불편함과 더불어 경험하고 있다. 근대화와 서구와의 대등한 지위라는 성배(聖杯, 그리스도가 최후의 만찬에서 사용. 아서왕 이야기 등 중세 전설에서 모든 환난을 치유할 수 있는 능력을 가짐─옮긴이)에 대한 오랜 염원은 달성되었지만, 막상 그것을 '성취하고 나자' 사람들은 노력을 배가하고, 더 열심히 일하고(왜냐하면 자신들의 지금까지의 노력이 성공한 결과 경쟁이 더욱 치열해졌으므로), 더 많이 수입하고(다른 나라들이 일본 상품에 대한 대금을 지불할 수 있도록 돕기 위해), 그리고 더 많이 소비해서 성장의 궤도가 다시 열리도록 하라는 메씨지의 포화를 받고 있기 때문이다. 근대 이후 오랫동안 추구해온 목표는 일종의 환영(幻影)과 같은 것, 혹은 잎새 사이로 잠시 보이는 듯하다가 순식간에 날아가버려서 마치 처음부터 그곳에 있지 않았던 새처럼 느껴지는 그러한 종류의 것이었다. 어떤 다른 나라에서도 사회생활이 이처럼 경제생활에 필요한 것을 중심으로 조직되어 있거나 사람들이 소비하라는 압력을 점점 더 많이 받는 경우는 없다. 이처럼 풍요로움이 갖는 공허함이 깊게 느껴지는 곳은 없다. 근대화에 대한 신념은 그 약속된 땅에 도달하자마자 약화되기 시작하였다. 인간의 필요와 인간의 욕망 사이의 불균형이 점점 분명해지고 있다. 전후 일본의 기적을 만들어낸 봉급생활자들은 자신이 마치 신화 속의 씨지프스와도 같이 끝없이 확대되고 복제되는 욕망의 답차(踏車)를 끊임없이 밟고 있어야만 하는 처지임을 느끼기 시작하고 있다. 기후여자상업고등학교 학생들이 생각해보아야 할 것은 단순히 평화 대 전쟁이 아니라 훨씬 복잡한 문제인 것이다.

　사회적 · 정치적 건강을 지속적인 경제성장으로 측정할 수 있다는 가정은 모든 현대사회에 깊이 내재해 있다. 일본은 경제성장의 게임에서는 매우 훌륭한 성과를 거두었으나 한두 가지의 새로운 통계에 의해 확인되는 일본의 뛰어남——엔화 가치가 거듭 상승하고, 일본 은행이나 해외자산, 혹은 원조예산액 등이 세계 1위를 고수하거나 달성하는 것 등——이란 것은 더이상 단 한차례의 박수도 받지 못하는 것이다. 외견상 승리를 거둔 일본 시장의 운용에 대한 뿌리깊은 불만과 정부 · 재계 · 사회 전반에 걸친 (제2장에서 논의한) 대안적인 방식에 대한 갈구 등은 세기말이 가까워올수록, 비록 그것이 차후 취하게 될 방향은 분명하지 않은 채 점점 강해지고 있다.

　일본의 소비수준과 같은 것을 달성하려는 목표는 적어도 베트남전쟁 이래 많은 아시아 지역의 성장을 부추겨왔으며 사람들이 원하는 미래상을 정의하게 되었다. 일본은 성장과 풍요를 위한 연금술사의 공식을 찾아내어 해독하고 실천해온 것으로 간주되었다. 일본은 하나의 모델이며 전 아시아 지역을 끌어당기는 자석이기도 하다. 그러나 일본 및 다른 선진산업국들처럼 자원을 흥청망청 써버린다든지 환경에 미치는 영향에 부주의한 것 등을 그대로 따라 할 수는 없는 일이다. 따라서 일본은 모델이 될 수 없으며 마찬가지로 북미나 서유럽 지역에서도 모델 같은 것은 찾을 수 없음을 분명히 인식해야 한다. 일본의 풍요는 매우 깊은 문제를 안고 있을 뿐만 아니라 주변지역을 사회적인·생태적인 재앙으로 이끌고 있다.

이 책의 본문에서 나는 일본의 많은 시민, 환경·학술 단체 대표들의 견해를 충분히 고찰하였다. 만약 일부 독자들이 아직도 이들이 보내는 메씨지에 대해 의구심을 갖고 있다면 일본정부가 매년 펴내는『환경백서』의 1995년판을 살펴보아야 할 것이다. 이 공식 자료는 뭔가 좀 어울리지 않게도 현재 지구상의 생태적·문명적 위기의 여러 차원에 대한 심각한 우려로 채워져 있다. 이 백서는 침울한 어조로 서구에서 발원해서 거의 모든 지역으로 퍼져나간 현대문명이 갖는 한계가 이미 자원과 환경이란 면에서 명백하게 드러나고 있으며, 이런 문제에 대해서는 기술적인 대응이란 것도 거의 해결책을 제시하지 못한다고 지적하고 있다. 일본과의 어떤 구체적인 유사점에 대한 언급은 없이 이 백서는 수메르문명과 같은 고대문명은 여러 다른 요인들 중에서도 대규모 관개시설 건설과 삼림벌채로 인한 토양의 염화와 밀생산의 감소로 무너졌다고 회고하고 있다. 이 책자는 지속 가능한 순환체계 속에서 재생 가능한 자원과 에너지에 근거한 사회로 전환할 필요성이 긴박하다고 강조하며, 자연 생태계를 보존하고 강이나 바다로부터 취한 음식을 신의 축복이라고 간주해온 아이누족 사회의 모델에 주의를 기울일 것을 촉구하고 있다. 아이누족의 생태학적 지혜에 대한 일본정부의 찬양과 칭찬은 분명 전례가 없는 것이다. 비록 그 사태에 대해 어떻게 해야 할지 구체적인 처방은 없지만 대량생산, 대량소비, 대량낭비의 문명에 대한 죽음의 종소리를 분명한 어조로 알린 것도 마찬가지로 전례가 없는 일이었다.[2] 이 백서가 지적하는 문제들은 기후여상의 소녀들이 직면하게 될 문제인 것이다

이들이 시민의 한 사람으로 성장해감에 따라 20세기 말, 21세기 초의 세계에 어떤 메씨지를 전해주기를 바랄 것인가? 첫째로 이들이 평화의 중요성에 대한 주장을 포기하지 않기를 바란다. 그러나 평화에 기초한 미래세계와 지역질서에 대한 열망은 오늘날 다른 동료 시민들과 이웃나라 국민들과 협조하여 우선 공통의 과거를 만드는 일에서 결코 분리될 수 없다. 이들과 또한 죄없는 이들 세대가, 거의 알지도 못하는 다른 세대가 저지른 일에 대해 책임을 져야 한다고 말하는 것은 너무 심하게 들릴지도 모른다. 그러나 하나의 국민국가의 도덕적 연속성과 역사 앞에서의 책임은 세계공동체가 매우 중요하게 생각하는 것으로, 세계공동체는 일본이 식민주의와 제국주의에 의한 과거의 폭력과 침략을 성실하게 인정할 것을——일본만이 저지른 독특한 사건으로서가 아니라, 오히려 유럽인이나 미국인이 했던 것과 '똑같은 짓'이라는 이유로 눈감아줄 수 있는 것이 아닌 것으로 인정하기를——기대하고 있다. 과거에 대한 공감대 형성이 공동의 미래를 건설하기 위한 전제조건이므로 독일정부가 제3제국 붕괴 50주년을 기념하면서 웅변적으로 보여준 것처럼, 일본정부는 그런 범죄를 인정하고 참회하고 보상해야 한다.

둘째로 이 세대의 일본인은 또다른 의미에서 그들의 선조가 직면했던 것과 동일한 딜레마를 해결해야 할 것이다. 아시아나 서구를 부정하지 않으면서, 그리고 동시에 가중되는 남(南)의 위기——가속화되는 빈곤과 부와 자원의 전지구적인 불균형 문제——에 대처해가면서 자신들의 아이덴티티를 어떻게 정의해가느냐 하는 문제이다. 이전의 세대는 아시아 바깥의 제국에 도전했지만 이는 결국 이들 제국을 흉내내서 이들의 자리에 일본제국을 건설하고, 서구 식민지배의 사슬로부터의 해방자를 자처하며 아시아 지역을 침략하고 식민지화해가는 과정이었다.[3] 아시아를 해방시킨 데 대해

---

2) 環境廳 편, 『環境白書』, 1995. 그 개요에 대해서는 「見直せ, 大量消費の現代文明」, 『朝日新聞』 1995年 5月 30日 참조.

3) Yoshikazu Sakamoto, "The Fifty Years of the Two Japans," *Medicine and Global Survival*, June 1995(미출간 원고를 제공해준 데 대해 사까모또 교수에게 사의를 표한다).

일본에게 감사를 표하고 그 목표를 달성하는 데 희생을 치른 사람들(즉, 일본제국군대의 구성원들)을 위로하고자 1995년 5월에 열린 '아시아 공생의 제전' 행사(이 책 제6장 참조)는 90년대 중반까지도 이런 환상이 강력하게 지속되고 있음을 생생하게 증명하였다. 이 행사는 공생의 죽전으로 추진되었으나 실제로는 정치적으로 영향력을 가지고 있으며 아직도 그 전쟁의 성스러운 명분이라는 것을 믿고 있는 일본인과 그들이 대표하고자 했던 다른 아시아 지역 사이의 심리적·도덕적 간격을 부각시킨 계기였다.

더군다나 아시아주의 혹은 신아시아주의와 같은 수사는 지역 내 헤게모니를 장악하려는 과정에서 일본이 어떠한 역할을 했던가 그 성격을 규명해야 할 뿐만 아니라 현재의 관계가 갖는 모순적인 측면도 직시해야 한다. 제3장의 식량에 대한 논의는 이 점을 보여주기에 충분하다. 일본의 대외의존도는 이미 일본 사람들의 매일매일의 생존 자체가 이웃나라의 노동에 의존하고 있을 정도로 심각하다. 아시아 희소자원의 점점 더 많은 부분이—특히 경작 가능한 토지와 바다가—일본의 부유한 소비자들을 위한 식량을 생산하는 데 사용되고 있다. 이런 상황은 전지구적인 GATT체제라는 현실 속에서, 그리고 신고전주의적 자유시장이라는 이론상에서는 논리적이고 선한 결과로 여겨질 수 있겠지만, 도덕적으로는 의심스러운 것이며 장기적으로 볼 때는 정치적으로도 경제적으로도 잘못된 방향으로 가는 것이다. 여러 나라의 많은 사람들의 노동이 (상대적으로) 소수에 불과한 다른 나라 사람들을 위한 식량생산에 투입되는 식으로 경제적 교환이 구조화되는 과정은 흔히 식민주의적 혹은 제국주의적인 것으로 묘사되어왔거니와, 이는 전혀 정당하거나 바람직한 것이 아니다. 특히 21세기에는 한층 더 가열될 것으로 예상되는 식량, 특히 단백질에 대한 경쟁 속에서 이런 관계는 의문시될 수밖에 없다.

전후의 고도성장기간 동안 일본은 국제사회의 공공영역에서 물러나 고도성장이라는 사적인 공간 안에서 "정치적·도덕적·심리적 고립주의"를 취했다.[4] 아시아에 속한다는 모든 생각으로부터 등을 돌린 일본의 일반 시민

---

4) 같은 글.

들도 시선을 서쪽(아시아)이 아닌 동쪽(미국)에 굳게 고정시키고, 아시아
의 이웃나라에 가한 고통과 손실을 무시하며, 자신들을 전쟁의 가해자가
아니라 거의 전적으로 희생자로 여기면서 부와 권력에 대한 전국가적인 추
구과정에 협조하였다. 이러한 도덕적인 기억상실증은 교육 관행과 정책에
의해 강화되어왔다. 이 모든 것들로부터 비롯되는 태도의 문제는 오늘날의
젊은 세대들이 직면하고 해결해야 하는 것이다.

　일본과 아시아의 관계에는 또다른 슬픈 역사적 아이러니가 있다. 동원과
축적 과정에서 일본의 기업이 보인 능력은 과거 군사적 헤게모니를 장악하
려던 집착을 증오했던(그리고 증오하는) 만큼이나 커다란 선망의 대상이
되고 있으며, 그 양자 사이의 내적인 연계는 거의 이해되지 않고 있다. 일
본적 모델의 구성요소들, 즉 사회적·개인적 목적을 회사의 목표 수준으로
승화시키라고 주장하고, 시장지분을 획득하는 것에 가장 높은 가치를 부여
하며, 자원을 낭비하고 또한 인간의 삶을 극도로 규칙적·합리적으로 조직
화해온 일본적 모델이란 것은 별로 본보기가 될 만한 것이 아닌데도 열정
적으로 연구·응용되고 있다.[5] 오늘날 일본 젊은이들의 책임 중 하나는 이
웃국가들에게, 그리고 전세계 일반에게 이 모델의 결점을 전달하여 이것이
재생산되지 않도록 하는 일이다.

　세번째로, 아마도 기후현의 소녀들이 직면해야 할 가장 큰 도전은 그들
정부의 『백서』가 제기한 문제, 즉 자신들의 생활방식을 어떻게 자신의 부모
나 조부모 세대가 겪은 변화보다 더 심오하게, 그리고 글자 그대로 혁명적
으로 변화시켜가느냐 하는 문제이다. 이들이 해야 할 일이란 적나라하게
잔인하고 냉혹한 군사력 때문이 아니라 바로 자신들의 생활방식 때문에 야
기된 인간의 생존 문제가 제기한 도전에 대처해가는 것이다. 그 생활방식
을 변화시키는 일은 군국주의에 대처하는 것보다 결코 쉬운 것이 아니며
또한 기본적으로 이것은 외부의 개입에 의한 도움 없이 이루어야 하는 것
이다.

---

5) 加藤節, 「戰後五〇年と知識人」, 『世界』 1995年 1月, 68~83면.

　제로성장이라는 개념은 전통적 혹은 신고전주의 경제학에서는 그리 인기 있는 것이 아니다. 그러나 그것은 '어설픈' 환상이 아니라 고전경제학에서도 확고한 자리를 차지하고 있는 것으로서 자연적 질서와 윤리적·도덕적 질서의 법칙에 민감한 것이다. 성장의 한계와 기능과 관련한 문제는 정치경제학의 창시자들도 이미 고려했던 문제였다. 존 스튜어트 밀(John Stuart Mill, 1806~73)은 오늘날 '제로성장국가'라고 부를 수 있는, 그 자신은 '정지(한 상태의―옮긴이)국가'(stationary state)라고 부른 것의 성취야말로 환영해야 할 일이라고 예견하고 있었다. 1848년 『정치경제학 원리』에서 그는 "조잡한 자극"을 필요로 하는 "보통의" 정치가들의 축하를 받아낼 수 있는 "생산과 축적의 단순한 증가"에 대해 언급하고 있다. 밀의 말은 그가 그 글을 쓴 지 오랜 시간이 지난 지금에도, 특히나 현재 일본의 상황과 관련하여 적확하고도 현명하게 들린다.

　이미 다른 어떤 사람보다도 부자가 된 사람들이, 단지 부의 표상이라는 점을 제외하고는 거의 혹은 전혀 기쁨을 줄 수 없음에도 불구하고 상품소비의 수단을 늘리는 것이 왜 축하해야 할 일인지 나는 모르겠다. … 생산증가 자체가 여전히 중요한 목표가 되는 것은 단지 후진국에서나 있는 일이다. 가장 선진적인 곳에서 경제적으로 가장 필요로 하는 것은 더 나은 분배를 실현하는 것이다.[6]

　부의 증가는 무한한 것이 아니며 또한 무한할 수도 없는 것이다. 그리하여 "발전하는 국가의 궁극적인 도달점은 정지국가(제로성장국가)가 될 것이다." 밀은 계속 말한다.

　인간존재의 정상적인 상태란 계속 앞으로 전진하기 위해서 투쟁하는 것이

---

6) John Stuart Mill, "Principles of Political Economy," J. M. Robson, ed., *Collected Works of John Stuart Mill*, Toronto: University of Toronto Press, and London: Routledge and Kegan Paul 1965, Vol. 3, 755면. (쯔루 시게또 교수에게 사의를 표하는데, 밀의 저작에 대한 그의 인용을 보고 밀의 매혹적인 원전을 다시 검토하게 되었다.)

며, 현재 사회생활의 형태를 이루고 있는, 남을 짓밟거나 눌러버리고, 밀어젖히거나 서로 밟는 식의 생활이 인류의 가장 바람직한 운명이라거나 아니면 산업발전의 한 단계에서 나타나는 하나의 바람직하지 못한 증상일 뿐이라고 생각하는 사람들이 있다. 이들의 삶의 이상에 나는 별로 매료되지 못함을 고백한다.…인간의 본성에 맞는 최선의 상태란 아무도 가난하지 않고, 누구도 더 부자가 되고자 하지 않으며, 앞으로 나아가기 위해 애쓰는 다른 사람에 의해서 자신이 뒤로 밀려날 것을 두려워할 필요가 없는 상태이다.

자본이나 인구가 정지한 상태가 인간의 향상이 정지된 상태를 의미하지는 않는다는 것은 거의 언급할 필요도 없다. 그때에도 지금까지와 마찬가지로 온갖 종류의 정신적인 문화와 도덕적·사회적 진보를 이룰 여지가 있을 것이다. 또한 인간의 정신이 그저 전진하는 기예에만 몰두하는 걸 멈출 때에는 삶의 예술(Art of Living)을 향상시킬 수 있을 가능성이 지금까지와 마찬가지로 확보되며 향상될 가능성이 더욱 커질 것이다.[7]

(비록 지구의 자원에 대한 인간의 착취가 어느정도나 진행될 것인지 혹은 인간의 욕구가 인위적으로 창출되어 필요불가결한 것이라 규정되는 수많은 방식에 대해서는 어렴풋한 감 이상의 것은 가지지 못했을 것이지만) 한 예언가적인 19세기의 목소리에 의하면 '제로성장'이란 모든 성숙한 경제의 목표가 된다. 이러한 예견을 공허하게 느낄 필요는 없다. 독일사회민주당(SPD)의 1989년 강령은 "삶의 기본 요소를 확보하고 삶의 질을 향상시킬 활동들…개인의 자결권과 자율적이고 창의적인 활동을 증진시킬 활동은 늘어나야 한다. 삶의 자연적인 기초를 위협하는 활동은 감소하고 소멸되어야 한다"[8]고 적고 있다. 선진산업사회에서의 노동의 문제를 가지고 오랫동안 씨름해온 프랑스 사상가인 앙드레 고르즈(André Gorz)는 현재 산업사회가 안고 있는 병리의 근원으로서 확장일로에 있는 자본이 인간 스스로가 느끼는 필요로부터 분리되었다는 점을 지적한다. 그리하여 그는 소

---

7) 같은 글, 754~56면.

8) André Gorz, *Capitalism, Socialism, Ecology*, tran. Chris Turner, London: Verso 1994, 32면에서 재인용.

비의 축소, 많은 다양한 하위문화의 육성, 그리고 최대한의 개인적 자율성 확보를 통한 더 나은 삶을 제안한다. 그는 주당 30시간의 노동, 연간 약 1380시간의 노동을 요구하며 나아가 안식년에 대한 권리 행사를 통해 연간 1150시간으로의 축소, 그리고 궁극적으로는 18세기의 산업화 이전 시기에 통상적이었던 연간 1000시간으로의 축소를 주장한다.[9]

　뛰어난 일본 경제학자인 쯔루 시게또(都留重人)가 일본에 대해 비슷한 전망을 제시했는데, 그는 전후 일본의 최초 『경제백서』의 저자로서 전후 경제회복과 성장의 전략가이면서도 동시에 일본이 그 이후에 보인 과도한 집착에 대한 비판자이기도 했다. 쯔루는 풍요에 대한 밀의 비전을 더 발전시켜, 노동력이 수단이 아니라 목적으로 간주되어 의미있고 만족스러운 것으로 재조직되는 일본사회의 청사진을 제시했으며, 노동의 인간화와 삶의 예술화, 여가의 충실화를 통해 일본의 에너지를 창조적이고 사회적으로 유익하게 방향전환할 수 있을 것으로 보았다.[10]

　이러한 방향은 또한 아마도 소니나 캐논의 회장들이나, 일본경제단체연합회, 통산성 내부의 감성비즈니스연구회(이 책 제2장 참조) 등이 취하는 방향일 것이다. 다만 이들이 만들어내는 처방책은 상업적이고 관료적인 이해관계에 의해 타협의 대상이 될 수밖에 없을 것이다. 왜냐하면 이들은 새로운 가치보다는 새로운 시장을 만들어내기 위한 개혁에 우선순위를 두게 마련이기 때문이다.

　밀이나 쯔루, 그리고 고전주의 혹은 맑스주의 전통에 속한 여러 사람들의 생각은 일본의 많은 경제학자나 사회사상가, 정치철학자들에 의해(특히 저작 중 일부가 '도입'에서 인용되었던 일본엔트로피학회를 중심으로) 채택되고 발전되어왔다.[11] 영어권에도 이런 측면을 다룬 문헌은 많이 있다. 가장 잘 알려진 저자 중 한 사람은 현재 '정상경제'(stcady-state economics)

---

9) 같은 책, 75, 98면.
10) 都留重人, 「成長ではなく, 勞動の人間化を」, 『世界』 1994年 4月, 84~98면.
11) 엔트로피의 경제학에 대해서는 Herman E. Daly and John B. Cobb Jr., *For the Common Good*, Boston: Beacon Press 1989, 1994, 194~206면.

란 개념을 옹호하는 인물로 유명한 경제학자인 허먼 데일리(Herman Daly)이다. 데일리는 전통적인 경제학 연구의 결함, 즉 경제를 하나의 총체적인 체계로 간주하여 모든 요소가 어느정도는 대체 가능하다고 여기는 동시에 "더 큰 자연계에서 나와 경제를 거쳐 쓰레기가 되어 다시 자연계로 되돌아가는 자원의 흐름"[12]을 지배하는 자연법칙의 움직임에 주목하지 못하는 등의 문제점을 지적한다. "불행히도 경제사상의 한 범주로서의 시장은 공동체와 생물권(biosphere)으로부터 추상된 것이다"[13]라고 그는 말한다. 이 흐름의 과정은 원칙상 "투입(input) 측면의 재생능력의 크기와 쓰레기/산출(output) 측면의 흡수능력의 크기에 의해" 제한될 수밖에 없다. 데일리가 주목하는 딜레마는 생물물리적인 법칙상 지속적 성장이 불가능함에도 불구하고 정치적인 이유 때문에 성장을 멈추는 것이 불가능하다는 사실에서 비롯된다. 그는 후자의 불가능이 전자의 불가능에 비하면 덜 절대적이라는 점이 입증되기를 바라고 있다.

밀에서 데일리에 이르는 학자들이 공표한 원칙이 어떻게든 오류로 증명되지 않는 한 일본의 생활양식과 소비유형은 지속 가능하지 않다. 1995년의 정치적 정체상태, 표류, 경제적 불확실성 속에서 우울한 기운이 일본을 감돌고 있는 것은 조금도 과장된 표현이 아니다. 이러한 핵심적인 질문들은 국가 차원의 정치적 의제에 거의 영향을 주지 못하고 있다. 이런 분위기는 유력한 정치지도자나 비평가들에 의해서 전례가 없는 심각한 종류의 것으로 묘사되었다. "집단적 우울증"(전수상 미야자와)에 빠져 있는 나라, "니힐리즘적 대중주의"(전수상 호소까와), 파시즘과 군국주의로 귀결된 1920년대의 경제불황과 국제적 불안정과 닮은 모습의 "심각한 사회적 불안"(전부수상이자 자민당의 오랜 골수당원인 고또오다 마사하루後藤田正晴), "말기증상의 민주주의"(저평한 비평가 니시베 스스무西部邁), 혹은 아시아의 일부도 아니며 아시아를 이해하지도 못하는 나라, 할 수 있는 것

---

12) Richard Evanoff, "Steady-State Economics: An Interview with Herman E. Daly," *Japan Environmental Monitor,* September 1994, 10~11면.

13) Daly and Cobb, 앞의 책, 51면.

이라곤 "안쪽과 아래쪽과, 뒤쪽을 되돌아보는 것밖에 없는 나라" "지도자도 없고 이이덴티티도 없는 나라"(또다른 저평한 비평가 오오마에 켄이찌) 등으로 묘사되었다.[14] 그러나 위기는 변화의 계기가 된다. 현대 일본이 풍요의 물질적·기술적 기초를 성취해냈다는 건 의심의 여지가 없으며, 일본이 가진 가장 큰 자산은 보통 사람들의 선함, 관대함, 인간미, 총명함 등이다. 냉전의 광기, 지나친 회사화, 환경파괴, 물신주의적 소비주의 및 현재의 집단적 우울증과 히스테리에 대항해 수십년간 투쟁해온 대중운동의 근저에 있는 변화에 대한 갈망은 보통은 국제적 매스미디어에서는 눈에 띄지 않는 풀뿌리 차원에, 그리고 공동체(community), 협동(cooperation), 보존(conservation)의 연계망 속에 유지되고 있다. 이 공동체, 협동, 보존이라는 '3C' 단어는 앞서 언급한 '3C' 정치경제를 구성하는 것과는 전혀 다른 의미를 지닌 것이다. 이들은 지속 가능한 유일한 사회적·정치적 질서란 공정한 것일 뿐이라는 근본적인 도덕적 원칙을 줄곧 추구해왔다. 90년대 불황의 와중에서도 싼 가격이 절대적으로 중요하다는 전통적인 지혜에 반대하면서, 그 대신 공정하고 적절한 가격의 원칙, 즉 세계 시장가격보다 높은 가격을 주장한 소위 '제3세계 숍' 체인이 연간 30%라는 놀라운 속도로 성장하고 있었다.[15] 이러한 연계망에 의해 구성된 일본은 이제 새로운 세계 질서를 만들어가고 그것에 의해 헌법의 이상을 실현하는 데 있어 적극적이고 공개적이며 협동적인 역할을 하기에 더 많은 준비가 되어 있다. 강대국이 되겠다는 야망은 이들의 관심을 별로 끌지 못한다. 왜냐하면 이들은 자유주의적 지식인인 이시바시 탄잔(石橋湛山)이 20년대에 표명한 열망, 즉 자부심을 갖고 존경받을 만한 '작은 일본'이 되는 것을 선호하기 때문이다.

풀뿌리 차원의 수많은 일본의 개인과 단체들의 에너지가 모여 추구하고 있는 변혁이란 일본의 아이덴티티를 개방하고 바꾸는 효과를 가질 것이다. 이렇게 변화된 일본에서는 일본인이 된다는 것이 민족적인 자질의 문제가

---

14) 미야자와와 고또오다는 『AERA』 1995年 5月 1~8日, 25, 29면; 호소까와와 니시베는 『AERA』 1995年 4月 24日, 25, 26면; 오오마에는 『中央公論』 1995年 1月, 263~93면.
15) 內橋克人, 『共生の大地』, 岩波新書 1995, 6~7면.

아니라 시민적이고 도덕적인 자질의 문제가 되기 때문에 여러 다양한 소수
민족집단들, 예컨대 일본에 오랫동안 거주해온 한국인들조차 자신들의 민
족적 정체성을 유지하면서도 일본인이 된다는 사실에서 어떤 갈등도 느끼
지 않게 될 것이다. 일본이라는 국제국가는 점차로, 정치철학자 카또오 타
까시(加藤節)의 말을 빌리면, 다문화적·다인종적이며 평화주의적 그리고
인권이 승리하는 '일본공화국'16)이 될 것이다. 카또오도 인정하듯이 이런
과정은 50년 혹은 100년이 걸릴지도 모르지만 그것은 세계 강대국이 되겠
다는 이상에 비해 결코 현실성이 떨어지지 않는 이상이자 비전이다. 기후
여상의 일부 소녀들이 오늘날은 상상할 수도 없는 역할을 하게 될 이 과정
속에서 나는 내가 일본을 경험해온 기간 동안에는 번영의 대가로 손상되어
온 일본의 인적·사회적·생태적 자본——일본의 진정한 자산인——이
회복되기를 기대한다. 그리고 편리성과 이윤에 필사적으로 매달려 진행되
는, 그리고 33년 전에 내가 처음 알게 된 이 나라를 이토록 왜소화시켜버린
멈출 줄 모르고 계속되어온 기업의 팽창에 제동이 걸리기를 바란다. 나는
현재의 흐름이 역전되는 것을 직접 볼 수 있으리라고 기대하지는 않는다.
그러나 고도성장이 막 시작될 무렵인 1962년 내가 처음 이 나라에서 대했
던 그 빼어난 아름다움이, 활기를 되찾은 지역공동체, 세계에 대한 개방성,
제로성장의 경제와 (공해—옮긴이) 배출물 제로의 기술, 그리고 새로 살아난
산과 강, 바다 등에 기초한 탈성장 질서(post-growth order)의 지혜와 성숙
함과 결합할 수 있는 일본에 다시 태어날 수 있다면 그것은 아마도 커다란
행운이 될 것이다.

---

16) 加藤, 앞의 글, 83면.

옮긴이의 말

이 책은 오스트레일리아국립대학 태평양·아시아사학과 교수인 개번 매코맥(Gavan McCormack)의 *The Emptiness of Japanese Affluence*를 이숙종 박사(세종연구소), 최은봉 교수(강원대 정외과), 권숙인 박사(서울대 비교문화연구소), 그리고 본인(한경구, 강원대 인류학과)이 공동으로 번역한 것이다. 매코맥 교수는 이미 그의 저서가 1980년대에 한국어로 번역되어 소개된 바 있는 등 한국에도 잘 알려진 일본 전문가이다. 일본에 대하여 비판적인 내용의 저술을 많이 하여 일부 일본인들로부터 소위 '일본 두들기기' 대표자의 한 사람으로 지목받기도 하는 인물이다. 그러나 나름대로 일본을 무척 사랑하고 있는 매코맥 교수는 이러한 비난을 의식한 듯, 자신의 글이 간단히 '일본 두들기기'라고 또다시 매도당할 것을 우려하여 대부분 '일본인 자신들의 연구결과와 글'을 자료로 사용하여 이 책을 저술하였다.

흔히 경제성장의 대표적인 성공사례로 알려져 있으며 과거 30년이 넘게 한국을 비롯한 여러 개발도상국가들의 선망과 모방의 대상이었던 일본에 대한 통렬한 비판이 이 책의 내용이지만, 이 책을 읽노라면 저자의 논의의 상당 부분, 특히 제1부의 논의는 한국에 대해서도 많은 것을 시사해줌을 느끼게 된다. 대형사고의 나라, 부실과 부패의 나라, 공해와 오염의 나라, 무책임과 비민주적인 나라 한국의 모습은 결코 우연이 아니다. 적어도 그 중요한 원인의 하나는 일본을 모델로 하는 고도경제성장을 추구한 결과가 아닌가 하는 생각이 든다. 즉 이 책은 우선 일본에 대한 것이지만 또한 한국에 관한 것이기도 하다.

제2부의 논의는 아시아 국가로서의 새로운 일본의 아이덴티티 문제와 국제적 역할, 그리고 평화헌법 문제 등을 다루고 있으며 제3부는 만주사변에서 태평양전쟁에 이르는 일본의 전쟁책임 문제를 집중적으로 검토하고 있다. 이러한 논의는 표면상으로는 일본을 비판하고 있는 것 같지만, 사실은 일본에 대한 깊은 애정과 존경, 그리고 일본 민중에 대한 신뢰에서 비롯되고 있는 것이다. 새로운 일본의 탄생을 갈망하는 매코맥 교수의 기대가 잘 드러나 있는 서론과 결론을 읽노라면, 매코맥 교수와 같은 인물이 한국 연구자 중에도 나타나기를 바라게 된다.

이 책의 번역은 다음과 같은 과정을 거쳐 이루어졌다. 이 책을 한국어로도 번역해달라는 연세대 사학과 백영서 교수(『창작과비평』 편집위원)의 간곡한 부탁을 본인이 받은 것은 1996년 봄의 일이었다. 창작과비평사에서 보내준 교정쇄(아직 영어본이 출간되기 전으로 최종 교열단계였다)를 받아 대충 내용을 검토해보니 매우 좋은 책이었으며 특히 한국인에게도 의미심장한 책이었다. 그러나 분량도 많고 또 다른 급한 일들 때문에 도저히 시간을 낼 수 없어서 일단 정중히 거절하였다. 국내 대학에 자리를 잡은 몇 안되는 인류학자 중 한 사람인 본인으로서는 일본에 대한 균형있는 이해도 중요하지만 학부교육의 정상화를 위한 기본적인 인류학 교재의 출판 등이 더욱 시급하다고 판단했기 때문이었다.

그러나 백교수는 "내용이 너무 반일적이라서 그러느냐"며 물러설 줄 몰랐다. 명시적으로 말은 안했지만 "혹시 일본 전공자의 입장에서 이런 책을 번역하여 일본측 비위를 건드렸다가 나중에 일본에서 주는 연구비라도 못받게 될까 염려해서 그러느냐"는 힐난이 은근히 담겨 있는 말이었다. 그래서 정말 바빠서 그러니, 정히 급하게 번역을 원한다면 몇사람이 분담해서 작업을 하도록 해달라고 요청하였으며, 백교수도 역자 대표인 본인 책임하에 성실히 번역작업을 수행한다는 조건으로 이를 쾌히 승낙하였다.

그리하여 같이 일본을 전공하는 소장학자 중 미국에서 공부하여 영어와 일어를 모두 할 수 있고 연구활동도 활발히 하되 글을 책임감있게 쓰는 몇 몇 분들을 접촉한 결과, 이숙종 박사(하버드대 사회학 박사), 최은봉 교수(오하이오주립대 정치학 박사), 권숙인 박사(스탠퍼드대 인류학 박사)가 본인의 요청을 쾌히 승낙하여 1996년 5월 말에 공동번역을 위한 팀을 구성하는 모임을 갖게 되었다. 그리하여 **도입과 제1장 토건국가**를 한경구, **제2장 레저국가와 제3장 농업국가**를 이숙종, **제4장 지역국가와 제5장 평화국가**를 최은봉, **제6장 기억하기와 망각하기와 결어**를 권숙인이 각각 맡아서 일단 그해 9월까지 초벌 번역작업을 완료하기로 하였다. 이렇게 작성된 원고를 모두 4부씩 복사하여 나누어갖고 검토작업에 들어가 11월 중순에 1차 검토작업을 완료하였으며, 그후 두 사람씩 서로 책임을 지고 상대방의 원고를 원문과 대조하는 등 정밀 검토작업에 들어가 다음해 1월 말에 2차 검토작업을 완료하였다.

한편 이 기간중 본문과 각주 부분의 일본 인명과 책명, 지명 등을 확인하는 작업을 계속하였다. 이 책은 전문적인 학술연구서라기보다는 광범위한 독자층을 대상으로 중요한 메씨지를 전달하기 위하여 씌어진 것이다. 그러나 한국 독자의 경우 일본어를 이해하는 사람도 많고 따라서 문헌을 참조해볼 것을 희망하는 경우가 발생할 것으로 판단한 공동번역자들은 대단히 성가시고 힘들기는 하지만 영어로 표기된 일본 인명, 책명, 지명을 모두 확인하는 작업을 추진하기로 결정하였다. 이 확인과정에서 모르는 것, 또는 자신이 없는 것은 일일이 원저자인 매코맥 교수에게 팩스 등을 통하여 확인을 요청하였으며, 마침 리쯔메이깐대학 국제관계학부에 교환교수로 1년간 일본에 와 있던 매코맥 교수는 이러한 성가신 작업을 열과 성을 다하여 도와주었다. 다만 영문신문 등에서 스크랩한 기사 등의 경우 원저자로서도 일본 인명의 한자를 확인할 수 없는 경우가 몇개 있어 이는 할 수 없이 그대로 두었다.

일단 1월 말에 검토가 끝난 원고에 인명, 지명, 책명 등 미확인 부분을 확인하여 수정하는 작업을 마치고 나니 1997년 2월 중순이 되었다. 이 원고를 마침 프린스턴대학에서 일본사의 권위자인 쟌센(Jansen) 교수 지도하에 학위를 마치고 서강대(사학과)에 부임하여 가르치고 있던 윤병남 교수에게 보내어 검토를 부탁하였다. 윤교수는 새로운 총장체제의 출범과 학부제 등 학교일로 무척 바쁜 가운데서도 틈틈이 시간을 내어 원고를 처음부터 끝까지 세심하게 읽으면서, 두 차례의 검토작업에도 불구하고 그래도 남아 있던 오류와 불분명하거나 오해를 초래할 수 있는 표현들을 지적해주었다. 이 자리를 빌려 3차 검토작업을 맡아주신 윤병남 교수께 깊이 감사드린다.

윤교수가 지적한 문제점들을 보완하여 드디어 창작과비평사로 원고를 넘긴 것이 4월 중순이었다. 본인으로서는 간신히 약속한 1년 내에 일을 끝마쳤다고 안도의 숨을 내쉬고 있었는데, 창작과비평사로부터는 "생각보다 훨씬 일찍 마쳤다"면서 "시간이 아직 있으니 좀더 표현을 부드럽게 고쳐서 읽기 쉽게 만드는 윤문작업을 했으면 좋겠다"고 하였다. 이에 따라 5월 말부터 각자 자신의 원고를 가지고 윤문작업을 시작하여 6월 말까지 끝내기로 하였으나 성적처리는 물론, 하계방학중의 해외출장 등으로 결국 8월 초가 되어서야 원고가 모두 모이고 작업이 완료되어 출판사측에 원고를 다시 넘길 수 있게 되었다.

이 책의 번역은 세 차례의 검토작업을 거쳤으나 그럼에도 불구하고 나타나는 오류나 불일치의 문제는 전적으로 역자 대표인 본인의 책임이다. 왜냐하면 각기 자기 분야에서 유능하고 성실하고 책임감있기로 소문난 이숙종 박사, 최은봉 교수, 권숙인 박사 등 세 분을 시간에 쫓기는 공동번역이라는 틀에 옭아넣어 각자의 기량을 마음대로 발휘하지 못하게 만든 것은 역자 대표인 본인이기 때문에, 번역상의 모든 오류나 문제점에 대한 책임 또한 전적으로 본인이 질 수밖에 없는 것이다.

작년 하반기에 시작된 IMF 위기 이후 온 나라가 '무엇이 잘못되었는가' 또는 '누가 잘못했는가'로 어수선한 가운데 사회과학의 반성이니 동아시아 발전모델의 재검토에 대한 논의가 등장하고 있다. 늦었지만 이 책의 출간이 이러한 논의를 더욱 풍부하고 깊이있는 것으로 만드는 데 기여하기를 바란다. 아울러 이 책이 원래 예정대로 작년 여름에 나왔더라면 하는 부질없는 공상도 해본다.

아무튼 이 책은 '일본은 있다/일본은 없다/일본은 일본이다' 등 자칫

피상적이거나 단편적이거나 자의적으로 흐르기 쉬운 '일본 알기'의 수준을 넘어 현대 일본을 포괄적으로 그리고 심층적으로 이해하기 위하여 매우 중요한 책이다. 특히 일본에 대한 압도적인 다수의 저술이 그러하듯 감탄과 선망에서 비롯된 일방적인 예찬이나 증오에 가득 찬 비난이 아니라, 일본에 대한 애정과 신뢰와 존중을 바탕으로 현대 일본의 경제성장이 가져온 결과에 대한 분노와 슬픔과 안타까움을 많은 자료를 분석하면서 표현하고 있다는 점에서 특히 그러하다.

그러한 의미에서 이 책이 일본에 관심을 가진 일반인이나 학생, 연구자들뿐 아니라 우리 한국의 오늘과 내일에 대해 진지하게 고민하고 있는 많은 사람들에 의해 널리 읽히기를 바라마지 않는다. 마지막으로 이렇게 좋은 책을 번역할 기회를 주신 백영서 교수님, 바쁘신 가운데 번역작업에 기꺼이 동참해주신 이숙종 박사님, 최은봉 교수님, 권숙인 박사님, 성가신 확인 작업을 기꺼이 도와주신 매코맥 교수님, 원고를 검토해주신 윤병남 교수님, 그리고 각기 다른 필체로 쓴 글을 하나로 통일하여 아담한 한 권의 책으로 만들어주신 창작과비평사의 여러분들께 깊이 감사드린다.

한경구

찾아보기

384

일본, 허울뿐인 풍요

초판 1쇄 발행/1998년 8월 10일
초판 6쇄 발행/2010년 7월 15일

지은이/개번 매코맥
옮긴이/한경구 · 이숙종 · 최은봉 · 권숙인
펴낸이/고세현
펴낸곳/(주)창비

등록/1986년 8월 5일 제85호
주소/413-756 경기도 파주시 교하읍 문발리 513-11
전화/031-955-3333
팩시밀리/영업 031-955-3399 · 편집 031-955-3400
홈페이지/www.changbi.com
전자우편/human@changbi.com
조판/동국전산주식회사

한국어판 ⓒ (주)창비 1998
ISBN 978-89-364-8502-3 03910